*Edigna Menhard* ist Inhaberin der Agentur »Menhard Kommunikation«. Die Dipl.-Ökonomin war mehrere Jahre verantwortliche Redakteurin bei diversen marktführenden Computermagazinen und arbeitete als Ressortleiterin für die Telekommunikations-Zeitschrift »Connect«.

*Tilo Treede* ist Medienberater und leitet einen Zeitschriftenverlag bei München. Der Betriebswirt und gelernte Bankkaufmann arbeitete zuvor 15 Jahre als Vertriebs- und Marketingleiter, Objektleiter und Produktmanager in Verlagen wie der Motorpresse Stuttgart, der Axel Springer-Gruppe und Springer Science + Business Media.

Edigna Menhard
Tilo Treede

# Die Zeitschrift

## Von der Idee bis zur Vermarktung

UVK Verlagsgesellschaft mbH

**Praktischer Journalismus**

**Band 57**

Bibliografische Information der Deutschen Nationalbibliothek
Die Deutsche Nationalbibliothek verzeichnet diese Publikation in der Deutschen Nationalbibliografie; detaillierte bibliografische Daten sind im Internet über http://dnb.d-nb.de abrufbar.

ISSN 1617-3570
ISBN 978-3-89669-413-3

© UVK Verlagsgesellschaft mbH, Konstanz 2004

Einbandgestaltung: Susanne Weiß, Konstanz
Druck: fgb · freiburger graphische betriebe, Freiburg

UVK Verlagsgesellschaft mbH
Schützenstr. 24 · D-78462 Konstanz
Tel.: 07531-9053-0 · Fax: 07531-9053-98
www.uvk.de

# Inhalt

# Editorial

„Print gewinnt", so das Fazit des Verlegers Dr. Hubert Burda auf unsere Frage nach den Zukunftstrends im Zeitschriftenmarkt. „Zeitschriften auf Papier werden zum Luxus, den sich nur noch wenige Leser gönnen werden", meint hingegen Hans-Joachim Jauch, der Geschäftsführer des IT-Verlags Redtec Publishing. Zwei Meinungen, wie sie unterschiedlicher nicht sein könnten. Lesen Sie in Kapitel 10, wie Verleger, Verlagsmanager und Branchenprofis die Zukunft der Zeitschrift sehen und wie sie ihre Sicht der Dinge begründen.

Das Beispiel bringt auf den Punkt, was den Reiz der Zeitschriftenbranche ausmacht – die unglaubliche Vielfalt an Themen, Titeln und Möglichkeiten. Was die beiden konträren Meinungen aber besonders gut verdeutlichen ist, dass hinter all dem bedruckten Papier und den vielen recherchierten Informationen immer auch Menschen stecken – Persönlichkeiten, die Entwicklungen individuell deuten und eigene Prioritäten haben. Und die durch den Wunsch nach der Verwirklichung ihrer Ideen und Vorstellungen die Dynamik im deutschen Zeitschriftenmarkt erst möglich machen.

An die Persönlichkeiten, die aktuell und zukünftig die Branche mitgestalten, ist dieses Buch gerichtet. Es gibt einen umfassenden Einblick in die Kunst des Heftmachens und der Zeitschriftenvermarktung. Und ist damit ein wertvoller Begleiter und Ratgeber sowohl für Studenten der Kommunikationswissenschaften und der Medienbetriebswirtschaft als auch für Praktiker aus Redaktionen und Verlagen.

Es wird immer wichtiger, dass die Akteure in den Verlagsunternehmen sich in allen Bereichen des Heftmachens auskennen. Die Journalisten und Chefredakteure brauchen zunehmend Kenntnisse in der Vermarktung. Schließlich müssen sie jede Ausgabe so gestalten, dass möglichst viele Leser sie kaufen. Und so mancher Chefredakteur oder Ressortleiter ist schon jetzt als Produktmanager seines Heftes tätig. Ebenso sollten die Verantwortlichen in den Vermarktungsabteilungen die Regeln des Heftmachens kennen. Denn sie sind den Lesern ebenso nah wie die Redaktion und können wertvolle Beiträge zur verkaufsfördernden Gestaltung einer Zeitschrift beisteuern. Die Anzeigenabteilung liefert genau genommen sogar einen Teil der Heftinhalte, indem sie die Anzeigen akquiriert.

Unser Anspruch an das Buch ist hoch. Und neben all den vielen Informationen haben wir immer auch darauf geachtet, dass es Sie, die Leser, unterhält und Abwechslung bietet. Zahlreiche Bilder und Grafiken illustrieren die Sachverhalte, Interviews mit Branchenpersönlichkeiten lockern die Texte auf, praktische Beispiele veranschaulichen die Theorie und Tabellen fassen Informationen gezielt zusammen. Wir wünschen viel Spaß und Gewinn beim Lesen.

München, Oktober 2003                    Edigna Menhard, Tilo Treede

# Kapitel 1: Die Zeitschrift

Glitzer und Glamour, Fakten und Faszination, Information und Unterhaltung, Bilder und interessante Geschichten – daran denken die meisten, wenn sie über Zeitschriften nachsinnen. Die Welt der Zeitschriften übt auf fast jeden eine außergewöhnliche Faszination aus. Kein Wunder: Die verschiedensten Hefte buhlen mit schillernden Titelbildern und reißerischen Schlagzeilen um die Aufmerksamkeit der Leser. Es gibt kaum ein Themengebiet, dem sich nicht ein Heft ausführlich widmen würde: Die trendbewusste Frau kann sich zwischen Dutzenden von Modezeitschriften entscheiden, politisch Interessierte werden von Nachrichtenmagazinen auf dem Laufenden gehalten, für den Bodybuilder gibt es eine spezielle Zeitschrift, ebenso für den passionierten Sportfischer.

Das Interesse an Zeitschriften ist groß. Jeden Monat gehen Millionen Hefte über den Ladentisch und werden an Abonnenten verschickt. Diesem Interesse der Leserschaft steht allerdings ein sehr spärliches Wissen auf der Forschungsseite entgegen. Die Zeitschriftenforschung wurde bislang unverhältnismäßig stark vernachlässigt. Während die Zeitung im Mittelpunkt zahlreicher wissenschaftlicher Untersuchungen stand, beschäftigten sich nur wenige Wissenschaftler mit der schwierigen und unüberschaubar breiten Gattung der Zeitschriften. Zudem erschien es den Forschern wichtiger herauszufinden, wie Tageszeitungen mit ihrer aktuellen politischen Berichterstattung die öffentliche Meinung beeinflussen, und nicht, welche Rolle Zeitschriften dabei spielen.

Das folgende Kapitel beschäftigt sich mit den Ergebnissen der Zeitschriftenforschung und gibt einen Überblick über das Wesen und die Funktion des Printmediums.

## 1.1 Die schwierige Definition

Was ist eine Zeitschrift? Den „Focus", die Fernsehzeitschrift „TV Today" oder das Jugendmagazin „Bravo" vor Augen, weiß im Grunde genommen jeder, was eine Zeitschrift ist. Doch eine passende, allgemein gültige Definition zu finden, ist schwierig. Die Zeitschriftenforschung kann bis heute die Frage nicht zufriedenstellend beantworten. Zu vielfältig und unterschiedlich ist das Angebot an

Zeitschriftentiteln, so dass jede Definition unscharf und konturenschwach erscheint.

Wie sehr die Zeitschriftenforschung im Hintergrund stand, zeigt beispielsweise auch die Definition des Statistischen Bundesamtes. In der Pressestatistik, einer Zählung, die von 1975 bis 1997 unter anderem den Konzentrationsgrad der deutschen Presselandschaft empirisch erhob, werden Zeitschriften mit einer so genannten Negativ-Definition abgegrenzt:

„*Zeitschriften* sind alle periodischen Druckwerke mit kontinuierlicher Stoffdarbietung, die mit der Absicht eines zeitlich unbegrenzten Erscheinens mindestens viermal jährlich herausgegeben werden, soweit sie keine Zeitungen sind."

*Zeitungen* sind dagegen „alle periodischen Veröffentlichungen, die in ihrem redaktionellen Teil der kontinuierlichen, aktuellen und thematisch nicht auf bestimmte Stoff- oder Lebensgebiete begrenzten Nachrichtenübermittlung dienen, also in der Regel mindestens die Sparten Politik, Wirtschaft, Zeitgeschehen, Kultur, Unterhaltung sowie Sport umfassen und im allgemeinen mindestens zweimal wöchentlich erscheinen. Die Sonntagszeitungen, die die Nachrichtenlücke eines Tages schließen, werden hier einbezogen."

Das Statistische Bundesamt unterschied die beiden Gattungen Zeitschriften und Zeitungen auf diese Art, um dadurch Presseerzeugnisse statistisch erfassen zu können und nicht, um einen wissenschaftlich korrekten Ansatz zu finden. Die Definition ist daher sehr pragmatisch, für Zeitschriftenforscher aber nicht zufriedenstellend.

Ein viel zitierter und diskutierter Ansatz kommt von dem Zeitschriftenforscher Emil Dovifat, der bereits 1967 eine allgemein gültige Definition suchte:

„Die Zeitschrift ist ein fortlaufend und in regelmäßiger Folge erscheinendes Druckwerk, das einem umgrenzten Aufgabenbereich oder einer gesonderten Stoffdarbietung (Bild, Unterhaltung) dient. Danach bestimmt sich ihre Öffentlichkeit, ihre Tagesbindung, ihr Standort, die Mannigfaltigkeit ihres Inhalts und die Häufigkeit ihres Erscheinens."

Bei dieser Definition wird die Zeitschrift zwar nicht mit einer Negativ-Definition abgetan, dafür ist sie aber so allgemein gehalten, dass sie nichts Konkretes bietet und den Begriff Zeitschriften gegen die Zeitung nur unklar abgegrenzt. Wie tagesgebunden ist die Zeitschrift? Wie häufig muss sie erscheinen? Wie mannigfaltig darf oder muss der Inhalt sein?

Andere Wissenschaftler stehen jedoch vor den selben Problemen und Kritiken. Ernst Herbert Lehmann veröffentlichte beispielsweise folgende Definition:

„ Eine Zeitschrift ist ein regelmäßig erscheinendes Druckwerk, das – mit der Absicht der unbegrenzten Dauer begründet – in seinem überwiegenden Teil

nicht an die Geschehnisse des Tages gebunden ist oder nur die neuesten Ereignisse eines Fachgebietes berücksichtigt. Die Einzelstücke sind inhaltlich und drucktechnisch mannigfaltig, doch zeigen sie – ebenso wie ihre fortlaufende Reihe – eine durch geschlossene geistige Führung bewirkte innere und äußere Einheitlichkeit. Zeitschriften dienen meistens nur begrenzten Aufgabengebieten, die Weite ihrer Öffentlichkeit ist daher verschiedenartig. Sie entsprechen in ihrer Gestaltung den Bedürfnissen eines oft weit verstreuten Leserkreises und sind deshalb nur lose an ihren Standort gebunden."
Medienforscher Karl Heinz Salzmann fand folgenden Ansatz:
„Zu den Zeitschriften zählen – auch wenn sie im Titel als „Zeitung", „Blatt" oder „Archiv" bezeichnet werden – alle periodisch erscheinenden Druckschriften eines meist fachlich oder in der Darbietungsform umgrenzten Inhalts, der nicht durch Nachrichten über das Tagesgeschehen bestimmt wird, sondern – bei aller Verfasservielfalt – das Wirken einer selbst gestellten Aufgabe erkennen lässt. Zeitschriften wenden sich an oft weit verstreut wohnende, immer aber durch gemeinsame Interessensgebiete gebundene Leserkreise. Durch diese Begrenzung auf Teilbereiche geistigen Schaffens und der Berichterstattung ist ihre schriftlich-bildliche Vermittlungtätigkeit nicht der allgemeinen Tagesaktualität unterworfen. Ihr Wille, mit den Einzelstücken eine öffentliche Wirksamkeit auf unbegrenzte Dauer zu entfalten und sie als Teile eines einheitlich-vielfältigen Ganzen erkennen zu lassen, wird durch die in der Regel von Folge zu Folge fortgeführten Seitenzählung, die fortlaufende Nummerierung der Einzelteile und durch eine typographisch-drucktechnische Gestaltungskontinuität gekennzeichnet. Das publizistische Wollen der Zeitschriften kann wirtschaftlich durch Anzeigen unterstützt werden, die bei Fachblättern der gezielten Werbung dienen. Ohne eng an den Standort der Verlage oder Druckereien gebunden zu sein, erscheinen die Einzelteile in mehr oder weniger regelmäßigen Zeitabständen von höchstens drei Monaten und sind – oft unter Beigabe von Titeleien, Inhaltsverzeichnissen, Jahres- und Bandregistern sowie Einbanddecken – jahrgangsweise oder in Sammelbänden zu vereinigen. Zeitschriften können außer im Abonnement auch im Buchhandel, wenn nicht im Handel befindlich, auch direkt und ausschließlich vom Herausgeber bezogen werden."
Die Definitionen variieren zwar, im großen und ganzen haben sie aber folgendes gemeinsam: Zeitschriften sind Druckwerke, haben einen eingeschränkten Leserkreis und sind nicht so aktuell wie Tageszeitungen. Der Inhalt ist auf bestimmte Themen begrenzt und die Erscheinungsweise zwar regelmäßig, aber in größeren Abständen als bei der Zeitung.

## 1.2 Der Unterschied zwischen Zeitung und Zeitschrift

Da es aussichtslos ist, eine allumfassende, wissenschaftlich richtige Zeitschriftendefinition zu finden, versuchen einige Praktiker konkretere Ergebnisse zu erhalten, indem sie den Unterschied zwischen der Zeitschrift und der Zeitung herausstellen und zwar mit Hilfe der so genannten publizistischen Merkmale: Aktualität, Universalität, Publizität und Periodizität.

**Aktualität:** Im Gegensatz zu täglich erscheinenden Zeitungen legen Zeitschriften ihren Schwerpunkt nicht auf die Neuigkeiten des Tages. Trotzdem ist auch eine Zeitschrift aktuell, allerdings in Fachthemen. Man spricht von einer sekundären Aktualität in Fachfragen. Einzige Ausnahme: Wöchentlich erscheinende Hefte können hinsichtlich der Aktualität mit Wochenzeitungen konkurrieren.

**Universalität:** Während das Themenspektrum der Zeitung sehr breit ist und Meldungen aus Politik, Wirtschaft, Sport und dem lokalen Geschehen veröffentlicht werden, beschränken sich Zeitschriften auf wenige Sachgebiete. Nachrichtenmagazine wie der Spiegel kommen jedoch an die Universalität von überregionalen Zeitungen durchaus heran.

**Publizität:** Sowohl Zeitungen als auch Zeitschriften wenden sich an die Öffentlichkeit. Zeitschriften haben jedoch in der Regel eine viel kleinere Zielgruppe als Zeitungen, weil sie sich auf nur wenige Themengebiete einschränken und daher nicht für jeden interessant oder verständlich sind. Folglich ist auch die Auflage von Zeitschriften meist niedriger als die von Zeitungen. Anders ist der Fall natürlich bei Zeitschriften mit enorm hohen Auflagen wie etwa der ADAC-Kundenzeitschrift ADAC Motorwelt, die beispielsweise im vierten Quartal 2002 eine Auflage von fast 13,5 Millionen hatte, oder bei großen Publikumszeitschriften.

**Periodizität:** Zeitschriften erscheinen zwar ebenso wie Zeitungen regelmäßig, aber nicht so oft. Viele Forscher definieren, dass ein Heft mindestens viermal jährlich erscheinen muss, um sich Zeitschrift nennen zu dürfen.

Neben diesen vier publizistischen Merkmalen erwähnen manche Wissenschaftler noch andere Unterscheidungspunkte zwischen Zeitschrift und Zeitung. Dazu zählt beispielsweise die *Haushaltsabdeckung:* Zeitungen werden innerhalb eines regional begrenzten Gebietes verkauft. Die Ausnahme sind wenige überregionale Zeitungen wie die „Süddeutsche Zeitung", die „FAZ" oder „Die Welt". Zeitschriften dagegen werden im ganzen Land bzw. weltweit abgesetzt.

Ein weiteres Merkmal ist die *Nutzungsintensität:* Zeitschriften werden intensiver gelesen als Zeitungen. Für einen Modelleisenbahn-Fan ist – überspitzt gesagt – die Zeitschrift „Modelleisenbahner" in der Regel von vorne bis hinten interessant, dagegen interessiert sich die Hausfrau in der „Augsburger Allgemeinen" beispielsweise nur für das Lokale und überhaupt nicht für die Sportseiten.

Des weiteren sind noch Unterschiede in der *Erscheinungsform* zu erkennen: Zeitungen berichten kürzer und mit weniger Illustrationen über Geschehnisse. Sie haben meist ein größeres Format und bestehen aus losen gefalzten Doppelseiten und dem typischen Zeitungspapier. Zeitschriften sind dagegen meist geheftet oder geleimt und verwenden unterschiedliches Papier. Die Titelseite ist bei Zeitungen meist textlastig mit wenigen Bildern, Zeitschriften verkaufen sich meist über ein farbiges Bildcover. Darüber hinaus sind Zeitungen oftmals in schwarzweiß, Zeitschriften meist bunt bedruckt.

So einleuchtend diese Unterscheidungsmerkmale klingen, sie sind auch sehr allgemein und lassen noch Fragen offen. Für die Wissenschaft ist das ebenso ein unbefriedigendes Ergebnis. Damit Zeitschriften erforscht werden können, müssen sie zu einer einheitlich, klar abgrenzbaren Gruppe gehören. Ein Lösungsansatz der Wissenschaftler ist es daher, einzelne Zeitschriftentypen zu bestimmen und genau zu erforschen.

## 1.3 Die Zeitschriftentypologien

Die Einteilung der verschiedenen Zeitschriftenarten ist leider ebenso nicht problemlos, denn es gibt keine allgemein gültige Typologisierung. Verschiedene Forscher und Institutionen wählten verschiedene Abgrenzungen. Während sich die einen am Inhalt, nach der Funktion, nach der Leserschaft oder nach der Vertriebsart orientierten, suchen andere nach einer theoretischen, wissenschaftlich richtigen Gliederung.

Die Pressestatistik unterteilte beispielsweise die Zeitschriftenpalette ganz anders als eine Institution der Werbewirtschaft oder die Wissenschaftler. Jeder verfolgt bei der Untergliederung andere Interessen. Die Ergebnisse sind folglich unterschiedlich, nicht vergleichbar und können sich selten ergänzen, um ein komplettes Bild vom Zeitschriftenwesen zu bekommen. Dazu kommt, dass es noch zahlreiche Zwischenformen von Zeitschriften gibt, die keinen oder mehreren Zeitschriftenarten zugeteilt werden können. Auch ändert sich der Zeitschriftenmarkt und das Produktportfolio ständig, so dass eigentlich laufend eine Umstellung der Typologien notwendig ist, um auf dem aktuellen Stand zu bleiben.

Die *Pressestatistik* hat beispielsweise folgende Grundtypen unterschieden:
* Politische Wochenblätter
* Konfessionelle Zeitschriften
* Publikumszeitschriften
* Fachzeitschriften mit überwiegend wissenschaftlichem Inhalt
* Andere Fachzeitschriften
* Kundenzeitschriften
* Amtliche Blätter
* Kommunale Blätter
* Sonstige Zeitschriften

Kritiker bemängeln, dass diese Einteilung unvollständig ist. Außerdem sei nicht klar, wo die Grenzen für die Kategorien Publikumszeitschriften lägen und wie sich die „Anderen Fachzeitschriften" und „Sonstigen Zeitschriften" unterscheiden.

Der Zeitschriftenforscher *Walter Hagemann* wählte vier Typen:
* Fachpresse
* Standes- und Verbandspresse
* Freizeitschriften
* Werk- und Kundenzeitschriften, Wochenblätter (Zeitschriften, die primär im Interesse des Herstellers herausgegeben werden).

Diese sehr einfache Einteilung ist, wie Hagemann selbst einräumte, nicht präzise und in der Praxis nur eingeschränkt verwendbar.

Sehr gängig ist die Typologisierung der einzelnen Verbände. Der Verband Deutscher Zeitschriftenverleger (VDZ) unterteilt beispielsweise in drei Kategorien:
* Fachzeitschriften
* Konfessionelle Zeitschriften und
* Publikumszeitschriften.

Für jedes dieser drei Segmente hat der VDZ jeweils einen Fachverband initiiert, der sich um die speziellen Interessen der Verlage in diesem Bereich kümmert.

Für den Bereich der Kundenzeitschriften hat sich ein eigener Verband gegründet: das Forum Corporate Publishing.

Die Informationsgemeinschaft für die Feststellung der Verbreitung von Werbe-
trägern (IVW), die sich unter anderem mit der Auflagenkontrolle von Printme-
dien beschäftigt, unterteilt Zeitschriften in folgende Gruppen:
* Fachzeitschriften
* Kundenzeitschriften
* Offertenblätter
* Publikumszeitschriften
* Supplements

Die Typologisierungen stimmen in einem Punkt überein: Es müssen auf jeden
Fall die Kategorien Publikumszeitschrift (Freizeitzeitschrift) und Fachzeitschrift
unterschieden werden. Dementsprechend unterteilen einige Forscher den Zeitschriftenmarkt sogar nur grob in zwei Gruppen: Zeitschriften, die unterhalten,
und Zeitschriften, die informieren und kommunikative Aufgaben übernehmen.

## 1.4 Die einzelnen Zeitschriftentypen

Uneinigkeit herrscht auch bei der Definition der einzelnen Zeitschriftentypen.
Einige verstehen beispielsweise konfessionelle Zeitschriften als Fachzeitschriften, andere teilen diese Zeitschriftenarten in zwei Gruppen. Folgende Abgrenzungen sind jedoch gängig:

### 1.4.1 Publikumszeitschriften

Der Begriff Publikumszeitschriften hat sich mittlerweile eingebürgert. Es wendet sich zwar jede Zeitschrift an ein Publikum, mit diesem Begriff werden aber
Magazine bezeichnet, die sich an ein sehr breites Publikum wenden. Die Inhalte
dieses Zeitschriftentyps sind sehr vielfältig. Das Ziel von Publikumszeitschriften
ist es, die Leserschaft zu unterhalten oder zu beraten. Sie können in verschiedene Kategorien aufgeteilt werden. Die IVW zählt dazu:

**Publikumszeitschriften mit nationaler Verbreitung**
* aktuelle Zeitschriften und Magazine (z.B. Stern, Spiegel, Focus, Bunte),
* Programmpresse (z.B. TV Today, Fernsehwoche, Hörzu),
* wöchentliche Frauenzeitschriften (z.B. Bild der Frau, Frau im Spiegel, Das
  Goldene Blatt)
* vierzehntägliche Frauenzeitschriften (z.B. Brigitte, Freundin, Für Sie)

- monatliche Frauenzeitschriften (z.B. Vogue, Elle, Amica)
- Familienzeitschriften (z.B. Eltern, Familie & Co)
- Jugendzeitschriften (z.B. Bravo, Mädchen)
- Zeitschriften für Wohnen und Leben (z.B. Schöner Wohnen, Selbst ist der Mann, Living at home)
- Ess-Zeitschriften (z.B. Essen + Trinken, Meine Familie & ich)
- Gesundheits-Zeitschriften (z.B. Natur + Heilen, Diabetes Journal)
- Erotik-Zeitschriften (z.B. Blitz-Illu, Praline),
- Lifestyle (z.B. Max, Fit for Fun, Men's Health, Playboy)
- Motorpresse (z.B. Auto Bild, ADAC Motorwelt)
- Sportzeitschriften (z.B. Sport Bild, Unterwasser – Das Tauchermagazin)
- Kino-/Video-/Audio-Zeitschriften (z.B. Stereo, Foto Magazin)
- Naturzeitschriften (z.B. Ein Herz für Tiere, Natur & Kosmos, Greenpeace Magazin)
- Wissensmagazine (z.B. P.M., Geo, Mare)
- EDV-Zeitschriften (z.B. c´t, Chip, Computer Easy)
- Online-Zeitschriften (z.B. Com! Online, Online Today)
- Wirtschaftspresse (z.B. DM Euro, Capital, Manager Magazin)
- Reise-Zeitschriften (z.B. Geo Saison, Outdoor, Globo)
- Luft- und Raumfahrt (Aerokurier, Flugzeug Classic)
- Telekommunikation (z.B. Connect)
- Sonstige (z.B. Modelleisenbahner, Tätowier-Magazin)

**Publikumszeitschriften mit regionaler Verbreitung**
- Stadt- und Veranstaltungsmagazine (z.B. Prinz, Moritz, Kulturnews)
- Bistum- und Kirchenzeitungen (z.B. Katholisches Sonntagsblatt, Evangelische Kirchenzeitung)
- Sonstige (z.B. woman in the city)

Die Einteilung der IVW gibt Anlass zur Diskussion. So ist die Aufteilung der Frauenzeitschriften in wöchentlich, vierzehntäglich und monatlich sehr feingliedrig, für die seit wenigen Jahren neu entdeckte Kategorie Männerzeitschrift gibt es jedoch keinen Unterpunkt. Männerzeitschriften werden zu Lifestyle-Titeln gezählt. Auch ist es nicht immer klar, warum einige Hefte einer Kategorie zugeteilt werden: Der Playboy wird etwa zu den Lifestyle-Heften gerechnet, nicht aber zu Erotik-Magazinen.

Publikumszeitschriften können abhängig von Inhalt und Zielgruppe in folgende
Kategorien unterteilt werden:

| Zeitschriftentyp | Inhalt | Zielgruppe | Beispiel |
|---|---|---|---|
| General-Interest- (Massen)-Zeitschriften | Universelle Themen | Allgem. Publikum | Spiegel, TV Today, Gala |
| Zielgruppenzeitschriften | Universelle Themen | Spezielle Zielgruppe | Brigitte, Popcorn |
| Special-Interest-Zeitschriften | Spezielle Themen | Allgem. Publikum | Auto Motor Sport, Fit for Fun |
| Very-Special-Interest-Zeitschriften | Spezielle Themen | Spezielle Zielgruppe | tennis magazin, Boote, aerokurier |

Special- und Very-Special-Interest-Titel verzeichneten in den vergangenen Jahren einen enormen Boom. Der Grund: Diese Hefte sind die Antwort auf den
Trend zu spezialisierten Inhalten. Die Verlage wollen mit Spezialzeitschriften
neue Käuferschichten und Anzeigenkunden gewinnen. Gleichzeitig machten
günstigere digitale Fertigungsverfahren es möglich, auch kleinere Auflagen rentabel herzustellen.

## 1.4.2 Fachzeitschriften

Fachzeitschriften veröffentlichen Spezialwissen für Fachleute. Die Titel sind
eine wichtige thematisch eingegrenzte Plattform für Aus- und Fortbildungen,
aber auch für Dokumentationen und Diskussionen unter Spezialisten. Das
Fachpublikum besitzt bereits ein gutes Informationsniveau innerhalb eines
bestimmten Fachgebietes, einer Branche oder Funktion. Neben der berufsbezo-
genen Fachzeitschrift gibt es auch wissenschaftliche Fachzeitschriften. Diese
sind ein Forum für wissenschaftlichen Informationsaustausch in den verschiedensten Wissenschaftsgebieten.

Die IVW unterteilt die Fachzeitschriften beispielsweise in folgende Kategorien:
• Wirtschaft allgemein (z.B. <e>Market, Feuerwehr-Magazin)
• Konsumgüter (z.B. Fischmagazin, FF Delikat)
• Fertigungsindustrie (z.B. KGK Kautschuk Gummi Kunststoffe)
• Dienstleistungen (z.B. Kabel & Satellit)
• Bauen und Planen (z.B. Fliesen und Platten)
• Natur und Umwelt (z.B. Florist)
• Kunst und Kultur (z.B. Der Kunsthandel)

- Erziehung und Bildung (z.b. Kindergarten heute)
- Wissenschaftliche Zeitschriften (z.b. Angewandte Chemie)
- Recht und Verwaltung (z.b. Anwaltsreport)
- Medizin und Gesundheitswesen (z.b. Forum Logopädie)
- Veterinärmedizin (z.b. Kleintiermagazin)
- Pharmazie (z.b. Apotheken Praxis)
- Freizeit und Hobby (z.b. Fußballtraining)
- Sonstige (z.b. Firmenauto)

Der Begriff Fachzeitschrift wird oftmals unterschiedlich eingeordnet. Einige
verstehen unter Fachzeitschriften Special-Interest-Titel. Doch Special-Interest-
Zeitschriften richten sich im Gegensatz zu den Fachzeitschriften nicht an Fachleute, sondern an ein breiteres Publikum, das sich für ein bestimmtes Thema
interessiert. Die Artikel gehen daher meist nicht so in die Tiefe wie bei einer
Fachzeitschrift. Eine Special-Interest-Zeitschrift für Jogger erklärt beispielsweise
die Energieverbrennung beim Laufen mit weniger medizinischen Fachbegriffen
als ein Fachorgan für Sportärzte.

## 1.4.3 Kundenzeitschriften

Diese Zeitschriften werden von Unternehmen veröffentlicht. Sie sind ein derzeit
sehr beliebtes Marketinginstrument und sollen Kunden an das Unternehmen
binden oder neue Kunden locken. Das Unternehmen ist für die Inhalte des
Magazins verantwortlich, dementsprechend ist die Berichterstattung nicht jour-
nalistisch neutral, sondern dient eigentlich nur der Werbung. Der Inhalt der
Zeitschrift besteht aus branchenspezifischen Themen. Dazu zählen beispielsweise Verbraucherinformationen. Die Kundenzeitschriften sollen ebenso wie
eine Publikumszeitschrift unterhalten. Sie werden von den Unternehmen in der
Regel kostenlos an Kunden verteilt.

Bekannte Kundenmagazine sind die „Apothekenumschau" oder das „Lufthansa Boardbuch".

Auch die IVW erfasst einige Kundenzeitschriften. Sie unterteilt diese folgendermaßen:

**Kundenzeitschriften nach Gattungen (Branchenbezogen)**
- Apotheken/Medizin/Gesundheit (z.B. Apotheken-Umschau)
- Buch/Musik/Computer/Video (z.B. Buchjournal)
- Eltern/Kinder (z.B. Ja zum Baby)

- Friseure/Drogerie/Parfümerien (z.B. Clivia)
- Handwerk (z.B. G & H direkt – Ihr Weg zum Kunden)
- Lebensmittel (z.B. Bäckerblume + Bäckerkurier)
- Sonstige (z.B. Kreativ)

**Kundenzeitschriften Unternehmens-, Produkt- und Dienstleist.bezogen**
- Fahrzeuge/Mineralöl (z.B. BMW-Magazin)
- Finanzdienstleistungen (z.B. Treffpunkt Sparkasse)
- Friseure/Drogerie/Parfümerien (z.B. Beauty Talk)
- Heimwerker/Haus und Garten (z.B. Obi Magazin)
- Lebensmittel/Kochen/Haushalt (z.B. Schlecker Revue)
- Medizin/Gesundheit (z.B. Bleib gesund life)
- Reisen/Verkehrsgesellschaften (z.B. Lufthansa Magazin )
- Telekommunikation (z.B. Vodafone World)
- Handel (z.B. Club Karstadt Feeling)
- Buch/Musik/Kino/Rundfunk (z.B. RTL Club)
- Sonstige (z.B. WeightWatchers Magazin)

## 1.4.4 Mitarbeiterzeitschriften

Werkszeitschriften oder Mitarbeiterzeitschriften werden von einem Unternehmen oder Institutionen für die Mitarbeiter erstellt. Sie dienen der internen Kommunikation von Firmen und Institutionen. Die Formen variieren je nach Finanzlage und Firmenphilosophie zwischen Newsletter und Magazin. Sie werden kostenlos verteilt.

## 1.4.5 Konfessionelle Zeitschriften

Konfessionelle Zeitschriften haben religiöse und gesellschaftspolitische Themenschwerpunkte. Neben Informationen über Kirche und Kultur veröffentlichen sie Inhalte über das soziale Leben, Politik und Wirtschaft. Darüber hinaus erteilen sie noch Lebenshilfe und unterhalten mit Romanen und Rätseln.

Zu den konfessionellen Magazinen zählen die katholische Bistumspresse und die evangelischen kirchlichen Landeszeitungen, Missions- und Ordenszeitschriften. Die Kirchen geben zudem Frauen-, Kinder-, Jugend-, Senioren- und Kulturzeitschriften heraus.

## 1.4.6 Offerten- und Anzeigenblätter

Offertenblätter bestehen fast ausschließlich aus Werbung. Bei einigen Heften können die Rubrikenanzeigen von Inserenten kostenlos ins Heft gestellt werden. Wer die Zeitung dann haben will, muss sie kaufen. Bei anderen Anzeigenblättern ist es umgekehrt: Der Inserent zahlt, der Empfänger bekommt sie kostenlos zugestellt. Zu den Offertenblättern zählt beispielsweise „Sperrmüll".

## 1.4.7 Verbands-, Gewerkschafts- und Vereinszeitschriften

Diese Zeitschriften sollen vor allem Mitglieder eines Verbandes, Vereins oder einer Gewerkschaft auf dem neuesten Stand halten. Veröffentlicht werden themen- und branchenspezifische Informationen für Verbands- und Vereinsmitglieder. Teilweise versuchen die Hefte auch zur politischen Meinungsbildung beizutragen. Die ADAC Motorwelt mit ihrer hohen Auflage wird von der IVW zu den Publikumszeitschriften gezählt, sie ist aber eigentlich die Vereinszeitschrift des Automobil-Clubs.

## 1.4.8 Amtliche Blätter und kommunale Amtsblätter

Zu diesem Typ zählen alle Veröffentlichungen von kommunalen Behörden und Ämtern. Diese Zeitschriften sind in der Regel kostenlos.

## 1.4.9 Supplements

Supplements sind regelmäßig erscheinende Hefte, die meist Zeitungen, teilweise aber auch Zeitschriften kostenlos beigelegt werden. Sie sind oft redaktionell eigenständig – also keine Anzeigenbeilage – mit eigenem Titel und einer eigenen Gestaltung. Sie werden wie Publikumszeitschriften genutzt, können aber am Kiosk oder per Abonnement nicht einzeln gekauft werden. Von vielen werden die Supplements deshalb zu der Kategorie Zeitschriften dazugerechnet.

Meist handelt es sich dabei um Programmhefte wie rtv oder IWZ, es können aber auch unterhaltende Magazine wie das Süddeutsche Zeitung Magazin oder Fachzeitschriften-Supplements sein. Das gleiche Supplement wird oftmals über mehrere verschiedene Zeitungen verteilt.

# 1.5 Zeitschriftennutzung

Zeitschriften stehen in einem sehr harten Wettbewerb. Nicht nur andere Hefte, sondern auch Zeitungen, Fernsehen, Radio und Internet konkurrieren um die Gunst des Lesers – und um seine Zeit. Denn freie Zeit zum Lesen ist begrenzt. Zeitschriftenmacher, aber auch Werbekunden, können wichtige Informationen daraus gewinnen, wenn sie wissen, wie die (potenzielle) Zielgruppe die verschiedenen Medien nutzt. Wie wichtig und unverzichtbar ist die Zeitschrift im Vergleich zu Fernsehen, Radio, Internet und Zeitung? Wie viel Zeit verbringen die Deutschen mit Medien? Und wie wird das in der Zukunft ausschauen? Verschiedene Studien versuchen, diese Fragen zu beantworten.

## 1.5.1 Die Lesedauer

Der Kölner Werbezeitenvermarkter IP Deutschland kommt in einer im Jahr 2002 veröffentlichten Studie zu dem Ergebnis, dass sich die deutschen Verbraucher jeden Tag vier Stunden und 20 Minuten mit den verschiedenen Medien beschäftigen. Dabei kommen die Zeitschriften jedoch nicht sehr gut weg: Nur 11 Minuten verbringt der Deutsche mit ihnen. Fürs Fernsehschauen nimmt er sich dagegen 2,5 Stunden Zeit, fürs Radio hören eine Stunde und 26 Minuten. Tageszeitungen haben mit einer Nutzungsdauer von 19 Minuten täglich kaum bessere Karten als die Zeitschriften. Schlusslicht bildete jedoch das Internet: Es wird im Schnitt nur 6 Minuten täglich genutzt. Bei der Studie wurden 1.534 Personen ab dem Alter von 14 Jahren befragt.

## 1.5.2 Die Zielgruppen

Die Studie von IP Deutschland schlüsselt ebenso auf, welche Zielgruppe Fernsehen, Radio, Zeitung, Zeitschrift und Internet überhaupt nutzt.

**Welche Zielgruppe nutzt welches Medium? (Angaben in Prozent)**

| Zielgruppenmerkmal | TV | Radio | Tageszeitung | Zeitschrift | Internet |
|---|---|---|---|---|---|
| **Alter** | | | | | |
| 14-19 Jahre | 98,3 | 96,7 | 82,5 | 97,5 | 67,8 |
| 20-29 Jahre | 95,3 | 95,9 | 92,2 | 96,9 | 67,7 |
| 30-39 Jahre | 99,6 | 98,6 | 94,7 | 98,2 | 56,5 |
| 40-49 Jahre | 98,5 | 98,1 | 90,7 | 93,4 | 39,9 |
| 50-64 Jahre | 98,6 | 98,3 | 97,8 | 98,0 | 21,0 |
| 65 Jahre und älter | 98,8 | 96,0 | 93,8 | 97,8 | 3,6 |
| **Geschlecht** | | | | | |
| Männer | 98,9 | 97,3 | 93,7 | 95,9 | 43,4 |
| Frauen | 98,0 | 97,5 | 93,0 | 98,3 | 30,6 |
| **Bildung** | | | | | |
| Hauptschule/Volksschule | 98,7 | 97,9 | 93,2 | 97,5 | 19,2 |
| Mittlere Reife | 97,4 | 97,0 | 92,1 | 96,0 | 48,1 |
| Abi/FH, Studium | 98,9 | 96,7 | 95,2 | 97,8 | 63,8 |
| **Kinder im Haushalt** | | | | | |
| Kinder im HH | 98,3 | 98,6 | 92,3 | 97,0 | 51,9 |
| Keine Kinder im HH | 98,4 | 97,1 | 93,6 | 97,2 | 32,5 |
| **Berufstätigkeit** | | | | | |
| Berufstätig (Voll-/Teilzeit) | 98,3 | 98,2 | 94,5 | 96,8 | 48,5 |
| Nicht berufstätig | 98,6 | 96,5 | 92,0 | 97,5 | 23,0 |
| **Haushaltsnettoeinkommen (Euro)** | | | | | |
| Unter 1023 Euro | 100 | 98,3 | 84,9 | 94,4 | 22,6 |
| 1023 bis 1533 Euro | 96,5 | 95,6 | 94,3 | 96,5 | 21,1 |
| 1534 bis 2045 Euro | 98,7 | 98,4 | 94,3 | 96,5 | 27,8 |
| 2046 bis 2556 Euro | 99,0 | 96,2 | 93,8 | 99,0 | 42,6 |
| 2557 Euro und mehr | 98,7 | 98,4 | 95,0 | 97,9 | 57,6 |
| **Alle Befragten** | **98,4** | **97,4** | **93,4** | **97,1** | **36,7** |

*Quelle: IP Deutschland, Stand: April 2002; Werben & Verkaufen*

Das Ergebnis zeigt, dass Zeitschriften fast von jedem gelesen werden, ganz im Gegensatz zum Internet, das teilweise nicht einmal von der Hälfte aller Befragten genutzt wurde. Die Zeitschriften stehen auch dem Fernsehen und Radio kaum nach.

## 1.5.3 Parallelnutzung

Ein Trend dieser Zeit ist, dass die Menschen sich nicht nur mit einem Medium beschäftigen, sondern mehrere parallel nutzen: Sie schauen Fernsehen und blättern gleichzeitig dabei in einer Zeitschrift; sie hören Radio und surfen parallel im Internet etc. Die Studie von IP Deutschland hat auch dieses Verhalten der Deutschen untersucht und kam zu folgendem Ergebnis:

**Welche Medien werden parallel genutzt?**

| Genutztes Medium | Überschneidung mit | | | | |
|---|---|---|---|---|---|
| | TV | Radio | Tageszeitung | Zeitschrift | Internet |
| Fernsehen | - | 0% | 1% | 1% | 1% |
| Radio | 1% | - | 7% | 2% | 0% |
| Tageszeitung | 5% | 29% | - | 2% | 0% |
| Zeitschrift | 14% | 17% | 4% | - | 0% |
| Internet | 13% | 6% | 1% | 0% | - |

*Quelle: IP Deutschland, Stand: April 2002, Werben & Verkaufen*

Die Zeitschrift bekommt anscheinend nicht immer die ungeteilte Aufmerksamkeit. Der Studie zufolge hören 17 Prozent der Befragten nebenbei Radio, 14 Prozent sehen parallel dazu fern. Teilweise nutzen sie auch noch die Tageszeitung dazu.

## 1.5.4 Unentbehrlichkeit

Relativ schlecht schneiden bei der Studie von IP Deutschland die Zeitschriften auch bei der Frage ab, welches Medium die Deutschen am meisten vermissen würden:

**Welche Medien würden am meisten vermisst (Angaben in Prozent)?**

| Medium | Erw. 14 J. + | 14-29 Jahre | 30-49 Jahre | 50 J. + |
|---|---|---|---|---|
| Fernsehen | 55,3 | 60,8 | 48,1 | 58,6 |
| Radio | 21,6 | 22,5 | 27,6 | 16,3 |
| Tageszeitung | 15,1 | 1,5 | 15,9 | 20,7 |
| Zeitschriften/Illustrierte | 0,9 | 1,5 | 0,9 | 0,6 |
| Internet/OnlineDienste | 5,5 | 13,0 | 5,8 | 1,9 |
| Keine Angabe | 1,6 | 0,7 | 1,7 | 1,9 |

*Quelle: IP Deutschland, Stand: April 2002, Werben & Verkaufen*

## 1.5.5 Nutzungsgewohnheiten

Eine weitere Studie, die Verbrauchs- und Medienanalyse 2002, befragte 24.633 Deutsche im Alter ab 14 Jahren, welche Medien sie mehrmals in der Woche nutzen.

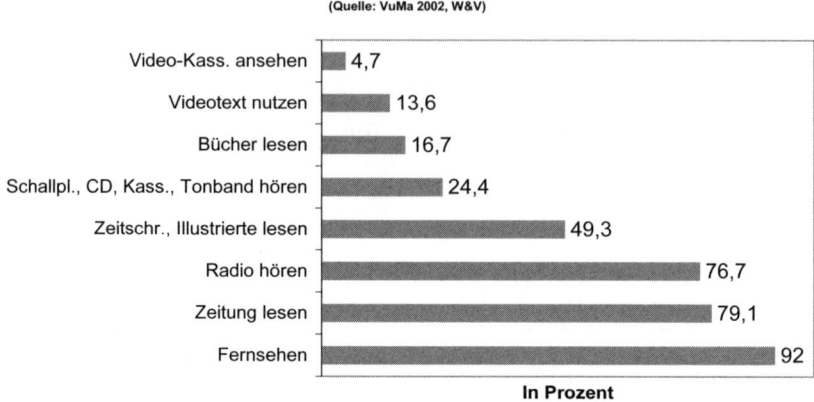

**Welche Medien nutzen Deutsche mehrmals wöchentlich?**
(Quelle: VuMa 2002, W&V)

- Video-Kass. ansehen: 4,7
- Videotext nutzen: 13,6
- Bücher lesen: 16,7
- Schallpl., CD, Kass., Tonband hören: 24,4
- Zeitschr., Illustrierte lesen: 49,3
- Radio hören: 76,7
- Zeitung lesen: 79,1
- Fernsehen: 92

**In Prozent**

*Das Fernsehen steht an der Spitze der Nutzungshäufigkeit. Neun von zehn Deutschen schauen mehr als ein Mal die Woche TV. Dagegen beschäftigt sich nur knapp jeder Zweite mit Zeitschriften. Die Tageszeitung wird mehr beachtet: Zu ihr greifen acht von zehn Personen mehrmals wöchentlich .*

## 1.5.6 Die beliebtesten Zeitschriftentypen

Die Verbraucher- und Medienanalyse 2002 erforscht ebenso, welche Zeitschriften in der Beliebtheitsskala der Deutschen ganz oben stehen.

Fernsehzeitschriften werden demnach am häufigsten gelesen. Das Ergebnis der Umfrage  ist angesichts der hohen Fernsehnutzung und Auflagenzahlen dieser Hefte kaum verwunderlich. An zweiter und dritter Stelle liegen Nachrichtenmagazine und Frauenzeitschriften. Wirtschaftsmagazine schafften es immerhin auf den vierten Platz, obwohl ihnen die angespannte Wirtschaftslage am meisten zu schaffen machte – schließlich sanken mit dem Sturz der Aktienmärkte auch deren Auflagen.

**Frage: Welche Zeitschriftenarten haben Sie in den letzten drei Monaten gelesen? (Angaben in Prozent)**

| | |
|---|---|
| Fernsehprogrammzeitschriften | 87,9 |
| Aktuelle Zeitschriften und Magazine zum Zeitgeschehen, Gesellschaft und Politik | 72,7 |
| Frauenzeitschriften | 41,4 |
| Wirtschaftszeitschriften/-zeitungen | 25,6 |
| Rätselzeitschriften | 17,6 |
| Sportzeitschriften | 16,6 |
| Zeitschriften für Wohnen und Leben | 14,7 |
| Motorzeitschriften | 14,6 |
| Computer-Zeitschriften | 13,3 |
| Zeitschriften für Natur/Umwelt | 12,0 |
| Familien-/Elternzeitschriften | 11,6 |
| Zeitschriften für Wissenschaft/Technik/Kultur | 8,8 |
| Jugendzeitschriften | 8,4 |
| Lifestyle-/Stadtmagazine | 7,9 |
| Erotik-Zeitschriften | 5,3 |
| Kino-Zeitschriften | 5,2 |
| keine Angabe | 1,4 |

*Quelle: VuMA 2002, Werben & Verkaufen*

## 1.5.7 Die Mediennutzung gestern und heute

Eine Studie von Hypo Vereinsbank und Mercer Management geht auf die Zukunft der Medien ein. Hier untersuchten die Marktforscher unter anderem, wie viel Zeit die Deutschen früher für die Medien hatten und wie viel Ziel sie in der Zukunft dafür aufbringen werden.

Das Internet ist demnach der Gewinner der Zukunft. Immer mehr Menschen werden in ihrer Freizeit im weltweiten Netz surfen. Doch auch das Lesen wird nicht zu kurz kommen.

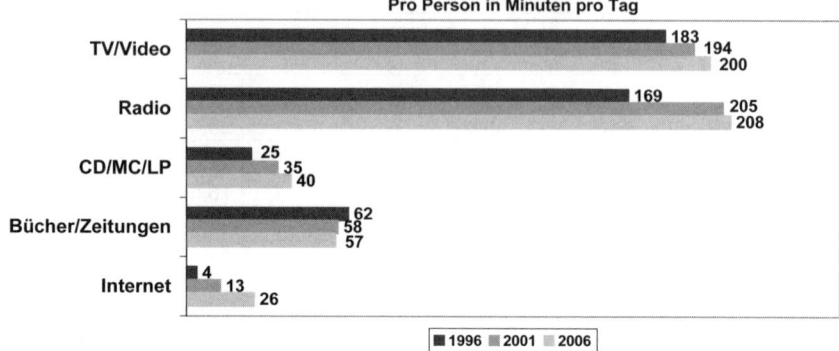

**Entwicklung des Zeitbudgets bei der Mediennutzung von 1996 bis 2006 in Deutschland**
(Quelle: Mercer Managament Consulting/Hypo Vereinsbank, Stand: Februar 2002, W&V)

*Das Internet ist der Gewinner der Zukunft. Es folgen Radio und Print.*

## 1.5.8 Die Ausgaben für Medien gestern und heute

Die gleiche Studie untersuchte zudem, wie viel Geld die Deutschen für Medien ausgegeben haben und künftig ausgeben werden.

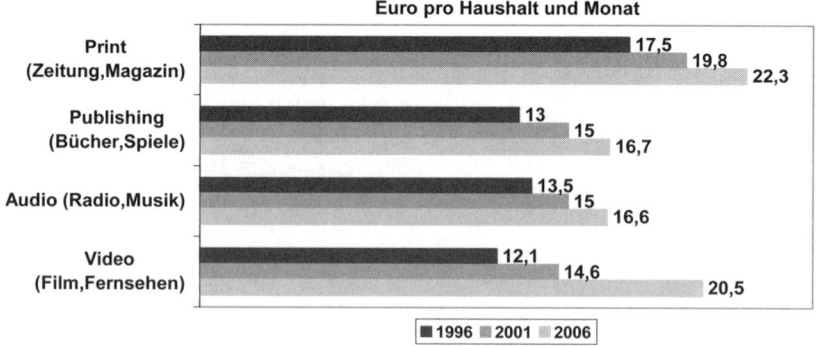

**Entwicklung monetäres Budget für Medien von 1996 bis 2006 in Deutschland**
(Quelle: Mercer Management Consulting/Hypo Vereinsbank, Stand: Februar 2002, W&V)

*Gute Nachrichten für Verlage: Die Menschen werden künftig noch mehr Geld für Bücher und Zeitschriften ausgeben.*

## 1.5.9 Die Auswirkungen des Internets

Dass der Internet-Boom Auswirkungen auf die Mediennutzung hat, ist mittlerweile jedem klar – schließlich sitzen viele in ihrer knappen Freizeit vorm Computer und nicht vor einer Zeitschrift. Die Frage ist jedoch, ob das World Wide Web die klassischen Medien verdrängen kann, wie viele dies befürchten. Die Studie „European Media Research/2" von AdLink, die 1.310 Internet-Nutzer in Europa befragt, kam dabei für Deutschland zu folgenden Resultaten

**In welche klassischen Medien wird aufgrund der Online-Kommunikation
weniger Zeit investiert?**
(Quelle: AdLink Internet Media Net, W&V)

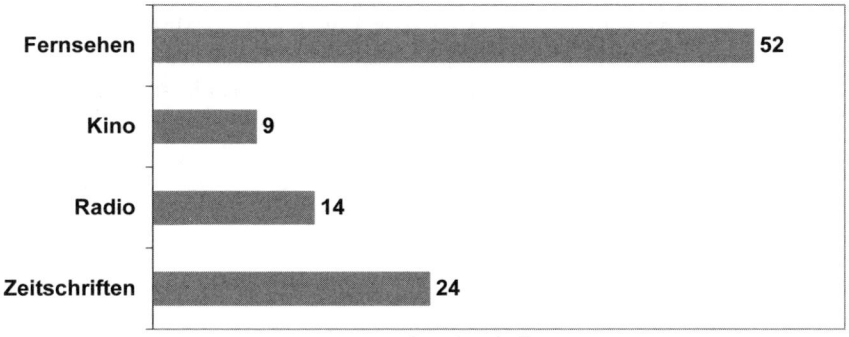

**Angaben in Prozent**

*Die stärksten Auswirkungen hat die Beliebtheit der Online-Medien auf die Fernsehnutzung. Die Deutschen verzichten auf das Fernsehschauen, um im Internet surfen zu können. Aber auch die Zeitschriften werden den Internetboom zunehmend merken. Marktforscher gehen davon aus, dass sich dieser Trend fortsetzt, da es dank fallender Tarife und neuer, schnellerer Techniken wie DSL immer preisgünstiger wird, im Internet zu surfen.*

## 1.6 Leseverhalten

Wenn jemand eine Zeitschrift zur Hand nimmt, wie beschäftigt er sich mit ihr? Liest er sie von vorne bis hinten oder von hinten nach vorne durch, überfliegt er nur die Überschriften oder betrachtet er nur die Bilder? Je besser die Redaktion das Verhalten ihres Publikums beim Durchlesen der Zeitschrift kennt, desto mehr kann sie bei der Gestaltung des Heftes darauf eingehen – das ist wiederum ein wichtiger Wettbewerbsvorteil.

## 1.6.1 Einflussfaktoren

Wie das Publikum eine Zeitschrift nutzt, hängt von vielen Faktoren ab. Entscheidend ist beispielsweise, um welche Zeitschrift es sich handelt. Der Leser schaut sich in der Regel Fachzeitschriften, die er für seine berufliche Fortbildung benötigt, oder Publikumszeitschriften, die er sich zur Entspannung gekauft hat, genauer an als die Kundenzeitschrift, die ihm die Verkäuferin des Drogeriemarkt beim letzten Einkauf in die Hand gedrückt hat. Auch die Themengebiete, die Qualität der Artikel und der Umfang einer Zeitschrift beeinflussen das Leseverhalten: Interessieren den Leser die Artikel, wird er sie lesen. Kommen die Artikel jedoch nicht auf den Punkt, blättert das Publikum weiter.

Ein wichtiger Einflussfaktor ist auch die Zeit: Wie viel Zeit steht dem Leser zur Verfügung und wann liest er die Zeitschrift. Während der Mittagspause liest er etwa weniger intensiv als abends zur Entspannung. Das Leseverhalten wird zudem von dem Ort, wo die Zeitschrift gelesen wird, beeinflusst: In der Straßenbahn liest man hektischer als auf einer langen Bahnreise.

## 1.6.2 Die Lesearten

Es gibt zwei Grundarten, eine Zeitschrift zu lesen:

**Das Durchblättern:** Viele Leser blättern eine Zeitschrift nur durch, meist zur ersten Orientierung. Sie suchen dabei nach keinem speziellen Thema oder nach einer bestimmten Rubrik. Wenn ihnen eine Überschrift oder ein Bild ins Auge fällt, lesen sie den Beitrag.

**Die Lesephase:** Einige lesen die Zeitschrift genau durch, suchen gezielt nach Informationen. Sie nutzen dazu das Inhaltsverzeichnis. Meist wissen sie, in welcher Rubrik die für sie interessanten Beiträge zu finden sind und schlagen diese Seiten gezielt auf. Die modeinteressierte Frauenzeitschriftenleserin wird beispielsweise zuerst die Modeseiten aufschlagen. Die Lesephase beginnt oft, nachdem die Leser das Heft bereits kurz durchgeblättert haben.

Diese beiden Grundarten, eine Zeitschrift zu lesen, werden natürlich meist vermischt. Das bedeutet: Ein Leser sucht sich gezielt Beiträge, beispielsweise in dem Aktuell-Ressort, den Rest der Zeitschrift blättert er nur durch und bleibt dann bei dem ein oder anderen Artikel hängen.

Welche Grundart bei der Nutzung von Zeitschriften überwiegt, hängt von den verschiedenen Einflussfaktoren (siehe oben) ab. Allgemein werden Zeitschriften jedoch genauer und gezielter gelesen als Zeitungen. Der Grund: Zeitschriften haben nicht so ein breites Themenspektrum wie Zeitungen. Die Hausfrau überblättert bei Zeitungen zum Beispiel den kompletten Sportteil. Zeitschriften werden dagegen gezielt gekauft oder abonniert, weil sich das Publikum für eine bestimmte Thematik interessiert.

Darüber hinaus werden Zeitschriften oftmals zur Entspannung gelesen, während Zeitungen morgens schnell überflogen werden, um über die wichtigsten Neuigkeiten informiert zu werden.

Der Zeitschriftenmacher muss beide Grundtypen des Lesens berücksichtigen. Für Leser, die gezielt nach Informationen suchen, muss das Heft klar strukturiert und übersichtlich sein. Ein gut aufgebautes Inhaltsverzeichnis, in dem besondere Beiträge hervorgehoben werden, ist ebenso Pflicht. Der Leser, der das Heft überfliegt, muss dagegen beispielsweise mit faszinierenden Bildern oder außergewöhnlichen Schlagzeilen neugierig gemacht werden.

## 1.6.3 Der Leseverlauf

Eine Zeitschrift ist vollgepackt mit Artikeln, die Journalisten oftmals mit Herzblut geschrieben haben. Umso frustrierender und überraschender ist es für manchen Redakteur zu hören, dass nur wenige der Texte überhaupt gelesen werden. Der Leser wählt die Artikel in drei Stufen aus:

1. **Beachtung des Beitrags:** Der Leser muss in der Flut der Beiträge den einzelnen Artikel überhaupt bemerken. Dazu muss der Artikel durch einen guten Aufmacher – ein Foto, eine Illustration oder eine Infografik – oder eine große und gute Schlagzeile auffallen.

2. **Kurzes Anlesen:** Nur wenn ihm der Aufmacher oder die Schlagzeile gefällt, wird er diese genauer betrachten. Er liest die Bildunterschriften und schließlich Überschrift, gegebenenfalls Unterüberschrift und den Anlauftext.

3. **Lesen des Textes:** Erst wenn den Leser das Anlesen des Artikels neugierig gemacht hat, liest er weiter. Satz für Satz droht die Gefahr, dass der Leser aus dem Artikel aussteigt, weil die Konzentration nachlässt oder ihn die Geschichte nicht mehr interessiert. Je länger der Beitrag, desto höher ist auch die Wahrscheinlichkeit, dass der Leser abbricht.

Es gibt verschiedene Forschungen darüber, wie viel Prozent der Leser einen Artikel überhaupt wahrnehmen, wie viele ihn anlesen und wie viele ihn überhaupt zu Ende lesen.

Die Studien bringen relativ ähnliche Erkenntnisse: Je nach Zeitschrift werden vom Leser nur ein Viertel bis die Hälfte der Beiträge überhaupt bemerkt, den Vorspann betrachten zehn Prozent bis maximal 12 Prozent aller Leser, den Text liest davon wieder nur ein kleiner Teil, circa ein bis zwei Prozent, noch weniger lesen ihn zu Ende.

Diese Erkenntnisse, so bitter sie auch für so manchen Redakteur sind, sollten die Blattmacher für sich nutzen. Es gilt nicht nur, den Leser auf einen Artikel durch ungewöhnliche Bebilderung oder Schlagzeilen aufmerksam zu machen. Wichtig ist auch der Vorspann, da durch ihn Leser in den Artikel gezogen werden. Der Leser muss während des ganzen Artikels bei Laune gehalten werden.

Der Trend geht dazu, dass Zeitschriften lange Texte in mehrere Teileelemente (Infokästen, Kurzinterview, Grafiken etc. ) zergliedern. Die portionierten Happen werden von dem Publikum oftmals lieber gelesen. Das bedeutet jedoch nicht, dass keiner mehr einen langen Text lesen möchte. Forschungen haben ergeben, dass auch lange Texte nicht weniger intensiv genutzt werden wie kurze Texte. Das hat auch seinen Grund: Im Gegensatz zu Zeitungen bieten Zeitschriften mehr Hintergrundgeschichten, Reportagen etc. - Texte, die den Leser unterhalten und ihn informieren. Auch wird mit einem langem Text dem Leser suggeriert, dass dieser Text wichtig ist. Lange Texte gehören also unbedingt in eine Zeitschrift, solange sie spannend geschrieben sind. Doch nicht ausschließlich - Zeitschriften leben durch ihre ausgewogene Mischung.

## 1.6.4 Der Blickverlauf des Lesers

Für Blattmacher ist es auch wichtig zu wissen, wie der Blick des Lesers über eine Zeitschriftenseite schweift. Sie können so Erkenntnisse darüber gewinnen können, wie eine Seite aufgebaut werden muss, damit sie vom Leser überhaupt bemerkt wird und damit sie ihn fasziniert.

Der Blickverlauf beim Lesen einer Zeitung oder Zeitschrift ist, wie viele Studien bestätigen, bei allen Menschen nahezu gleich: Schlägt der Leser eine Zeitschrift auf, bleibt sein Blick in der Regel beim Aufmacherbild hängen. Je größer, aussagekräftiger und emotionaler das Bild ist, desto wahrscheinlicher ist es, dass der Leser zuerst nur dieses Bild betrachtet. Das gilt sowohl für Fotos, Grafiken oder Illustrationen. Sind mehrere Bilder auf der Seite, wandert sein Blick vom Aufmacherbild zum nächst größeren Bild.

Anschließend betrachtet der Leser die Bildunterschrift. Er sucht hier nach Informationen und Erklärungen zu dem Bild, das ihn interessiert. Erst dann beschäftigt er sich mit dem restlichen Text. Dabei geht er von den großen zu den kleinen Elementen vor: Er liest zunächst die Überschrift, da die mit der größten Schrift abgedruckt ist. Erst dann wendet er sich der Unterüberschrift, dem Anlauftext und schließlich dem restlichen Text zu.

Außerdem gilt: Farbiges zieht in der Regel Blicke stärker auf sich als Schwarzweißes. Sind beispielsweise ein Farbbild und ein Schwarzweiß-Foto in der gleichen Größe auf einer Seite, wird der Leser sich in der Regel zuerst dem bunten Bild zuwenden.

Diese Erkenntnisse sollte sich eine Redaktionsmannschaft zunutze machen. Bilder sollten nicht nur zur Dekoration verwendet werden, sondern sie sollten gezielt die Beiträge aufbauen. Durch einen geschickten Seitenaufbau, kann man den Blick der Leser über die Seite führen. Ein großes Bild oben rechts, eine etwas kleinere Grafik links unten, und der Leser wird seinen Blick von rechts oben nach links unten schweifen lassen. Und eine weitere Regel: Da Artikel mit Bildern besser wahrgenommen werden als Beiträge, die nur aus Text bestehen, sollte auf Bilder nicht verzichtet werden. Große Bilder erregen mehr die Aufmerksamkeit als briefmarkengroße und aussagelose Bilder.

# Kapitel 2: Der Zeitschriftenmarkt

Der deutsche Zeitschriftenmarkt ist der größte und umfangreichste weltweit. In keinem anderen Land gibt es so viele Titel wie hier. Selbst große Nationen wie die USA haben nur einen Bruchteil der Zeitschriftenvielfalt des deutschen Marktes. Im Folgenden geben wir neben einem Überblick über den Gesamtmarkt Einblick in einige wichtige Teilmärkte.

## 2.1 Allgemeine Marktdaten

Bezieht man alle Zeitschriften in die Betrachtung mit ein, kommt man in Deutschland auf eine Zahl von über 10.000 Titeln. Es gibt ca. 1.200 Publikumszeitschriften, ca. 3.600 erfasste Fachzeitschriften sowie unzählige Verbandszeitschriften, Konfessionelle Zeitschriften und Kundenzeitschriften. Auch die ca. 1.800 Anzeigenblätter werden zu den Zeitschriften gezählt, obwohl dies aus der journalistischen Perspektive keinen großen Sinn macht.

Zum Vergleich: Die USA und Kanada kommen zusammen nur auf ca. 820 erfasste Titel, Großbritannien auf ca. 700.

Die Zeitschriften werden über die verschiedensten Wege an die Käufer gebracht. Pressegroßhandel, Abonnement, Lesezirkel, Werbender Buch- und Zeitschriftenhandel sind nur einige der Kanäle, die in diesem Buch noch ausführlich vorgestellt werden.

Der Pressegroßhandel ist bei den Publikumszeitschriften mit einem Anteil von ca. 54% der dominierende Vertriebskanal. Hier versorgen 82 Presse-Grossisten knapp 118.000 Presseverkaufsstellen in ganz Deutschland. 2001 betrug der Branchenumsatz laut Grossoverband beispielsweise 3,043 Milliarden Euro zu Abgabepreisen an den Einzelhandel, 2002 lag der Umsatz einige Prozentpunkte darunter.

Die belieferten Einzelhandelsbetriebe gehören den unterschiedlichsten Geschäftsarten an: vom Kiosk über das Pressefachgeschäft bis hin zum Supermarkt und Discounter. Für die bundesweite Belieferung aller Presseeinzelhändler legen die Grosso-Auslieferungsfahrzeuge täglich etwa 350.000 km zurück, das sind bei ca. 300 Verkaufstagen rund 105 Millionen gefahrene Kilometer pro Jahr.

Nach Stand vom 1. April 2003 werden ca. 4.000 Titel über das Pressegrosso und den Presseeinzelhandel vertrieben, das regelmäßige Präsenzsortiment liegt bei ca. 1850 Titeln. An einzelnen international geprägten Standorten kann das Sortiment auch bis zu 6.000 Titel umfassen.

Bei den Fachzeitschriften dominiert naturgemäß das Abonnement, da die meisten nur über diesen Weg zu beziehen sind. Kundenzeitschriften werden größtenteils in Geschäften mitgenommen und ohne Aufforderung per Post zugeschickt, nur zu einem geringen Teil werden sie nach Aufforderung per Post oder digital zugesandt.

Der Marktanteil der Zeitschriften im Werbemarkt der klassischen Medien stellt sich wie folgt dar:

**Marktanteil der klassischen Medien im Werbemarkt 2002**
**(Quelle: Nielsen Media Research)**

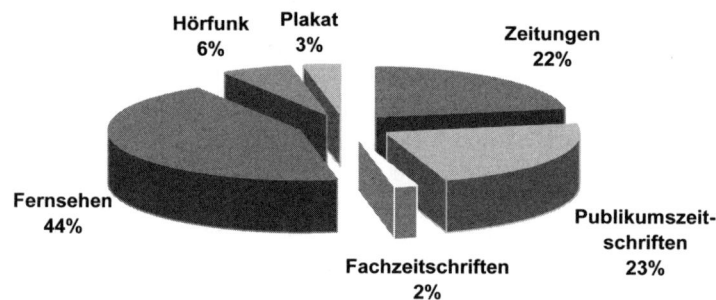

*Anzeigenkunden schalten Werbung bevorzugt in Fernsehen und Publikumszeitschriften. In Fachzeitschriften wird dagegen weniger häufig geworben.*

## 2.2 Der Markt der Publikumszeitschriften

Nahezu jede Thematik, jedes Hobby und jede Interessenslage wird in einer oder mehrerer der vielen tausend Publikumszeitschriften behandelt. Es gibt General Interest-, Special Interest- und Very Special Interest- Titel. Neben einem allgemeinen Überblick gibt dieses Kapitel einen Einblick in die wichtigen Teilbereiche Männermarkt, Frauenmarkt und Programmzeitschriftenmarkt.

### 2.2.1 Marktübersicht

Laut der Informationsgemeinschaft zur Feststellung der Verbreitung von Werbeträgern (IVW) ist die Gesamtanzahl der bei der Institution gemeldeten Publikumszeitschriften in den letzten Jahren relativ stabil. Einer großen Anzahl von Neuerscheinungen stehen auch relativ hohe Einstellungsquoten von Titeln gegenüber, so dass nur der jeweilige Saldo gezählt wird.

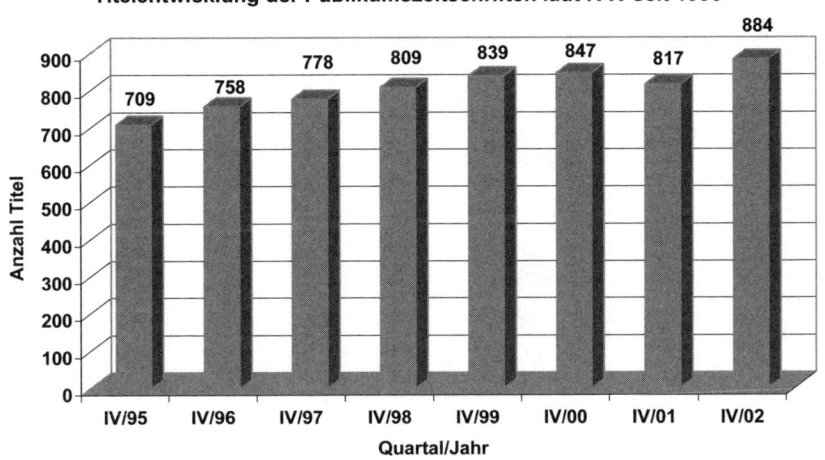

**Titelentwicklung der Publikumszeitschriften laut IVW seit 1995**

*Die Anzahl der in der IVW gemeldeten Publikumszeitschriften steigt seit 1995 stetig.*

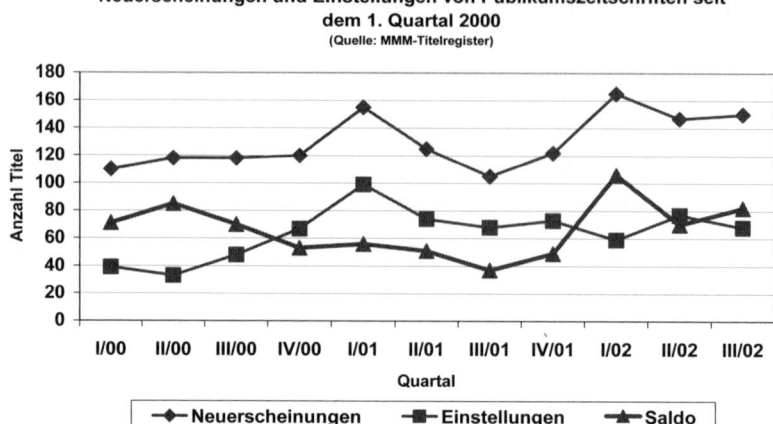

**Neuerscheinungen und Einstellungen von Publikumszeitschriften seit dem 1. Quartal 2000**
(Quelle: MMM-Titelregister)

*Trotz der schwierigen Wirtschaftslage bringen die Verlage jedes Jahr nach wie vor eine Vielzahl an Publikumszeitschriften auf den Markt. Gleichzeitig müssen jedoch viele Hefte wieder aufgeben.*

Auch die Auflagenentwicklung kann trotz diverser Schwankungen in der Summe als relativ konstant bezeichnet werden.

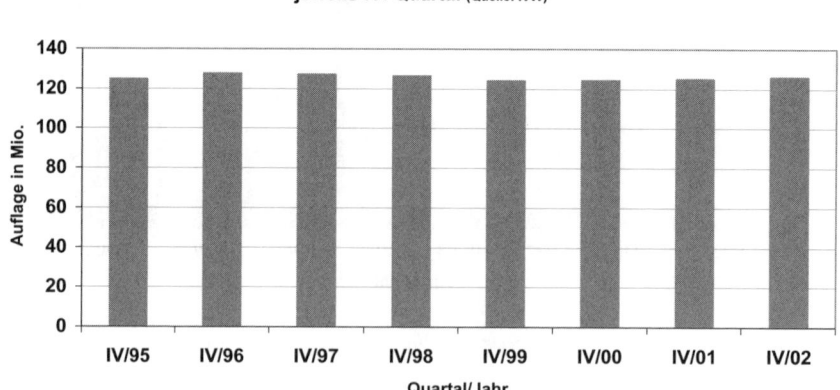

**Auflagenentwicklung der Publikumszeitschriften seit 1995, jeweils IV. Quartal** (Quelle: IVW)

*Die verkaufte Auflage aller Publikumszeitschriften ist seit Jahren stabil.*

Die beiden folgenden Darstellungen geben einen Überblick über die Höhe der
Brutto-Anzeigenumsätze und der verkauften Auflage der jeweiligen Publikums-
zeitschriftengattungen.

**Brutto-Anzeigenumsätze von Zeitschriftengattungen in Millionen Euro**

| Gattung | Anzeigenumsatz 2001 | Anzeigenumsatz 2002 | Saldo 2002/2001 |
|---|---|---|---|
| Aktuelle Magazine | 926 | 885 | − 41 |
| Frauenzeitschriften | 749 | 739 | − 10 |
| Programmzeitschriften | 523 | 540 | + 17 |
| Kultur/Natur/Wissen | 468 | 387 | − 81 |
| Motorpresse | 273 | 265 | − 8 |
| Wirtschaftspresse | 362 | 251 | − 111 |
| Wohnen/Leben | 226 | 208 | − 18 |
| Sportzeitschriften | 150 | 157 | + 7 |
| Lifestyle Zeitschriften | 131 | 93 | − 38 |
| Jugendzeitschriften | 84 | 75 | − 9 |
| Kundenzeitschriften | 67 | 64 | − 3 |
| Familienzeitschriften | 63 | 61 | − 2 |
| Erotikzeitschriften | 13 | 14 | + 1 |
| Zeitungsmagazine | 10 | 8 | − 2 |

*Quelle: Nielsen Media Research*

**Durchschnittliche pro Ausgabe verkaufte Auflage ausgewählter
Zeitschriftengattungen im 1. Quartal 2003** (Quelle: IVW)

*Programm- und Motorhefte verbuchten im ersten Quartal 2003 die höchsten Auflagen.*

In Deutschland sind die drei größten Publikumszeitschriften nach Marktumsatz (Vertriebs- und Anzeigenumsatz) „Stern", „Spiegel" und „Focus". Es folgen die „Bild am Sonntag", „TV Spielfilm" und „Hörzu". In den TOP 15 der Publikumszeitschriften nach Marktumsatz in Mio. Euro finden sich viele Programm- und Frauenzeitschriften:

**Marktumsatz der größten Publikumszeitschriften laut IVW**

| Titel | Marktumsatz 2001 (in Mio. Euro) | Marktumsatz 2002 (in Mio. Euro) | Verkaufte Hefte pro Ausgabe (IVW 1.Quart. 2003) |
|---|---|---|---|
| Stern | 384 | 368 | 1.141.293 |
| Der Spiegel | 344 | 365 | 1.123.803 |
| Focus | 259 | 299 | 790.751 |
| Bild am Sonntag | 237 | 251 | 2.193.390 |
| TV Spielfilm | 195 | 202 | 2.025.640 |
| Hörzu | 189 | 187 | 1.879.010 |
| TV Movie | 175 | 179 | 2.228.296 |
| Brigitte | 154 | 157 | 874.405 |
| Bunte | 157 | 145 | 758.638 |
| Bild der Frau | 135 | 133 | 1.615.241 |
| tv Hören und Sehen | 140 | 130 | 1.414.370 |
| Freundin | 109 | 115 | 504.875 |
| auf einen Blick | 108 | 106 | 1.768.159 |
| Wirtschaftswoche | 73 | 98 | 195.892 |
| Neue Post | 97 | 97 | 1.165.477 |

*Quelle: kress report, IVW, Nielsen Media Research*

Die TOP 10 der deutschen Verlage wird dominiert von den Großverlagen Gruner und Jahr, Burda, Axel Springer, Bauer Verlag, Spiegel Verlag, Verlagsgruppe Milchstraße, Vereinigte Motorverlage, Jahreszeiten Verlag, GWP und Condé Nast.

Die folgenden Abbildungen zeigen, welche Bruttoanzeigenumsätze die zehn Großverlage im Jahr 2002 erzielen konnten und welche Marktanteile am Gesamtanzeigenumsatz diese hatten:

**Bruttoanzeigenumsatz der Großverlage 2002 in Mio. Euro**
(Quelle: G+J Werbetrend Jan.-Dez. 2002)

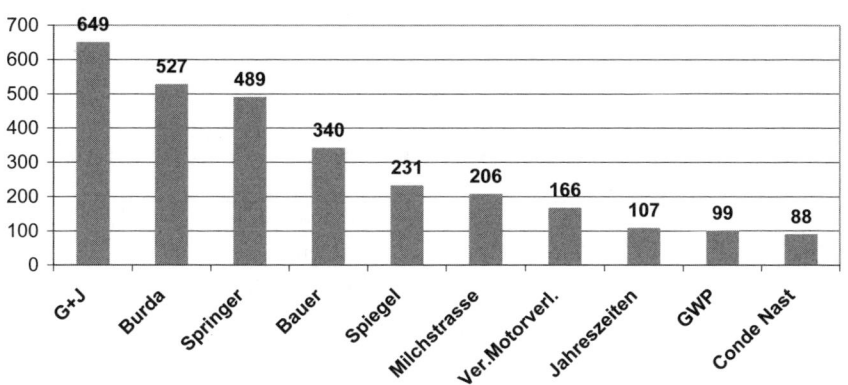

**Marktanteil der Großverlage 2002 in %**
(Quelle: G+J Werbetrend Jan.-Dez. 2002)

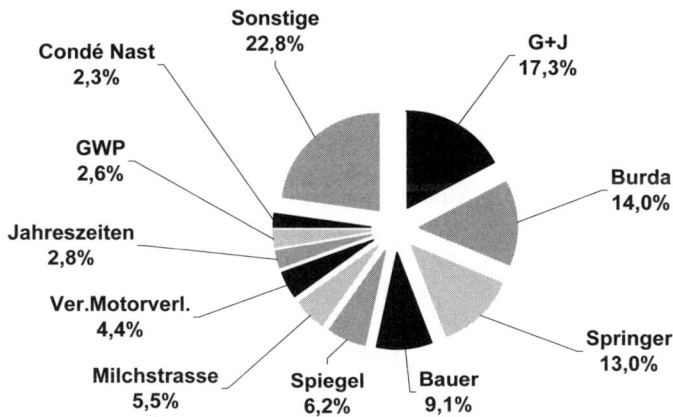

*Spitzenreiter bei den Anzeigenumsätzen war 2002 Gruner und Jahr. Der Hamburger Verlag hat in der Zeitschriftenlandschaft auch die höchsten Marktanteile.*

## 2.2.2 Der Männerzeitschriftenmarkt

Der Männerzeitschriftenmarkt wird im Wesentlichen von den Magazinen „Maxim", „GQ", „Max", „Men's Health", „Playboy" und „FHM" bestritten.

**Verkaufte Auflage der Männerzeitschriften (laut IVW)**

| Titel | Verkauf lt. IVW I/2003 | Verlag |
|---|---|---|
| Maxim | 273.578 | Axel Springer |
| GQ | 152.386 | Condé Nast |
| Max | 269.266 | Milchstraße |
| Men's Health | 250.195 | Rodale Motor-Presse |
| Playboy | 293.536 | Burda |
| FHM | 209.001 | Attic Futura |
| Men Active | Neu seit April 2003 (Verkauf ca. 80.000 Expl.) | Attic Futura |
| Penthouse | Neu im Juli 2003, bereits eingestellt (34.000 Expl.) | Publitas Verlag |

*Quelle: kress report, IVW, Nielsen Media Research*

Seit Ende 2002 ist wieder etwas Bewegung in den Männermarkt gekommen. Anfang 2003 wechselte die Lizenz für den „Playboy" vom Bauer Verlag zu Burda. Im 1. Quartal 2003 konnte das Heft seine Auflage im Vergleich zum selben Zeitraum des Vorjahres um 22,3%, im Vergleich zum Vorquartal gar um 82,3% steigern.

Im April 2003 brachte der Attic Futura Verlag den neuen Titel „Men Active" auf den Markt, um „Men's Health" anzugreifen. Auch hier wurden von Beginn an beachtliche Erfolge erzielt. In einem Interview mit den Autoren dieses Buches erklärt der Stellvertretende Geschäftsführer des Verlags, Sven Schrader, die Motivation, den Titel zu launchen: „Uns ist aufgefallen, dass das ursprünglich viel stärker fitnessorientierte „Men's Health" sich thematisch und von der Zielgruppenansprache her immer mehr unserem Titel „FHM" angeglichen hat. Da „Men's Health" aber ein stark nutzwertorientierter Männertitel ist, der qua eigener Definition unter anderem einen Schwerpunkt als Ratgeber für die Leser hat, sahen wir hier einen gewissen Widerspruch zu der mehr und mehr „FHM"-typischen ironischen und weniger ratgebertypischen Leseransprache. So entstand unserer Meinung nach eine Lücke, die es zu füllen gab. Und so entstand die Idee zu „Men Active", unserem Lifestyle- und Fitnesstitel für Männer."

Im Juli 2003 schließlich lag nach einjähriger Pause das Magazin „Penthouse"
wieder an den Kiosken. Der Jungverleger Benjamin Wördehoff hatte die Lizenz
übernommen, nachdem Vorgänger Carlo Frey jr. im Jahr zuvor wegen rapide
sinkender Auflage das Handtuch geworfen hatte. Aus dem selben Grund musste
allerdings auch Wördehoff das Heft noch Ende 2003 wieder einstellen.

Ein starker Verteilungskampf besteht im kleinen Subsegment der Mode-
Specials für Männer. Dort drängeln sich „Men's Health Best Fashion", „GQ
Style", „FHM Collections", „Maxim Fashion" und „Amico".

## 2.2.3 Der Frauenzeitschriftenmarkt

Einer der größten Teilmärkte bei den Publikumszeitschriften ist der Markt der
Frauenzeitschriften. In den Segmenten der wöchentlichen, 14-täglichen und
monatlichen Frauenmagazine tummeln sich mehr als 60 Titel.

Kein anderer Markt ist so umkämpft, aber auch so innovativ und wechsel-
haft. Die Änderungen von Formaten, Erscheinungsweise und Preis stehen im
Vordergrund. Pocket-Magazine liegen besonders im Trend.

Auffällig bei den Frauenzeitschriften war 2003 vor allem der Bereich der 14-
täglichen Hefte. Während sich jahrelang die vier großen Magazine „Brigitte",
„Freundin", „Für Sie" und „Journal für die Frau" die Königsklasse geteilt haben, stellte das bis dahin monatlich erscheinende Magazin „Glamour" von Condé Nast seine Erscheinungsweise ab Mai 2003 mit großem Erfolg auch auf 14-
täglich um. Im Januar 2003 startete der Klambt-Verlag seine wöchentliche Frauenzeitschrift „Piccola". Seit April 2003 erscheint auch diese 14-täglich. Bereits
im Oktober 2002 launchte Gruner & Jahr den Titel „Woman", ebenfalls 14-
täglich.

**Verkaufte Auflage der 14-täglichen Frauenzeitschriften (laut IVW)**

| Titel | Verkauf I/2001 | Verkauf I/2002 | Verkauf I/2003 |
|-------|---------------|---------------|---------------|
| Brigitte | 961.504 | 863.435 | 874.405 |
| Freundin | 602.684 | 599.864 | 504.875 |
| Für Sie | 589.566 | 524.914 | 491.547 |
| Journal f. d. Frau | 428.803 | 410.618 | 381.592 |
| Woman | - | - | 295.000 |
| Glamour | - | 403.812 | 539.063 |
| Piccola | - | - | 153.240 |

*Quelle: IVW, G+J*

## 2.2.4 Der Programmzeitschriftenmarkt

Besonders zu erwähnen ist auch der Markt der Programmzeitschriften. In Deutschland kann der TV-Zuschauer aus einer Vielzahl von Programmie-Varianten wählen. Es gibt wöchentliche Titel, 14-tägliche, 4-wöchentliche. Zudem gibt es hochwertige Premiummagazine, Mittelklasse-Modelle, preiswerte und kostenlose Hefte.

Hierzulande gibt es etwas mehr als ein Dutzend Publikumszeitschriften, die Auflagenmillionäre sind. Allein neun davon sind Programmzeitschriften. In keiner Zeitschriftengattung hat es seit Beginn der Neunziger Jahre so viele hochauflagige Neuerscheinungen gegeben. Gleichzeitig finden sich hier einige der ältesten Zeitschriften in Deutschland: „Hörzu" von Springer, „TV Sehen und Hören" von Bauer und „Funk Uhr" von Springer sind seit mehr als 50 Jahren auf dem Markt.

Bis 1990 galt für Programmzeitschriften die wöchentliche Erscheinungsweise quasi als Gesetz, bis „TV Spielfilm" (Milchstrasse) das Segment der 14-täglichen Titel etablierte, das sich schnell mit „TV Movie" (Bauer) und „TV Today" (G+J) aufstockte und vor allem bei jüngeren Lesern Anklang fand.

Konkurrenz bekommen die großen Fernsehzeitschriften gerade in wirtschaftlich angespannten Zeiten von den kostenlosen Supplements aus der Tageszeitung oder auch von Titeln wie dem Karstadt-Heft „TV Karstadt", dass man für nur 50 Cent im Kaufhaus mitnehmen kann.

Im Anzeigenmarkt sind die Programmzeitschriften relativ beliebt, da kaum eine andere Gattung die Leser so bindet. Denn jede Programmzeitschrift hat aufgrund ihrer ganz eigenen Aufmachung feste und treue Leser, die sich auf keine andere Heftstruktur einlassen wollen.

**Reichweiten der Programmzeitschriften (laut MA 2003/I)**
**Zielgruppe: Gesamtbevölkerung ab 14 Jahre**

| Titel | Reichweite MA 2003/I in Mio. |
|---|---|
| Hörzu | 5,42 |
| Auf einen Blick | 3,93 |
| TV Hören und Sehen | 3,70 |
| Fernsehwoche | 2,79 |
| Gong plus Bild und Funk | 2,67 |
| Funk Uhr | 2,46 |
| TV Klar | 1,33 |

| Titel | Reichweite MA 2003/I in Mio. |
|---|---|
| Bildwoche | 1,06 |
| TV Neu | 0,79 |
| Super TV | 0,75 |
| Die Zwei | 0,35 |
| TV Movie | 6,95 |
| TV Spielfilm | 6,87 |
| TV 14 | 2,94 |
| TV Today | 2,70 |
| TV Direkt | 1,59 |
| Premiere | 2,72 |
| RTV (Supplement) | 10,50 |
| Prisma (Supplement) | 8,74 |
| BWZ (Supplement) | 3,25 |
| IWZ (Supplement) | 2,84 |

*Quelle: MA 2003/I*

## 2.3 Der Fachzeitschriftenmarkt

Der Umsatz der Fachzeitschriften lag 2002 mit knapp 1,9 Milliarden Euro (ca. 900 Mio. im Vertrieb und 1 Milliarde bei den Anzeigen) ca. 5 Prozent unter dem Vorjahr. Damit setzt sich der Trend der letzten Jahre fort. Dieser Rückgang ist allein auf das Anzeigengeschäft zurückzuführen. Die Vertriebsumsätze hingegen konnten sogar leicht gesteigert werden. Die gesamte verbreitete Auflage der Fachzeitschriften ging 2002 um knapp drei Prozent auf 464 Millionen Exemplare zurück, von denen etwa 54 Prozent zur verkauften Auflage gehörten. Nach einer Mitgliederbefragung der deutschen Fachpresse, in der ca. 500 Fachverlage organisiert sind, erwarten 25 Prozent der deutschen Fachverleger für das Jahr 2003 ein besseres Ergebnis als 2002, 43 Prozent erwarteten eine allmähliche Stabilisierung und 32 Prozent rechneten abermals mit einem schlechteren Ergebnis (Quelle: Deutsche Fachpresse/Fachpresse Statistik 2002).

**Entwicklung der Fachpresse-Auflagen**
(Quelle: Deutsche Fachpresse/Fachpresse-Statistik 2002)

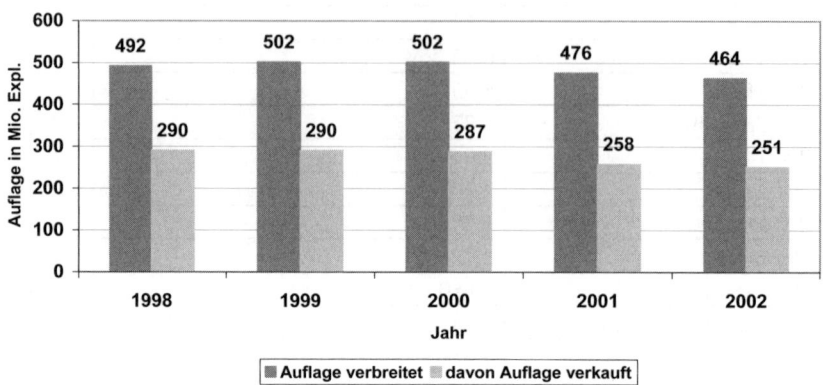

**Entwicklung der Fachpresse-Gesamtumsätze**
(Quelle: Deutsche Fachpresse/Fachpresse Statistik 2002)

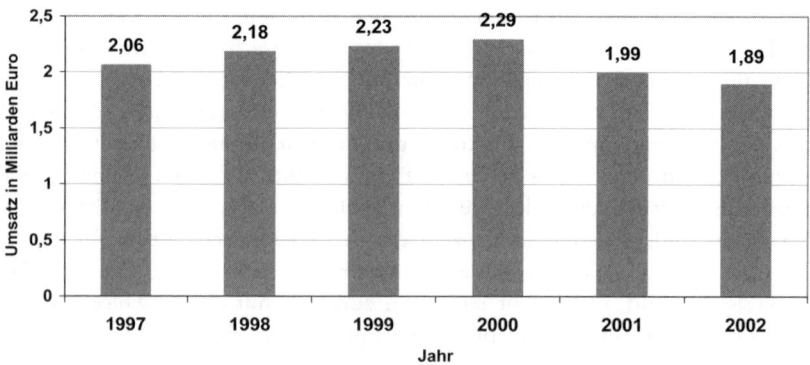

*Fachzeitschriften mussten in den vergangenen Jahren einen leichten Rückgang ihrer verbreiteten und verkauften Auflagen verbuchen. Auch die gesamten Umsätze aus Verkauf und Anzeigen sanken unter die Zwei-Milliarden-Euro-Grenze.*

2002 gab es in Deutschland schätzungsweise 3.563 Fachtitel und damit etwa zwei Prozent weniger als im Vorjahr. 82 im Jahr 2002 neu eingeführten Titeln standen 167 Titeleinstellungen gegenüber.

**Zahl der Fachzeitschriften**
(Quelle: Deutsche Fachpresse/Fachpresse Statistik 2002)

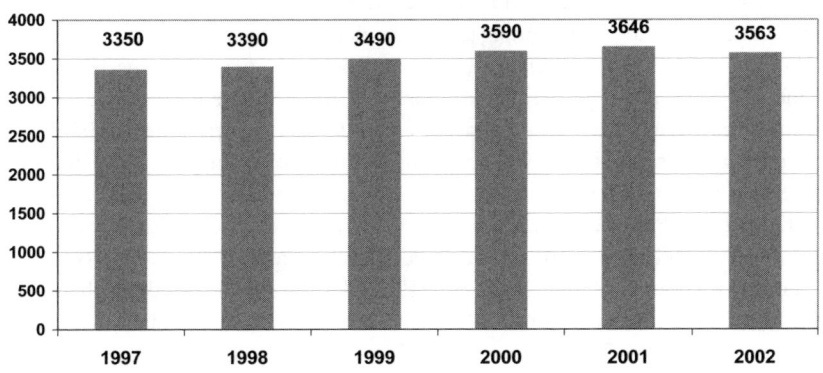

**Entwicklung Fachpresseumsatz und Zahl neuer Titel**
(Quelle: Deutsche Fachpresse/Fachpresse Statistik 2002)

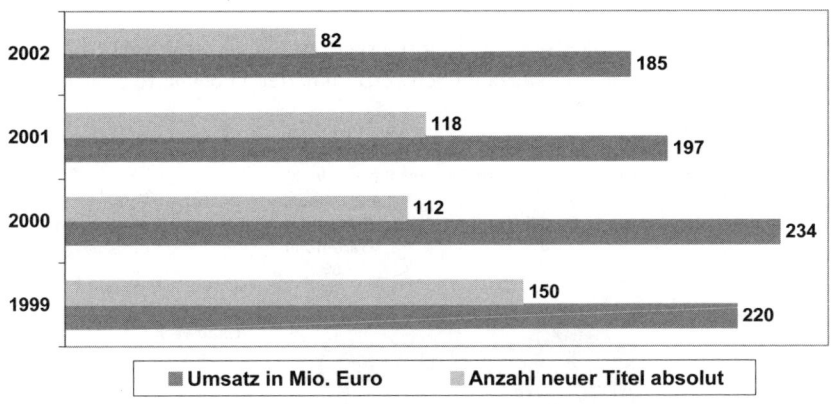

*Trotz sinkender Anzeigenumsätze stieg die Zahl der Fachzeitschriften in den vergangenen Jahren leicht an. Allerdings wurden in den wirtschaftlich schwierigen Jahren 2001 und 2002 weniger Titel auf den Markt gebracht als die beiden Jahre zuvor.*

In der Fachverlagsbranche ist der Trend erkennbar, mehr als nur das Heft anzubieten. Laut einem Bericht im „Horizont" 19/2003 sieht der Vertriebs- und
Fachverlagsexperte Volker Zanetti die Unternehmen im Handlungszwang: „Der
Fachverlag ist der Know-how-Träger seiner Branche. Mit diesen Kenntnissen
wäre es für die Unternehmen strafbar, nur ein Magazin anzubieten. Die Dienst-
leistungen der Verlagshäuser müssen sich noch viel mehr als das bisher der Fall
ist, ausdehnen auf Kundenmagazine für den Anzeigenpartner, Seminare als
Inhouse- wie als Externangebote, Verbandsbetreuung mit Geschäftsberichten,
Sonderheften und Jahresversammlungen bis hin zu Intranet-Content-
Konzepten. Doch auch Branchenstudien und –dienste wie Adressbücher oder
Daten-Infotools sowie Buchprogramme und Innovationspreise eröffnen Ni-
schenmärkte mit Potenzial."

Die vier größten Fachverlage in Deutschland waren 2002 Bertelsmann Sprin-
ger mit 731 Millionen Euro Umsatz, die Verlagsgruppe Georg von Holtzbrinck
Fachinformation mit 705 Millionen Euro Umsatz, der Süddeutsche Verlag
Hüthig Fachinformation mit 291 Millionen Euro Umsatz und die Weka-
Firmengruppe mit 278 Millionen Euro Umsatz. Bei den größten Fachverlagen in
Deutschland folgen dann die Wolters Kluwer Germany Holding, der Rudolf-
Haufe-Verlag, die Vogel-Medien-Gruppe, der Deutsche Ärzte-Verlag, der Ver-
lag C.H. Beck, die Verlagsgruppe Deutscher Fachverlag, die Rentrop-
Verlagsgruppe, der IDG Communications Verlag, die Thieme-Verlagsgruppe
sowie die Konradin-Verlagsgruppe.

Lässt man die Fachzeitschriften mit überwiegend wissenschaftlichen Inhalten
außer Acht, sehen die thematischen Schwerpunkte der Titel wie folgt aus:

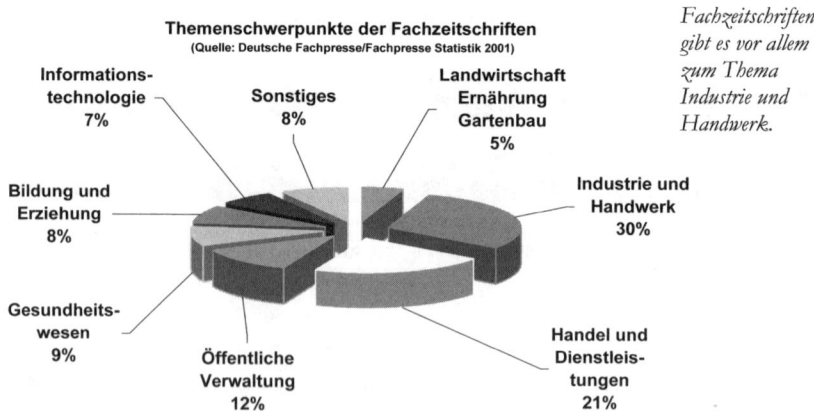

**Themenschwerpunkte der Fachzeitschriften**
(Quelle: Deutsche Fachpresse/Fachpresse Statistik 2001)

Informations-
technologie
7%

Sonstiges
8%

Landwirtschaft
Ernährung
Gartenbau
5%

Bildung und
Erziehung
8%

Industrie und
Handwerk
30%

Gesundheits-
wesen
9%

Öffentliche
Verwaltung
12%

Handel und
Dienstleis-
tungen
21%

*Fachzeitschriften
gibt es vor allem
zum Thema
Industrie und
Handwerk.*

## 2.4 Der Kundenzeitschriftenmarkt

Der Corporate-Publishing-Markt-Experte Bernd Jürgen Martini hat für 2002 einen Umsatz von 4,7 Milliarden Euro im Markt der Kundenzeitschriften errechnet. Dahinter stehen rund 3.000 Kundenmagazine und 1.200 Mitarbeiterzeitschriften. Die Gesamtauflage beträgt mehr als 400 Millionen Exemplare. Nach enormen Zuwächsen in den vergangenen Jahren musste sich die Branche 2002 mit einem Umsatzplus von 6% begnügen, für 2003 rechneten viele Unternehmen aber bereits wieder mit höheren Zuwächsen.

Der stark wachsende Markt hat immer mehr Anbieter dazu bewogen, in dieses Segment einzusteigen. Neben wenigen Großanbietern tummeln sich viele mittlere und kleine Agenturen in der noch jungen Branche. Die Zahl der CP-Dienstleister, die sich vom Spezialisten bis zur Fullservice-Agentur (Entwicklung bis Druck) positionieren, wird auf rund 1.800 geschätzt. Einige Anbieter sind Tochterfirmen oder Einheiten von Großverlagen wie WAZ, Ganske, Gruner & Jahr, Burda oder der Motorpresse. Mehrheitlich handelt es sich um junge, auf Corporate Publishing spezialisierte Dienstleister, Redaktions- und Grafikbüros sowie Werbe- und PR-Agenturen.

Einige Kundenmagazine machen sogar den etablierten Kiosktiteln Konkurrenz. So brachte der Kölner Film-Fachverlag in Zusammenarbeit mit G+J Corporate Media am 17. April 2003 die erste Ausgabe des kostenlosen Kinomagazins „Kino & Co" in die deutschen Lichtspielhäuser. Mit großformatigen Bildern und aufwändigem Layout wollten sie der Optik der Kaufmagazine wie Cinema oder Planet Movie in nichts nachstehen. Zum Start garantierte der Verlag seinen Anzeigenkunden eine verbreitete Auflage von 500.000 Exemplaren.

**Einige ausgewählte Kundenmagazine im Business-to-Business-Bereich**

| Magazin | Herausgeber | Produzierender Dienstleister |
|---|---|---|
| McK Wissen | McKinsey & Company | Brand eins Wissen GmbH & Co KG, Meiré und Meiré |
| Bulletin | Credit Suisse | Arnold Design |
| Planet | Lufthansa Cargo AG | PRH Hamburg Kommunikation |
| MTU Report | MTU Friedrichshafen | Screenshot |
| Mercedes Benz Transport | DaimlerChrysler AG, Nutzfahrzeuge | PRH Hamburg Kommunikation |
| Microsoft Mag. | Microsoft Deutschland | Yukom Medien GmbH |
| Cine Chart | ProSiebenSat1 Media AG | Inhouse |
| Print process | Heidelberger Druckmasch. AG | Folio medien gmbh |
| Bilfinger Berger magazin | Bilfinger Berger AG | folio medien gmbh |

**Einige ausgewählte Kundenmagazine im Business-to Consumer-Bereich**

| Magazin | Herausgeber | Produzierender Dienstleister |
|---------|-------------|------------------------------|
| Lufthansa Magazin | Deutsche Lufthansa AG | G+J Corporate Media |
| Condor Magazin | Thomas Cook AG | G+J Corporate Media |
| DB mobil | Deutsche Bahn AG | G+J Corporate Media |
| ADAC motorwelt | ADAC-Club e.V. | Magazine Factory |
| LivingBridges | Schering | Widera Kommunikation |
| easy living | RWE AG | Hoffmann und Campe Verlag |
| WOM Journal | WOM World of Music Prod.&Verlag | Medialust christiani medien |
| BMW Magazin | Bayerische Motoren Werke AG | Hoffmann und Campe Verlag |
| Audi MAGAZIN | AUDI AG | Corps Corporate Publishing |
| MINI International | Bayerische Motoren Werke AG | Hoffmann und Campe Verlag |

Apothekenhefte sind die am meisten gelesenen Kundenzeitschriften in Deutschland. Zu diesem Ergebnis kommt zumindest der „Mediaedge:CIA-Sensor", für den im Februar 2003 über 1.300 bevölkerungsrepräsentative Personen im Alter ab 14 Jahren persönlich befragt wurden.

86 Prozent der Umfrageteilnehmer haben nach eigenen Angaben bereits Apothekenzeitschriften gelesen, gefolgt von Zeitschriften der Krankenkassen (45 Prozent), der Supermärkte (44 Prozent), sowie von Drogerien und Parfümerien (40 Prozent).

Unterscheidet man nach Geschlecht, lesen Frauen vor allem in Zeitschriften von Drogerien und Frisören, während Männer bevorzugt zu Zeitschriften von Autohändlern und Vereinen oder Gewerkschaften greifen. Der Vergleich von West- und Ostdeutschland zeigt, dass Ostdeutsche unter anderem Zeitschriften von Baumärkten, Krankenkassen und Supermärkten stärker bevorzugen, während Westdeutsche eher Publikationen von Bäckereien, Banken, Bausparkassen, Drogerien, Frisören oder Glücksspielen konsumieren.

Befragt nach der Häufigkeit und Anzahl der Nutzung von Kundenzeitschriften gab mehr als ein Drittel der Umfrageteilnehmer an, mehrmals im Monat in Kundenzeitschriften zu blättern. 18 Prozent lesen zumindest ab und zu in vier bis fünf verschiedenen Kundenzeitschriften.

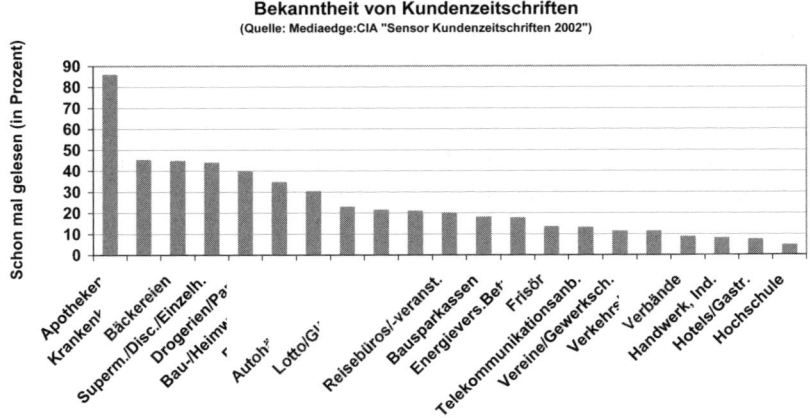

*Die Kundenzeitschriften von Apotheken, Krankenkassen, Bäckereien, Supermärkten und Drogerien werden am häufigsten gelesen.*

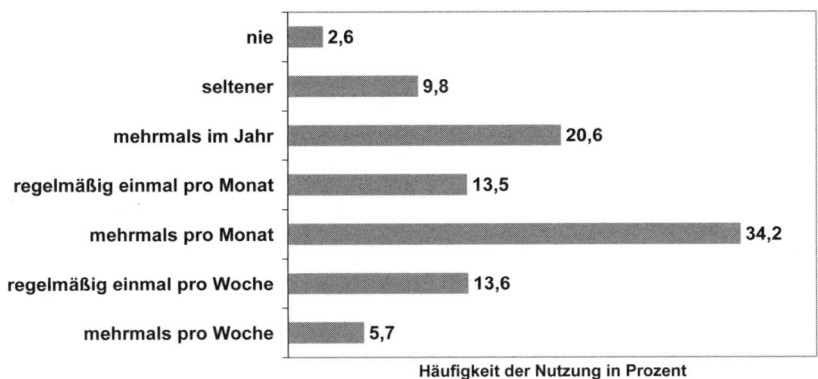

*Kundenzeitschriften sind beliebt: Über ein Drittel der Deutschen lesen mehrmals im Monat in diesen Heften.*

Der meist genannte Grund für das Lesen von Kundenzeitschriften ist mit 78 Prozent der kostenlose Zugang, gefolgt vom Interesse am Inhalt (56 Prozent), Erhalt von Unternehmensinformationen (53 Prozent) sowie einem hohen Informationsgehalt (45 Prozent). Insgesamt weisen die Deutschen eine positive Einstellung gegenüber Kundenzeitschriften auf: 69 Prozent gaben an, dass sie durch Kundenzeitschriften auf neue Produkte aufmerksam geworden sind, 55 Prozent empfinden die Artikel als sehr informativ und 46 Prozent halten sie für ein "willkommenes Service-Angebot" der Unternehmen.

# Kapitel 3: Die Redaktion

Zeitschriften entführen in eine andere Welt: Der Leser ist mitten drin im Starrummel, Models räkeln sich vor seinen Augen, er lauscht einem philosophischen Gespräch über den Sinn des Leben und ihm werden endlich einmal die wahren Hintergründe des Politikerskandals erzählt.

Bis diese Welt jenseits des Alltags jedoch am Kiosk verkauft werden kann, steckt sehr viel Arbeit dahinter: Exklusivgeschichten müssen aufgespürt, Artikel geschrieben, Models fotografiert und zum Schluss all diese Elemente perfekt zusammengeführt und layoutet werden. Das Redaktionsteam hat einiges zu tun, bis eine Zeitschrift druckreif fertiggestellt ist. Jeder hat dabei seine festgelegten Tätigkeits- und Verantwortungsbereiche. Die Mannschaft muss perfekt zusammenspielen – und zwar Woche für Woche, Monat für Monat. Die Arbeitsabläufe in der Redaktion müssen optimal organisiert sein.

Eine reibungslos funktionierende Organisation ist Voraussetzung für die Qualität eines Produktes; das gilt für jedes Unternehmen und auch für einen Verlag. Gute Organisation bedeutet für eine Redaktion, dass das Zeitschriftenteam optimal strukturiert ist und die Abläufe innerhalb der Redaktion perfekt aufeinander abgestimmt sind.

Die Organisationsform regelt, welcher Mitarbeiter welche Aufgaben übernehmen muss, welche Kompetenzen er hat und für was er verantwortlich ist. Sie legt Hierarchien fest und schränkt dadurch den Handlungsspielraum einzelner Mitarbeiter ein. Je besser das Redaktionsteam eingespielt ist, desto weniger wird die Heftproduktion durch Unsicherheit, Abstimmungsgespräche und Leerlauf gebremst. Das Ergebnis: eine bessere Heftqualität.

## 3.1 Funktionen und Berufsbilder in der Redaktion

Um eine Zeitschrift zu einem perfekten Ganzen aus Artikeln, Fotos und Grafiken zu machen, arbeiten Redaktionsmitarbeiter unterschiedlichster Tätigkeitsbereiche und Hierarchieebenen zusammen.

Schon in der obersten Managementebene entscheiden Verleger und Herausgeber über den redaktionelle Kurs eines Heftes. Sie mischen sich in der Regel zwar nicht in den Redaktionsalltag ein, schafft das Heft allerdings nicht die gewünschten Verkaufs- bzw. Abonnentenzahlen oder Anzeigenumsätze, sorgen sie für die Neuausrichtung der Zeitschrift.

Das Heft an sich wird vom Redaktionsteam sowohl inhaltlich als auch optisch gestaltet. Die publizistische Verantwortung für das Heft trägt der Chefredakteur. Um die Texte in einer Zeitschrift kümmern sich Textchef, Ressortleiter, Redakteure und freie Mitarbeiter. Mit dem Schreiben von Artikeln ist es jedoch nicht getan. Da bei den meisten Zeitschriften das Erscheinungsbild sehr wichtig ist, ist ein großer Teil der Redaktionsmitarbeiter für die Fotos, Grafiken und das Layout verantwortlich. Art Director, Grafiker und Layouter übernehmen diese Aufgaben. Für die perfekte Zusammenarbeit zwischen schreibender Zunft und dem gestaltenden Redaktionsteil, aber auch für die Kontrolle von deren Arbeiten sorgen der Chef vom Dienst und die Schlussredaktion.

Wie sich eine Redaktion organisiert, ist von Verlag zu Verlag unterschiedlich und hängt davon ab, wie viele Mitarbeiter beschäftigt sind, um welchen Zeitschriftentyp es sich handelt und welche Qualität die redaktionelle Berichterstattung, die Zeitschriftengestaltung und die technische Ausrüstung haben. Trotzdem halten sich viele Redaktionen an den Aufbau wie er im obigen Organigramm dargestellt ist. Bei kleineren Verlagen übernimmt oftmals eine Person mehrere Funktionen: Der Verleger ist dann etwa gleichzeitig der Chefredakteur; der Art Director ist in Personalunion gleichzeitig auch noch Grafiker, Layouter und Bildredakteur.

Die Redaktionsorganisation kann nur dann perfekt funktionieren, wenn jedes Mitglied klar zugewiesene Aufgaben und Kompetenzen hat. Viele Verlage arbeiten zwar mit unterschiedlichen Funktions- und Tätigkeitsbeschreibungen, doch folgende Einteilung ist die geläufigste:

**Verleger**
Der Verleger ist der Eigentümer des Verlags oder ein Bevollmächtigter der Eigentümer. Seine Aufgabe ist es, dafür zu sorgen, dass der Verlag wirtschaftlich profitabel arbeitet. Darüber hinaus legt er aber auch die publizistische Grundhaltung und Blattlinie fest. Er mischt sich in der Regel zwar nicht in die redaktionelle Berichterstattung ein, erfüllt eine Zeitschrift aber nicht die Erwartungen in Bezug auf die Verkaufs-, Abonnenten- oder Anzeigenzahlen, wird er dafür sorgen, dass das Zeitschriftenkonzept geändert wird. Der Verleger kann seine Aufgaben delegieren; die publizistischen übernimmt dann der Herausgeber, die wirtschaftlichen der Verlagsleiter (siehe auch Kapitel 8.1).

## Herausgeber

Der manchmal auch Publisher genannte Herausgeber stimmt mit dem Verleger die publizistische Grundhaltung der Zeitschrift ab und verantwortet diese dann vor der Redaktion. Der Herausgeber wacht darüber, dass die publizistischen Grundsätze eingehalten werden. Zu seiner Aufgabe gehört es, Redaktion und Geschäftsführung zu beraten. Oftmals dient er als Vermittler zwischen Redaktion und dem Verlagsmanagement. Er entwickelt publizistische Konzepte, mischt sich in das redaktionelle Tagesgeschäft jedoch in der Regel nicht ein. Er wird aber das Konzept ändern, wenn es für den wirtschaftlichen Erfolg einer Zeitschrift erforderlich ist.

## Chefredakteur

Der Chefredakteur ist – auch im Sinne des Presserechts – für den Inhalt einer Zeitschrift verantwortlich. Er muss dafür sorgen, dass das Magazin den publizistischen Rahmenbedingungen entspricht, die vom Verleger oder Herausgeber festgesetzt wurden. Seine Aufgabe ist es, die Redaktion zu führen, zu koordinieren und zu kontrollieren. Er überwacht die redaktionellen Arbeitsabläufe und ist für das Erscheinungsbild der Zeitschrift zuständig. Er entscheidet im Endeffekt, welche Themen ins Heft kommen und in welchem journalistischen Stil diese aufgearbeitet werden. Da er das Redaktionsbudget verwaltet, bestimmt er, welche Ausgaben die Redaktion tätigt. Auch für die Personalplanung in der Redaktion ist er zuständig.

Der Chefredakteur repräsentiert die Zeitschrift nach außen und sorgt dafür, dass keiner außerhalb der Redaktion auf die Berichterstattung in der Zeitschrift Einfluss nehmen kann.

Das Aufgabengebiet des Chefredakteurs hat sich in den vergangen Jahren gewandelt. Heute wäre die Berufsbezeichnung Redaktionsmanager für seine Tätigkeit wohl passender. Er muss zunehmend Managementaufgaben übernehmen und kaufmännisch denken.

## Stellvertretender Chefredakteur

Der stellvertretende Chefredakteur unterstützt den Chefredakteur bei seinen Aufgaben. Während der Chefredakteur die redaktionellen Richtlinien festlegt, sorgt sein Stellvertreter im Alltag dafür, dass die Redakteure die Vorstellungen des Chefredakteurs textlich und grafisch umsetzen.

## Geschäftsführender Redakteur

Der Geschäftsführende Redakteur nimmt dem Chefredakteur die Verwaltungsarbeit ab. Er übernimmt kaufmännische Aufgaben, kontrolliert beispielsweise das Budget für freie Autoren und ist für die Spesenabrechnungen der Redaktion zuständig. In vielen Redaktionen werden diese Aufgaben jedoch vom Chef vom Dienst übernommen. Der Geschäftsführende Redakteur gehört in der Redaktion der Führungsriege an.

## Chef vom Dienst

Der auch CvD genannte Chef vom Dienst widmet sich organisatorischen Aufgaben. Er ist dafür zuständig, dass die Zeitschrift reibungslos produziert werden kann, so dass der Andruck (Imprimatur) pünktlich klappt. Er erstellt den Produktionsplan. Dieser legt fest, zu welchem Termin die Redaktionsmitglieder ihre Arbeiten abgeben und die Anzeigen vorliegen müssen, sprich bis wann der Redakteur seine Texte geschrieben, der Layouter das Seitenlayout fertiggestellt, der Textchef die Artikel freigegeben haben muss und bis wann die Anzeigenfilme von den Kunden eingeschickt werden müssen.

Der CvD ist außerdem für den Seitenplan zuständig. Er bestimmt dabei, auf welcher Seite Artikel und Anzeigen erscheinen. Dementsprechend ist der Chef vom Dienst auch der Ansprechpartner für Redakteure, wenn zum Beispiel ein Artikel länger oder kürzer als geplant ist und daher die eingeplante Seitenzahl für einen Artikel verändert werden muss. Der Seitenplan muss aber auch angepasst werden, wenn aufgrund einer veränderten Nachrichtenlage ein Beitrag umgestellt, aus dem Heft geworfen bzw. ins Heft aufgenommen werden muss. Der CvD ist ebenso Kontaktperson für Anzeigenverkäufer, die beispielsweise Anzeigenseiten auf einer bestimmten Seite platziert haben möchten.

Er ist stets in Verbindung mit Druckereien bzw. Produktionsbetrieben, da er dafür sorgen muss, dass die technische Produktion der Zeitschrift einwandfrei und termingerecht vonstatten geht. Oftmals ist der Chef vom Dienst auch für kaufmännische Angelegenheiten einer Redaktion zuständig. Er holt sich beispielsweise Kostenvoranschläge, wenn auf das Cover eine CD geklebt werden soll.

Die Position des Chefs vom Dienst ist meist eine so genannte Stabsstelle. Das bedeutet, dass der CvD zwar fachliche Weisungsbefugnis hat, aber kein disziplinarischer Vorgesetzter ist.

## Textchef

Der Textchef ist dafür zuständig, dass die Sprache und der Stil einer Zeitschrift bei allen Beiträgen einheitlich und korrekt sind. Kann es sich ein Verlag finanziell leisten, mehrere Mitarbeiter für die Stil- und Sprachkontrolle zu beschäftigen, leitet der Textchef ein Team aus Textredakteuren.

**Textredakteur**

Bei großen Redaktionen unterstützt der Textredakteur den Textchef. Auch der Textredakteur korrigiert und redigiert Textbeiträge im Hinblick auf ihren Sprachstil.

**Ressortleiter/leitender Redakteur**

Ressortleiter bzw. leitende Redakteure managen eine Gruppe von Redakteuren. Ob ein Ressortleiter oder ein leitender Redakteur einem Team vorsteht, hängt von der Redaktionsorganisation ab: Ressortleiter sind für ein bestimmtes Ressort verantwortlich, leitende Redakteure koordinieren ein Themen-Team, das für mehrere Ressorts Beiträge schreibt (siehe auch Kapitel 3.2)

Die Ressortleiter bzw. leitenden Redakteure sprechen mit ihrem Redakteursteam neue Themen ab. Da sie die presserechtliche Verantwortung für die redaktionellen Inhalte eines Ressorts tragen, kontrollieren sie ob die abgegebenen Artikel inhaltlich richtig sind. Sie prüfen aber auch die sprachliche und stilistische Umsetzung und achten darauf, dass der Beitrag die Leser optimal anspricht. Darüber hinaus kümmern sich die Ressortleiter bzw. leitenden Redakteure darum, dass die Redakteure ihre Texte pünktlich abgeben.

Neben der Koordination der redaktionellen Beiträge sorgen sie für einen perfekten Ablauf in ihren Teams. Sie organisieren beispielsweise, welcher Redakteur welchen Beitrag schreibt oder wer auf eine Pressekonferenz geht.

Eignet sich ein Thema für mehrere Ressorts, klären die Ressortleiter/leitenden Redakteure untereinander ab, in welcher Rubrik der Artikel erscheinen soll und welche Gruppe ihn schreibt.

**Redakteur**

Ein festangestellter journalistischer Mitarbeiter wird als Redakteur bezeichnet. Seine Aufgabe ist es vor allem, Texte für eine Zeitschrift zu schreiben, er sucht aber auch Bilder und Grafiken aus und legt fest, aus welchen journalistischen Elementen (Artikel, Bildanzahl, Grafiken, Interviewkästen etc.) ein Beitrag bestehen soll. In vielen kleineren Verlagen gestaltet er mittlerweile das Layout sogar maßgeblich mit.

Der Redakteur bringt bei der Heftplanung Themenvorschläge ein und ist dafür zuständig, dass eine Themenidee gemäß dem Zeitschriftenstil umgesetzt wird. Er sammelt Informationen, ordnet, wertet und filtert sie aus.

Viele Redakteure recherchieren und schreiben ihre Beiträge selbst, beauftragen aber gleichzeitig Korrespondenten und freie Mitarbeiter. Die abgelieferten Texte überarbeiten sie und machen sie veröffentlichungsfertig. Das bedeutet beispielsweise, dass sie die Texte sprachlich überarbeiten und längen oder kürzen, damit sie ins Layout passen. Sie wählen passende Überschriften aus, fügen Zwischenzeilen ein und ergänzen den Text noch mit Elementen wie einem Interviewkasten.

Der Redakteur koordiniert Text- und Bildelemente seines Beitrags. Er muss dafür sorgen, dass alle Bestandteile eines Artikels – ob es das Foto von der Bildredaktion oder das Schaubild vom Grafiker ist – rechtzeitig, aber auch inhaltlich korrekt bei ihm zusammenlaufen, so dass er wiederum den Beitrag termingerecht veröffentlichungsfertig machen kann.

### Freier Mitarbeiter

Freie Mitarbeiter sind Selbständige, die von Redakteuren oder Grafikern verschiedener Zeitschriften beauftragt werden. Freie Autoren und Journalisten bieten Redaktionen Themenideen und Informationsrecherchen für Textbeiträge an und liefern fertige Beiträge ab. Die Berufsbezeichnung Journalist ist zwar nicht geschützt, so dass sich jeder so nennen kann, der Deutsche Journalistenverband bezeichnet als Journalist jedoch diejenigen, die hauptberuflich an der Verbreitung von Informationen, Meinung und Unterhaltung durch Massenmedien beteiligt sind. Bei einem Autor muss das nicht der Fall sein.

Freie Redakteure gehen noch einen Schritt weiter als Freie Journalisten und Autoren. Sie sind in den Redaktionsalltag fest integriert. Sie schreiben nicht nur selbst Artikel, sie redigieren auch Fremdbeiträge und beauftragen teilweise auch freie Autoren. Frei arbeitende Grafiker, Layouter, Bildreporter oder Illustratoren arbeiten auf Bestellung für die Grafik und das Layout.

In der Regel engagieren Redakteure freie Mitarbeiter, weil sie keine Zeit haben, einen Artikel zu schreiben, oder für einen Beitrag spezielles Fachwissen nötig ist. Während das Honorar freier Mitarbeiter bei Zeitungen meist nach den abgedruckten Zeilen berechnet wird (Zeilenhonorar), wird es bei Zeitschriften in der Regel pro Druckseite festgelegt.

### Reporter

Das Berufsbild des Reporters tritt in letzter Zeit vermehrt auf. Sein Aufgabengebiet unterscheidet sich je nachdem, wie eine Redaktion organisiert ist. Der typische deutsche Reporter schreibt Reportagen, Features und Kommentare. Er muss vor Ort recherchieren und ist daher selten in den Redaktionsräumen anzutreffen.

In manchen Zeitschriften haben Reporter ein komplett anderes Aufgabengebiet, das sich an dem Berufsbild des typisch britischen Reporters orientiert. Der Reporter ist in diesem Fall für die Recherche zuständig. Er liefert den Redaktionen sachlich geschriebene Nachrichten und Hintergrundberichte.

## Korrespondent

Korrespondenten sind fest angestellte oder freie redaktionelle Mitarbeiter, die ihre Büros nicht im Verlag haben, sondern in anderen Großstädten oder Ländern. Sie übernehmen die Berichterstattung für alle Geschehnisse, die rund um ihr Gebiet anfallen.

## Dokumentar

Die Dokumentationsabeilungen sind für die Recherche und die Überprüfung von Artikeln zuständig. Der Dokumentar sucht für Redakteure im Hausarchiv, aber auch über andere Informationsquellen nach Informationen. Darüber hinaus kontrollieren die Dokumentationsjournalisten aber auch fertig geschriebene Beiträge auf ihren Wahrheitsgehalt, sprich ob die Namen richtig geschrieben sind, in den Grafiken die Zahlen stimmen etc. Dokumentationsabteilungen gibt es nur in sehr großen Zeitschriften wie dem Spiegel oder Focus. In den meisten anderen Redaktionen recherchiert der Redakteur selbst, die Nachkontrolle übernimmt teilweise die Schlussredaktion.

## Schlussredakteur

Die Aufgabe des Schlussredakteurs ist es, die fertigen Zeitschriftenseiten nochmals zu überprüfen. Er berichtigt Fehler in den Texten oder im Layout. Er kontrolliert beispielsweise, ob die Seitenzahlen oder die Rubrikfarben stimmen, ob die Fotos richtig freigestellt sind und keinen Text überdecken und ob bei jedem Foto die Bildunterschrift passt.

## Art Director

Der Art Director trägt die Verantwortung für das Erscheinungsbild einer Zeitschrift. Er konzeptioniert und kontrolliert den optischen Auftritt des Heftes und entwickelt ihn ständig weiter. Als künstlerischer Leiter steht er einem Team von Grafikern und Layoutern vor. Er legt Standard-Layouts sowie Vorgaben für die Layouts und Grafiken fest, so dass das komplette Heft eine durchgängige Handschrift aufweist. Er entscheidet, wie die Artikel bebildert werden. Der Art Director übernimmt das Briefing von Layoutern, Grafikern und Fotografen. Er überwacht die Produktionsabläufe und gibt die fertig gestalteten Seiten frei.

Während es in Zeitungen selten die Position des Art Directors gibt, hat sie in Zeitschriftenredaktionen meist einen sehr hohen Stellenwert. Das liegt daran, dass die Gestaltung der Zeitschrift eine wichtige Rolle spielt.

## Grafiker

Der Grafiker gestaltet Grafiken und Illustrationen. Er entwickelt die Idee für den Beitrag und setzt ihn nach Absprache mit dem Art Director um.

### Layouter

Der Layouter entwirft und gestaltet den Seitenaufbau eines Beitrags. Er sorgt dafür, dass der Text, Fotos, Grafiken, Illustrationen, Kästen, Tabellen etc. zu einem harmonischen Ganzen zusammengestellt werden. Dazu entwickelt er zuerst ein Scribble (Rohlayout). Sobald dies vom Art Director freigegeben ist, fügt er Text und Bilddateien zusammen.

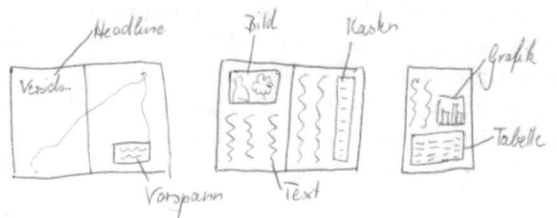

*Ein typisches Scribble: Der Layouter hat hier grob skizziert, welches journalistische Element in welcher Größe auf die Seite gestellt wird.*

### Bildredakteur

Die Aufgabe des Bildredakteurs ist es, gute Bilder für die Zeitschrift zu beschaffen. Er beauftragt Fotografen und Illustratoren und übernimmt – gemeinsam mit dem Art Director - deren Briefing. Auch von Fotoagenturen oder Bilddatenbanken kauft er Fotos ein. Der Bildredakteur sucht unter der Vielzahl von potenziellen Bildern einige relevante aus, die er dann dem Art Director vorlegt. Er bearbeitet digitale Bilder und kümmert sich um die Rechte am Bild. Darüber hinaus ist er für das Bildarchiv der Redaktion zuständig.

### Produktioner/Producer

Der Produktioner macht die layouteten Seiten für die Druckerei fertig. Er überwacht die produktionstechnische Abwicklung. So führt er die Feinarbeit an den bereits layouteten Seiten durch: Er sorgt beispielsweise dafür, dass Fotos ganz exakt freigestellt sind und er ersetzt die von den Layoutern verwendeten Grobdaten-Fotos (niedrige Auflösung) durch die Feindaten-Fotos (hohe Auflösung). Darüber hinaus kümmert er sich um Terminabsprachen mit der Druckerei und schickt dieser die digitalen Daten der Seitenlayouts. In kleineren Redaktionen wird die Arbeit des Produktioners oft auch vom Layouter übernommen.

### Online-Redakteur

Der Online-Redakteur kümmert sich um den Internetauftritt einer Zeitschrift. Er muss redaktionelle Inhalte für das Web entwickeln. Oftmals recherchiert, schreibt und gestaltet der Online-Redakteur die Internet-Beiträge selbst. Aus

Kostengründen werden aber in vielen Verlagen auch nur ausgewählte Artikel aus dem Heft ins Netz gestellt. Online-Redakteure müssen dann die Zeitschriftentexte in der Regel kürzen und mit Hyperlinks versehen. Ebenso muss die Bebilderung webtauglich gemacht werden: es dürfen beispielsweise keine zu üppigen Bilddaten verwendet werden, da es zu lange dauert, bis sich diese hochladen. Der Online-Redakteur benötigt neben journalistischem Know-how auch technische Kompetenz. Er muss sich mit HTML-Editoren und Grafikprogrammen auskennen, da er seine Texte und Bilder direkt konvertieren und ins Netz stellen muss.

## 3.2 Die Organisation der Redaktion

Die Redaktionsstrukturen haben nicht nur Einfluss auf die Qualität der Zeitschrift, sie wirken sich auch auf die Art und Weise aus, wie Redakteure Beiträge recherchieren und schreiben. Wie die optimale Redaktionsorganisation ausschauen soll, dafür gibt es allerdings kein Erfolgsrezept.

Die verschiedenen Redaktionsmodelle haben alle ihre Vor- und Nachteile. Es hängt von mehreren Faktoren ab, welche Struktur zu einer Redaktion passt: Entscheidend ist beispielsweise die Redaktionsgröße. Eine Zwei-Mann-Redaktion muss sich anders aufstellen als eine Redaktion mit 100 Beschäftigten.

Ebenso spielt die Redaktionstradition eine Rolle. Viele Verlage bleiben lieber bei altbewährten Strukturen, weil eine Umorganisation oftmals von den Mitarbeitern boykottiert wird und folglich negative Auswirkungen auf die Zeitschrift hat.

Auch die Marktstellung und Konkurrenzsituation eines Heftes beeinflussen die Organisationsform der Redaktion mit. So muss beispielsweise ein Nachrichtenmagazin eine Managementstruktur haben, die schnelleres und flexibleres Handeln zulässt, als eine wissenschaftliche Fachzeitschrift.

Zu berücksichtigen sind zudem die Zielgruppe und ihre Wünsche: Wollen die Leser Exklusivberichte oder reichen Kurzmitteilungen aus? Eine Zeitschrift, die viele Reportagen enthält, benötigt eine andere Redaktionsmannschaft als ein Heft, das nur Fachaufsätze externer Autoren veröffentlicht.

Zu guter Letzt muss die Redaktionsstruktur auch Rücksicht auf die Mitarbeiter nehmen. Es zählt, welche Qualifikationen ein Team hat, wie die Kollegen zusammenarbeiten können und ob die Redakteure klare Kompetenzen und Hierarchien benötigen.

Die Organisationsform einer Redaktion ist immer individuell. Trotzdem gibt es Grundmuster, die in den Verlagen in mehr oder weniger abgeänderter Form zu sehen sind.

### 3.2.1 Die Organisation nach Ressorts

Die Organisation nach Ressorts ist in den Zeitschriftenredaktionen am häufigsten zu finden. Bei diesem Modell wird die Redaktion nach Ressorts, die meist den Heftrubriken entsprechen, strukturiert. Ein Ressort setzt sich aus einem Ressortleiter und mehreren Redakteuren zusammen. Hierarchische Vorgesetzte der Ressortleiter sind der Chefredakteur und sein Stellvertreter.

Jedes Team ist für sein Themengebiet bzw. für eine Rubrik eigenverantwortlich und unabhängig zuständig. Es sucht ausschließlich für das eigene Ressort Themen und setzt diese um.

**Organisation nach Ressorts**

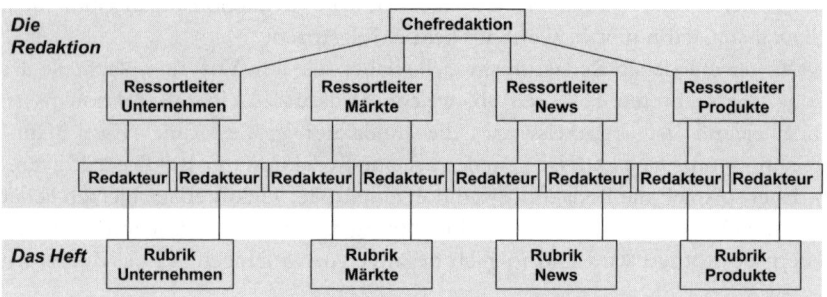

*Ein Beispiel für die Organisation nach Ressorts: Ein Computermagazin ist in die Rubriken Unternehmen, Märkte, News, Produkte gegliedert. Die Redaktion besteht aus den gleichen Ressorts. Ein Redakteur des Ressorts Märkte schreibt dann zum Beispiel ausschließlich Artikel für diese Rubrik im Heft.*

Innerhalb der Ressorts teilen sich die Redakteure die Arbeit auf. Wie sie das machen, variiert von Heft zu Heft und kommt auf die Organisationsform, die Qualifikation, das Wissen und die Begabung der Mitarbeiter an. In manchen Ressorts sind die Aufgaben nach Themenbereichen verteilt, sprich ein Redakteur schreibt über die Außenpolitik, ein anderer über die Innenpolitik, in anderen Zeitschriften übernehmen Redakteure eines Ressorts bestimmte journalistische Darstellungsformen, das heißt, ein Redakteur schreibt Reportagen, ein anderer verfasst Kurzmitteilungen.

Um die einzelnen Ressorts aufeinander abzustimmen, finden Redaktionskonferenzen statt, bei denen meist nur die Ressortleiter, teilweise aber auch die komplette Redaktion teilnehmen.

Die Organisation nach Ressorts schaut in jedem Verlag anders aus. In größeren Zeitschriften leitet ein Ressortleiter mehrere Redakteure, bei kleineren Publikationen übernimmt ein Ressortleiter das Management mehrerer Ressorts. Manchmal haben die Zeitschriften aber auch keinen Ressortleiter und das Ressort besteht aus einem Redakteur, der direkt dem Chefredakteur untersteht.

**Vorteile**

Die Organisationsstruktur nach Ressorts ist sehr praktisch, weil sie klar festlegt, welches Team für welche Redaktionsseiten und für welches Thema zuständig ist. Es ist eindeutig definiert, wer wem gegenüber weisungsbefugt ist. Im hektischen Alltag der Zeitschriftenproduktion sind klare Kompetenzen und Zuständigkeitsbereiche von Vorteil, weil sie Zeit sparen. Darüber hinaus erlangen die Redakteure ein tiefes Fachwissen, wenn sie sich mit einem speziellen Themenspektrum intensiv befassen. Dazu hilft natürlich auch, dass sich der Redakteur intensivere Kontakte zu Ansprechpartnern und Informanten seines Themengebietes aufbauen kann.

**Nachteile**

Mit der Organisation nach Ressorts treten aber auch Probleme auf. So passt ein Thema oftmals in zwei oder mehrere Ressorts. In Redaktionskonferenzen muss dann besprochen werden, welches Ressort dieses Thema übernimmt. Hier siegt nicht immer die beste Lösung. Da es zwischen den Ressorts meist Hierarchien gibt – das Ressort im vorderen Heftteil ist beispielsweise wichtiger als das auf den letzten Seiten – und da bei den Ressorts ein Prestige-Denken sehr verbreitet ist, schnappt sich das stärkere Ressort die guten Themen. Die Folge sind Konkurrenzdenken und Eifersüchtelein zwischen den Ressorts. Andere Themen fallen wiederum durch das Ressortraster durch. Keine Abteilung fühlt sich für ein bestimmtes Thema verantwortlich, schließlich wird es in der Alltagshektik vergessen.

Ein weiterer Nachteil dieser Organisationsform ist, dass sich die Ressort oft gegeneinander abschotten. Zwischen den Ressorts herrschen Barrieren, die Kommunikation ist auf das Nötigste beschränkt. Die Redakteure und Ressortleiter wollen für ihr jeweiliges Ressort das Optimum, sie denken aber nicht an die Zeitschrift als Ganzes. Eine Zusammenarbeit zwischen den Ressorts ist schwierig. Dadurch verspielt sich die Redaktion aber die Möglichkeit, ein Thema von mehreren verschiedenen Blickwinkeln und Ansichten zu beleuchten. Das ist aber genau das, was viele Leser von einer modernen Zeitschrift verlangen. Ein Beispiel: Eine IT-Firma stellt eine neue Software vor. In der streng ressortteiligen Computerzeitschrift kann entweder das Ressort News oder das Ressort Produkte darüber berichten. Vielschichtiger könnte der Beitrag aber werden, wenn ein Produkt-Redakteur die Software beschreibt und ein anderer Redakteur aus dem Ressort Märkte über die Marktchancen und die Konkurrenzprodukte schreibt.

### 3.2.2 Die Organisation nach Thementeams

Um die Nachteile der klassischen Ressortaufteilung auszuschließen, hat sich in den vergangenen Jahren zunehmend eine Organisationsform durchgesetzt, welche die Redaktion in Thementeams aufteilt. Die Redaktionsstruktur ist dabei völlig unabhängig von der Zeitschriftengliederung. Die Zeitung wird als Ganzes gesehen und ressortübergreifend gestaltet.

**Organisation nach Thementeams**

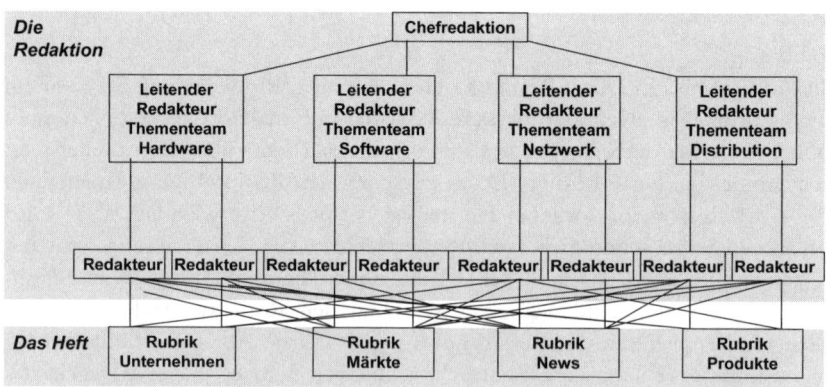

*Die in dem obigen Beispiel beschriebene IT-Zeitschrift stellt sich mit einer Thementeam-basierten Redaktion anders auf: Die Redaktion besteht aus einer Hardware-, einer Software-, einer Netzwerk- und einer Distributionsgruppe. Jede Gruppe liefert aktuelle Neuigkeiten für die News-Seiten, schreibt Artikel für die Unternehmensseiten, stellt die neuesten Produkte auf den Produktseiten vor etc.*

Die Redaktion besteht aus mehreren Teams, die Beiträge für alle Ressorts liefern; oft schreiben Redakteure aus mehreren Teams gemeinsam ein Schwerpunktthema. An der Spitze eines Thementeams stehen die leitende Redakteure. Sie koordinieren die Themen innerhalb der Gruppe. Ihre hierarchischen Vorgesetzten sind der Chefredakteur und dessen Stellvertreter.

**Vorteile**

Die Organisation nach Thementeams macht es möglich, dass die Redakteure vernetzt arbeiten. Die Thementeams können sich schwieriger abschotten, weil Zusammenarbeit notwendig ist. Da jeder Redakteur mit seinem Schreibstil, seiner Sichtweise und seinen Qualifikationen für jedes Ressort schreibt, kommt mehr Abwechslung in die Rubrikseiten. Auch die Themenauswahl- und die Beiträge jeder Rubrik werden vielfältiger, da nicht mehr nur eine Gruppe, sondern die komplette Redaktionsmannschaft ihre Ideen und Begabungen einbringt.

Sehr positiv ist auch, dass sich die Redakteure der Thementeams genauso wie die Ressortteams Spezialwissen aufbauen können, bei den Thementeams wird dieses Know-how aber besser miteinander verknüpft.

**Nachteile**

Die Zusammenarbeit mehrerer Thementeams für ein Schwerpunktthema kann sich problematisch gestalten: Jedes Team hat andere Ansatzpunkte, eine Geschichte zu schreiben: Das Hardware-Team geht beispielsweise das Schwerpunktthema „Sicherheit in den Unternehmensnetzen" anders an als das Software-Team. Es muss also vorab zwischen den Teams geklärt werden, wer welchen Bereich des Beitrags wie angeht. Abstimmungsgespräche sind hier vonnöten. Außerdem konkurrieren die Redakteure oftmals untereinander; wenn sie dann an einem Schwerpunktartikel gemeinsam arbeiten müssen, möchte jeder den besten Platz auf einer Seite haben.

Da es keine Verantwortlichen für die jeweiligen Rubriken gibt, sind die Redakteure oftmals unsicher, welcher leitende Redakteur bei Kompetenzrangeleien innerhalb einer Rubrik das Sagen hat. Ein weiterer Nachteil: Rubriken, die bei den Redakteuren unbeliebt sind, kommen zu kurz, während die beliebteren Rubriken mit Themenvorschlägen und Textbeiträgen der Redakteure überschüttet werden.

### 3.2.3 Temporäre Teams

Bei dieser Organisationsform ist zwar die Redaktion in Ressorts oder Thementeams aufgeteilt, für bestimmte Titel-, Schwerpunkt- und Hintergrundgeschichten, Themenbeilagen oder Sonderhefte wird jedoch eine Arbeitsgruppe zusammengestellt. Die Mitglieder des temporären Teams arbeiten so lange zusammen,
bis der Beitrag oder das Zusatzheft fertig gestellt ist. Für den nächsten Schwerpunkt oder Titelartikel wird dann wieder ein neues Team mit anderen Redakteuren gebildet.

**Temporäre Teams**

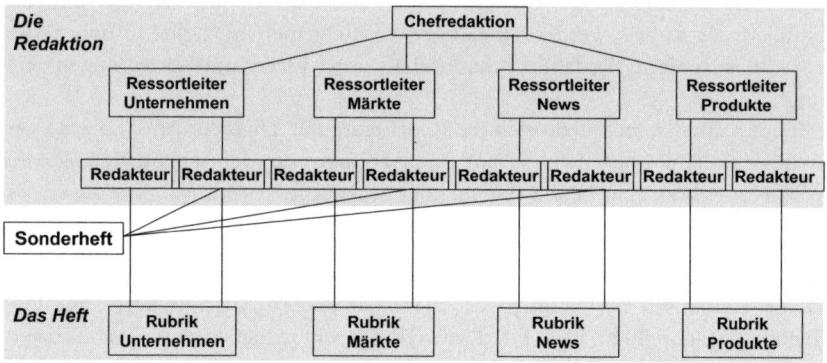

*Um wieder das Beispiel der IT-Zeitschrift aufzugreifen: Für ein Sonderheft wird jeweils ein
Redakteur der Ressorts Unternehmen, Märkte und News abgestellt. Die Redaktion ist nach
Ressorts gegliedert.*

**Vorteile**

Diese Organisationsform wird oft von Ressort-organisierten Redaktionen realisiert, weil Ressortgrenzen überwunden werden und ein Thema von mehreren
Standpunkten und Fachgebieten aus beleuchtet wird. Damit kommt die Zeitschrift den Ansprüchen der Leser entgegen, die umfassend informiert werden
wollen. Praktisch an den temporären Teams ist zudem, dass diese vollkommen
unproblematisch gegründet werden können, unabhängig davon wie die Redaktion ansonsten strukturiert ist. Außerdem entsteht eine Arbeitsgruppe, die sich
aus Redakteuren mit den unterschiedlichsten Begabungen, Fähigkeiten und
Qualifikationen zusammensetzt.

**Nachteile**

Die Zusammenarbeit der kurzfristig zusammengewürfelten Redakteure funktioniert nicht immer. Zum einen haben sie nicht die Zeit, um sich aufeinander einzuspielen. Zum anderen kommt, dass die Redakteure die Arbeit für das Thementeam oftmals neben ihren Aufgaben für das Ressort erledigen müssen.

## 3.2.4 Redakteur- und Reportergruppen

Seit kurzem entdecken Zeitschriftenverlage eine anglo-amerikanische Organisationsform: die Aufteilung in Redakteur- und Reportergruppen. Die Redaktion besteht dabei neben der Führungsriege aus Redakteuren und Reportern. Aufgabe der Reporter ist die Recherche. Sie gehen zu Pressterminen, Veranstaltungen und halten Interviews. Ihr Kapital ist ihr Adressbuch: Durch gute Kontakte zu Informanten und Ansprechpartnern in Unternehmen und Institutionen erfährt der Reporter Neuigkeiten.

Die Informationen leiten die Reporter an die Redakteure weiter. Die Reporter recherchieren und beschaffen die Nachrichten, bleiben aber dabei in der Regel objektiv und bewerten nicht. Der Job des Reporters ist es, Neues oder Sensationelles aufzudecken, aber nicht einen Text mit ansprechender Schlagzeile und Aufmacher zu schreiben.

Diese Aufgabe übernehmen die Redakteure. Die Redakteure planen, wo welche Themen im Heft platziert werden und schreiben mit Hilfe der Reporterinformationen die Beiträge für das Heft. Sie prüfen die Informationen und redigieren die Beiträge. Zudem schreiben sie die Artikel zielgruppengerecht um, formulieren packende Schlagzeilen und mitreißende Anlauftexte, kürzen oder längen und gliedern die Texte mit Zwischenüberschriften. Sie ergänzen die Texte etwa durch Infografiken oder Infokästen. Kurz: Die Redakteure machen die Texte des Reporters veröffentlichungsfertig. Gleichzeitig schreiben die Redakteure auch Meinungsberichte wie Kommentare oder Features.

Redakteur- und Reportergruppen können in verschiedenen Organisationsstrukturen eingesetzt werden. In manchen Redaktionen arbeiten die Redakteur- und Reporterteams innerhalb eines Ressorts, das wiederum von einem Ressortleiter geführt wird, bei anderen Zeitschriften besteht ein Thementeam aus einer Reporter/Recherche-Gruppe.

**Vorteile**

Mit dieser Einteilung gibt die Zeitschrift der Recherche einen größeren Stellenwert. Der Vorteil dieser Organisationsform ist, dass die Reporter ständig Kontakte zu Unternehmen und Institutionen pflegen und aufbauen können und dadurch Exklusivgeschichten entdecken können. Dabei hilft auch, dass die Kontakte zu den Ansprechpartnern meist viel besser sind als wenn sie neben ihrer Recherchetätigkeit auch noch das handwerkliche Blattmachen übernehmen müssen. Ein weiterer Vorteil: Da sich Redakteure und Reporter auf ihr jeweiliges Aufgabengebiet spezialisieren, kann die Themenauswahl und Themengestaltung professionalisiert werden.

**Nachteile**
Der Nachteil dabei ist, dass die Reporter oft einen besseren Status genießen als die Redakteure. Dementsprechend kommt es oft zu Reibereien und Eifersüchteleien zwischen den beiden Gruppen.

## 3.2.5 Job-Rotation

Job-Rotation bei einer Zeitschriftenredaktion bedeutet, dass ein oder mehrere Redakteure regelmäßig in ein anderes Ressort oder Team wechseln. Damit sollen die Ressortbarrieren überwunden und die Erfahrungshorizonte der Mitarbeiter erweitert werden.

Das Rotationsprinzip kann sowohl bei Ressort-, aber auch bei Thementeams zum Einsatz kommen. Es gibt die Möglichkeiten, dass der rotierende Redakteur von Gruppe zu Gruppe neue Aufgaben bekommt oder dass er einen bestimmten Aufgabenbereich beibehält, beispielsweise in jedem neuen Team für die Reportagen zuständig ist. Wie eine Redaktion das Job-Rotation-Prinzip gestaltet, hängt sehr stark von dem rotierenden Redakteur ab. Es ist entscheidend, wie schnell er sich in neue Themengebiete einarbeiten kann, welche Qualifikationen und welches Fachwissen er hat, wie motiviert er ist, aber auch welche Ziele der Verlag und der Redakteur haben

**Vorteile**
Der Vorteil von Job-Rotation ist offensichtlich: Die Redakteure arbeiten sich in mehrere Fachgebiete ein und erweitern dadurch ihr Wissen. Sie arbeiten mit anderen Ressortmitgliedern zusammen und bekommen einen Einblick in deren Arbeitsweisen und Sichtweisen von Thematiken. Ein Software-Redakteur lernt dann beispielsweise auch Hardware-Themen und -Problematiken kennen. In seinen Artikeln kann er dadurch beide Seiten vereinen, der Artikel wird umfassender.

Gleichzeitig bringen die rotierenden Redakteure wiederum ihr Wissen und eventuell auch Veränderungs- und Verbesserungsvorschläge in das Ressort ein. Da jeder Redakteur sein Know-how, seinen eigenen Schreibstil, eigene Vorlieben für bestimmte Themen und seine eigene Arbeitsweise hat, kommt in das Ressort ein frischer Wind. Die Berichterstattung in dem Ressort wird abwechslungsreicher. Dadurch, dass ein Redakteur die Arbeit und Kollegen eines anderen Ressorts kennen gelernt hat, wird er sich auch künftig in einer anderen Gruppe nicht abschotten.

**Nachteile**

Das Job-Rotationsprinzip sorgt zwar dafür, dass Redakteure ein sehr breites Wissen haben, ein Spezialistenwissen kann sich der Redakteur, der nur für beschränkte Zeit in einem anderen Team arbeitet, jedoch kaum aneignen. Dazu kommt, dass es wertvolle Zeit kostet, bis der Redakteur sich in das andere Team eingearbeitet und das Fachwissen erlangt hat. Um eine Geschichte zu schreiben, benötigt er viel mehr Zeit als für einen Beitrag seines ursprünglichen Ressorts; schließlich muss er sich zunächst ein Grundwissen und Ansprechpartner und Informanten aufbauen. Auch die gruppenspezifischen Arbeitsabläufe muss er sich von Kollegen zunächst erklären lassen.

Problematisch ist auch, dass ein „Neuer" erst eine gewisse Zeit braucht, bis er von den anderen Mitarbeiter akzeptiert ist. Schnell fürchten die Kollegen, dass er ihnen Kompetenzen streitig machen könnte. Hat sich der rotierende Redakteur dann eingearbeitet, wechselt er schon wieder.

## 3.2.6 Probleme der Umstrukturierung

Die Organisationsformen verschiedener Zeitschriften sind sehr unterschiedlich. Trotzdem kommt derzeit die klassische Ressortaufteilung am häufigsten in den Zeitschriftenverlagen vor, schon allein, weil es für einen Chefredakteur oder Manager schwierig ist, bestehende Redaktionsorganisationen umzustrukturieren. Die Redakteure wehren sich in der Regel heftig gegen Neuerungen. Gerade Ressortleiter fürchten Kompetenzverluste oder einen Eingriff in ihre kreative Freiheit..

Bei der harten Wettbewerbssituation im Zeitschriftenmarkt sind starre Organisationsstrukturen jedoch ein Risiko. Die Käufer verlangen aufschlussreiche Artikel, die sie umfassend und neutral informieren und dabei mehrere Sichtweisen und Ansatzpunkte berücksichtigen. Ein Magazin kann es sich nicht leisten, aufgrund starrer Ressortgrenzen den Lesern nur einseitig Bericht zu erstatten.

Es bringt nichts, wenn die Redakteure versuchen, ihr Ressort zu optimieren, die Zeitschrift als Ganzes dabei aber auf der Strecke bleibt.

Da eine Umstrukturierung nicht immer schnell realisiert werden kann, ist es mittlerweile sehr gängig temporäre Thementeams zu bilden. Ebenso bilden die Redaktionen vermehrt Reporter-Redakteur-Gruppen, um sich dank eigener Recherchen und Exklusiv-Berichten von den Mitbewerbern besser abheben zu können.

Diese kleinen Umstrukturierungen sind manchmal die ersten Schritte dafür, dass die komplette Redaktion umgekrempelt werden muss. Heute kann es sich kein Verlagsmanagement mehr erlauben, dass die Redaktionsorganisation nicht kontinuierlich an die veränderten Markgegebenheiten angepasst wird. Die Organisationsform wirkt sich direkt auf das fertige Zeitschriftenprodukt aus. Optimale Strukturen sorgen für eine umfassendere zielgruppengerechte Berichterstattung. Daher werden die Redaktionsstrukturen sich auch in Zukunft ständig verändern müssen – öfters und schneller als das in den vergangenen Jahren der Fall war.


## 3.3 Der Umgang mit Texten und Bildern

Eine Zeitschriftenredaktion wird täglich von einer riesigen Informationsflut überschwappt: Unternehmen preisen ihre neuesten Produkte an, Wissenschaftler veröffentlichen überraschende Forschungsergebnisse, Politiker setzen neue, erklärungsbedürftige Gesetze durch und geben dazu Statements ab. Das Redaktionsteam würde im Chaos versinken, hätte es nicht eine Organisationsstruktur, die diese Informationswelle kanalisiert und in geordnete Bahnen lenkt. Dank redaktioneller Routinen ist klar bestimmt, welcher Redakteur sich welchem Thema annimmt und wer welche Aufgabenbereiche hat. Zeitaufwändige Abstimmungsgespräche werden so minimiert und die Redaktionsmitglieder müssen sich im größten Stress nicht damit beschäftigen, Arbeitsabläufe zu organisieren. Wenn jeder weiß, welche Aufgaben er bis wann erledigt, kann er sich auf die wesentlichen Dinge konzentrieren.


### 3.3.1 Textmanagement

Die Arbeitsabläufe sind von Redaktion zu Redaktion unterschiedlich. Sie variieren, je nachdem wie die Redaktion technisch ausgestattet ist, wie viele Mitarbeiter eine Redaktion hat und welche zeitlichen und räumlichen Rahmenbedingungen gegeben sind.

In kleineren Zeitschriften sind die Redakteure nicht nur für die Texte zuständig, dank einfacher gewordener Software übernehmen sie mittlerweile auch Layoutaufgaben. In größeren Verlagen sind die Aufgaben auf mehrere Mitarbeiter verteilt. Die folgende Auflistung zeigt den Arbeitsauflauf in einer Redaktion, wobei dies nur ein Beispiel ist – in anderen Redaktionen schaut es vollkommen anders aus. Die einzelnen Tätigkeiten laufen teilweise parallel ab:

**Vorrecherche:** Journalisten bekommen Informationen über Ansprechpartner in Unternehmen und Institutionen oder durch Gespräche mit Lesern. Auch externe Autoren reichen Themenvorschläge ein.

**Themenvorauswahl:** Redakteure überlegen sich Themen und sprechen diese mit den Ressortleitern bzw. leitenden Redakteuren ab. Gleichzeitig werden die Themenangebote von externen Autoren diskutiert.

**Redaktionskonferenz:** In der Redaktionskonferenz legen Chefredakteur, Ressortleiter/leitende Redakteure und eventuell auch die Redakteure fest, welche Themen ins Heft genommen werden. Der Chef vom Dienst nimmt ebenso an der Konferenz teil. Er trägt die Artikel bereits in einen Seitenplan ein und kann dadurch einen Überblick geben, wie viele Beiträge in welcher Länge in das Heft passen. Oftmals ist auch der Art Director bei der Redaktionskonferenz dabei. Er informiert sich, welche Kernaussagen die künftigen Heftthemen haben, um die optische Gestaltung der Themen konzeptionieren zu können.

**Absprache mit Ressortleiter:** Der Ressortleiter/leitende Redakteur klärt in einer Ressortkonferenz ab, welcher Redakteur welches Thema übernimmt.

**Vorentwurf des Textes:** Nach einer kurzen Vorrecherche bespricht der Redakteur mit dem Ressortleiter, wie er seinen Beitrag gestalten will, sprich wie die Geschichte aufgezogen werden soll, ob journalistische Elemente wie Interviewkästen oder Infokästchen ergänzend dazukommen etc. In manchen Redaktionen wird dieser Vorentwurf noch einmal dem Chefredakteur vorgelegt und mit ihm abgesprochen.

**Seiten- und Terminplan:** Der Chef vom Dienst verteilt an die Redaktion einen Seitenplan, in dem festgelegt wird, wo welches Thema platziert wird und wie viel Platz die Beiträge haben. Zudem ist dort notiert, welche Anzeigenseiten in welchem Format auf welcher Seite stehen. Das ist besonders für die Layouter wichtig, da sie diesen Platz bei der Seitengestaltung berücksichtigen müssen. Darüber hinaus verteilt der CvD Terminpläne. Darin ist geregelt, welcher Redakteur seinen Text bis wann abgeben muss, bis wann die Grafiker ihre Bebilderung fertig haben müssen, bis wann das Seitenlayout stehen muss und bis wann die Seite komplett fertig und korrigiert sein muss.

**Bildkonferenz:** Der Chefredakteur, Art Director, Bildredakteur, Grafiker, Layouter und teilweise auch die Redakteure besprechen in der Bildkonferenz, wie die Artikel bebildert werden sollen. Vorher haben die Grafiker und Layouter bereits anhand der Themenvorschläge und anhand von Gesprächen mit Redakteuren Entwürfe erstellt.

**Bebilderung:** Die Grafiker und Bildredakteure machen sich an die Arbeit. Der Bildredakteur sucht in Datenbanken nach den richtigen Fotos. Es werden Illustratoren oder Fotografen beauftragt. Der Grafiker gestaltet Grafiken.

**Seitenvorentwurf:** Der Layouter bespricht mit dem Redakteur, welche Elemente in dem Beitrag enthalten sind: Text, Interviewkästen, Info-Kästen, Infografiken etc. Anschließend entwirft der Layouter ein Scribble, einen Vorentwurf des Seitenlayouts.

**Recherche und Schreiben:** Der Redakteur recherchiert für ein Thema. Er telefoniert mit Ansprechpartnern, surft im Internet, greift auf Datenbanken zu. Im Anschluss daran schreibt er seinen Text. Alternativ beauftragt er auch externe Autoren. Wichtig ist dabei das so genannte Briefing. Dabei spricht er mit dem externen Autoren genau ab, wie lang der Text sein soll, welche Kernaussagen und Elemente er haben soll, etc.

**Einpassen des Textes ins Layout:** Den fertigen Text bzw. die fertigen Textelemente, die Grafiken und Fotos baut der Layouter nun zu einem Seitenlayout zusammen. Er muss die prinzipiellen Vorgaben des Art Directors dabei berücksichtigen. Das fertige Layout gibt der Art Director frei.

**Kürzen bzw. Längen:** Anschließend macht der Redakteur den Text oder die Textelemente fertig: Er kürzt oder längt den Artikel, fügt Zwischenüberschriften ein, sorgt dafür, dass der Text harmonisch im Layout erscheint. Zudem schreibt der Redakteur die Bildunterschriften. Die fertig gestaltete Seite legt er dem leitenden Redakteur/Ressortleiter zur Freigabe vor.

**Textredaktion:** Das fertige Seitenlayout geht an den Textredakteur. Er überprüft den Text. Bei manchen Redaktionen gibt er die Korrekturen direkt in das digitale Seitenlayout ein, manche Textredakteure geben die Verbesserungen auch an die Redakteure weiter, die die Änderungen dann selbst eingeben.

**Aktueller Terminplan:** Der Chef vom Dienst kontrolliert kontinuierlich, ob die Redaktionsmitglieder ihre Termine einhalten. Er vermerkt auch, in welchem Status sich ein Beitrag befindet, sprich ob bereits das Layout fertig ist, der Text vom Textredakteur freigegeben wurde etc.

**Schlussredaktion:** Die Schlussredaktion untersucht, ob die Seite korrekt ist, sprich die richtigen Seitenzahlen angegeben sind, die Rubrikangaben stimmen, die Überschriften die richtige Größe haben etc. Sind noch Fehler vorhanden, muss der Redakteur oder Grafiker den Beitrag nochmals überarbeiten.

**Letzte Überprüfung:** Die fertige Seite wird dem Chefredakteur vorgelegt. Er gibt sie frei.

**Herstellung:** Nun werden die Daten an den Produktioner weitergegeben. Er überarbeitet die Seiten bis diese druckfertig sind und schickt sie nach der Freigabe durch Chefredaktion und Art Direction an die Druckerei.

### 3.3.2 Qualitätsmanagement

Damit eine Zeitschrift im harten Konkurrenzkampf bestehen kann, muss ständig kontrolliert werden, ob sie den Vorstellungen ihrer Zielgruppe entspricht. Gleichzeitig sollten der Chefredakteur und seine Redaktions-Crew die Qualität der Zeitschrift ständig im Auge haben: Treten häufig Rechtschreibfehler auf? Sind inhaltliche Aussagen falsch? Wie kommen die Farben raus? Wurde der Artikel optimal aufbereitet? Waren die Infografiken einleuchtend? Haben die Überschriften überzeugt? Wie ist der Themenmix? Waren im Heft zu viele Bilder oder zu viel Text? Sind die Texte verständlich, werden zu viele Fremdwörter verwendet oder sind die Artikel für einen Nicht-Fachmann zu schwierig zu verstehen? Wie wirken die Fotos? Sind die Bilder zu groß oder zu klein? Sind die Bildunterschriften aussagekräftig?

Es gibt die verschiedensten Möglichkeiten, eine Qualitätskontrolle durchzuführen. Meistens versammelt sich die komplette Redaktion regelmäßig zur Blattkritik. Hier wird besprochen, was am Heft gefällt und was nicht. Teilweise werden auch externe Berater oder Experten eingeladen, die ihre Standpunkte und Sichtweise in die Diskussionsrunde mit einbringen und neue Anregungen geben.

Damit die Redaktion jedoch die Vorstellungen der Leser überhaupt genau einschätzen kann, sind Marktforschungen unerlässlich. Dazu werden beispielsweise von wissenschaftlichen Instituten oder Marktforschern Umfragen durchgeführt. Kleinere Redaktionen versuchen sich anhand von Leserbriefen und Anrufen ein Bild darüber zu machen, was die Leser wünschen.

## 3.4 Die technische Ausstattung

Grundlage eines perfekten Text- und Redaktionsmanagements ist eine gute technische Ausstattung. Hier haben sich in den Verlagen Standards durchgesetzt.

Während Redakteure ihre Texte teilweise auch auf Windows-PCs schreiben, arbeiten Art Director, Layouter, Grafiker, Bildredakteure und Produktioner ausschließlich mit Macintosh-Rechnern. Auch bei der Software beschränken sich die Redaktionen auf einige wenige Programme: Für die Redakteure ist in der Regel das Textverarbeitungsprogramm Microsoft Word die wichtigste Software, weil sie damit ihre Texte schreiben. Grafiker arbeiten meist mit Adobe Illustrator, Macromedia Freehand oder Corel Draw. Für Layouter ist das Layoutprogramm QuarkXpress Standard. Mittlerweile wird aber auch zunehmend das etwas preisgünstigere Adobe InDesign oder Pagemaker verwendet. Für die Bildbearbeitung wird in den Redaktionen meist Adobe Photoshop eingesetzt.

Die fertig layouteten Seiten werden digital über ISDN bzw. DSL an die Druckereien geschickt. Hier hat sich die Leonardo-Karte der Firma Hermstedt als Standard etabliert.

# Kapitel 4: Das Heft

Zeitschriftenprofis überlassen nichts dem Zufall: Sie planen den Heftaufbau, die Reihenfolge der Artikel, die Abgabetermine, aber ebenso welche Zielgruppe sie ansprechen wollen und was die Zeitschrift besser machen soll als der Wettbewerb. Kurzum, das komplette Heft ist durchorganisiert.

Hilfsmittel für diese überlegte Vorgehensweise gibt es vielerlei: Heftkonzepte, Seitenpläne, Marktforschungen – um nur einige Beispiele zu nennen. Das folgende Kapitel erklärt, wie Heftplanung funktioniert.

## 4.1 Das Heftkonzept

Am Anfang einer jeden Zeitschrift steht das Heftkonzept. Und auch wenn ein Relaunch ansteht, geht es nicht ohne. Das Heftkonzept fasst alle relevanten Informationen zusammen, die benötigt werden, wenn ein Verlag eine neue Zeitschrift auf den Markt bringen oder ein bestehendes Heft überarbeiten will. Kurz und übersichtlich ist hier zusammengefasst, was bei dem neuen oder überarbeiteten Heft gemacht und bedacht werden soll und wie die Verantwortlichen dabei vorgehen werden.

### 4.1.1 Die Inhalte des Heftkonzeptes

Es gibt keine Standardvorlagen, wie ein gutes Heftkonzept auszusehen hat. Viele Konzepte berücksichtigen nur die Planungen für den redaktionellen Inhalt und das Layout. Für den Erfolg einer Zeitschrift sind aber mehr Faktoren relevant. Folglich ist es auch durchaus sinnvoll, dass das Heftkonzept diese Aspekte ebenso betrachtet. Folgende Punkte können beispielsweise enthalten sein:

- Analyse der (potenziellen) Leser
- Analyse des Werbemarktes
- Analyse des Wettbewerbsumfelds und die eigene Heftpositionierung

- Planung bzw. Überarbeitung der journalistischen und optischen Zeitschriftengestaltung
- Planung von Vermarktung und Vertrieb

## Analyse der (potenziellen) Leser

Die Leserschaft ist einer der wichtigsten Punkte eines Heftkonzeptes. Je besser die Zeitschriftenmacher ihre potenzielle Leserschaft kennen, desto mehr können sie das Heft auf diese zuschneiden und desto erfolgreicher werden sie sein. Auch für die Anzeigenkunden sind diese Erkenntnisse wichtig, da sie ihr knapp geplantes Marketingbudget zielgruppenorientiert verwenden möchten.

Im Heftkonzept sollte dargelegt werden, wer mit der Zeitschrift adressiert werden soll. Die Zeitschriftenmacher sollten möglichst viele Einzelheiten über die Zielgruppe wissen – selbstverständlich nur diejenigen Fakten, die für die Zeitschrift relevant sind. Neben soziodemographischen Aspekten wie Geschlecht, Alter, Bildungsstand, Beruf und Einkommen ist auch das Verhalten der potenziellen Käufer wichtig. Gerade Publikumszeitschriften müssen zum Beispiel wissen, welche Hobbys und Interessensgebiete die Zielgruppe hat, um die Artikelthemen zielgruppengenauer auswählen zu können.

Es spielt ebenso eine Rolle, welche anderen Zeitschriften die Zielgruppe liest und wie lange sie sich prinzipiell mit einer Zeitschrift beschäftigt. Bei beruflichen oder wissenschaftlichen Fachzeitschriften ist interessant, welche Berufe die potenziellen Leser ausüben oder welche Forschung sie gerade durchführen. Zu untersuchen ist des weiteren, warum die Leser eine Zeitschrift kaufen, wofür die Zielgruppe ihr Geld ausgibt und welche Themen für sie spannend sind.

## Analyse des Werbemarktes

Die zweiten Umsatzbringer für eine Zeitschrift sind die Anzeigenkunden. Ähnlich wie die Leserschaft muss daher auch der Werbemarkt analysiert werden: Welche Branchen könnten Interesse an Werbeanzeigen haben? Welche Firmen kommen als Anzeigekunden in Frage und wie groß und finanzkräftig sind diese? Außerdem ist zu klären, wo sie bislang welche Anzeigen geschalten haben, aber auch warum.

## Analyse des Wettbewerbs und eigene Heftpositionierung

Jede Zeitschrift hat ihren eigenen Stil. Damit macht sie sich einzigartig und unverwechselbar. Ansonsten würde beispielsweise eine Frauenzeitschrift unter den anderen Dutzenden Frauenheften komplett untergehen. Ihr eigener Charakter verschafft ihr jedoch einen Wettbewerbsvorteil. Das ist der Grund, warum im Heftkonzept auch auf die Marktpositionierung eingegangen werden sollte. Es sollte vermerkt sein, wo die Wettbewerber ihre Produkte angesiedelt haben und wo das eigene Heft positioniert werden soll. Ein Beispiel: Im Markt für Frauenzeitschriften gibt es die edlen und hochpreisigen Magazine wie Vogue oder Madame, aber auch die günstigen wie Frau im Bild, dazwischen Hefte wie Amica oder Freundin. Es gibt die Zeitschriften für junge Leserinnen wie Joy, ebenso die Hefte für Frauen ab 40 Jahre wie Brigitte Woman.

Damit die Marktstellung leichter veranschaulicht werden kann, ist ein Portfolio (Positionierungsmatrix) hilfreich. Es zeigt, wo die Mitbewerber stehen und wo man sich selbst ansiedeln will bzw. wo man bereits positioniert ist.

**Beispiel für eine Positionierungsmatrix**

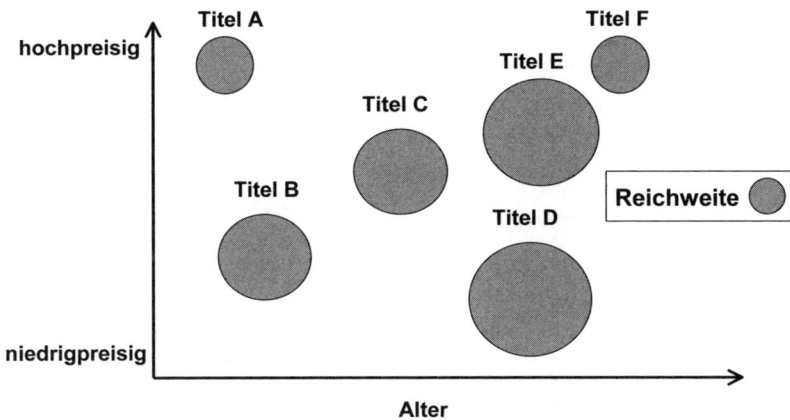

*Die Positionierungsmatrix zeigt: Die Zeitschrift B adressiert eine jüngere Zielgruppe. Sie ist im unteren Preissegment angesiedelt. Im Vergleich zu Zeitschrift D hat sie eine geringere Reichweite. Heft D wendet sich an ältere Leser und ist noch preisgünstiger als Zeitschrift B.*

In dem Konzept müssen außerdem die Besonderheiten und Stärken des Heftes herausgestellt werden. Was ist der typische Charakter eines Heftes: Ist es moderner, aktueller oder hintergründiger als die Mitbewerber? Welche besondere Leistung erbringt das Heft? Was soll diese Zeitschrift besser machen als die Mitbewerber? Was soll unternommen werden, damit die Zielgruppe – Leser und Anzeigenkunden – den besonderen Charakter und die Vorteile eines Heftes erkennt? Wie kann der spezielle Zeitschriftencharakter entwickelt und hervorgehoben werden?

Bei einem Relaunch kommen noch weitere Aspekte dazu. Es muss untersucht werden, wie sich das eigene Heft und der Wettbewerb entwickelt haben. Hilfreich ist wieder die Positionierungsmatrix: Sie kann die aktuelle und die angestrebte Marktposition veranschaulichen. Auch ein Ist-Soll-Vergleich bringt wichtige Erkenntnisse: Wie sollte sich die Zeitschrift in einem bestimmten Zeitraum entwickeln bzw. wie sollte sie positioniert sein und wie hat sie sich wirklich fortentwickelt bzw. wo steht sie wirklich?

**Beispiel für eine Soll-Ist-Matrix**

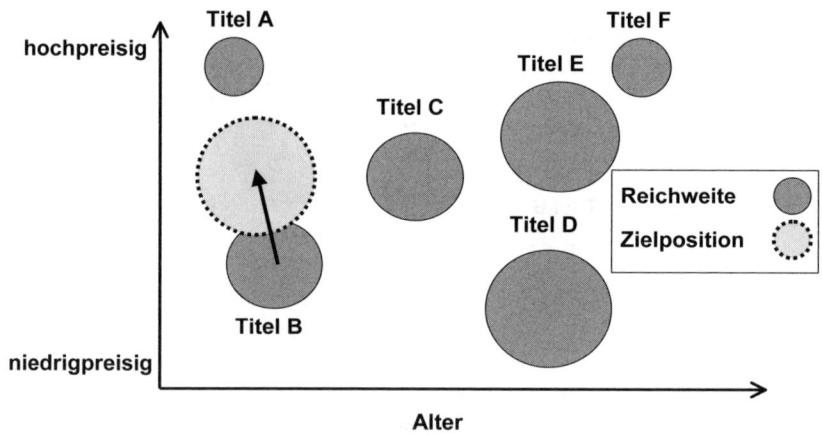

*Der Verlag der Zeitschrift B möchte das Heft teurer anbieten und gleichzeitig eine etwas jüngere Leserschaft adressieren. Geplant ist außerdem, die Reichweite zu vergrößern.*

## Planung bzw. Überarbeitung der journalistischen und optischen Zeitschriftengestaltung

Unter diesem Konzeptpunkt sollte beispielsweise erläutert werden, welche Themen auf das Interesse der Zielgruppe stoßen und mit welchen journalistischen Darstellungsmitteln (Kurzmitteilung, Reportage, Bericht etc.) die Aufmerksamkeit der Leser geweckt werden soll, ebenso welche sprachlichen Stil das Heft wählen sollte: sachlich oder salopp. Zu klären ist außerdem: Wie werden Beiträge aufbereitet - kurz und mit vielen Infokästen oder mehrseitige Hintergrundberichte? Wie werden die Themen gemischt? Welche Standardbeiträge (etwa Horoskop, Buchtipps etc. ) gibt es? Bei einem Relaunch kann das Heftkonzept die bisherige Themenmischung darstellen und Änderungsvorschläge machen.

Des weiteren muss die allgemeine Heftgestaltung geklärt werden: Welche und wie viele Rubriken werden das Heft gliedern. In welcher Reihenfolge stehen diese? Auch für das Heftdesign müssen Standards gesetzt werden: Welche Schriften und welche Farben sollen für die Zeitschrift verwendet werden. Wie ist ein Artikel aufgebaut, gibt es Dachzeilen oder Unterüberschriften? Wie schaut das Layout aus? Werden Aufmachergeschichten mit Doppelseiten begonnen? Wie soll die Titelgeschichte layoutet werden? Welche Bilder dürfen in welchen Größen verwendet werden? Wie hoch ist der Bildanteil? Welche Art von Bildern soll ausgewählt werden? Gibt es Infografiken?

Das Konzept geht ebenso auf die Anzeigenwerbung ein: Auf welchen Seiten können welche Arten von Werbung geschaltet werden? Welche Anzeigengrößen, welche Extras sind möglich?

Ein Heftkonzert kann dabei verschiedene redaktionelle und optische Varianten für ein neues Heft darstellen. Es sollte dann auf die jeweiligen Vor- und Nachteile eingehen.


## Vermarktung und Vertrieb

Zu guter Letzt sollte sich das Heftkonzept mit der Vermarktung und dem Vertrieb auseinandersetzen. Es muss geklärt werden, wie viel das Heft kosten wird und wie hoch die Anzeigenpreise sind. Zudem sollte dargelegt werden, wie das Heft vertrieben wird: über das Abonnement, über den Kioskverkauf oder über beide Vertriebswege. Das Konzept sollte auch darauf eingehen, welche Marketingmaßnahmen ergriffen werden müssen, ob und wie das Heft beworben wird und wie Anzeigenkunden akquiriert werden sollen.

## 4.1.2 Die richtige Reihenfolge

Der Launch oder Relaunch einer Zeitschrift ist heute sehr komplex. Deshalb sollte dabei möglichst systematisch vorgegangen werden. Die Frage ist jedoch: In welcher Reihenfolge?

Winfried Ruf, der als Inhaber des Fachmedien Instituts Zeitschriften konzeptionell berät, hat hierfür beispielsweise das 3 x 3-Modell entwickelt.

**Das 3x3-Modell**

|  | Marktbedarf | Marktaustausch | Marktleistung |
|---|---|---|---|
| **Inhalt** | **3 Kaufmotive**<br><br>Welche Ziele,Wünsche und Träume haben unsere Leser? | **8 Abowerbung**<br><br>Welche Maßnahmen, welche Inhalte brauchen wir? | **4 Inhalt**<br><br>Stimmt der Themenmix noch? Bieten wir genügend Nutzen? |
| **Gestalt** | **2 Verhalten**<br><br>Was machen die Leser in der Freizeit, im Beruf, was lesen sie? | **9 Verkauf**<br><br>Wieviel kann das Produkt kosten? | **5 Design**<br><br>Entspricht das Design dem Produkttyp? |
| **Träger** | **1 Leser**<br><br>Wer sind unsere Leser? Wer liest uns nicht? | **7 Vertrieb**<br><br>Stimmen die Vertriebswege? | **6 Produkt**<br><br>Format, Papierqualität, Heftbindung, Farbe? |

*Quelle: Winfried Ruf, Der Relaunch, Journalistenwerkstatt*

*Das Medienkonzept basiert auf drei Säulen: dem Marktbedarf (Leser und seine Bedürfnisse), der Marktleistung (die Zeitschrift an sich) und dem Marktaustausch (Vermarktung und Verkauf). Bei der Konzeptionierung muss mit Punkt 1, dem Leser, begonnen werden. Es folgt die Analyse des Leserverhaltens usw.*

Das vorige Schaubild verdeutlicht die Vorgehensweise bei einem Heftkonzept. Das Prinzip dabei: Die Form muss hierbei der Funktion folgen; und die Funktion muss wiederum an die Wünsche der Zielgruppe angepasst werden. An erster Stelle des Heftkonzeptes steht folglich der Leser, sein Verhalten und seine Kaufmotive. Erst dann sollte auf den Inhalt, das Design und das Produkt eingegangen werden. Die Überlegungen zu Vertrieb, Abowerbung und Verkauf schließen das Konzept ab.

Damit ist allerdings nur der Lesermarkt abgedeckt. Parallel dazu muss auch noch der Anzeigenmarkt unter die Lupe genommen werden. Dieser folgt dem gleichen Schema wie der Lesermarkt. Am Anfang steht die Frage: Wer sind die Anzeigenkunden und welche Werbung schalten sie aus welchem Grund.

Im Anschluss geht das Heftkonzept darauf ein, welches redaktionelle Umfeld die Anzeigenkunden wünschen sowie welche Belegungs- und Werbeträgerarten sie wählen. Zu guter Letzt sollten die Serviceaktivitäten und die Marketingmaßnahmen des Verlags dargestellt werden, mit denen er selbst um Anzeigenkunden wirbt, aber auch die Preise für Anzeigenseiten.

## Leser- und Werbemarkt im 3x3-Modell

| | Lesermarkt (Verlag) | | | Werbemarkt | | | |
|---|---|---|---|---|---|---|---|
| Inhalt | Kaufmotive | Abowerbung | Redakt. Inhalt | Redakt. Umfeld | Anzeigenwerbung | Schaltmotive | Intention |
| Gestalt | Nutzungsverhalten | Verkaufsabschluss | Layout | Belegungsarten | Abschlusstarife | Schaltverhalten | Creation |
| Träger | Lesergruppen | Medienvertrieb | Produkt | Werbeträger | Kundenservice | Werbergruppen | Produktion |
| | Marktbedarf | Marktaustausch | Marktleistung | Marktleistung | Marktaustausch | Marktbedarf | |

*Quelle: Winfried Ruf, Der Relaunch, Journalistenwerkstatt*

*Die Tabellen zum Leser- und Werbemarkt zusammen ergeben das doppelte 3 x 3- Modell. Der Werbemarkt wird ähnlich wie der Lesermarkt analysiert: Man startet mit der Werbergruppe und geht dann auf das Schaltverhalten ein.*

### 4.1.3 Die Erstellung des Heftkonzeptes

Oftmals werden Heftkonzepte von einem externen Team im Auftrag des Verlags erstellt, teilweise auch von einer internen Mannschaft. „Ein Konzept sollte nicht im stillen Kämmerchen entwickelt werden", rät Fachmedienberater Winfrid Ruf. Medienkonzepte seien heute so komplex, dass sie eine Person nicht alleine bewältigen könne. Bei einer Konzepterstellung sollten auf jeden Fall Vertreter der einzelnen Fachgebiete an einem Tisch sitzen: zum Beispiel Redakteure, Layouter, Fachleute vom Anzeigenverkauf, Vertrieb und Herstellung. Aber auch der Leser und Anzeigenkunden sollten dabei mitreden. Ruf organisiert eine Zeitschriftenkonzeptionierung folgendermaßen:

**1. Marktforschung:** An erster Stelle steht die Bedarfs- und Konkurrenzanalyse.

**2. Konzeptionsklausur:** In dieser wird alles Grundsätzliche, aber auch die Ziele und die Leitlinien für alle Hauptbereiche besprochen.

**3. Spezialklausuren:** Im Anschluss an die allgemein gehaltene Konzeptionsklausur widmen sich die Zuständigen den einzelnen Bereichen. Es gibt eine Redaktionsklausur, eine Designklausur und eine Vermarktungsklausur.

## 4.2 Die Leser

Im Mittelpunkt jeder Zeitschrift steht der Leser. Wenn ihm das Heft gefällt, wird er es kaufen, lesen und das nächste Mal wieder kaufen. Und nur wenn es der Leser kauft, werden Werbekunden Anzeigen schalten.

Die Kernfragen für jeden Zeitschriftenmacher stehen daher fest: Wer ist die Zielgruppe und welche Bedürfnisse und Wünsche hat sie? Je besser das Redaktionsteam den Leser kennt, desto mehr kann es das Heft auf ihn zuschneiden. Aber auch die Anzeigenkunden möchten möglichst viel vom Leser wissen. In Zeiten schrumpfender Werbeetats wird schließlich eine zielgruppengenaue Schaltung immer wichtiger.

Der Verlag muss regelmäßig seine Leserschaft analysieren – und zwar nicht nur, wenn eine Zeitschrift neu auf den Markt gebracht wird oder ein Relaunch ansteht, sondern auch während der alltäglichen Heftproduktion. Dabei werden alle für die Zeitschrift relevanten Daten zusammengetragen: Einerseits müssen soziodemografische Daten über den Leser, etwa über das Geschlecht, das Alter, Bildungsstand, Beruf und Einkommen gesammelt werden, andererseits sind auch

Daten über das Verhalten, die Wünsche und die Kaufmotive der Zielgruppe für die Untersuchung wichtig.

Marktforschungen über die Leserschaft einer Zeitschrift sind jedoch niemals einfach. Das Verhältnis Leser-Zeitschrift ist schließlich kein Dialog. Der Verlag erstellt ein Heft und verkauft es. Ob oder welcher Teil der Zeitschrift den Lesern gefällt, darüber gibt es oftmals kaum Feedback, abgesehen von einigen Leserbriefen, Leseranrufen und wenigen Gesprächen mit den Lesern.

In sehr vielen Verlagen haben die Redakteure nur eine ungefähre Vorstellung über das Publikum. Dieses Bild ist dazu noch von der eigenen Sichtweise und der eigenen Lebensweise gefärbt und meist verzerrt. Da Redakteure oftmals nicht zu der Zielgruppe eines Heftes gehören – 20-jährige Frauen schreiben beispielsweise für ein Frauenmagazin, das sich an über 40-Jährige richtet – besteht die Gefahr, dass ihnen die Lebensweise, die Ansichten und Erwartungen des Publikums fremd sind. Sie können dann nur vermuten, was die Leser interessieren könnte.

## 4.2.1 Die redaktionelle Publikumsforschung

Um die Leser besser kennen zu lernen, setzen die meisten Verlage auf Marktforschungsunternehmen. Die klassische Mediaforschung untersucht das Nutzungsverhalten von Menschen in Bezug auf Medien. Sie besteht aus redaktioneller Publikumsforschung und Werbeträgerforschung. Während sich die Werbeträgerforschung mit den Lesern als Werbezielgruppe beschäftigt (für die Anzeigenkunden), steht im Mittelpunkt der redaktionellen Publikumsforschung der Leser als Käufer. Die redaktionelle Publikumsforschung untersucht, wer aus welchen Gründen das Medium nutzt und wie es im Sinne der Leserschaft verbessert werden kann. Werbeträgerforschung und redaktionelle Publikumsforschung sind eng miteinander verbunden, da ein gutes redaktionelles Umfeld dafür sorgt, dass Werbeanzeigen mehr beachtet werden und anderseits hohe Einnahmen durch Anzeigen anspruchsvolle redaktionelle Inhalte ermöglichen.

## Ziele der Publikumsforschung

Dieses Kapitel beschäftigt sich ausschließlich mit der redaktionellen Publikumsforschung, da diese auf die Zeitschrift, ihre Berichterstattung und ihr Aussehen einen direkten Einfluss nimmt. Die Publikumsforschung untersucht, wie die Zielgruppe strukturiert ist, welche Erwartungen sie hat und auf welche Inhalte oder Themen sie aufmerksam wird bzw. was sie nicht interessiert. Ein weiterer Zweck der Publikumsforschung ist, dass sie Redakteure für Themen sensibilisiert, welche die Leser sehr interessieren, die aber bisher kaum berücksichtigt wurden.

Mit Hilfe der Marktforschung können die Zeitschriftenmacher kontrollieren, wie das Heft beim Publikum inhaltlich und optisch ankommt, Handlungsbedarf rechtzeitig erkennen und die Zeitschrift kontinuierlich verbessern. Gleichzeitig dient die Publikumsforschung aber auch als Argumentations- und Entscheidungshilfe für die Verantwortlichen, wenn neue Projekte geplant werden sollen. Durch den Vergleich mit vorhandenen Daten über die Zielgruppe können die Marktforscher auch Trends und Entwicklungen bei der Leserschaft ableiten.

## Probleme der Publikumsforschung

Auch wenn die redaktionelle Publikumsforschung sehr vielversprechend ist, muss sie trotzdem skeptisch betrachtet werden. So können die Ergebnisse zweier Markforschungen stark variieren, auch wenn die gleiche Zielgruppe befragt wurde. Der Grund liegt in den unterschiedlichen Fragestellungen, Befragungsarten (z.B. telefonisch oder schriftlich) und Auswertungsweisen. Kritiker bemängeln auch, dass die Forschung oft Trends zu spät erkennt und die Ergebnisse manchmal von der redaktionellen Praxis weit entfernt sind oder falsch interpretiert werden. Oftmals werden die Resultate auch für den Auftraggeber positiv gefärbt.

Für Zeitschriftenmacher ist es daher wichtig, die Erkenntnisse einer Studie zu hinterfragen. Trotzdem ist die redaktionelle Publikumsforschung sehr sinnvoll und kann wichtige Ergebnisse liefern. Als permanente Leistungs- und Erfolgskontrolle kann sie gute Dienste erweisen. Je besser die Zusammenarbeit zwischen Marktforschern und Redaktion und je besser die Kommunikation und der Informationsfluss zwischen diesen Parteien ist, desto besser und praxisnaher können auch die Ergebnisse sein. Nur eines kann auch eine Marktforschung niemals garantieren: dass durch ihre Erkenntnisse eine Zeitschrift enorm erfolgreich wird.

## Die Methoden der Publikumsforschung

Die redaktionelle Publikumsforschung hat verschiedene Methoden, um den Leser zu analysieren. Am häufigsten greift sie auf Fragebögen und Copytest zurück.

### Fragebogen

Leserumfragen per Fragebogen sind eine beliebte Umfragemethode. Die Fragebögen liegen meist den Zeitschriften bei, oftmals werden sie auch schriftlich an Abonnenten verschickt oder sind die Grundlage bei telefonischen Leserinterviews. Mit der Feedback- Abfrage können Daten sehr unkompliziert und relativ preisgünstig erhoben werden: Soziodemografische, soziale und wirtschaftliche Daten des Lesers können spezifiziert, Meinungen zu den redaktionellen Inhalten und der Gestaltung der Zeitung eingeholt und Wünsche und Interessen abgefragt werden.

Das Problem bei dieser Erhebungsmethode ist, dass die Fragebögen oft nur von einer relativ kleinen Gruppe von Lesern ausgefüllt und zurückgeschickt wird. Meist handelt es sich hierbei um einen sehr engagierten Leserkern. Die Ergebnisse des Fragebogens sind zwar hilfreich, können aber nur begrenzt als repräsentativ für die gesamte Leserschaft angesehen werden. Da jeder Verlag und jedes Marktforschungsinstitut unterschiedliche Fragebögen gestaltet, können die Ergebnisse verschiedener Studien nicht verglichen werden. Ein Argument für den Fragebogen ist jedoch, dass vor allem resonanzfreudige Leser und die Kaufleser antworten und daher gerade auf die – für eine Zeitschrift wichtige – Leserschaft eingegangen werden kann.

*Mit einem Fragebogen zum Relaunch wollte Shape im Mai 2003 mehr über die Interessen und das Kaufverhalten der Leserinnen herausbekommen. Die Abbildung zeigt einen Auszug des Fragebogens.*

**1.** Weshalb haben Sie diese Ausgabe von SHAPE gekauft?

❏ Das Titelbild hat mich angesprochen
❏ Die Titelthemen haben mich angesprochen
❏ SHAPE hat mir beim Durchblättern in der Verkaufsstelle gefallen
❏ Habe SHAPE in der Werbung gesehen
❏ Das Format hat mich neugierig gemacht
❏ Der Kaufpreis war ein wichtiger Grund
❏ SHAPE wurde mir empfohlen
❏ Bin AbonnentIn
❏ Habe die Ausgabe nicht selbst gekauft
❏ Anderer Grund

**Copytest**

Diese Methode ist weitaus aufwändiger als die Umfrage per Fragebogen. Hierbei werden den Lesern bei persönlichen Interviews vom Marktforscher Originalexemplare einer Zeitschrift vorgelegt. Die Leser werden dann gezielt befragt, welche Beiträge einer Zeitschrift sie gelesen, kurz angelesen und überblättert haben. Dadurch kann der Marktforscher feststellen, welche Heftelemente dem Leser gefallen haben und welche nicht. Genauso wie beim Fragebogen haben auch hier die Verlage bzw. Marktforschungsinstitute unterschiedliche Fragestellungen und Methoden, so dass die Ergebnisse nicht vergleichbar sind.

Das Problem beim Copytest ist, dass die Ergebnisse stark von den Fragestellungen und der Befragungsart abhängen. Auch können die Umfrageergebnisse die Realität nicht hundertprozentig widerspiegeln. Oftmals erinnern sich Befragte nicht mehr an die Artikel, die sie gelesen haben oder angelesen haben oder die Antworten sind aufgrund von Prestigedenken gefärbt. Wer zeigt sich schließlich nicht gerne als der Leser, der die kritischen politischen Artikel den Klatschgeschichten vorzieht.

Damit das Ergebnis nicht durch eine mangelhafte Gedächtnisleistung verfälscht wird, werden die Leser oftmals schon kurz nach dem Erscheinungstermin der Zeitschrift interviewt. Dadurch werden in dem Copytest jedoch nur die Käufer und Erstleser befragt, die Mitleser werden nicht berücksichtigt. Die Auswahl der Befragten gibt aber dann kein realistisches repräsentatives Bild für die gesamte Leserschaft.

## 4.2.2 Die Leser im Fokus der Marktforschung

Die Aufgabe der redaktionellen Marktforschung ist es, den Leser zu durchleuchten. Doch die Frage ist: Wer kann als Leser bezeichnet werden? Sind das diejenigen, die jeden Artikel genauestens durchstudieren oder auch diejenigen, die ein Heft nur kurz durchblättern, wenn sie beispielsweise im Wartezimmer eines Arztes sitzen? Diese Überlegungen sind wichtig, weil es für die Ergebnisse einer Marktforschung entscheidend ist, wie die Zielgruppe definiert wird. Je genauer die Abgrenzung, desto punktgenauer sind auch die Erkenntnisse, die sich über den Leser gewinnen lassen.

Eine allgemeine Definition des Lesers gibt die Leserschaftsforschung. Sie bezeichnet alle, die eine Zeitschrift ganz oder teilweise gelesen oder durchgeblättert haben, als Leser. Mit dieser Definition wird der Begriff Leser sehr weiträumig abgegrenzt: Wer nur ein Titelblatt betrachtet, wird zwar nicht als Leser bezeichnet, dafür aber diejenigen, die das Heft durchblättern, aber keinen einzigen Artikel lesen.

## Leserschaftsgruppen

Um die Leserschaft intensiver untersuchen zu können und spezifischere Erkenntnisse zu erhalten, teilen die Marktforscher die gesamte Leserschaft daher in Leserschaftsgruppen. Die Media-Analyse (MA) der Arbeitsgemeinschaft Media-Analyse unterteilt diese nach der Lesewahrscheinlichkeit einer Zeitschrift. Das bedeutet: Wie hoch ist die Wahrscheinlichkeit, dass ein Leser eine Heftausgabe liest.

| Leser | Lesewahrscheinlichkeit (MA): Wie hoch ist die Wahrscheinlichkeit, dass alle Ausgaben eines Heftes gelesen werden? |
|---|---|
| Kernleser (regelmäßiger Leser) | 83 bis 100 Prozent |
| Häufige Leser | 59 bis 82 Prozent |
| Gelegentliche Leser | 42 bis 58 Prozent |
| Seltene Leser | 25 bis 41 Prozent |
| Ganz seltene Leser | 1 bis 24 Prozent |

*Quelle: Media-Analyse (MA)*

Kernleser lesen demnach fast jede Ausgabe einer Zeitschrift, gelegentliche Leser nur jede zweite, ganz seltene Leser höchstens jedes vierte Heft.

Oftmals wird die Leserschaft auch nur in drei Segmente unterteilt: Die Gruppe der Kernleser, die der Hauptleser (entspricht in etwa den gelegentlichen Lesern) und die der Randleser, zu der die gelegentlichen, seltenen und ganz seltenen Leser gerechnet werden.

### Agostini-Ansatz

Der französische Medienforscher Jean-Michel Agostini unterteilt die Leser in folgende Gruppen:
- *Bewusste Erstleser (Hauptleser)* sind diejenigen, die eine Publikation bewusst als erste lesen.
- *Zweitleser (Sekundärleser)* sind Erstleser, die zufällig eine Zeitschrift als erste in der Hand halten und Mitleser, die im Hause eines bewussten Erstlesers die Zeitschrift lesen.
- *Drittleser (Tertiärleser)* sind Mitleser, die ein Heft nicht zuhause lesen, sondern an einem anderen Ort.

**Weitere Einteilungsmöglichkeiten**

Marktforscher wählen darüber hinaus auch noch folgende Einteilung:

- *Doppelleser* sind diejenigen, die zusätzlich eine weitere Zeitschrift innerhalb derselben Zeitschriftenkategorie lesen.
- *Mehrfachleser* lesen mehr als zwei Zeitschriften innerhalb der gleichen Kategorie.
- *Exklusivleser* beschränken sich auf eine Zeitschrift innerhalb der gleichen Kategorie.
- *Mitleser* sind Personen, die eine Zeitschrift oder Zeitung zwar lesen, sie jedoch nicht selbst bezogen haben.

## Das Verhalten der Leser

Ein sehr wichtiger Bestandteil der Marktforschung ist die Analyse des Leserverhaltens. Dazu werden unter anderem folgende Aspekte unter die Lupe genommen:

**Lesedauer**

In Umfragen wird in der Regel untersucht, wie lange eine Person eine Zeitschriftenausgabe liest oder diese durchblättert. Mehrere Lesevorgänge werden zusammengezählt. Die Lesedauer sehen die Marktforscher als Messwert dafür, wie gründlich und ausführlich das Heft gelesen wurde und damit auch wie sehr das Heft dem Publikum gefällt. Eine hohe Lesedauer bedeutet in der Regel, dass die Zielgruppe mehrere Texte durchgelesen hat. Die Lesedauer hängt jedoch nicht nur von dem Leserinteresse ab. Auch Heftumfang und die Leseschnelligkeit sind wichtige Einflussfaktoren, ebenso der Leseort; im gemütlichen Wohnzimmersessel liest man schließlich länger als in der Straßenbahn.

**Leseort**

Für die Marktforschungsergebnisse ist wichtig, wo das Heft gelesen wird. Zuhause, im Wartezimmer, beim Friseur, auf Reisen, bei Freunden, im Büro? Der Leseort hat Einfluss auf die Qualität des Lesevorgangs. Wer zuhause liest, so die Annahmen der Forscher, hat in der Regel ein entspannteres und intensiveres Leseverhalten und liest länger. Für die redaktionellen Inhalte sind die Informationen über den Leseort nicht unerheblich: Außer-Haus-Leser wollen beispielsweise kürzere Meldungen, während zu-Hause-Leser im allgemeinen länger und gründlicher in einem Heft lesen und daher auch Hintergrundberichte ins Heft passen.

**Lese-Intensität**

Die Lese-Intensität gibt an, wie gründlich die Medien genutzt werden. Sie zeigt, wie viel Sympathie der Leser einer Zeitschrift entgegenbringt. Um die Lese-Intensität zu messen, legen die Marktforscher dem Leser die Originalausgabe einer Zeitschrift vor und notieren, an welche Beiträge er sich erinnern kann und wie viele Seiten der Leser vom Heft durchgeblättert oder gelesen hat.

**Lesemenge**

Die Lesemenge bezeichnet den Prozentsatz aller Seiten, die ein Leser während eines Lesevorgangs aufschlägt.

**Leser-Blatt-Bindung**

Mit der Leser-Blatt-Bindung wird erläutert, wie stark sich der Leser mit der Zeitschrift verbunden fühlt und identifizieren kann. Eine hohe Leser-Blatt-Bindung zeigt, dass ein Leser emotional stark an ein Heft gebunden ist und die Artikel auch durchliest. Je stärker diese Bindung ist, desto markentreuer ist er und desto wahrscheinlicher ist es, dass ihm die Zeitschrift nicht nur zur Unterhaltung dient, sondern auch als Lebens- und Entscheidungshilfe. Die Leser-Blatt-Bindung kann aus verschiedenen Messwerten abgeleitet werden. So fragen Marktforscher oftmals danach, wie regelmäßig und wie lange ein Heft gelesen wird, ob der Leser auf das Heft verzichten könnte, ob sie es weiterempfehlen können oder wie gerne das Heft gelesen wird. Auch die Verwendungsfrage (Was geschieht mit den gelesenen Exemplaren?) gibt Aufschluss.

# 4.3 Die Themen

Der Themenmix einer Zeitschrift prägt ihr Erscheinungsbild, er macht ihren spezifischen Charakter aus. Mit der interessanten Themenauswahl steht und fällt der Erfolg einer Zeitschrift. Doch was möchte das Publikum lesen?
Die Themenvielfalt, die sich einer Zeitschrift bietet, ist unendlich, was jedoch zählt ist die Auswahl der richtigen Themen - derjenigen Themen, die die Leserschaft interessiert.

Es gibt dabei Themen, die für eine Zeitschrift ein Muss sind: So muss ein Nachrichtenmagazin wie der Spiegel über politische Skandale berichten. Bahnbrechende Erkenntnisse in der Krebsforschung sind dagegen für ein medizinisches Fachblatt Pflicht. Die Leser erwarten, dass ihre Zeitschrift über diese Themen Hintergrundinformationen liefert.

Neben den Muss-Themen gibt es immer wieder Soll-Themen. Das sind Geschichten, die der Leser zwar nicht unbedingt in einer bestimmten Ausgabe erwartet, die ihn aber sehr interessieren. Für Frauenzeitschriften sind das beispielsweise Diätprogramme in den Frühjahrsausgaben oder für die Handy-Zeitschrift ist das etwa zur Urlaubszeit ein Beitrag über die Kosten von Telefongesprächen im Ausland . Der Auflage zuliebe sollten die Soll-Themen rechtzeitig für das Heft eingeplant werden.

Eine weitere Kategorie sind die Zufalls-Themen, die ohne besonderen Anlass ins Heft genommen werden, etwa ein Test von Haftpflichtversicherungen oder der Artikel über die unterschiedlichen Immobilienpreise in deutschen Städten.

In den meisten Zeitschriften werden gerade letztere Themen nach keinem Schema, sondern nach Bauchgefühl ausgesucht. Die Redakteure schreiben Geschichten, von denen sie annehmen, dass sie für das Publikum spannend sein könnten. Welche Themen ausgewählt werden, hat auch sehr viel mit dem Umfeld und der Wahrnehmungsstruktur der Redakteure zu tun: Ein Wirtschaftsredakteur, der sich gerade ein Haus gekauft hat, schreibt dann beispielsweise bevorzugt über Themen wie billige Kredite und Baufinanzierung. Ob diese Geschichten dann das Interesse der Leser finden, ist nicht sicher.

Ein weiteres Problem ist, dass viele für die Leser spannende Themen auch einfach unter den Tisch fallen, etwa wenn ein Redakteur diese als uninteressant einschätzt. Auch Anzeigenkunden mischen sich oftmals in die Themenauswahl ein. Es ist leider gang und gäbe, dass gerade kleinere Zeitschriften einen Anzeigenkunden gewinnen oder behalten möchten, indem sie beispielsweise ein – redaktionell gestaltetes - Unternehmensporträt von ihm veröffentlichen oder seine Produkte oder Dienste großflächig vorstellen.

Darüber hinaus ist es bei manchen Heften auch üblich, Themen-Schwerpunkte zu wählen, um neue Anzeigenkunden auf sich aufmerksam zu machen. Eine Autozeitschrift hat beispielsweise ein Special über Versicherungen im Heft, um Versicherungsunternehmen als Werbekunden zu locken.

Obwohl die Themenauswahl für den Erfolg einer Zeitschrift enorm wichtig ist, entscheidet oftmals der Zufall oder der ganz subjektive Geschmack darüber, welche Geschichte ins Heft kommt. Dazu gibt es in den wenigsten Redaktionen Kontrollen, wie die Themen bei den Lesern ankommen. Eine gute Themenmischung sollte jedoch geplant sein.

Welcher Themenmix die Leser überzeugt, ist von Zeitung zu Zeitung unterschiedlich. Die Verantwortlichen sollten jedoch ein Themenkonzept entwickeln, dass die Themenzusammenstellung weitgehend festlegt. Sie können beispielsweise bestimmen, dass ein Heft aus Exklusivgeschichten (5 bis 10 Prozent aller

Beiträge), Neuigkeiten (15 bis 20 Prozent), Hintergrundartikeln (15 bis 20 Prozent), Reportagen (5 bis 10 Prozent), Interviews (5 Prozent), Serviceartikeln (15 bis 20 Prozent) etc. bestehen muss. Eine andere Möglichkeit ist es, das Verhältnis von allgemeinen Artikeln und Spezialthemen, von informierenden und unterhaltenden Geschichten, von langen und kurzen Texten, von Artikeln über schlechte und Artikel über gute Nachrichten zu bestimmen.

Ob der im Heftkonzept vorgegebene Themenmix eingehalten wird, muss ständig in Form einer Inhaltsanalyse kontrolliert werden. So können die Zeitschriftenmacher feststellen, ob bestimmte Themen dominieren oder untergehen. Wichtig ist auch eine regelmäßige Heftkritik. Meistens wird diese innerhalb einer Redaktion durchgeführt. Viele Verlage laden aber auch Leser oder Experten dazu ein und bekommen so auch redaktionsexterne Meinungen.

Ob die Themen wirklich beim Publikum ankommen, lässt sich dann allerdings nur durch Marktforschungen kontrollieren. Gegebenenfalls muss das thematische Konzept nochmals überarbeitet werden.

Die regelmäßig durchgeführte Studie von Hubert Burda Media, Typologie der Wünsche, beschäftigt sich beispielsweise mit den Themen, die für die Leser interessant sind: An oberster Stelle stehen Gesundheit und das Fernsehprogramm.

Frage: Zeitschriften bieten ja ein großes Themenangebot, das jeder nach seinem Geschmack nutzen kann. Wie ist das bei Ihnen? Wenn Sie einmal an Zeitschriften denken, wie stark interessieren Sie sich dann im allgemeinen für die folgenden Themen? (Auszug/Angaben in Prozent)

| Thema | Bin überhaupt nicht interessiert | Bin sehr interessiert |
|---|---|---|
| Gesundheit, Medizin | 16,8 | 40,3 |
| TV-Programm | 17,3 | 38,0 |
| Politisches Geschehen in der Bundesrepublik | 19,7 | 36,5 |
| Urlaub und Reisen | 21,5 | 35,2 |
| Politisches Geschehen im Ausland/Weltgeschehen | 23,3 | 31,0 |
| Wirtschaft, Preise, Löhne | 26,2 | 28,8 |
| Menschen und ihre Schicksale | 23,9 | 28,3 |
| Verbraucherfragen | 21,9 | 27,6 |
| Sport | 37,1 | 26,7 |
| Humor und Witze | 27,6 | 24,3 |

| Thema | Bin überhaupt nicht interessiert | Bin sehr interessiert |
|---|---|---|
| Umweltschutz | 23,8 | 23,0 |
| Familie, Kinder, Erziehungsfragen | 39,6 | 22,9 |
| Auto und Verkehr | 39,5 | 21,7 |
| Wissenschaft und Technik | 33,4 | 21,7 |
| Mode | 39,9 | 21,1 |
| Reportagen bzw. Interviews mit Prominenten | 37,9 | 18,5 |
| Berichte über Musik, CDs, Konzerte | 42,9 | 18,2 |
| Sex und Erotik | 49,6 | 14,7 |
| Kultur (Kunst, Literatur, Theater) | 48,1 | 12,3 |
| Horoskope | 58,2 | 12,2 |
| Börse, Aktien | 65,6 | 10,9 |

*Quelle: Hubert Burda Media, Stand: September 2002, Werben & Verkaufen*

## 4.4 Heftdramaturgie

Ähnlich wie bei einem Buch oder einem Film kann auch in einer Zeitschrift durch einen geschickten Heftaufbau Spannung erzeugt werden. Ziel dieser Heftdramaturgie: Die Zeitschrift soll den Leser fesseln, so dass er das Heft von vorne bis hinten durchliest und es nicht gelangweilt zur Seite legt.

Doch die Zeitschrift hat es dabei nicht so einfach wie ein erstklassiges Buch oder ein guter Film. Beim Buch und beim Film handelt es sich um eine einzige Geschichte, die der Leser von Anfang bis Ende durchlesen oder ansehen muss. Eine Zeitschrift besteht jedoch aus vielen verschiedenen Artikeln und Themen, aus einer Mischung von sachlichen Kurzmeldungen, Exklusivgeschichten, Fotostorys, Reportagen usw. Diese unterschiedlichen Textarten müssen so gemischt werden, dass der Leser fasziniert von Seite zu Seite blättert. Eine gute Heftdramaturgie sorgt für Abwechslung, so dass nicht zu viele informierende Texte aufeinanderfolgen oder dass ein Ressort nicht zu viel Platz einnehmen kann.

Ein weiterer Unterscheidungspunkt zum Buch: Leser blättern Zeitschriften anders durch als einen Roman. Der eine liest das Heft von hinten nach vorne, der nächste beginnt in der Mitte oder systematisch mit dem Inhaltsverzeichnis und sucht sich nur die Artikel heraus, die ihn interessieren.

## 4.4.1 Basisregeln für den Heftaufbau

Auch wenn jedes Heft anders gestaltet ist, gibt es drei Grundregeln für den Heftaufbau:

**Gleichbleibende Strukturen:** In der Zeitschrift müssen gleichbleibende Strukturen vorhanden sein. Der Kernleser findet dann das Inhaltsverzeichnis, das Horoskop oder die Technischen Neuigkeiten immer im gleichen Heftteil. Er weiß, in welchem Heftteil seine Lieblingsrubrik zu finden ist. So wird er, sobald er eine neue Ausgabe des Heftes in den Händen hält, beispielsweise sofort im hinteren Drittel nach seinen Themen suchen. Für Stammleser ist diese Heftordnung wichtig. Keiner will Ausgabe für Ausgabe eine neue Heftordnung vorfinden. Die gewohnte Struktur hilft dem Leser sich schnell im Heft zurechtzufinden – und genau das will er.

**Übliche Strukturen:** Auch neue Leser erwarten eine bestimmte Struktur. Sie wissen zwar noch nicht, wo welche Rubrik zu finden ist, aber gewisse Basiselemente haben in jedem Heft ihren Platz: Das Inhaltsverzeichnis und das Editorial gehören nach vorne, keiner sucht diese in der Heftmitte. Ebenso kommen üblicherweise die aktuellen Kurzmeldungen nach vorne. Die Heftvorschau oder Bezugsquellen sind dagegen in der Regel hinten zu finden.

**Abwechslung:** Die Heftdramaturgie muss für Abwechslung sorgen. Es sollten also beispielsweise nicht alle Exklusivgeschichten schon auf den ersten Seiten des Heftes platziert werden, denn die restlichen Artikel können dann nicht mehr die gleiche Spannung erzeugen. Die Folge: Der Leser langweilt sich.

## 4.4.2 Die verschiedenen Struktur-Modelle

Jede Zeitschrift hat einen anderen Heftaufbau. Damit kommt nicht nur Abwechslung in die Zeitschriftenlandschaft, die Hefte erhalten so auch ihren eigenen Charakter. Trotz aller Individualität gibt es jedoch Strukturmodelle, die für einen spannungsreichen Aufbau sorgen.

Peter Brielmaier unterscheidet in seinem Buch *„Zeitungs- und Zeitschriftenlayout"* beispielsweise die drei Grundformen Wellen-, Mantel- und Streckenmodell.

## Der wellenförmige Heftaufbau

Der wellenförmige Heftaufbau ist bei den meisten Publikumszeitschriften gang und gäbe. Die Hefte, die in mehrere Rubriken eingeteilt werden, haben in jeder Rubrik ihren Spannungsaufbau. Das Heft beginnt mit Standardartikeln und spitzt sich zu einer Titelgeschichte, dem ersten Höhepunkt, zu, danach kommen kürzere Artikel und die Spannung nimmt ab. In der zweiten Rubrik folgt die zweite Spannungskurve.

**Wellenmodell**

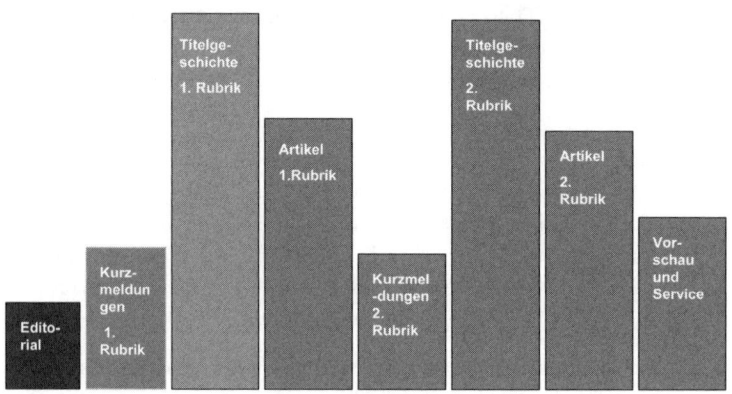

*Quelle: Peter Brielmaier, Zeitungs- und Zeitschriftenlayout*

*Beim typischen Wellenmodell beginnt eine Zeitschrift zum Beispiel mit Kurzmeldungen und spitzt sich zur Titelgeschichte zu. Die Spannungskurve wird dann mit weiteren Artikel wieder abgeflacht. Es folgt die zweite Rubrik und eine zweite Welle des Spannungsaufbaus.*

Der Spannungsaufbau innerhalb der Rubriken ist von Heft zu Heft unterschiedlich. Der Spiegel beginnt beispielsweise eine Rubrik mit kleineren Kurzmeldungen. Es folgt die Aufmachergeschichte der Rubrik. Im Anschluss kommen dann weitere kürzere Artikel. Bei Focus steht am Anfang der Rubrik die große Geschichte, es folgen kürzere Beiträge und zum Schluss die Kurzmeldungen.

Der Vorteil des wellenartigen Heftaufbaus ist, dass das Heft kontinuierlich spannungsreich gestaltet ist. Auch diejenigen Leser, die sich nur für vereinzelte Rubriken interessieren, können mit einem spannungsreichen Heftaufbau fasziniert werden.

## Der mantelförmige Heftaufbau

Der mantelförmige Heftaufbau kommt vor allem bei Fach- und Very-Special-Interest-Zeitschriften vor. Sie starten mit Standardseiten, etwa kürzeren Artikeln oder Kurzmeldungen; dann spitzt sich die Heftdramaturgie zur Titelgeschichte zu. Im Anschluss folgen wieder Standardseiten, teilweise mit spezielleren Themen.

### Mantelmodell

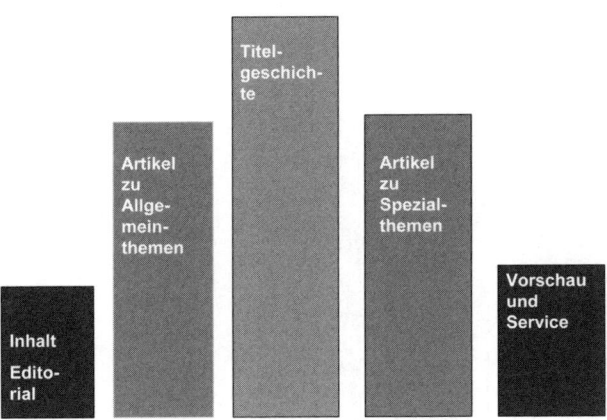

*Quelle: Peter Brielmaier, Zeitungs- und Zeitschriftenlayout*

*Das Mantelmodell beginnt typischerweise mit Artikeln zu allgemeinen Themen. Die Titelgeschichte folgt. Im Anschluss wird der Spannungsbogen beispielsweise durch Artikel zu speziellen Themen wieder abgebaut.*

Wichtig bei diesem Heftaufbau ist allerdings, dass der Höhepunkt nicht zu früh und nicht zu spät gesetzt wird. Denn ist die Titelgeschichte schon sehr weit vorne im Heft, ist es sehr schwierig den Leser danach noch zu fesseln. Ist die Titelstory zu weit hinten, wird der Leser gar nicht bis dahin kommen, weil er vorher gelangweilt das Heft aus der Hand legt.

## Das Streckenmodell

Beim Streckenmodell reihen sich die Artikel ohne Höhepunkte hintereinander. Kein Artikel wird besonders vorgehoben, die Artikel sind gleichrangig. Die Reihenfolge der Beiträge wirkt zufällig. Der lineare Heftaufbau ist heute bei Zeitschriften selten zu finden, weil sich ein derartiges Heft am Kiosk schlecht verkaufen würde. Nur berufsbezogene oder wissenschaftliche Fachzeitschriften, die sehr sachlich ihre Informationen weiter geben möchten und für den informierten Mitarbeiter oder Wissenschaftler Pflichtlektüre sind, wählen teilweise diesen Heftaufbau.

**Streckenmodell**

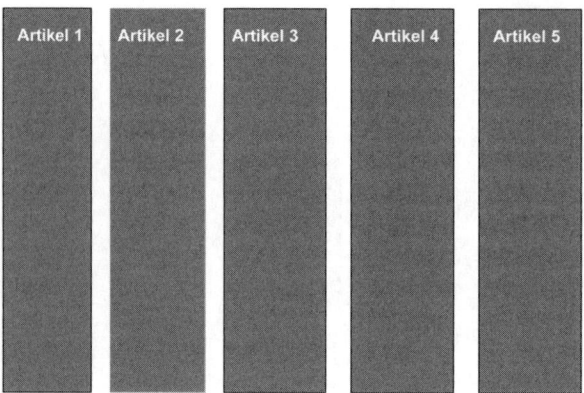

*Quelle: Peter Brielmaier, Zeitungs- und Zeitschriftenlayout*

*Beim Streckenmodell werden die Artikel aneinandergereiht, ohne einen Spannungsbogen aufzubauen.*

# 4.5 Der Seitenplan

Im Seitenplan werden alle Seiten einer Zeitschriftenausgabe verkleinert und schematisch in der richtigen Reihenfolge dargestellt. Der auch Struktur- oder Heftplan genannte Seitenplan gibt einen Überblick, wo welcher Artikel und welche Anzeige im Heft platziert sind und wie viele Seiten ein Beitrag lang ist. Ein mehrseitiger Artikel wird beispielsweise mit einer Einrahmung oder einem waagrechten Pfeil, der über die geplante Seitenzahl geht, markiert. Anzeigen werden entsprechend ihrem Format einskizziert.

## Beispiel für einen Seitenplan

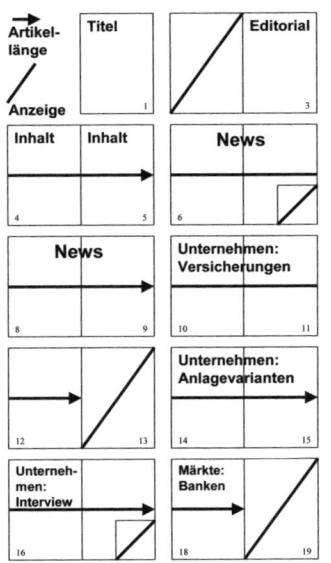

*Dieser Seitenplan zeigt: Nach der Titelseite folgt eine ganzseitige Anzeige. Das Editorial steht auf Seite 3, das Inhaltsverzeichnis auf den Seiten 4 und 5. Die nächsten vier Seiten werden von News belegt, allerdings wurde hier auch eine kleine Anzeige eingeplant.*

Da im Redaktionsalltag oft ein Artikel zugunsten einer anderen Geschichte aus dem Heft fällt oder Beiträge länger oder kürzer werden als diese ursprünglich geplant waren, muss der Chef vom Dienst den Seitenplan kontinuierlich aktualisieren. Der Strukturplan kann ebenso flexibel erweitert werden, wenn der Heftumfang aufgestockt oder verkleinert wird, weil Anzeigenseiten dazukommen oder wegfallen. Der Seitenplan hält die Redaktion über den aktuellen Stand der Heftproduktion auf dem Laufenden. Jeder Chef vom Dienst handhabt dies auf seine Art und Weise – entsprechend der Software, die er einsetzt. Einige markieren die verkleinerten Seiten mit verschiedenen Farben, andere mit bestimmten Zeichen, wenn die Textbeiträge vom Redakteur abgegeben werden, wenn das Layout fertig gestellt ist, wenn die Seiten fertig bearbeitet und wenn sie belichtungsfertig sind.

Der Heftplan wird allen ausgehändigt, die an der Produktion des Heftes beteiligt sind, aber auch dem Anzeigenverkauf. Es werden regelmäßig aktuelle Versionen verteilt. So kann jeder sehen, wenn beispielsweise eine Anzeige herausfällt oder ein Artikel kürzer ist als eingeplant, wo eine Anzeigenseite platziert werden soll und wie die Heftproduktion voranschreitet.

Der Art Director fertigt sich ebenso einen - meist etwas größeren - Seitenplan, indem er von jedem fertig gelayouteten Beitrag ein verkleinertes Bild in die richtige Reihenfolge setzt. So kann er einen besseren Überblick über die optische Heftgestaltung und -dramaturgie, aber auch über das Zusammenspiel zwischen Anzeigen und Redaktionsseiten machen.

## 4.6 Standard- und Aufmacherseiten

Jedes Heft setzt sich aus Standardseiten und Aufmacherseiten zusammen. Standardseiten sind Seiten, die in jeder Ausgabe enthalten sind. Dazu zählen beispielsweise das Inhaltsverzeichnis, das Editorial oder Serviceseiten. Große und besondere redaktionelle Beiträge werden dagegen mit Hilfe von Aufmacherseiten ins Rampenlicht gesetzt.

**Standardseiten schaffen Überblick.**
Standardseiten werden von Ausgabe zu Ausgabe immer ähnlich gestaltet. Das Layout-Prinzip bleibt identisch, viele Gestaltungselemente auf der Seite sind standardisiert. Die Spaltenbreiten, Schriften und Schriftgrößen sind gleich, die Bebilderung ähnlich.

Standardseiten helfen dem Leser, sich schneller zurecht zu finden. Denn ein Inhaltsverzeichnis etwa, das in jeder Heftausgabe anders aufgebaut wird, verwirrt. Sind dem Leser die Seiten und ihr Aufbau vertraut, werden sie für ihn übersichtlicher und schneller lesbar. Standardseiten geben einer Zeitschrift aber auch ihr charakteristisches Äußeres und sorgen dafür, dass der Leser eine Zeitschrift wiedererkennt. Die Layouter stehen hier vor einer besonderen Aufgabe: So müssen Standardseiten zwar ein typisches Erscheinungsbild haben, dieses darf aber keinesfalls langweilig wirken. Ebenso sollten sich die verschiedenen Standardseiten eines Heftes durchaus optisch unterscheiden und nicht gleich aufgebaut werden. Das schafft Abwechslung im Gestaltungsbild einer Zeitschrift.

Die wichtigste Standardseite eines Heftes ist das Inhaltsverzeichnis, auf das die Zeitschriftenmacher ein besonderes Augenmerk richten müssen. Denn ähnlich wie das Titelblatt ist es Aufgabe des Inhaltsverzeichnisses, den Leser ins Heft hineinzuziehen, neugierig zu machen. Besondere Themen sollten daher auch mit einem Foto hervorgehoben werden. Titelthemen werden bei einigen Heften unter einer eigenen Rubrik zusammengefasst, andere Magazine heben diese Beiträge farblich oder durch besondere Zeichen oder Schriften hervor. Die wichtigste Regel für ein Inhaltsverzeichnis ist, dass es klar strukturiert ist. Der Leser muss sich auf den ersten Blick zurechtfinden. Klarheit ist jedoch nicht mit Langweile gleichzusetzen.

Je nach Zielgruppe haben die Layouter hier verschiedene Möglichkeiten, ein Inhaltsverzeichnis zu gestalten: Während sich Wirtschaftsmagazin gerne sehr sachlich und schlicht zeigen, wirken Lifestyle- und Jugendmagazine durchaus opulenter.

**Aufmacherseiten machen neugierig.**
Wichtige Artikel müssen im Heft hervorgehoben werden. Dazu sind die Aufmacherseiten gedacht. Ihre Aufgabe ist es, die Aufmerksamkeit des Lesers auf sich zu ziehen. Sie müssen mit ihrer auffallenden Gestaltung überraschen und neugierig machen. Die Beiträge beginnen meist mit doppelseitigen, teilweise auch einseitigen Bildern, in denen nur die Überschrift und der Vorspann eingeblendet sind. Die Folgeseiten mit dem restlichen Artikel sind meist schlichter gestaltet. Bei manchen textlastigen Zeitschriften unterscheiden sich die Aufmacherseiten von den Standardseiten allerdings nur durch größere Überschriften oder ein kleines Bild. Im allgemeinen gilt jedoch: Je wichtiger der Artikel, desto mehr Platz bekommen die Aufmacherseiten.

Die Aufmacherseiten müssen sich von den anderen Seiten optisch abheben – auffälliger und ideenreicher präsentiert werden. Nur so wird der Leser auf sie aufmerksam. Trotzdem gibt es Grenzen: Die Seiten müssen sich in das Gesamtlayout einfügen und dem Stil des Heftdesigns entsprechen. Ansonsten fällt das Heft optisch auseinander und die Zeitschrift wirkt unruhig und konfus. Darüber hinaus müssen die Aufmacherseiten und die Folgeseiten eine optische Einheit bilden, etwa indem die gleichen Farben, Schriften oder Zeichen verwendet werden. Viele Magazine verwenden auf der Aufmacherseite eine größere Schrift als auf den Folgeseiten. Dadurch wird der Effekt der Aufmacherseite verstärkt.

Die Folgeseiten dürfen aber keinesfalls vernachlässigt werden. Auch sie müssen für sich alleine auf sich aufmerksam machen können. Auf Bleiwüsten ist also zu verzichten; Fotos, Illustrationen oder Infografiken bereichern das Layout.

# 4.7 Der Anzeigenteil

In deutschen Zeitschriften müssen Anzeigen gekennzeichnet und der redaktionelle Teil von der Werbung klar getrennt sein. Der Sinn dieser Kennzeichnungspflicht: Die Leser sollen sich darauf verlassen können, dass redaktionelle Beiträge, die oftmals als Ratgeber und Orientierungshilfe dienen, nach journalistischen Aspekten ausgewählt wurden und – mehr oder weniger – neutral sind.

Die Kennzeichnungspflicht macht gerade bei Anzeigen Sinn, die ähnlich wie die redaktionellen Beiträge gestaltet sind. Der Leser kann an dem Vermerk „Anzeige" sofort erkennen, dass es sich dabei um Werbung handelt. Die Trennung von Redaktion und Anzeigen hat darüber hinaus noch einen anderen Zweck: Sie verhindert, dass Inserenten mit Hilfe von redaktionell gestalteten Anzeigen die Zeitschrift und ihre Berichterstattung mitgestalten können. Es wäre beispielsweise bei einem Magazin wie dem Spiegel verheerend, wenn Unternehmen Anzeigen schalten würden, die wie ein normaler redaktioneller Beitrag ausschauen, aber nur voller Falschinformationen stecken würden.

**Erkennbarkeit der Anzeigen:** Die Kennzeichnungspflicht verlangt nicht, dass über jeder Werbeseite der Vermerk „Anzeige" stehen muss. Wenn sich die Anzeige klar vom Layout des redaktionellen Anteils unterscheidet und damit als Werbung zu erkennen ist, kann darauf verzichtet werden. Auch wenn Anzeigen räumlich von der Redaktion getrennt sind, also beispielsweise in einem Anzeigenblock zusammengefasst sind, ist es ersichtlich, dass es sich um Anzeigen handelt.

**Kopplungsgeschäfte:** Unter die Kennzeichnungspflicht fällt auch das Verbot von Koppelungsgeschäften. Dies bedeutet: Es ist nicht erlaubt, dass ein Werbekunde als Gegenleistung für die Buchung einer Anzeige auf die redaktionelle Berichterstattung Einfluss nehmen darf. Es ist also beispielsweise gesetzeswidrig, dass eine Zeitschrift nur dann ein (redaktionelles) Porträt von einer Firma veröffentlicht, wenn diese auch eine Anzeige schaltet. Gleichermaßen unzulässig ist es, wenn aufgrund einer Anzeigenschaltung eine kritische Berichterstattung verhindert wird. Es dürfen zudem Anzeigenkunden im redaktionellen Teil nicht bevorzugt werden. Dazu zählt zum Beispiel, wenn nur die Produkte oder Dienstleistungen der Anzeigenkunden in der redaktionellen Berichterstattung übermäßig gelobt werden, die anderen aber schlecht abschneiden. Ebenso wettbewerbswidrig ist, wenn eine Zeitschrift vorwiegend oder ausschließlich über die Anzeigenkunden berichtet.

**Sachgerechte Informationen:** Redaktionelle Beiträge, die für einen Anzeigenkunden Werbewirkung haben, dürfen nur veröffentlicht werden, wenn sie der sachgerechten Information der Leser dienen. Der Grund: Firmen, die lobend in einer Zeitschrift erwähnt werden, haben einen Wettbewerbsvorteil gegenüber ihren Mitbewerbern. Es ist aber selbstverständlich zulässig über Messen, Veranstaltungen, Konzerte oder neue bzw. besondere Produkte zu berichten, da dies das Informationsinteresse der Leser rechtfertigt.

## 4.8 Das Impressum

Das Impressum gibt Lesern Auskunft darüber, wer an der Produktion einer Zeitschrift beteiligt war. Es ist jedoch kein freiwilliger Service des Verlags, sondern für jede Zeitschrift Pflicht. Dies verlangt das Presseordnungsrecht.

Der Zweck des Impressums ist es, dass Außenstehende feststellen können, wer die Verantwortlichen einer Zeitschrift sind. Im Falle von Presseinhalts- und Presseordnungsdelikten können diese dann strafrechtlich verfolgt werden, in zivilrechtlichen Streitfällen können Betroffene die Verantwortlichen haftbar machen oder bei ihnen ihren Anspruch auf Gegendarstellung geltend machen.

Im Impressum müssen Name und Anschrift der Druckerei und des Verlegers, Herausgebers oder Verfassers angegeben werden. Außerdem muss bei Zeitschriften vermerkt sein, wer für welchen Teil des Heftes presserechtlich verantwortlich ist. Es muss der Name und die Redaktions- bzw. Dienstadresse des verantwortlichen Redakteurs genannt werden. Der verantwortliche Redakteur hat die Pflicht, veröffentlichte Inhalte zu überprüfen und zu verhindern, dass strafbare Inhalte im Heft erscheinen. Er muss dafür sorgen, dass die Impressumspflicht eingehalten wird und Gegendarstellungen abgedruckt werden.

Arbeiten mehrere verantwortliche Redakteure für ein Heft, müssen deren Namen und Zuständigkeiten (wie etwa Ressortleitung) im Impressum vermerkt sein. Auch der Verantwortliche für den Anzeigenteil muss mit Namen und Kontaktdaten genannt sein.

Das Presseordnungsrecht macht allerdings nicht zur Bedingung, dass der Chefredakteur, der Chef vom Dienst sowie sonstige leitende Redakteure oder Funktionsträger explizit genannt werden müssen.

# Kapitel 5: Die journalistische Arbeit in der Zeitschriftenredaktion

Die Arbeit in einer Zeitschriftenredaktion ist etwas Besonderes. Ausgabe für Ausgabe versuchen sich die Redakteure durch ausgefallene Themen und eine besondere Berichterstattung zu übertreffen – und den Kampf am Kiosk zu gewinnen. Kreativität ist gefordert. Dies gilt vor allem für eines der wichtigsten Heftelemente: die Artikel.

## 5.1 Die Besonderheiten des Zeitschriftenjournalismus

Der Alltag in der Zeitschriftenredaktion ist nicht derselbe wie in einer Zeitung – er ist ähnlich, aber nicht gleich. Redakteure einer tagesaktuellen Zeitung arbeiten anders als Redakteure einer wöchentlich, vierzehntäglich oder monatlich erscheinenden Zeitschrift. Das hat vielerlei Grunde:

**Die Gewohnheiten der Leser variieren:** Eine der Ursachen für die verschiedenen Arbeitsweisen in Zeitschriften- und Zeitungsredaktionen liegt in dem unterschiedlichen Leseverhalten der Käufer. Zeitungsleser möchten sich schnell über das aktuelle Geschehen informieren. Sie möchten das Wichtigste aus Politik, Wirtschaft, Sport und Lokalem erfahren. In der Regel blättern sie die Zeitung nur durch, lesen einige Überschriften und eventuell noch den Vorspann eines Artikels. Viele Zeitungsbeiträge sind daher sehr sachlich und kurz aufgebaut: Der Leser soll auf einen Blick die aktuellen Neuigkeiten kennen.

Das Ziel der meisten Zeitschriften ist es dagegen, zu unterhalten oder tiefgreifende fachliche Hintergrundinformationen zu geben. Die Leser kaufen die Hefte oft für die Freizeit. Folglich nehmen sie sich mehr Zeit für die Lektüre und lesen Artikel durch. Die Zeitschriften reagieren auf diese Lesergewohnheiten, in dem sie neben Kurzmeldungen auch viele Hintergrundberichte veröffentlichen.

**Agenturmeldung versus Eigenthema:** Der Großteil der Zeitungsbeiträge basiert auf Agenturmeldungen etwa von der Deutschen Presseagentur dpa. Einige Themen sind für das Blatt ein Muss, wenn etwa die Bundesregierung neue Steuererhöhungen durchsetzt oder wenn ein großer Wirtschaftskonzern Konkurs anmeldet.

Anders ist die Situation bei Zeitschriften. Eine Zeitschriftenredaktion sucht sich Heft für Heft selbst neue Themen. Agenturmeldungen spielen dabei keine Rolle. Pflichtthemen gibt es wenige. Ob eine Frauenzeitschrift in der Juni- oder Juli-Ausgabe über die Figurgymnastik schreibt, ist im Grunde genommen egal. Sicherlich muss aber auch eine Zeitschrift bestimmte Meldungen aufgreifen. Die Steuererhöhung der Bundesregierung sollte in der Wirtschaftszeitschrift nicht fehlen.

**Nachrichtensprache versus Magazinstil:** In einer Zeitschrift sind hauptsächlich nachrichtliche Texte zu finden, in Zeitschriften unterhalten Reportagen, Features, Kommentare etc. den Leser (siehe Kapitel 5.3). Dementsprechend sind die Texte einer klassischen Tageszeitung meist sachlich und nüchtern. Die Überschriften über den Meldungen sind kurz und fassen die wichtigsten Aussagen zusammen. Gleiches gilt für den Vorspann. Das liegt daran, dass der Zeitungsleser die Zeitung im Normalfall schnell durchblättert und nur die Überschriften oder vielleicht den Vorspann liest, aber meist für den kompletten Artikel keine Zeit hat.

Bei Zeitschriften, insbesondere bei Publikumsheften, weisen viele Beiträge dagegen einen Magazin-Stil auf – schon allein deshalb, weil sie als Freizeitbeschäftigung und zur Entspannung gelesen werden. Die Überschriften sind witzig, provokant, reißerisch und voller Wortspiele, sie sind aber selten nüchternsachlich. Die Vorspänne sind darauf angelegt, den Leser neugierig zu machen und in den Text zu ziehen, aber nicht um den Inhalt des Artikels so zusammenzufassen, dass ihn der Leser nicht mehr lesen muss. Auch die Sprache des Lauftextes ist bildlicher und oft verspielter als bei einer Zeitung. Es gibt allerdings Ausnahmen: Eine Fachzeitschrift unterscheidet sich zum Beispiel in ihrer Sprache kaum von einer Zeitung, auch sie gibt sachlich ihre Informationen weiter. Auf der anderen Seite erobern zunehmend Magazin-Geschichten die Zeitungen.

**Druck- und Erscheinungstermin klaffen auseinander:** Für Zeitungsredakteure ist täglich nachts Redaktionsschluss, am nächsten Morgen steckt das Blatt bereits in den Briefkästen. Nur so schafft es die Zeitung, aktuell zu sein. Bei Zeitschriften liegen dagegen der Redaktionsschluss und der Erscheinungstermin oft Wochen auseinander. Nachrichtenmagazine brauchen immerhin noch Tage. Hochaktuelle Beiträge sind damit für die Zeitschriftenredaktion nicht zu machen. Zwischen der Textabgabe plus Layout und Veröffentlichung liegt viel Zeit – Zeit, in der sich die Welt verändert, in der zu der Meldung neue Aspekte dazukommen. Die Nachrichtenmagazine, die ebenfalls auf relativ aktuelle Berichterstattung Wert legen, haben ihren Weg gefunden, dieser Zwickmühle zu begegnen: Sie geben ausführliche Hintergrundinformationen, berichten aus anderen Perspektiven, veröffentlichen Reportagen mit der persönlichen Blickweise und Empfindungen des Verfassers und sie zeigen Fotos und Bilder aus anderen Sichtwinkeln mit anderen Motiven. Eine andere Möglichkeit für die Zeitschriften besteht darin, Themen zu entdecken, die nicht tagesaktuell sind, etwa wenn auf der Titelseite angepriesen wird, dass die billigsten Last-Minute-Reisen im Heft verglichen werden.

**Blickpunkt Bild:** Das Layout ist bei einer Zeitschrift enorm wichtig. Während Zeitschriften nach wie vor sehr textlastig sind, verkaufen sich viele Zeitschriften durch ihre aussagekräftige und ausgefallene Gestaltung. Großformatige Bilder gehören bei fast allen Zeitschriften zum Erscheinungsbild. Die Leser schätzen dieses Layout. Nicht umsonst zeigt das Nachrichtenheft Stern auf den ersten Seiten Bildreportagen. In Heften wie GEO treten oft die Texte hinter die Bilder zurück. Für die aufwändige Bebilderung muss die Zeitschrift aber auch einen umständlicheren Herstellungsprozess in Kauf nehmen als dies bei der Zeitung der Fall ist.

**Die Zeit für die Recherche ist unterschiedlich:** Bei einer Zeitung kommt bestenfalls morgens, im schlechtesten Fall abends eine Geschichte in die Redaktion. Bis zum Redaktionsschluss in den Abendstunden muss der Redakteur die Geschichte fertig recherchiert und geschrieben haben. Die Zeitschriftenredaktion des Wochen- oder Monatsheftes hat dafür meist mehr Zeit. Folglich schauen oftmals auch die Rechercheergebnisse anders aus. Die Redakteure können mit mehreren Leuten sprechen und Informationen einholen, die vielleicht das Geschehen nicht unmittelbar betreffen, die aber am Rande der Ereignisse stehen und eine spannende Geschichte erzählen.

## 5.2 Recherche

Die Recherche ist die Basis für jede Art von Berichterstattung. Recherchieren bedeutet, Informationen zu sammeln. Nun muss wohl keine Zeitschriftenredaktion befürchten, dass nicht genügend Informationen täglich eingehen könnten. Im Gegenteil: Die Redakteure werden regelrecht damit zugeschüttet. Die Rechercheaufgabe besteht darin, die für den Leser relevanten, interessanten und wichtigen Meldungen herauszufiltern und diese zu überprüfen. Doch damit ist es nicht getan. Jeder Journalist ist ständig auf der Suche nach einer Exklusivgeschichte, nach der besonderen Story. Hier bedeutet Recherchearbeit zunächst einmal, die Geschichte zu entdecken und anschließend auf ihren Wahrheitsgehalt zu überprüfen. Eine sorgfältige Recherche ist die wichtigste Pflicht für jeden Journalisten. Meist ist die Materialbeschaffung aufwändiger und zeitintensiver als das Schreiben eines Beitrages, doch sie ist Voraussetzung für gute journalistische Arbeit.

### 5.2.1 Recherchequellen

Im Zeitschriftenjournalismus spielt die Informationsbeschaffung über Nachrichtenagenturen so gut wie keine Rolle. Zeitschriften benötigen schließlich ganz andere Informationen als die tagesaktuellen Zeitungen. Als Recherchequellen kommen für Journalisten unter anderem folgende in Frage:

**Informanten und persönliche Kontakte:** Exklusive Geschichten, wichtige Detail- und Hintergrundinformationen erfährt der Journalist von Informanten und Ansprechpartnern, zu denen er gute Kontakte hat. Diese Recherchequellen sind für Journalisten sehr wichtig, weil die Hefte schließlich auf Exklusivität und Hintergrundinformationen angewiesen sind, um sich gegen die Zeitungen abgrenzen zu können. In der Regel ist es sehr mühselig und zeitaufwändig, ein zuverlässiges Informantennetz aufzubauen und das Vertrauen von Ansprechpartnern in Unternehmen, Behörden und Institutionen zu gewinnen. Auch wenn der Kontakt bestens ist, muss der Journalist jede Informationen noch nachprüfen. Damit die Geschichte nicht von einer einseitigen Perspektive erzählt wird, sollten noch andere Personen befragt und weitere Fakten eingeholt werden.

**Pressestellen und Presseagenturen:** Die Pressestellen von Unternehmen, Verbänden und staatlichen Institutionen sowie die beauftragten Presseagenturen sind für Journalisten eine wichtige Recherchequelle. Sie geben auf Anfragen der Journalisten Auskunft und gehen anderseits auf die Redaktionen zu, wenn sie sich mit einer Meldung an die Öffentlichkeit wenden möchten – meist in Form einer Pressekonferenz oder Pressemitteilung. In den Pressestellen und Agenturen arbeiten Profis, die es verstehen, jede Nachricht im besten Licht darstellen zu können. Unangenehme Details werden schön geredet oder einfach weggelassen. Journalisten sollten daher Meldungen von diesen Stellen kritisch betrachten und mit weiteren Recherchen die Fakten objektivieren. Einzige Ausnahme sind Behörden. Diese sind verpflichtet, Auskünfte zu erteilen, es sei denn, die Auskunft behindert die Durchführung eines schwebenden Verfahrens, die Fakten müssen geheimgehalten werden oder sie verletzen schutzwürdige Interessen. Die Presseabteilungen sind zwar meist die erste Anlaufstelle für Redakteure, eine neutralere Auskunft erhalten die Journalisten aber oftmals, wenn sie sich direkt an den Ansprechpartner im Unternehmen, Verband oder der Behörde wenden – falls diese bereit sind, mit dem Journalisten zu sprechen.

**Archive:** Nicht jede Zeitschriftenredaktion kann auf ein verlagsinternes Archiv zugreifen, das wichtige Hintergrundinformationen liefert. Doch es gibt auch öffentlich zugängliche Archive etwa in Bibliotheken oder im Internet. Jeder Journalist sollte sich darüber hinaus ein eigenes Archiv anlegen und wichtige Informationen sammeln.

**Internet:** Die Recherche im Internet nimmt mittlerweile einen sehr wichtigen Stellenwert im journalistischen Alltag ein. Für die aktive Suche nach Stichworten gibt es Suchmaschinen (zum Beispiel www.altavista.de, www.webcrawler.de, www.lycos.de, www.google.de, www.yahoo.de) und Metasuchdienste, die mehrere Suchmaschinen durchsuchen (etwa www.metacrawler.de). In Newsgruppen kann der Journalist mit Experten und Interessierten über bestimmten Themen chatten (beispielsweise www.dejanews.com). Darüber hinaus gibt es noch Newsletter und News-Seiten, die themenspezifisch über die neuesten Ereignisse und Produkte etc. berichten.

**Messen, Kongresse, Vorträge, Seminare:** Wenn Fachleute zusammenkommen, spricht man über Neuigkeiten, Probleme, aber auch über den neuesten Tratsch. Für Journalisten eine gute Möglichkeit, Trends als erstes mitzubekommen.

**Kollegen:** Nicht zu vergessen sind die eigenen Kollegen. Diese haben ihre eigenen Kontaktpersonen und daher auch Informationen. Viele Zeitschriftenredaktionen gehen beispielsweise in so genannten Postbesprechungen Neuigkeiten durch. So können die Kollegen ihr Wissen untereinander austauschen.

**Konkurrenzprodukte:** Zeitungen, Internetzeitschriften, aber auch ausländische Konkurrenzprodukte können oftmals eine Meldung schneller veröffentlichen. Diese Infos kann ein Journalist nutzen, natürlich nicht ohne diese nochmals zu überprüfen.

## 5.2.2 Recherchemethoden

Die Zeit ist knapp – auch für Zeitschriftenredakteure. Daher müssen diese sehr effektiv recherchieren und möglichst schnell möglichst brisante, exklusive und besondere Informationen auskundschaften. Außerdem ist nicht jeder Befragte auskunftsfreudig. Einige Regeln helfen den Journalisten bei der Recherche:

**Die Fakten müssen bereits vor der Recherche sortiert werden.**
Bevor die Recherche überhaupt beginnt, sollte der Journalist die Informationen sortieren, die ihm bereits vorliegen. Dadurch bekommt er einen Überblick, welche Fakten ihm bereits vorliegen und welche er noch benötigt.

**Ein Rechercheplan bringt Übersichtlichkeit.**
Optimal ist ein Rechercheplan. Mit ihm wird nicht nur die Recherche übersichtlicher und zeitsparender, sondern er sorgt auch dafür, dass der Journalist systematisch vorgehen kann und bei seiner Recherche nichts vergisst. Der Journalist sollte in seinem Plan festlegen, welche Person er interviewen und welche Fragen er stellen will. Darüber hinaus verzeichnet er auch andere Recherchequellen, die er nutzen möchte. Wichtig ist auch, Termine darin zu vermerken: Abgabetermine, Sprechzeiten, Urlaubstage von Ansprechpartnern etc.

**Eine Vorrecherche vor Interviews bringt bessere Ergebnisse.**
Bevor man mit wichtigen Interviews beginnt, sollte man andere Quellen nutzen und sich so sachkundig wie möglich machen. Je mehr Fachwissen sich der Journalist angeeignet hat, desto ernster wird er von den Befragten genommen und desto detailliertere Fakten und Hintergrundinformationen bekommt er.

**Der Journalist nähert sich einem Thema aus verschiedenen Richtungen.**
Die Recherche sollte nicht einseitig sein. Ein Thema muss immer von verschiedenen Perspektiven betrachtet werden, folglich muss auch der Journalist möglichst viele Personen befragen und verschiedene Meinungen einholen.

**Die Befragung erfolgt von außen nach innen.**
Für die Interviews gibt es eine Reihenfolge: von außen nach innen. Das bedeutet, zuerst werden diejenigen Personen befragt, die ein Erlebnis oder ein Sachverhalt am wenigsten betrifft. Erst am Ende befragt der Journalist die direkt betroffene Person. Durch diese Befragungsreihenfolge kann er neutrale Informationen sammeln, bevor er die subjektiven Eindrücke und Details abklärt.

**Persönliche Gespräche bringen oft mehr.**
Besser als ein E-Mail ist ein Anruf bei den befragten Personen. In persönlichen Gesprächen kann der Journalist nachhaken. Teilweise kommt das Gespräch auch auf wichtige Aspekte, die der Journalist sonst gar nicht berücksichtigt hätte. Wenn es Zeit und Budget erlauben, ist ein Vor-Ort-Gespräch einem Telefoninterviews vorzuziehen. Der Journalist kann hier auch Reaktionen – wenn etwa der Befragte errötet oder verlegen wird - beobachten und daraus Schlussfolgerungen ziehen.

**Den Gesprächsfaden nicht verlieren.**
Geschulte Pressesprecher, Politiker oder Manager sind Meister darin, ein Interview in Bahnen zu lenken, die für sie angenehm sind. Der Journalist kann durchaus auf nicht eingeplante Aspekte eingehen, aber er sollte immer wieder zu seinem Hauptthema zurückkommen.

**In die Tiefe recherchieren, nicht in die Breite.**
Oftmals besteht die Gefahr, dass der Journalist sich bei der Recherche von Hintergrundinformationen verzettelt. Er sollte jedoch die Recherche auf wesentliche Aspekte beschränken, um den Faden nicht zu verlieren.

**Klare Fragen stellen.**
Je konkreter die Frage, desto konkreter ist auch die Antwort.

**Beim Interview sollte mit den allgemeinen Fragen begonnen werden.**
In einem Recherchegespräch ist es diplomatischer, wenn der Journalist nicht mit der entscheidenden Frage beginnt. Besser ist es, erst die allgemeinen Fakten abzufragen, damit sich der Interviewte erst einmal „warmreden" kann. Erst später werden dann die Detailfragen geklärt. Nachhaken ist dabei ein Muss. Darüber hinaus gelten die Interview-Regeln von Kapitel 5.3.5.

**Nicht abwimmeln lassen.**
Viele Befragten versuchen den Rechercheur abzuwimmeln. Sie antworten entweder überhaupt nicht oder nur in allgemeinen Phrasen. Hier sollte der Journalist hartnäckig bleiben. Durch  konkrete Fragen kann er dann manchmal doch noch wichtige Antworten entlocken.

**Nachprüfen ist ein Muss.**
Jede Information muss nachgeprüft werden, auch wenn sie von einer vertrauenswürdigen Quelle kommt.

**Niemals das Vertrauen von Informanten missbrauchen.**
Wenn ein Informant nicht genannt werden möchte oder er eine Hintergrundinformation nicht veröffentlicht sehen möchte, muss sich der Journalist daran halten. Er sollte seine Quellen schützen, sonst kann er wohl künftig nicht mehr darauf zugreifen.

**Möglichst mit den Betroffenen sprechen.**
Pressesprecher sind geschult heiklen Fragen auszuweichen oder allgemeine Antworten zu geben. Besser ist es, mit Ansprechpartnern wie Firmenmanagern selbst zu sprechen.

**Der Journalist sollte den richtigen Ansprechpartnern die richtigen Fragen stellen.**
Jeder Befragte hat sein Sachgebiet, seine Befugnisse und seine speziellen Kompetenzen. Ein Spitzenmanager, der die Firma führt, kennt sich oft nicht über die technischen Details der verkauften Produkte aus. Der Journalist sollte mit jedem über die Themen reden, mit denen diese sich auskennen.

**Ein Recherchegespräch ist kein Verhör.**
Journalisten sollten sich stets bewusst sein, dass sie auf die Hilfe anderer angewiesen sind. Ein Rechercheinterview sollte daher freundlich sein. Arroganz oder Fragen, die mehr beschuldigen als fragen, sind hier fehl am Platz.

**Neutral bleiben.**
Der Journalist darf nie mit einer Sympathie oder Antipathie in die Recherchegespräche gehen. Er wird dann nur diejenigen Aussagen hören, die ihn in seiner Meinung bestätigen. Eines der wichtigsten Gebote für die Recherche ist die Neutralität. Der Journalist sollte distanziert zu einem Sachverhalt und Thema sein und sich mit einer Sache nicht gemein machen.

**Die Recherche hat Grenzen.**
Recherche ist sehr aufwändig und muss auch einmal ein Ende haben. Hat der Journalist alle wichtigen Informationen zusammengetragen und die Hintergründe und Zusammenhänge geklärt, kann er aufhören. Überrecherche, die sich in einer Flut an unwichtigen Infos verliert, sollte vermieden werden. Der Journalist sollte aber auch abbrechen, wenn die Recherche eine unangenehme Richtung nimmt oder er Persönlichkeitsrechte verletzt.

## 5.3 Die Darstellungsformen der Zeitschrift

Eine Zeitschrift lebt von der Abwechslung - das gilt vor allem für die Art und Weise, wie über etwas berichtet wird: Die Sportzeitschrift zum Beispiel stellt im vorderen Heftteil sachlich die neuesten Laufschuhmodelle vor, im folgenden Artikel erzählt ein Redakteur, wie er sich bei seinem ersten Marathonlauf gefühlt hat; zwei Seiten weiter interviewt ein Journalist den Firmenboss des bekannten Sportartikelherstellers und wieder einige Seiten weiter lästert ein Redakteur äußerst bissig über die Modekollektion eines Tennisstars.

Die Leser schätzen diese variantenreiche Vielfalt. Das Erfolgsrezept für gute Hefte ist daher ein guter Mix unterschiedlicher Textarten. Dabei wird im Prinzip zwischen den nachrichtlichen und meinungsbetonten Darstellungsformen unterschieden. Die nachrichtlichen Darstellungsformen basieren auf Tatsachen und möchten den Leser informieren. Die Nachricht, der Bericht, die Reportage, das Feature und das Interview gehören zu dieser Gruppe. Die meinungsorientierten Darstellungsformen sind subjektiv. Ihr Ziel ist es, den Leser zu unterhalten. Typische Vertreter sind der Kommentar, die Glosse und die Kritik.

In diesem Kapitel werden die klassischen Darstellungsformen und ihre typischen Eigenschaften vorgestellt. Die Grenzen zwischen den verschiedenen Textarten sind jedoch fließend. Im täglichen Zeitschriftenleben treten sie oft vermischt auf.

### 5.3.1 Nachricht

Eine Nachricht informiert den Leser sachlich und objektiv über aktuelle und interessante Ereignisse. Sie ist kurz gefasst, in der Regel 20 bis 25 Zeilen. Ist der Text länger, wird er als Bericht bezeichnet. Die typischen Merkmale einer Nachricht sind Aktualität, Objektivität, Sachlichkeit und Leserinteresse. Darunter ist Folgendes zu verstehen:

**Aktualität:** Eine Zeitschrift kann nicht wie eine Zeitung über die Neuigkeiten des Tages berichten. Aktualität bedeutet hier, dass die Redaktion über diejenigen Ereignisse berichtet, die zwischen zwei aufeinander folgenden Heftausgaben vorgefallen sind. Das können nicht nur Ereignisse wie ein Flugzeugabsturz sein, sondern auch neue Erkenntnisse oder Statements, wenn etwa Experten Wochen später die Ursache des Flugzeugabsturzes klären konnten oder der Sprecher einer Fluggesellschaft die mangelnden Sicherheitskontrollen kritisiert.

Aktualität ist für Zeitschriftenredaktionen ein schwieriges Thema: Da bei einer Zeitschrift der redaktionelle Abgabetermin und das Erscheinungsdatum weit auseinanderliegen, können zwischen dem Zeitpunkt des Ereignisses und der veröffentlichten Nachricht mehrere Wochen liegen. Eine Modelleisenbahn-Zeitschrift, die über eine neue Technik der Züge schreibt, hat es dabei einfacher, weil sie selten befürchten muss, dass ihr eine Tageszeitung mit der Nachricht zuvorkommt. Für wöchentlich erscheinende Nachrichtenmagazine ist der Konkurrenzkampf mit den Tageszeitungen schwieriger. Schließlich berichten beide oft über die gleichen Ereignisse. Die Zeitung kann über den Rücktritt eines Ministers bereits am nächsten Tag berichten, bei der Zeitschrift dauert die Veröffentlichung mindestens zwei bis drei Tage.

Daher ist man in Zeitschriftenredaktionen sehr bemüht, die aktuelle Meldung mit Hintergrundinformationen zu mischen oder auch Exklusivnachrichten aufzuspüren.

**Objektivität:** Bei einer Nachricht sind subjektive Erlebnisse oder Wertungen des Verfassers nicht gefragt. Der Journalist stellt ausschließlich die Fakten dar, als Person tritt er in den Hintergrund. Um die Aussage einer Nachricht nicht zu verfälschen, darf er auch keine entscheidenden Fakten weglassen. Wahre Objektivität ist allerdings utopisch, da ein Journalist nur die Informationen aufschreiben kann, die er kennt. Das ist aber immer nur ein Teil der ganzen Wahrheit. Objektivität im Zeitschriftenjournalismus bedeutet daher, dass der Journalist möglichst viele Informationen zusammenträgt und das Ereignis ohne persönliche Wertungen faktentreu und sachlich schildert.

**Sachlichkeit:** Eine Nachricht muss sachlich und nüchtern geschrieben sein. Es werden Fakten dargestellt, mehr nicht. Das Wesentliche wird beschrieben, unwesentliche Details weggelassen. Auf emotionale Anmerkungen, Schlussfolgerungen, Stellungnahmen und wertende Ausschmückungen muss der Verfasser verzichten. Folglich ist auch die Sprache verständlich, klar und nüchtern.

**Leserinteresse:** Eine Zeitschrift sollte nur Meldungen veröffentlichen, die für das Publikum interessant sind. Was interessant ist, hängt von der Leserschaft ab. Während ein Nachrichtenmagazin die Aufmerksamkeit der Leser durch politische Affären, Konflikte oder andere außergewöhnlichen Ereignisse gewinnt, schafft das ein Boulevardmagazin durch Meldungen über neue Beziehungen von Filmstars oder gesellschaftliche Skandale.

Für die Auswahl von Nachrichten gibt es für Journalisten jedoch auch allgemeine Faustregeln: Die Nachricht sollte eine unmittelbare Auswirkung auf das Publikum haben, wie das etwa bei Steuererhöhung der Fall ist. Die räumliche und psychologische Nähe zum Leser spielen ebenso eine wichtige Rolle. So ist für ihn eine Meldung über die Kriminalität in der Stadt, in der er wohnt, wichtiger als eine über die Verbrecherrate in Moldawien. Auch geht dem passionierten Golfspieler der Unfall eines Golfprofis psychisch näher als einem Tauchsportler. Als weiteres Auswahlkriterium gilt, dass eine Nachricht über ein bedeutendes Ereignis oder über eine große Institution, Firma oder Partei berichten sollte – ein Flugzeugabsturz findet mehr Beachtung als ein kleiner Auffahrunfall. Konflikte, Streit und Kampf wecken beim Leser ebenso Interesse wie Skurriles, Ungewöhnliches und Überraschendes. Auch Nachrichten, die sich an die Gefühlswelt des Lesers wenden oder in denen bekannte Personen vorkommen, sind interessant.

Nicht nur die Auswahlkriterien für eine Nachricht sind ziemlich unterschiedlich, auch die Nachrichten selbst: Auf der einen Seite stehen sachliche Nachrichten über Politik, Wirtschaft, Kultur und Gesellschaft. Diese werden als harte Nachrichten oder hard news bezeichnet. Auf der anderen Seite unterhalten den Leser Meldungen über Prominente oder Kuriositäten, die weiche Nachrichten oder soft news genannt werden. Hard und soft news unterscheiden sich nicht nur in ihrem Inhalt, sondern oftmals auch in ihrem Aufbau.

## Aufbau der Nachricht

Am Anfang einer klassischen Nachricht stehen die wesentlichen Informationen. Weitere Einzelheiten, Detail- und Hintergrundinformationen folgen. Es gilt das Prinzip: Der erste Satz ist der wichtigste, jeder nachfolgende Satz ist weniger wichtig als der vorhergehende. Werden die letzten Sätze gekürzt, sind die wichtigen Aussagen immer noch enthalten. Die Nachricht ist folglich hierarchisch und nicht chronologisch aufgebaut – entscheidend ist, welche Fakten wichtig sind und nicht die zeitliche Abfolge der Ereignisse.

Der Anfang der Nachricht wird Lead genannt. Seine Aufgabe ist es nicht nur, den Leser auf den folgenden Text neugierig zu machen, er informiert zudem kurz und präzise über die Sachlage. Als Richtlinie gilt, dass der Lead die so genannten W´s beantworten muss: Wer hat was wann wo wie und warum getan - und welche Quelle hatte der Verfasser?

Folgende Meldungen sind nach diesem Prinzip aufgebaut:

*Die Renditen von Riester-Renten werden in vielen Modellrechnungen von Verbraucherschützern und Versicherungsmaklern zwar kritisch, aber offensichtlich immer noch zu hoch eingeschätzt. Nach einer Studie des Ökonomen Klaus Jaeger von der FU Berlin berücksichtigt ein großer Teil der Riester-Rechner bislang nur unzureichend, wie sich die individuellen Steuersätze auf den Ertrag der Altersanlagen auswirken. (...) (Spiegel 24/2002)*

*Unternehmer dürfen ab Januar 2002 für Geschäftsreisen mit dem Privat-PKW 0,30 Euro je gefahrenem Kilometer bei der Steuer absetzen. So heißt es in einem Schreiben aus dem Bundesfinanzministerium (...). (impulse 11/2001)*

Dieser streng reglementierte Nachrichtenaufbau ist typisch für die so genannten hard news – und für Zeitungen. Die weichen Nachrichten haben dagegen einen größeren Spielraum. Ebenso folgen in den meisten Zeitschriften auch die harten Nachrichten nicht dem klassischen Aufbauschema - schließlich ist es die Hauptaufgabe vieler Hefte zu unterhalten. Die Nachrichten beginnen nicht sachlich mit den sieben W´s, sondern im Plauderton. Der erste Satz fasst interpretierend zusammen, stellt eine rhetorische Frage oder erläutert kurz die Zusammenhänge. Um die Kurznachricht länger spannend zu halten, steht oftmals auch die Pointe am Schluss.

Beide folgende Beispiele erzeugen im ersten Satz Spannung. Die erste Meldung setzt am Schluss auf eine Pointe.

*Guido Westerwelle, 41, war aus dem Häuschen. „Da unterschreibt doch der Bundeswirtschaftsminister Wolfgang Clement auf der Rückseite meiner Autogrammkarte, nur leider in Grün", mokierte sich der gerade zum Huckelriedener Spargelkönig gekürte FDP-Vorsitzende. (...) Clement hatte keine eigene Fotokarte dabei, wollte die Kinder aber nicht enttäuschen und machte kurzerhand Westerwelles Schriftzug durch seinen „doppelt so viel wert" wie der 62-jährige Minister schmunzelnd bemerkte. (Focus 26/2002)*

*Bis vergangene Woche wurden noch Wetten angenommen zwischen New York und San Francisco: Werden Supermodel Christy Turlington, 34, und Hollywood-Star Ed Burns, 35, diesmal heiraten? Die beiden unternahmen nämlich bereits den dritten Anlauf in ihrer komplizierten Love-Story (...) (Bunte 25/03)*

## Regeln für die Nachricht

Für die klassische Nachricht gelten folgende Regeln:

**Die Sprache sollte klar und verständlich sein.**
Die Nachrichtensprache besteht aus kurzen, einfachen und verständlichen Sätzen. Sprachfloskeln und Schachtelsätze, aber auch Füllwörter oder Ausschmückungen sind bei der klassischen Nachricht fehl am Platz. Die Meldung sollte keine Spezialbegriffe und unbekannten Fremdwörter enthalten, für die der Leser ein spezielles Vorwissen benötigt, um sie zu verstehen. Besser ist es, geläufigere Begriffe zu verwenden. Ist das nicht möglich, sollte der Verfasser die Begriffe sofort erklären. Das Gleiche gilt für Abkürzungen. Behördendeutsch sollte vermieden werden.

**Die Nachricht muss ausgewogen berichten.**
Objektivität gehört zu einer seriösen Nachricht. Es müssen daher immer alle Seiten eines Sachverhaltes beschrieben werden. Wenn beispielsweise über den Konflikt zweier Politiker berichtet wird, sollten beide zu Wort kommen.

**Keine versteckten Wertungen.**
Adjektive und Adverbien sollten nur verwendet werden, wenn sie eine wichtige Aussage enthalten. Keinesfalls sollten sie aber nur ausschmücken oder mit ihnen Wertungen in den Text einfließen, wie beispielsweise bei „einer dreisten Behauptung".

**Je genauer die Informationen sind, desto besser.**
Ohne sich im Detail zu verlieren, macht eine gewisse Anschaulichkeit den Text um einiges interessanter. Anstelle von abstrakten Formulierungen sollte der Autor konkrete Informationen setzen. Statt: „Die neue Pille macht gesund" ist „Die neue Pille verringert das Risiko eines Herz-Infarktes" um einiges aussagekräftiger.

**Nur die wichtigsten Details werden erwähnt.**
Der Verfasser sollte nur diejenigen Informationen in den Text packen, die notwendig sind, um die Nachricht, ihren Hintergrund und ihre Zusammenhänge zu verstehen.

**Zitate müssen korrekt wiedergegeben werden.**
Zitate und Stellungnahmen darf der Journalist nicht verändern. Auch in der indirekten Rede sollte der Autor möglichst genau die Wortwahl wiedergeben. Neigt der Redner allerdings zu langen Schachtelsätzen, kann das Zitat durch Einschübe geteilt werden.

**Der Lead enthält die Kernaussage.**
Am Anfang der Nachricht steht die Kernaussage und nicht die Vorgeschichte
dazu. Auch allgemeine Informationen haben im Lead nichts zu suchen. Das
heißt aber nicht, dass prinzipiell auf die Vorgeschichte und allgemeine Informationen verzichtet werden sollte. Diese gehören aber in die späteren Absätze.

**Der erste Satz muss nicht alle W`s enthalten.**
So mancher Journalist versucht die W-Fragen allesamt im ersten Satz zu beantworten. Dadurch ist der Satz oft verschachtelt, was nicht zur Verständlichkeit
beiträgt. Besser ist es in diesem Fall, die Kernaussage in zwei bis maximal vier
Sätze zu verteilen.

**Die Quelle sollte erkennbar sein.**
Der Leser sollte erfahren, woher der Verfasser der Nachricht seine Informationen hat. Hat der Journalist keine seriösen Quellen oder ist der in der Nachricht
beschriebene Sachverhalt nicht hundertprozentig sicher, muss er dies ebenso
offen zugeben.

**Auf die Rechtschreibung sollte geachtet werden.**
Namen, Orte etc. müssen richtig geschrieben werden. Ist dies nicht der Fall,
wirkt die Meldung schlecht recherchiert.

**Zusammenhänge und Vergleiche dienen der besseren Verständlichkeit.**
Die Leser können sich ein besseres Bild über eine Sachlage machen, wenn sie
die Hintergründe und Zusammenhänge kennen oder die Nachricht anhand von
Vergleichen einordnen können. Die Nachricht, dass die Europäische Zentral-
bank die Leitzinsen senkt, ist spannender, wenn der Leser weiß, warum dies der
Fall ist und wie Europa im Vergleich zu Amerika steht.

## Anwendung der Nachricht

Fast jede Zeitschrift enthält Kurzmeldungen. Diese runden zwar das redaktionelle Angebot einer Zeitschrift ab, sie gehören aber in der Regel nicht zu ihrer
Kernkompetenz. Die meisten Zeitschriften wollen sich lieber durch längere
Hintergrundgeschichten oder Reportagen von der Zeitung abheben. Um den
unterhaltenden Charakter beizubehalten, verzichten viele Zeitschriften bei den
Kurznachrichten nicht nur auf das klassische Aufbauschema, sondern auch auf
die klassischen Merkmale Objektivität und Sachlichkeit. Die Meldungen sind in
einem lockeren Sprachstil verfasst, interpretieren und die Meinung des Verfassers ist klar zu erkennen.

## 5.3.2 Bericht

Der Bericht ist im Prinzip eine längere Nachricht, die ausführlicher und noch tiefergehender die Fakten schildert als dies bei einer Kurzmeldung der Fall sein kann. Der Bericht informiert ebenso über die Tatsachen, doch er kann mehr auf die Vorgeschichte, Hintergründe und andere Details eingehen. Teilweise interpretiert der Verfasser auch das Geschehen und lässt seine Meinung einfließen. Er kann zudem auch die Atmosphäre beschreiben, allerdings nicht in dem Rahmen, wie dies bei einer Reportage möglich ist.

### Aufbau des Berichts

Der Bericht ist nach den gleichen Regeln wie die Nachricht aufgebaut: Im ersten Absatz werden die W-Fragen beantwortet, die weniger wichtigen Informationen folgen. Der Bericht ist jedoch nicht ganz so streng dem klassischen Nachrichtenaufbau unterworfen wie die Kurzmeldung: Das hierarchische Prinzip nach der Wichtigkeit gilt hier nicht für jeden Satz. Innerhalb eines Absatzes hat der Journalist durchaus Freiraum, um den Bericht spannungsvoll zu schreiben.

In Zeitschriften beginnen Berichte oftmals mit einem lockeren Einstieg wie Zitaten, rhetorischen Fragen oder mit bildhaften oder szenischen Beschreibungen und nicht sachlich und nüchtern mit der Kernaussage. Am Ende des Berichts zieht der Journalist eine Schlussfolgerung, zeigt Perspektiven auf oder erwähnt eine aufrüttelnde Tatsache.

### Regeln für den Bericht

Die Regeln entsprechen denen der Nachricht. Im Zeitschriftenjournalismus weichen die Redakteure ebenso oft vom Stil von der nüchternen und sachlichen Nachrichtensprache ab.

### Anwendung des Berichts

Der Bericht kommt zum Einsatz, wenn die Tatsachen zu umfangreich sind, um in eine knappe Nachricht zu passen, wenn das beschriebene Ereignis nicht top-aktuell ist oder wenn die Hintergründe spannender sind als die Neuigkeit an sich. Aber auch wenn die Hintergründe und Zusammenhänge aktueller Ereignissen sehr umfangreich dargestellt werden müssen, damit der Leser die Meldung verstehen kann, wird der Bericht gewählt.

### 5.3.3 Reportage

Die Reportage ist ein Erlebnisbericht, der auf Tatsachen beruht. Sie gibt nicht nur Informationen weiter, sondern auch die subjektiven Erlebnisse des Verfassers. Die Reportage beschreibt Handlungen und Ereignisse aus der bewusst persönlichen Perspektive des Journalisten. Sie mischt den Fakten Atmosphäre bei. Während eine Nachricht nüchtern und sachlich die Fakten an die Leser weitergibt, können die Leser bei einer Reportage mitfühlen, mitsehen, mithören, mitriechen, mitschmecken. Das Ziel einer Reportage ist es, dass der Leser das Gefühl hat, er sei selbst vor Ort, hätte das Beschriebene selbst erlebt und die Akteure der Geschichte selbst gesprochen.

### Aufbau der Reportage

Der erste Satz einer Reportage hat einen wichtigen Stellenwert. Wie bei jeder Meldung ist es seine Aufgabe, den Leser aufmerksam und neugierig zu machen, so dass er den nachfolgenden Text liest. Der Einstieg einer Reportage muss sofort Spannung aufbauen. Im Gegensatz zur Nachricht, die hier nüchtern und sachlich die Hauptaussage des Textes formuliert, beginnen die meisten Reportagen mit einem szenischen Einstieg – sie beschreiben ähnlich wie in einem Film einen Schauplatz oder ein Ereignis. Ein beliebter Anfang ist auch eine verblüffende, befremdende oder gegensätzliche Aussage oder ein ausgefallenes Bild. Ein weiterer Unterschied zur Nachricht: Während die Meldung im ersten Satz das Geschehen komplett darstellt, beginnt die Reportage mit einem Detail, mit einer Besonderheit. Erst in den folgenden Sätzen beschreibt der Autor das allgemeine Geschehen.

Eine mit dem Egon-Erwin-Kisch-Preis ausgezeichnete Reportage über den Tod eines Demonstranten beginnt beispielsweise mit einem szenischen Einstieg, der sofort Spannung aufbaut:

*Der Sarg kommt in einem Mercedes, grau wie ein Gewitter, amtliches Kennzeichen BB 800 HV, das ausgebaute Heck verkleidet mit geriffeltem Industriestahl, in den Fenstern eine Bordüre von Samt, daran fadendünne Troddeln aus falschem Gold, es kommt auf Einzelheiten an. (...) (Spiegel 30.Juli 2001)*

Die ebenfalls prämierte Reportage über rebellische Internatsschüler startet mit einer außergewöhnlichen Aussage:

*Diese Geschichte darf es nicht geben. Sie darf in Schwedt spielen oder in Wurzen, tief im Osten der Republik, wo Geschichten dieser Art zum Alltag gehören, aber nicht hier, nicht in Salem, nicht auf Deutschlands Elite-Internat. Neonazis in Salem?(...) (Stern, 30.8. 2001)*

Nachricht und Reportage unterscheiden sich auch beim restlichen Artikelaufbau: Die Nachricht baut sich hierarchisch auf. Die Reportage erzählt dagegen dramaturgisch wie bei einem Film, der aus mehreren Szenen besteht. In der Abfolge der Szenen gibt es immer wieder Höhepunkte, neue Spannung. Natürlich benötigt eine Reportage dabei einen roten Faden, der sich durch den Text zieht.

Die Reportage braucht ebenso einen besonderen Schluss. Der Journalist kann beispielsweise einen Blick auf die Zukunft werfen, eine überraschende Feststellung machen, mit einer bildhaften Szene oder einem aussagekräftigen Zitat aussteigen usw. Viele Reporter nehmen am Ende ihres Beitrags wieder Bezug auf den Anfang.

## Regeln für die Reportage

**Durch eine bildliche Sprache stellt man sich das Geschehen besser vor.**
Metaphern und Vergleiche erzeugen Bilder in der Vorstellung des Lesers. Dabei sollte jedoch auf abgegriffene, unpassende oder nichtssagende Bilder verzichtet werden. Schreibt ein Journalist beispielsweise von einem großen Swimmingpool, dann ist das eine unklare Aussage. Anders ist der Fall, wenn der Swimmingpool die Ausmaße eines Tennisplatzes hat. Die Reportage lebt von ihrer farbigen und bildlichen Schilderung. Das bedeutet aber nicht, dass die Geschichte mit aussagelosen Adjektiven und Adverbien überhäuft werden sollte.

**Beschreibungen sollten konkret sein.**
Der Reporter schildert dem Leser, was er sieht, hört, fühlt schmeckt. Dabei sollte er möglichst konkret sein. Es wirkt weniger anschaulich, wenn im „Kochtopf buntes Gemüse" ist, besser ist ein Kochtopf mit „hellgrünen Bohnen, saftig roter Paprika usw."

**Der Leser sollte selbst Schlussfolgerungen ziehen können.**
Der Reporter sollte Ereignisse oder Personen beschreiben, aber keine Schlussfolgerungen ziehen. Er sollte für den Leser sehen, hören, fühlen und schmecken, aber nicht kommentieren und bewerten. Die Eindrücke des Reporters sind bereits subjektiv gefärbt, er sollte die Sachverhalte aber objektiv darstellen. Dadurch wirkt der Text anschaulicher und lebendiger. Die Feststellung des Journalisten „Das Hotelzimmer war heruntergekommen" ist bereits ein Werturteil. Der Leser kann sich dagegen selbst ein Bild machen, wenn der Reporter das Zimmer beschreibt „Das Hotelzimmer roch nach altem Zigarettenrauch, der braune Teppichboden war voller dunkler Flecken."

**Personen und Zitate machen eine Reportage menschlich.**
Zitate bringen Leben in eine Erzählung. Durch sie kann der Leser mithören, was am Ort des Geschehens gesprochen wird. Er fühlt sich dem Geschehen näher. Es ist typisch für Menschen, dass sie sich durch andere Menschen angesprochen fühlen. Verknüpft der Reporter ein Erlebnis mit einer Person, kann sich der Leser besser in die Geschichte hineinfühlen. Menschen sollten mit ihrem Aussehen, ihrer Körpersprache und ihren charakteristischen Eigenschaften beschrieben werden.

**Die Ich-Form sollte nur verwendet werden, wenn es erforderlich ist.**
Normalerweise tritt der Journalist als Erzähler in den Hintergrund. Manche Reporter vermeiden daher die Ich-Erzählform. Prinzipiell ist gegen sie jedoch nichts einzuwenden - im Gegenteil: Wenn der Erzähler ein Teil der Geschichte ist oder das Ereignis, über das er berichtet, entscheidend beeinflusst, wirkt es authentischer, wenn er in der Ich-Form seine Erlebnisse schildert. Auch beim Enthüllungsjournalismus, wo der Reporter oftmals Gefahren ausgesetzt ist, ist die Ich-Erzählweise spannend. Zu viele Ichs sollten allerdings im Text vermieden werden.

**Präsens erhöht die Spannung.**
Ist die Geschichte in Präsens erzählt, erscheint sie lebendiger. Dem Leser wird das Gefühl vermittelt, dass er in dem Augenblick, in dem er die Reportage liest, mitten im Geschehen ist. Die Gegenwartsform wirkt schnell, ist also gerade für spannende Momente der richtige Tempus. Das heißt aber nicht, dass der Reporter nur in Präsens schreiben sollte. Der Wechsel zwischen Vergangenheit und Gegenwart bringt Dynamik. Die Vergangenheitsform nimmt wieder etwas Tempo. Es entsteht Zeit für die Atempause, ein besinnlicher Moment.

**Perspektivenwechsel bringt Lebendigkeit.**
Eine Reportage wirkt spannender, wenn sie ein Thema von verschiedenen Perspektiven aus betrachtet. Der Journalist kann etwa zwei Personen in seiner Reportage zu Wort kommen lassen, die einen Vorfall vollkommen anders erlebt haben.

**Es müssen Hintergrundinformationen gegeben werden.**
Die Reportage ist eine Erzählung, die auf Fakten und nicht auf der Fantasie des Autors beruht. Sie benötigt Hintergrundinformationen, damit das Erzählte vom Leser verstanden werden kann. Diese Infos sollten aber nicht trocken sachlich, sondern geschickt und passend zu dem Erzählstil verpackt werden. Objektives wird dann subjektiv erzählt.

**Neue Perspektiven entdecken.**
Spannend wird eine Reportage, wenn sie dem Leser neue Blickwinkel oder Perspektiven eröffnet. Der Reporter kann mit Menschen reden, die bisher unbeachtet abseits standen.

**Die Reportage sollte auf überflüssige Details verzichten.**
Details machen eine Reportage anschaulich und lebendig, sie werden benötigt, um eine Atmosphäre, eine Stimmung oder die Ausstrahlung einer Person dem Leser nahe zu bringen. Werden aber zu viele Details geschildert, ist der Leser schnell verwirrt, gelangweilt oder gar überfordert. Es sollten folglich nur Details beschrieben werden, die notwendig sind, um eine Person, Situation oder ein Geschehen lebendig beschreiben zu können.

**Vor-Ort-Recherche ist ein Muss.**
Eine Reportage kann nicht geschrieben werden, ohne dass der Erzähler am Ort des Geschehens war. Der Leser muss spüren, dass der Journalist alles selbst erlebt hat.

## Anwendung der Reportage

Die Reportage ist eine Textart, die gerade in Zeitschriften sehr häufig eingesetzt wird: Leser schätzen sie und die Hefte können sich mit den Erlebnisberichten von Zeitungen und deren größtenteils nüchterner Berichterstattung abgrenzen. Reportagen konnten in den vergangenen Jahren ein Comeback feiern. Lange Zeit waren den Heften die für Reportagen aufwändigen Vor-Ort-Recherchen einfach zu teuer. Neben hohen Reisekosten fielen auch noch die Personalkosten an, da ein Reporter für eine einzige Geschichte mehrere Tage abgestellt werden muss. Doch die Konkurrenz vom Fernsehen mit seinen schnellen und farbigen TV-Reportagen hat dazu geführt, dass auch die Printmedien der Reportage wieder Platz einräumen.

Eine Reportage eignet sich für sehr viele Themen. Sollen allerdings sachliche Informationen übermittelt werden, ist die Reportage fehl am Platz. Auch bei politischen oder sonstigen Veranstaltungen ist Vorsicht geboten: Schnell kann sie als verkappte Wahlkampfpropaganda oder als spöttischer Verriss aufgefasst werden. Wichtig ist, dass auch die Zeitschrift die richtige Leserschaft für Reportagen hat.

## 5.3.4 Feature

Das Feature ist eine Zwischenform zwischen Reportage und Nachricht. Im Gegensatz zur Reportage beschreibt das Feature nicht die einzigartigen Erlebnisse eines Journalisten, sondern es hebt nur die charakteristische Besonderheit eines Ereignisses hervor, informiert dann aber den Leser über die hintergründigen Sachverhalte. Anders als bei der Nachricht wird ein Thema jedoch nicht nüchtern und sachlich von der wichtigsten Information zum Detail aufbereitet, sondern das Hintergrundwissen wird mit Beispielen beschrieben und auf eine anschauliche Art und Weise erklärt.

Das typische Feature beginnt mit einem Beispiel und leitet dann zu den Hintergrundfakten weiter. Es erzählt etwa von einer Stadtstreicherin, die es sich unter einer Brücke heimelig einrichtet und schwenkt dann über zu den Problemen obdachloser Frauen.

Features werden oft mit Reportagen verwechselt. Die Reportage beschreibt ein einzigartiges und außergewöhnliches Erlebnis, einen Einzelfall in Großaufnahme. Der Journalist erzählt von seinen subjektiven Erlebnissen. Er will, dass der Leser daran teilnehmen kann, mitfühlt, mithört, mitschmeckt und mitsieht. Das Feature will ein allgemeines Thema darstellen. Auch hier kann der Journalist mit einem szenischen Einstieg die Aufmerksamkeit des Lesers auf sich ziehen. Doch das dargestellte Beispiel soll das Thema anschaulich machen. Das Beispiel ist kein Einzelfall, sondern typisch für ein Thema - austauschbar mit vielen anderen Beispielen.

In Redaktionen wird oftmals vom „Anfeaturen" oder „Verfeaturen" gesprochen. Anfeaturen bedeutet, dass ein sachlicher Bericht mit einem szenischen Einstieg beginnt, im Anschluss daran aber sachlich die Fakten folgen. Wird ein Text verfeaturet, ist nicht nur der Anfang, sondern der komplette Artikel mit klassischen Feature-Elementen versehen. Der Autor kommt zum Beispiel im Text immer wieder auf die Szene oder die Person zurück, die er am Anfang beschreibt.

## Aufbau des Features

Das Feature beginnt – wie die Reportage – mit einem szenischen Einstieg, einem knackigen Zitat, einer Anekdote, der Beschreibung einer Person, einem verfremdeten Sprichwort, einer überraschenden Aussage oder einer besonderen Erkenntnis. Im Anschluss muss der Verfasser eine Brücke zu den Fakten schlagen. Die Kunst dabei ist, geschickt von einem erzählerischen zu einem nachrichtlichen Stil zu wechseln.

Der Journalist hat verschiedene Möglichkeiten ein Feature aufzubauen: Bei der einfachsten Form leitet der Autor nach dem besonderen Einstieg zu den nachrichtlichen Informationen über. Das Anfangsbeispiel erwähnt der Autor höchstens noch ganz kurz. Der Artikel ist damit nur angefeaturet. Die zweite Möglichkeit ist, das Feature genauso aufzubauen, allerdings mit einem besonderen Schluss abzurunden. Der Autor kommt beispielsweise wieder auf die Anfangsszene zurück.

Bei der dritten Variante greift der Journalist während des gesamten Textes das Anfangsbeispiel wieder auf. Die Fakten sind dazwischen eingestreut.

## Regeln für das Feature

**Leser wissen eine lebendig Sprache zu schätzen.**
Ein Feature sollte mit einer lebendigen und bildhaften Sprache Hintergrundinformationen weitervermitteln. Darüber hinaus sind auch Wechsel der Tempi und der Perspektiven spannungsreich.

**Die Übergänge müssen fließend sein.**
Die Besonderheit beim Feature ist, dass der Verfasser zwischen einer farbigen Erzählung und nüchternen Fakten mehrmals wechselt. Dabei muss der Autor sehr viel Wert darauf legen, dass die Übergänge fließend sind und nicht nur aneinandergereiht wirken.

**Der Anfang muss klarstellen, von was der Artikel handelt.**
Schon in den ersten Sätzen des Features muss das Thema des Artikels zu erkennen sein. Ist das nicht der Fall, muss der Journalist einen ziemlich großen Bogen spannen, um auf den Kern und die Fakten der Geschichte zu kommen. Dies wirkt jedoch meist konstruiert und umständlich.

**Klischeehafte Sprache sollte vermieden werden.**
Prinzipiell gilt für jeden Beitrag einer Zeitschrift: Standardformulierungen sollten vermieden werden. Dies gilt umso mehr für den Anfang. Abgenutzte Formulierungen aus Sprichwörtern oder Werbetexten machen niemanden mehr neugierig, es sei denn sie wurden so verändert, dass ihre Aussage wieder überrascht. Gleiches gilt für die Überleitung von dem Einstiegsbeispiel zu den Fakten. Die Formulierungen „x ist kein Einzelfall", „Damit steht x nicht alleine" oder „x ist nur einer von vielen" sind nicht gerade originell.

**Die Fakten müssen stimmen.**

Der Verfasser eines Features kann Einstiegsszenen durchaus erfinden oder er muss sie zumindest nicht vor Ort erlebt haben. Die Fakten, die mit dem Artikel vermittelt werden sollen, müssen allerdings umfassend recherchiert sein und stimmen. Alle wesentliche Aspekte eines Sachverhaltes müssen vorhanden sein.

**Zur Sache kommen.**

Ein besonderer Anfang macht den Leser neugierig. Doch kommt der Autor nicht zur Sache, wird es schnell langweilig. Deshalb sollte man nach dem ersten oder zweiten Absatz zu den Fakten überleiten, um die Spannung zu erhalten.

**Die verschiedenen Stilmittel sollten ausgewogen eingesetzt werden.**

Das Besondere an einem Feature ist, dass es mehrere Stilmittel mischt: das personalisierte Beispiel steht neben den harten Fakten, die Schilderung einer Szene neben den Hintergrundinformationen. Wichtig ist, dass diese Stilmittel bedacht eingesetzt werden. Zu viele Fakten am Stück können den Leser schnell langweilen. Gleiches gilt für zu lange Zitate und überlange Beschreibungen einer Person oder einer Szene. Die gute Mischung bringt Abwechslung und Spannung in den Text.

**Fakten sollten nicht nur aneinandergereiht werden.**

Der Feature-Autor muss nicht wie bei einer Nachricht die Fakten aufzählen, er kann diese auch analysieren und Schlussfolgerungen ziehen. Die Geschichte muss nicht chronologisch aufgezählt, sondern kann durchaus in einen dramaturgischen Rahmen gesetzt werden.

**Menschen werden bevorzugt**

Auch beim Feature gilt: Zitate und die Schilderung von Menschen personalisieren einen Text und ziehen die Aufmerksamkeit der Leser auf sich.

## Anwendung des Features

In Zeitschriften wird das Feature sehr häufig verwendet, weil es sachliche Nachrichten unterhaltend und spannend an den Leser bringt. Ebenso wie Reportagen können nahezu alle Themen in Form eines Features veröffentlicht werden. Während bei der Reportage nach ausgefallenen und besonderen Einzelfällen gesucht wird, sucht ein Feature in der Regel nach Trends.

## 5.3.5 Interview

Das Interview ist einerseits eine der wichtigsten Recherche-Methoden, anderseits ist es aber auch eine journalistische Darstellungsform. In Zeitschriften treten verschiedene Interviewformen auf: Neben dem klassischen Interview mit seiner Fragen-Antworten-Form gibt es auch das freie Interview. Bei letzterem werden die Fragen und Antworten durch erläuternde Erklärungen, zusammengefasste Interviewpassagen oder Beobachtungen des Autors unterbrochen. Das freie Interview ist besonders geeignet, wenn der Gesprächspartner inhaltslose Aussagen macht, aber seine Mimik oder seine Verhaltensweise aussagekräftig ist. Der Journalist hat beim Interview viele Freiheiten. Er kann mit dem Interviewten ein sachkundiges Gespräch führen, ihn provozieren oder mit ihm philosophieren.

### Die Interview-Arten

Beim Interview werden drei Grundarten unterschieden:

- Beim **Interview zur Sache oder zum Ereignis** will der Journalist Informationen und Fakten zu einem bestimmten Sachverhalt erfahren.
- Beim **Meinungsinterview** stehen die Ansichten einer Person im Vordergrund. Der Journalist fragt hierbei, wie der Interviewte einen Sachverhalt bewertet, wie er etwas interpretiert oder welche Prognosen er geben kann.
- Das **Interview zur Person** stellt einen Menschen und seinen Charakter in den Mittelpunkt. Man erfährt etwas über Lebensweise und Persönlichkeit.

Diese drei Grundarten werden in der Praxis meist vermischt.

### Aufbau des Interviews

Der Aufbau eines Interviews ist durch die Fragen und Antworten klar vorgegeben. Allerdings darf das Interview nicht frei im Raum stehen, sondern dem Leser müssen die Zusammenhänge erklärt werden: Der Vorspann informiert beispielsweise, wer warum und über welches Thema interviewt wurde. Auch sollte der Gesprächspartner in einem Infokasten oder im Vorspann kurz vorgestellt werden.

Das Manager Magazin veröffentlichte beispielsweise folgenden Vorspann:

*Wahl 2002: Deutschland steckt in der schwersten Strukturkrise seit 50 Jahren. Ein dramatischer Abstieg. Die Bundesregierung scheint resigniert zu haben. Und der Kanzlerkandidat der Union? Im mm-Interview erteilt Edmund Stoiber radikalen Reformen eine Absage – und verspricht, bei Bürgern für notwendige Veränderungen zu werben. (Manager Magazin 7/02)*

## Regeln für das Gespräch beim Interview

Der Gesprächsverlauf bei einem Interview ist sehr wichtig. Denn auch wenn die Antworten redigiert werden, der Ablauf des Interviews entscheidet, wie spannend später der Text ist, der veröffentlicht wird. Der Journalist kann den Gesprächsverlauf weitgehend beeinflussen, wenn er folgende Regeln beachtet:

**Eine gute Vorbereitung ist unverzichtbar.**

Ein Journalist sollte sich auf jedes Interview intensiv vorbereiten. Dazu gehört, dass er sich in die Thematik und angrenzende Sachgebiete einarbeitet. Gleichzeitig sollte er sich über den Gesprächspartner, seinen beruflichen Werdegang, seine Ansichten, seinen Charakter informieren. Bereits veröffentlichte Interviews des Gesprächspartners geben Aufschluss, wie dieser sich im Interview gibt und wie er mit Journalisten umgeht. Eine optimale Vorbereitung ist für ein Interview unverzichtbar. Denn wenn der Interviewer keine sachkundigen Fragen stellt, wird er von seinem Gesprächspartner nicht ernst genommen. Die Folge ist, dass der Interviewte das Gespräch in die Richtung lenkt, in die er möchte. Er erzählt nur das, was er erzählen möchte, nimmt aber zu kritischen Themen keine Stellung. Das Interview wird dadurch zu einem harmlosen, aber uninteressanten Smalltalk. Je mehr Fakten und Hintergrundwissen der Interviewer hat, desto gezielter kann er das Gespräch leiten.

**Der Interviewte sollte sich erst „warmreden".**

Es ist psychologisch nicht sinnvoll, mit harten Fragen in das Gespräch einzusteigen. Besser ist es, zunächst ein gutes Gesprächsklima und Vertrauen entstehen zu lassen und Einstiegsfragen zu stellen, die der Interviewte gerne und ohne Schwierigkeiten beantworten kann. Wenn die Zeit reicht, kann der Interviewer zwei Fragen zum „Warmreden" stellen. Um nicht im Plauderton zu bleiben, muss der Interviewer dann Einwände oder Hinweise anbringen, die dann das Interview in die gewünschte, kritische Richtung bringen.

**Die Fragen sollten gemischt sein.**

Immer der gleiche Fragetyp wirkt langweilig, weil er auch immer das gleiche Antwortschema provoziert. Besser ist, die Fragestellung abzuwechseln. Unterschiedliche Fragetypen führen auch zu unterschiedlichen Antworten und Reaktionen:

*Die Aufforderungsfrage* (Erzählen Sie mal ...) bringt die meisten Gesprächspartner zum reden. Sie ist optimal, um die Nervosität des Interviewten abzubauen und eine sympathische Atmosphäre zu schaffen. Das Problem dabei ist jedoch, dass die Antwort zu einem Monolog ausarten kann, den der Journalist schlecht steuern kann.

*Die Motivationsfrage* (Wie haben Sie das nur gemacht?) ist ebenso für den Einstieg sehr gut geeignet, da sie dem Interviewten zeigt, dass der Journalist ihm wohlgesonnen ist. Aber auch hier besteht die Gefahr, dass die Antworten zu lange werden. Die Frage wirkt auf den Leser manchmal etwas anbiedernd.

*Die offene Frage* (Wann? Wo? Warum? Weshalb? Wie? Was? ...) will nur eines: Fakten und Informationen. Sie lässt dem Gesprächspartner Spielraum bei der Antwort, bringt ihn zum erzählen. Und das ist die Voraussetzung, dass er interessante und überraschende Aussagen machen kann. Allerdings kann auch hier die Antwort sehr lange ausfallen.

*Die geschlossene Frage* (Haben Sie den Vertrag mit FC Bayern München unterschrieben?) erlaubt nur die klaren Antworten „Ja", „Nein" oder „Ich kann Ihnen dazu keine Auskunft geben". Dieser Fragetyp ist optimal, wenn ein Gesprächspartner um ein Thema herumredet. Auf diese Frage muss er konkret werden. Es sollten allerdings in einem Gespräch nicht zu viele geschlossene Fragen gestellt werden, weil diese einerseits den Redefluss des Interviewten stoppen und anderseits das Interview wie ein Abfragen und nicht wie ein Gespräch erscheint.

*Die Suggestivfrage* (Sind Sie nicht auch der Ansicht, dass ....) bestimmt die Antwort voraus. Die Antwort ist dann oft verfälscht. Dieser Fragetyp wirkt jedoch manchmal unfair und sollte nur verwendet werden, wenn der Gesprächspartner provoziert und aus ihm eine Antwort „herausgekitzelt" werden soll.

*Die interpretierende Nachfrage* (Das heißt, dass Ihre Partei dieses Gesetz unbedingt verhindern will?) hackt noch einmal nach, wenn sich der Interviewte unklar äußert. Durch diesen Fragetyp erhält der Leser eine klare Antwort.

*Die provozierende Frage* (Ihre Firma ist Konkurs gegangen. War das Ihr Versäumnis?) erzeugt Spannung. Die Antwort ist allerdings durch die aggressive Frage stark beeinflusst. Zudem kann der Interviewer in der Regel mit einer sehr ausschweifenden Antwort rechnen.

*Die direkte Frage* (Sind Sie Alkoholiker?) soll meist überrumpeln. Sie erzeugt Spannung, weil der Leser wissen möchte, wie der Gesprächspartner auf die Frage reagiert hat.

*Indirekte Fragen* (Ihre Kritiker sagen, Sie sind Alkoholiker. Was sagen Sie dazu?) wirken ebenso überrumpelnd wie die direkte Frage. Oftmals wird mit diesem Fragetyp provoziert, dass sich der Interviewte über die Kritiker auslässt.

**Die Fragen sollten kurz und präzise sein.**

Der Journalist sollte bei seinen Fragen nicht zu weit ausholen. Seine Aufgabe ist, Fragen zu stellen und nicht Ansichten zu äußern. Seine eigene Meinung kann er höchstens in kritischen Fragen deutlich machen.

**Fachbegriffe sollten erklärt werden.**

Fachbegriffe, die im Interview fallen, sollte der Journalist sofort von dem Interviewten erklären lassen. Abstrakte Aussagen sollten durch Beispiele des Interviewten veranschaulicht werden.

**Eine Frage nach der anderen.**

Der Interviewer sollte niemals mehrere Fragen auf einmal stellen. Unerfahrene Gesprächspartner verwirrt dies, routiniertere picken sich diejenige Frage heraus, die ihnen angenehm ist; die anderen Fragen unterschlagen sie.

**Monologe unterbrechen.**

Es kommt nur allzu oft vor, dass ein Gesprächspartner bei einer Antwort zu weit ausholt. Aufgabe des Journalisten ist es, diesen Monolog zu unterbrechen.

**Die Interviewdauer sollte bekannt sein.**

Der Journalist sollte im voraus abklären, wie viel Zeit der Gesprächspartner aufbringen kann. Dadurch kann sich der Interviewer seine Zeit und damit auch seine Fragen besser einteilen. Ärgerlich wäre es, wenn er entscheidende, kritische Fragen nicht stellen könnte, weil die Zeit für das Interview abgelaufen ist.

**Sitzordnung beachten.**

Bevor ein Journalist zu einem Interview antritt, sollte er sich informieren, wer am Gespräch teilnimmt. Oftmals kommen noch Pressesprecher, Assistenten und andere Manager zum Interview dazu. In diesem Fall sollte er sich nicht nur über diese Personen zusätzlich informieren sondern er sollte auch auf die Sitzordnung achten. Der Journalist hat eine gute Sitzposition, wenn er alle Gesprächspartner im Blick hat. Ist das nicht der Fall, muss er während des Interviews sonst seinen Blick ständig von einem zum anderen schweifen lassen.

**Vom Fragenkatalog kann abgewichen werden.**

Journalisten sollten einen Fragenkatalog vorbereiten. Dieser hilft gerade bei wortkargen Gesprächspartnern, dass das Interview nicht abreißt. Der Fragenkatalog ist allerdings nur ein Leitfaden. Während des Gesprächs sollte der Journalist auf die Aussagen des Gesprächspartners eingehen und Rück- und Zwischenfragen stellen. Dadurch wird das Interview spannender und lebendiger. In diesem Punkt erkennt man auch meist ein mündliches und ein schriftlich geführtes

Interview. Bei dem schriftlichen Interview fehlen die dazwischen eingeworfenen Fragen. Das Interview wirkt dann oft steif.

### Nachhaken.

Geübte Redner wie Politiker und Spitzenmanager sind darin geschult, unangenehmen Fragen aus dem Weg zu gehen. Sie reden einfach um die Frage herum, beantworten sie aber nicht. Hier muss der Journalist unbedingt nachhaken. Tut er das nicht, wirkt dies auf den Leser, als hätte er sich geschickt ablenken lassen.

### Nicht anbiedern.

Kritische Fragen kommen bei Lesern immer gut an. Das heißt aber nicht, dass der Journalist arrogant und besserwisserisch auftreten sollte. In diesem Fall sympathisiert der Leser dann eher mit dem Interviewten. Auf der anderen Seite sollte der Journalist sich nicht anbiedern. Besteht das Interview nur aus zu freundlichen Fragen, wird es langweilig.

### Off-The-Record-Aussagen nicht veröffentlichen.

Oftmals vertrauen die Interviewten dem Journalisten Hintergründe an, die sie aber nicht veröffentlicht sehen möchten. Dieser Wunsch sollte berücksichtigt werden. Ansonsten wird der Journalist bei dieser Person wohl kaum mehr einen Interviewtermin bekommen. Die Informationen sind ausschließlich dafür gedacht, dass der Journalist einen Sachverhalt und seine Hintergründe und Zusammenhänge besser verstehen und einordnen kann.

### Auf Nummer sicher gehen.

Im Eifer des Gefechtes machen Interviewte oft gewagte und provokante Aussagen oder sie greifen eine andere Person verbal an. Fair ist es, in diesem Fall nochmals nachzufragen, ob man diese Aussage veröffentlichen darf.

## Regeln für das Schreiben von Interviews

Ein Interview darf und muss überarbeitet werden. Nur selten kann das Gespräch wortwörtlich veröffentlicht werden. Zu oft redet der Interviewte um die Sache herum oder führt einen für den Leser ziemlich uninteressanten Monolog. Die Überarbeitung erfordert jedoch Feingefühl. Schließlich soll das Gespräch wirklichkeitsgetreu publiziert werden. Einige Regeln sind dabei zu beachten.

**Die Aussagen dürfen nicht verfälscht werden.**
Es ist durchaus legitim, lange Sätze oder Aussagen zu kürzen und diese präziser und klarer zu machen. Dabei darf allerdings der Sinn nicht verändert werden.

**Die Antworten dürfen überarbeitet werden.**
Wenn der Interviewte in Umgangssprache antwortet, die Sätze nicht beendet, sich in einem Satz verzettelt oder in fast unverständlichen Schachtelsätzen spricht, sollte die Antwort redigiert und in korrektem Deutsch formuliert werden. Anders ist der Fall allerdings, wenn ein gewisser Dialekt, Jargon oder eine umgangssprachliche Formulierung eine Person charakterisieren oder in den Gesprächsverlauf passen. Aber auch hier sollte der Journalist aufpassen: Zu viel davon macht den Text schwer leserlich.

**Die Fragen dürfen umformuliert werden.**
Es ist durchaus legitim, die Fragen anders abzudrucken, als sie tatsächlich im Interview gestellt wurden. Fragen und Antworten, die keine wichtigen Aussagen enthalten, sollten weggelassen werden. Das gilt besonders für die ersten Fragen und Antworten in der Aufwärmphase. Manchmal ist es auch sinnvoll, nachträglich Fragen in den Text einzuarbeiten, damit die Antwortsätze nicht zu lang werden. Besser ist selbstverständlich, wenn alle wichtigen Fragen während des Gesprächs gestellt werden, weil das Interview dann eine ganz andere Richtung nehmen kann.

**Fragen und Antworten sollten in ihrer Länge ausgewogen sein.**
Der Leser hat in der Regel keine Lust zu lange Antworten zu lesen. Das Gleiche gilt auch für die Fragen. Fragen und Antworten sollten in einem ausgewogenen Verhältnis stehen. Zu lange Fragen und zu kurze Antworten erzeugen beim Leser das Gefühl, dass der Fragesteller sich selbst gerne reden hört und nicht auf den Punkt kommen kann. Sind dagegen die Antworten zu lang, wirkt es so, als ob der Interviewte Monologe führen durfte, ohne dass der Autor ihn zu konkreteren Aussagen bringen konnte.

**Der Interviewer sollte nicht kommentieren.**
Die Aufgabe des Interviewers ist es, Fragen zu stellen und nicht, die Antworten des Befragten zu kommentieren. Der Interviewer kann seine Meinung jedoch in der Fragestellung kundtun.

**Die Fragestellung sollte abwechslungsreich sein.**
Selbst wenn der Interviewer im Gespräch immer den gleichen Fragentypus gewählt hat, im veröffentlichten Text bringt Abwechslung mehr. Die richtige Mischung aus verschiedenen Fragetypen wie geschlossenen, offenen, motivie-

renden und provozierenden Fragen macht den Beitrag interessanter und lebendiger. Gleiches gilt auch für den Inhalt der Fragen: Fachfragen gemischt mit
lockeren, humorvollen Fragen beispielsweise machen das Interview spannend.

**Der Leser erwartet Informationen.**
Das Frage-Antwort-Spiel sollte nicht zu seicht sein. Leser möchten aus einem
Interview Neuigkeiten erfahren, auch wenn es sich um ein Interviews handelt,
dass um eine Person geht. Seichte, nichtssagende Antworten verärgern das
Publikum und geben ihm das Gefühl, dass der Interviewer es nicht geschafft
hat, mehr Informationen aus dem Gesprächspartner herauszubekommen.

**Freigabe einholen.**
Die Freigabe eines Interviews ist ein kritisches Thema, das von den Redaktionen
unterschiedlich gehandhabt wird. Einige Journalisten legen dem Interviewten
den fertigen Text nur vor, wenn er dies ausdrücklich gefordert hat. Doch egal,
wie der Journalist dies handhabt, er hat immer ein Risiko: Oftmals korrigieren
die Gesprächspartner das Interview so stark, dass vom eigentlichen Gespräch
und seinem speziellen Charakter nichts mehr übrig bleibt. Legt der Journalist
den redigierten Text nicht zur Freigabe vor, muss er damit rechnen, dass der
Gesprächspartner sich nachträglich über Formulierungen beschwert, die er
angeblich anders gesagt oder gemeint hätte. Trotzdem ist es empfehlenswert,
sich gerade bei wichtigen Interviews oder Gesprächen mit besonderen Aussagen
eine Freigabe einzuholen.

## Anwendung des Interviews

In Zeitschriften ist die journalistische Darstellungsform Interview sehr beliebt,
weil sie eine sehr lebendige Textform ist und Menschen in den Vordergrund
rückt. Trockene Sachverhalte bekommen durch das Gespräch mit einem Experten eine menschliche Perspektive. Bekannte Persönlichkeiten werden den Lesern privater und vertrauter.

## 5.3.6 Umfrage

Die Umfrage ist eine Nebenform des Interviews. Auch hier holt der Zeitschrif-
tenredakteur Sachauskünfte und Meinungen ein, allerdings von mehreren Personen zum gleichen Thema. Die veröffentlichen Antworten beschränken sich
auf einige wenige Sätze, die die Kernaussage enthalten. Auch wenn die Aussagen

in der Regel gekürzt werden müssen, sollte der Journalist darauf achten, dass die Aussage des Befragten korrekt wiedergegeben wird. Wichtig ist zudem, dass er ein repräsentatives Bild seiner Umfrage gibt und nicht eine Meinung stärker herausstellt. Die Aussagen sollten knackig und kurz sein.

## 5.3.7 Porträt

Ein Porträt beschreibt eine Person; es stellt dem Leser einen Menschen und dessen Charakter, dessen typische Eigenarten, dessen Denkweisen sowie dessen Lebensart und Lebensweg vor. Das Porträt erzählt, beschreibt, reflektiert, wertet. In seiner Form ist dieses journalistische Darstellungsmittel ziemlich frei. Es enthält Elemente des Interviews, des Features, der Reportage und des Berichts. Eine Handlung ist bei einem Porträt nicht notwendig.

Oftmals wird der Nachruf auf eine verstorbene Persönlichkeit als Porträt geschrieben. Das klassische Porträt und der Nachruf unterscheiden sich doch in einigen Punkten. Der Nachruf stellt einen Menschen positiv dar. Ein guter Nachruf gleitet hierbei jedoch nicht ins Kitschige oder ins Pathos ab, sondern bleibt sachlich, aber voller Wärme. Schlechte Seiten des Verstorbenen oder Misserfolge müssen hierbei nicht verschwiegen werden, aber der Journalist sollte fair davon berichten.

## Aufbau des Porträts

Ein Porträt muss sich keinen strengen Regeln unterwerfen, wie es etwa bei der Nachricht der Fall ist. Die Grenzen zu anderen journalistischen Darstellungsmitteln wie Reportage, Feature oder Interview sind fließend. In vielen Zeitschriften hat sich das folgende Schema durchgesetzt, das allerdings kein Muss ist:

Der Anfang dient auch beim Porträt dazu, den Leser neugierig zu machen. Deshalb beginnen viele Autoren mit einer überraschenden Aussage, einem besonderen Zitat, einem szenischen Einstieg, einer Anekdote oder einer Neuigkeit aus dem Leben des Porträtierten. Anschließend berichtet der Autor über dessen Leben, dessen beruflichen Werdegang, dessen Erfolge und Misserfolge. Oftmals geht der Journalist hier chronologisch vor, das ist jedoch keine Pflicht.

Am Ende spannt der Journalist wieder einen Bogen zum Anfang. Doch auch andere Schlusssätze können der Geschichte eine Pointe geben. Bei einem Porträt über die Karriere eines Menschen schwanken manche Autoren zum Beispiel ins Private. Hier sind Kreativität und Einfühlungsvermögen des Autors gefragt.

## Regeln für das Porträt

### Ein Porträt ist kein Lebenslauf.

Ein Porträt zeigt zwar aus dem Leben des Beschriebenen wichtige Fakten und Karriere-Stationen wie Geburtsdatum, Ausbildung und beruflichen Werdegang auf, es ist aber kein Lebenslauf, der diese Informationen chronologisch auflistet. Das Porträt muss diese Lebensstationen lebendig und erzählerisch in eine Geschichte einweben. Die Daten müssen nicht unbedingt in ihrer zeitlichen Reihenfolge beschrieben werden, ebenso muss nicht jedes Detail erwähnt werden. Interessant sind nur die Fakten, die für die beschriebene Person typisch sind oder über die etwas Besonderes berichtet werden kann.

### Vor dem Schreiben steht die Recherche.

Für den Journalisten bedeutet ein Porträt zu schreiben, zunächst einmal gründlich zu recherchieren. Er muss möglichst viele Informationen über den Porträtierten sammeln. Dazu zählen nicht nur Artikel, die bereits über ihn veröffentlich wurden. Sehr aufschlussreich erweisen sich auch Gespräche mit Bekannten, Kollegen, Freunden und andere ihm nahestehenden Personen, da der Journalist von diesen oft private Details, Anekdoten oder bisher Unbekanntes erfahren kann. Interessante Aussagen über ihn machen aber auch Kritiker, Konkurrenten oder bei Politikern Mitglieder der Oppositionspartei. Ein warmes, menschliches Porträt, dass beispielsweise auf die typische Körpersprache oder auf das Auftreten des Porträtierten eingeht, kann nur entstehen, wenn der Autor mit ihm persönlich spricht – je länger er ihn beobachten kann, desto besser. Im Zeitschriftenalltag ist das jedoch aus Kosten- und Zeitgründen oftmals nicht realisierbar. Meist steht eine prominente Person aber auch nicht für ein Gespräch zur Verfügung. Die Redakteure müssen folglich einen Artikel über eine Person schreiben, ohne mit ihr ein Interview geführt zu haben - man spricht hier vom „kalt schreiben". Auch diese Porträts können spannend zu lesen sein. Anekdoten oder Zitate von Freunden oder Kritikern machen es lebendig.

### Der Journalist muss Grenzen kennen.

Ein Porträt ist spannend, je mehr der Leser über die Emotionen und den privaten Lebensweg eines Menschen erfährt. Doch es gibt Grenzen, die akzeptiert werden sollten, ansonsten wird das Porträt voyeuristisch.

### Der Autor steht im Hintergrund.

Die subjektiven Eindrücke des Journalisten sind zwar gefragt, aber im Vordergrund steht der Porträtierte, nicht die Meinung des Autoren. Der Leser soll sich anhand der Beschreibungen sein eigenes Bild machen und sich eine eigene Meinung bilden. Der Journalist beobachtet, wertende Adjektive wie sentimental, hilflos usw. sind durchaus wünschenswert.

### Keine Vorurteile.

Nach der Recherche und Gesprächen mit Bekannten der zu porträtierenden Person macht man sich in der Regel schon ein Bild über diese. Jeder Journalist sollte in das Interview jedoch vorurteilsfrei gehen. Nur so kann man auch neue Seiten entdecken, die von anderen Autoren nicht bemerkt wurden.

### Vorsicht vor Idealisierung.

Oftmals neigen Journalisten dazu, die beschriebene Person zu idealisieren, weil sie sich sehr intensiv mit deren Leben auseinandergesetzt haben. Dies sollte vermieden werden und die Person realistisch und sachlich geschildert werden.

### Es sollte nicht zu viel in eine Person hineininterpretiert werden.

Gerade im Boulevard-Journalismus interpretieren Journalisten eine Aussage, eine Geste oder eine Mimik eines Prominenten so wie sie es gerne hätten. Der VIP lächelt eine Person an und sofort deutet der Journalist dies als „verliebtes Lächeln, das sagt: Bleib bei mir!" Dies ist natürlich nicht seriös.

### Spannend ist das Typische und das Besondere.

Fängt ein Journalist erst einmal an, über eine bekannte Persönlichkeit Fakten zu sammeln, wird er schnell von einer Informationsflut überschwappt. Aus der Vielzahl der Infos muss er jedoch diejenigen aussuchen, die für die beschriebene Person typisch sind. Dadurch kann sich der Leser ein realistisches Bild über den Porträtierten machen. Würde der Journalist nur über außergewöhnliche Fakten schreiben, bekäme der Leser eine ganz andere Vorstellung von dem Porträtierten. Das bedeutet allerdings nicht, dass im Text keine besonderen Vorkommnisse, untypische Meinungen oder Ansichten erwähnt werden dürften. Hier sollte der Journalist aber dann darauf hinweisen, dass dies für den Porträtierten sehr ungewöhnlich ist.

### Klischeehafte Aussagen sollten vermieden werden.

Dass ein Politiker gerne „abends gemütlich ein gutes Glas Rotwein trinkt", ist in sehr vielen Porträts zu lesen. Eine Geschichte wirkt viel lebendiger, wenn der Journalist keine abgedroschenen Phrasen verwendet, sondern ausgefallenere Details beschreibt, etwa warum die Person einen bestimmten Rotwein am liebsten trinkt.

**Direkte Rede macht ein Porträt lebendig.**
Zitate lockern einen Text auf und bringen dem Leser den porträtieren Menschen näher. Besondere Aussagen, Ansichten und humorvolle Bemerkungen sollten wörtlich wiedergegeben werden. Auch Äußerungen von Freunden und Kritikern machen das Porträt lebendig. Zitate sind außerdem eine hervorragende Methode, um Beobachtungen des Journalisten zu untermauern. Beschreibt dieser beispielsweise die Lachfältchen einer Person, passt dazu ein humorvolle Aussage von dieser. Aber Vorsicht: Zu viel wörtliche Rede ist in einem Porträt fehl am Platz, schließlich handelt es sich hier nicht um ein Interview. Erzählende oder faktenbasierende Textpassagen bringen Abwechslung.

**Feingefühl ist gefragt.**
Die Recherchebasis für die meisten Porträts ist ein Interview. Für das Gespräch gelten die gleichen Regeln wie in Kapitel 5.3.5 – allerdings mit einem Unterschied: Die Fragestellung sollte in der Regel nicht zu aggressiv ausfallen. Schnell fühlt sich der Porträtierte angegriffen und verletzt. Und er soll sich aber doch dem Journalisten öffnen, ihm seine Gefühle, Ängste und Sorgen anvertrauen. Auch bei dem veröffentlichten Text ist Feingefühl gefragt. Ein Mensch sieht sich selbst anders als das Mitmenschen tun.

**Beobachtungsgabe ist ein Muss.**
Wenn ein Journalist mit einer Person spricht, sollte er nicht nur auf seine Worte, sondern auch auf Haltung, Gestik und Mimik achten. Es ist auch interessant, wie der Porträtierte mit dem Interviewer oder anderen Personen, etwa einem Kellner, umgeht.

## Anwendung des Porträts

Zeitschriften veröffentlichen vor allem Porträts über Menschen, die prominent sind. Gerne werden auch Personen, die ganz plötzlich im Mittelpunkt der Öffentlichkeit stehen, mit Hilfe eines Porträts vorgestellt. Diese Textform wird aber auch von Journalisten gewählt, wenn eine Person hinter einem wichtigen Ereignis steckt. Mit einem Porträt kann ein Journalist zudem komplexe oder trockene Themen personalisieren. So können beispielsweise am Beispiel einer Balletttänzerin die harten und ungesunden Trainingsmethoden dieses Sports dargestellt werden. Die Grenzen zur Reportage oder dem Feature sind hier fließend.

## 5.3.8 Kommentar

Im Kommentar teilt der Autor den Lesern seine Meinung zu bestimmten Ereignissen oder Sachverhalten mit. Der Kommentar hinterfragt, analysiert und bewertet, welche Bedeutung und Auswirkung ein Sachverhalt oder ein Ereignis hat. Er sucht Lösungen und wägt Argumente gegeneinander ab. Dadurch hilft er dem Leser, eine Nachricht besser verstehen und einschätzen zu können und sich selbst eine Meinung bilden zu können. Der Kommentar soll zum Nachdenken anregen oder provozieren. Gleichzeitig soll er dem Leser auch eine Orientierungshilfe in der unüberschaubaren Nachrichtenflut sein.

Kommentare können ganz unterschiedlich ausfallen: Es können Schimpftiraden sein, aber auch sachliche Analysen. In den meisten Fällen versucht der Kommentator den Leser durch gute Argumente zu überzeugen.

### Die Kommentararten

Es gibt verschiedene Arten, einen Sachverhalt oder ein Ereignis zu kommentieren. In der Literatur gibt es keine einheitliche Einteilung der Kommentararten. Im Prinzip können aber folgende Typen unterteilt werden:

- Beim **Standpunktkommentar** bezieht der Verfasser eine klare Stellung. Er hat eine These, die er mit Argumenten belegt. Gegnerische Argumente erwähnt der Autor nur, wenn diese in der Öffentlichkeit bereits bekannt sind. Auch werden diese von ihm schnell widerlegt. Teilweise verzichtet der Kommentator jedoch auf die Meinung der Gegenseite und legt ausschließlich seine eigenen Argumente vor. Der Autor möchte mit seinem Kommentar den Leser von seiner Meinung überzeugen und Andersdenkende auf seine Seite ziehen.
- Der **abwägende Kommentar** betrachtet alle Für- und Wider-Argumente eines Sachverhaltes. Der Leser kann bei dieser Kommentarform daran teilnehmen, wie der Autor Schritt für Schritt alle Thesen und Antithesen analysiert und bewertet. Erst am Schluss entscheidet der Autor, welche Argumente die stärkeren sind. Beim abwägenden Kommentar wird der Leser sehr umfassend über mehrere Standpunkte und ihre Pros und Contras informiert. Der Kommentator wirkt hier sachlich und überlegt, weniger emotional. Gleichzeitig ist diese Art des Kommentierens sehr spannend, weil der Leser bis zuletzt nicht weiß, welchen Standpunkt der Verfasser einnehmen wird.
- Der **argumentationslose Kommentar** verzichtet auf Argumentationsketten. Der Autor wettert oder lobt, ohne diese Meinung zu belegen. Diese Kommentarart ist sehr emotional.

Der Kommentar ist eine reine Meinungsäußerung. Da es sich bei einem Kommentar ausschließlich um den Standpunkt des Autors handelt – die Kollegen in der Zeitschriftenredaktion können wiederum ganz anderer Meinung sein – sollte zum einen der Verfasser namentlich genannt werden und zum anderen der Text von den nachrichtlichen Texten klar abgetrennt werden. In vielen Redaktionen wird das so gehandhabt, dass ein Foto des Autoren neben dem Kommentar abgebildet ist oder dass der Beitrag in einem Kasten bzw. in einem Rahmen von den anderen Artikeln abgetrennt ist.

## Aufbau des Kommentars

Ein Kommentar besteht aus drei Elementen: der These, der Argumentation und dem Fazit. Am Anfang steht die These. Wie bei allen anderen journalistischen Darstellungsformen muss der Einstieg den Leser neugierig machen. Wichtig ist, dass der Verfasser hier gleich zur Sache kommt. Im nächsten Schritt kommt die Argumentation. Der Autor begründet, warum er zu seiner Ansicht (These) gekommen ist. Die Argumentation muss logisch und schlüssig aufgebaut sein. Gleichzeitig werden auch gegnerische Argumente (Antithesen) widerlegt. Die Argumentation führt schließlich zum Fazit. Die Schlussfolgerung muss sich konsequent aus der Argumentationskette ergeben.

Der Kommentar einer Computerzeitschrift kommt beispielsweise direkt auf die These zu sprechen:
*Der CAD-Markt zeigt Sättigungserscheinungen. Das Ablösegeschäft verdrängt das Neugeschäft.*

Es folgt die Antithese.
*Marktführer wie Autodesk schwärmen zwar heute noch von gigantischen Steigerungsraten von 48 Prozent (...). Doch der Schein trügt.*

Nun wird die These belegt.
*(...) Das wissen auch die Gewinner im CAD-Markt. Nicht umsonst hat Autodesk Diskreet-Logic zugekauft – ein Unternehmen, dass sich im Multimedia- und nicht im CAD-Umfeld bewegt. (...)*

Der Autor kommt nun zu seiner Folgerung.
*Die Zukunft gehört der Nische. Die Zukunft gehört der Integration. Die Zukunft gehört dem Service (...)*

Am Schluss steht das Fazit.

*Machen Sie es daher wie Autodesk. Suchen Sie sich neue Einnahmequellen. (...) Sonst geht es Ihnen irgendwann wie einigen CAD-Unternehmen. Sie werden geschluckt und vergessen. (Computer Reseller News)*

## Regeln für den Kommentar

### Keine abgedroschenen Formulierungen verwenden.

Äußerst beliebt bei Kommentaren sind Aussagen wie „Ob der Firma X dies gelingt, wird die Zukunft zeigen" oder „Ob dieser Plan aufgeht, wird man sehen." Damit sagt aber der Autor, dass er eigentlich keine Meinung hat. Wozu dann der Kommentar? Besser ist es, wenn er eine klare Aussage dazu macht, etwa „Der Firma wird dies niemals gelingen, weil ...".

### Nicht zu viele und nicht zu wenige Informationen liefern.

Der Journalist kann nicht immer davon ausgehen, dass der Leser die gleichen Informationen zu dem kommentierten Thema hat wie er. In diesem Fall sollte er zwar keine komplette Nachricht, aber wenigstens die zum Verständnis wichtigen Fakten in den Kommentar einfließen lassen.

### Der Journalist sollte zu einem Fazit kommen.

Der Autor sollte sich – auch bei einem abwägenden Kommentar - am Ende zu einem Standpunkt bekennen und den Leser nicht mit den Argumenten ohne Schlussfolgerung alleine lassen.

### Keine Rechthaberei.

Der Journalist sollte die Meinung anderer nicht spöttisch oder rechthaberisch abtun. Auf Bemerkungen wie „Es ist doch dumm zu glauben, dass ..." sollte verzichtet werden.

### Der Kommentator sollte sich nicht im Ton vergreifen.

Beleidigungen oder Anschuldigungen gehören nicht in einen Kommentar.

### Der Kommentar muss für den Leser geschrieben sein.

Viele Journalisten vergessen oft, für wen der Kommentar gedacht ist. Sie schreiben sich die Wut vom Bauch und damit am Ziel vorbei. Wichtig ist nur, ob das Thema auch den Leser interessiert.

**Der Kommentar benötigt einen roten Faden.**

Der Journalist muss in seinem Kommentar einen roten Faden spinnen. Dieser zeigt den Weg durch den Text und hilft dem Leser, die Argumente und Gedankengänge miteinander zu verbinden. Der Journalist muss zielstrebig und geradlinig zu einem Fazit kommen. Er sollte sich nicht verzetteln und nur diejenigen Argumente anführen, die wichtig sind, um seine Gedankenführung dem Leser verständlich und einleuchtend zu machen. Der Journalist muss sich genau überlegen, welche Argumente er in welcher Reihenfolge anfügt. Die Argumente sollten aufeinander aufbauen.

**Die sorgfältige Recherche ist unerlässlich.**

Auch für einen Kommentar muss ein Journalist sorgfältigst recherchieren. Denn stimmt nur eine der angeführten Fakten nicht, wird der Kommentator von den Lesern nicht mehr ernst genommen.

**Die These muss provozieren oder etwas Besonderes sein.**

Am Anfang eines Kommentars steht die These, und diese muss den Leser neugierig machen. Je provozierender diese ist, je mehr Wiedersprüche diese hervorruft, desto mehr Aufmerksamkeit wird sie auf sich ziehen.

**Das Fazit sollte verhältnismäßig sein.**

Nicht jeder Kommentar benötigt einen flammenden Appell als Schlusssatz. Auch sollte der Journalist nicht Ratschläge erteilen, die vollkommen unverhältnismäßig sind. Forderungen, dass der amerikanische Präsident zurücktreten sollte, sind also etwas überspitzt.

**Der Kommentar sollte einen aktuellen Anlass haben.**

Der Autor sollte vor allem aktuelle Ereignisse oder Sachverhalte kommentieren. So ist ihm die größte Aufmerksamkeit der Leser garantiert.


## Anwendung des Kommentars

In Zeitschriften finden sich Kommentare an den verschiedensten Stellen: Oft sind Editorials als Kommentare verfasst. Darüber hinaus gibt es Hefte, die spezielle Meinungsseiten haben. Auch bei Schwerpunktgeschichten geben Redakteure ihre Meinung zum besten. Die meisten Zeitschriften legen Wert auf diese Stellungnahmen, weil dem Leser nicht nur eine Meldung vorgelegt wird, sondern diese analysiert und interpretiert wird. Dies ist für das Publikum ein zusätzlicher Nutzwert. Im großen und ganzen kann fast jedes Thema kommentiert werden, solange der Leser ein Interesse daran hat.

## 5.3.9 Glosse

Die Glosse ist eine humorvolle oder ironische Kommentarform. Während der Kommentarschreiber sachlich seine Argumente vorbringt, will der Glossenschreiber den Leser zum Schmunzeln oder zum Lachen bringen. Die Kritik ist bei der Glosse anders verpackt als beim Kommentar: Der Autor schreibt witzig, spöttisch, bissig-böse, satirisch. Seine Waffe ist die feuilletonistische Sprache: Mit Wortspielen, verfremdeten Schlagworten oder Slogans und mit einer bildreichen Formulierung spitzt er die Argumente zu. Die Kunst des Kommentars liegt darin, dass der Journalist seine Kritik und Argumente direkt nennt; bei der Glosse geht er eher den indirekten Weg. Oftmals vertritt er scheinbar die Sachverhalte und Ereignisse, die er eigentlich kritisiert, und führt diese ins Absurde. Auf diese Weise wird der Leser einerseits unterhalten, anderseits kommt er zum Nachdenken.

Im Gegensatz zum Kommentar argumentiert die Glosse nicht, sie zeigt das Widersprüchliche auf, benennt es aber nicht direkt. Sie wägt nicht ab, sondern stellt auf eine humorvolle Weise bloß. Die Kunst bei der Glosse ist es, dass sie spielerisch wirken soll, sie muss mit ihrem Witz überraschen und gleichzeitig überzeugen.

Mit Witz zu schreiben, ist nicht immer einfach. Bestimmte Techniken helfen jedoch dabei. Beliebt ist es, eine Sache vollkommen zu über- oder untertreiben. Oftmals entsteht auch Komik durch den überzogenen Gebrauch von Vorurteilen und Klischees oder indem der Autor Regeln oder Tabus, die von dem größten Teil der Leser bereits in Frage gestellt werden, durchbricht. Gerne koppelt der Schreiber auch zwei Sachverhalte, die nicht zusammenpassen, aneinander. Durch die abstruse Konstruktion und die Unvereinbarkeit kommt Witz auf.

In vielen Zeitschriften schreiben die Redakteure die Glossen nicht unter ihrem Namen. Sie verwenden einen Kunstnamen. Das hat den Vorteil, dass man böser und treffender schreiben kann, ohne dass der Redakteur von dem Kritisierten persönlich belangt werden kann. Da oftmals die Ironie der Glosse von einem Teil der Leser nicht verstanden wird, weist die Redaktion mit speziellen Überschriften wie Satire oder durch Karikaturen darauf hin.

## Aufbau der Glosse

Die Glosse ist in ihrem Aufbau sehr frei. Sie besteht nicht wie der Kommentar aus einer These, einem Argumentationsteil und einem Fazit. Einzige Regel ist jedoch: Die Glosse muss sich aus einem Nachrichtenkern, der Glossierung und einer Pointe zusammensetzen. Der Nachrichtenkern gibt kurz an, über welches Thema die Glosse spottet. Die Glossierung ist der Teil, in dem sich der Autor über diese Nachrichten oder Aussagen lächerlich macht. Am Ende kommt die Pointe – ein überraschender Schlusssatz.

## Regeln für die Glosse

Bei der Glosse gelten die gleichen Regeln wie beim Kommentar. Dazu kommen noch andere:

**Ironie hat ihre Grenzen.**
Die Glosse hat den Zweck, den Leser zu amüsieren. Deshalb sollte der Autor die Grenzen deren Humors berücksichtigen.

**Der Journalist sollte eine ausgefallene Sichtweise haben.**
Originell wird eine Glosse, wenn der Autor einen ganz außergewöhnlichen Standpunkt hat oder eine Sache von einer noch nie da gewesenen Perspektive betrachtet. Kommentatoren schimpfen beispielsweise über die neue Steuererhöhung, der Glossenschreiber ist dagegen scheinbar total begeistert.

**Die Glosse muss geradlinig zur Pointe kommen.**
Auch bei der Glosse darf sich der Autor nicht verzetteln. Ziel ist es, einen Widerspruch einfach und geradlinig dem Leser zu vermitteln. Auch die Glosse muss einen roten Faden haben.

**Die Sprache der Glosse ist spielerisch.**
Wortspiele, Superlative, rhetorische Fragen, überzogene Adjektive usw. sind ein typisches Stilelement für die Glosse.

## Anwendung der Glosse

Glossen werden von Lesern sehr geschätzt. Wer lacht nicht gerne. Themen für Glossen gibt es zuhauf. Der Journalist muss nur einen Widerspruch in einer Nachricht entdecken. Am besten ist es, wenn das Thema einen aktuellen Bezug hat. Eine gute Glosse kann er aber auch schreiben, wenn er der Ansicht ist, dass ein Ereignis oder eine Person in der Öffentlichkeit als zu wichtig eingeschätzt wird. Weniger geeignet für Glossen sind allerdings bestürzende Themen wie Katastrophen.

## 5.3.10 Kritik

Die Kritik bewertet künstlerische Werke wie Filme, Musik, Bücher, Theatervorstellungen usw. Sie ist eine Mischung aus Nachricht und Kommentar. Einerseits stellt sie das Werk vor, anderseits gibt der Autor seine persönliche Meinung dazu ab. Oftmals setzt der Autor aber auch die Stilmittel der Glosse ein, so dass die Beurteilung spöttisch bis bissig ausfällt.

Die Kritik hilft dem Leser, ein Werk einzuordnen, besser zu verstehen und zu interpretieren, aber auch sich eine Meinung dazu zu bilden. Gleichzeitig gibt sie ihm eine Empfehlung, ob er sich das Buch bzw. die CD kaufen, den Film bzw. die Aufführung anschauen soll. Darüber hinaus informiert sie auch Leser über die aktuellen Ereignisse in der Kultur.

### Aufbau der Kritik

Der Aufbau ist im Prinzip keiner Regel unterworfen. Der Autor muss jedoch am Anfang die Fakten schildern, beispielsweise die Inhalte des Buchs, Films oder der Vorführung. Dadurch erhält der Leser die Grundlagen, um die anschließende Beurteilung nachvollziehen zu können.

### Regeln für die Kritik

**Der Journalist sollte verständlich schreiben.**
Gerade bei Kulturmeldungen gibt es anscheinend eine Sprache, die nur für Kritiker und einige wenige Auserwählte gedacht ist – der Rest der Leser versteht sie allerdings nicht. Diese Fachsprache sollte der Journalist vermeiden.

**Keine Arroganz.**
Jeder Künstler ist es wert, dass sich der Autor mit seinem Werk auseinander setzt. Der Journalist sollte eine schlechte Kritik also fachkundig begründen.

**Keine Lobhudelei.**
Viele Redaktionen machen sich oftmals nicht die Mühe, ein Werk überhaupt anzuschauen, anzuhören oder durchzulesen. Sie tippen einfach nur die beiliegende Pressemitteilung ab. Und diese sind selbstverständlich voller Lob für das Werk. Der Leser bemerkt diese Lieblosigkeit sofort. Er möchte aber ehrlich informiert werden und ein echtes Urteil hören.

**Anwendung der Kritik**

Kritiken treten nicht nur in Kulturmagazinen auf, viele Publikumszeitschriften veröffentlichen Buch- und Filmkritiken. Diese werden sehr gerne gelesen, weil man dadurch weiß, ob diese Filme oder Bücher ihr Eintrittsgeld oder ihren Kaufpreis wert sind.

## 5.4 Objektivität im Zeitschriftenjournalismus

Die Objektivität ist eine der wichtigsten Grundvoraussetzungen und Verpflichtung im Journalismus. Der Leser erwartet von seiner Zeitschrift, dass sie ihm wahre und unverfälschte Tatsachen berichtet. Subjektive Meinungen von Journalisten sollten als solche erkennbar sein. Einseitige Berichterstattung verärgert viele Leser.

Zeitschriftenredakteure sind in der Regel sehr bemüht, von Ereignissen und Sachverhalten möglichst objektiv zu berichten, doch wahre Objektivität ist eigentlich nie zu erreichen. Einerseits kann auch der sorgfältigst recherchierende Journalist nicht alle Fakten zusammentragen, anderseits machen manchmal auch der Alltag und der harte Konkurrenzkampf der Objektivität einen Strich durch die Rechnung.

Gerade in kleineren Redaktionen muss der Chefredakteur oftmals ein Auge auf den Anzeigenkunden haben. Nur wenige Zeitschriften können es sich leisten, diese zu vergraulen, indem negative Berichte über sie veröffentlicht werden. Solche Artikel werden – auf Anweisung von oben – entweder nicht gedruckt oder beschönigt. Gleiches gilt oftmals für Testberichte. Die schlechten Testergebnisse über das Produkt des Anzeigenkunden werden dann schöngeschrieben. Die vorhandenen und potenziellen Anzeigenkunden haben ebenso bei der Themenwahl oftmals ein Wort mitzureden. Viele Redaktionen nehmen Artikel ins Heft, die eigentlich für die Anzeigenkunden geschrieben werden, den Leser allerdings weniger interessieren. Gleiches gilt auch für die Größe des Beitrags: Oftmals werden unbedeutende Informationen groß aufgezogen, nur weil hier über einen Anzeigenkunde geschrieben wird. Der Leser denkt aber: Je größer die Meldung, desto wichtiger ist sie.

Der Redaktionsalltag macht es auch dem Journalisten, der sehr um Objektivität bemüht ist, schwer dieses Ziel zu realisieren. Der Zeit- und Kostendruck verhindert oftmals hintergründige Recherchen. Der Journalist muss sich auf die Informationen von Pressemitteilungen, Informanten oder andere Quellen verlassen. Weitere Quellen kann er jedoch nicht befragen. Die Gefahr ist hier groß, dass der Journalist für fremde PR-Zwecke missbraucht wird.

Jeder Journalist hat außerdem eigene Meinungen. Auch wenn er sich dessen nicht bewusst ist, spielen seine Ansichten oft eine große Rolle bei der Berichterstattung. So stellt er beispielsweise im Interview Fragen wie „Halten Sie Ihr Vorgehen nicht für rücksichtslos?" – durch diese Fragestellung beeinflusst der Journalist bereits die Antwort. Ein anderes Beispiel sind Testberichte: Jeder Redakteur hat seine eigenen Beurteilungskriterien. Beim Test von Autos sind dem einen die Sicherheit, dem anderen die technischen Daten wichtiger. Folglich wird auch jeder Journalist einen anderen Testsieger bekommen.

Das Streben nach der Exklusivgeschichte geht auch so manches Mal auf die Kosten von Seriosität und Zuverlässigkeit der Informationen. Ebenso färben auch Sympathie und Antipathie Meldungen subjektiv. Sympathische Kontaktpersonen werden von Journalisten nicht nur oft im Heft zitiert und immer mit freundlichen Zitaten erwähnt, bei unsympathischen Personen wird oft ein Zitat aus seinem Zusammenhang genommen und dadurch verfremdet. Aufgrund von Sympathie und Antipathie werden auch oftmals Ereignisse und Tatsachen von den Journalisten falsch übermittelt. Ein Beispiel: In einem Klatschmagazin berichtete die Chefredakteurin über eine befreundete Sportlerehefrau. Sie schrieb, dass diese sehr erfolgreichen Schmuck kreiere und verkaufe. Ein anderes Heft plauderte aus, dass der Schmuck ein Ladenhüter sei. Wer hat wohl Recht?

Viele Zeitschriften nehmen es leider auch mit der Objektivität nicht so ernst. Sie interpretieren Tatsachen wie die Journalisten das gerne hätten. Gerade bei Klatschzeitschriften ist dies gang und gäbe. Dort gehört es zum täglichen Job, Gerüchte zu streuen, bei einigen leider auch Geschichten zu erfinden.

# Kapitel 6: Die Gestaltung der Zeitschrift

Das Publikum ist vom Fernsehen eine bunte Bilderflut gewöhnt. Um dagegen anzukommen, muss eine Zeitschrift Ausgabe für Ausgabe mit einem erfrischenden Layout die Leser faszinieren. Denn nur wenn eine Zeitschrift die Aufmerksamkeit des Publikums gewinnt und gelesen wird, wird sie auch weitere Ausgaben verkaufen.

Das Erscheinungsbild der Zeitschriften hat sich in den vergangen Jahren dank Desktop Publishing, der elektronischen Seitengestaltung, enorm verändert, ebenso die Art, wie das Publikum eine Zeitschrift liest. Die Zeiten seitenlanger Textwüsten sind vorbei. Die Informationen müssen heute optisch aufbereitet sein und in lesegerechte Happen zerteilt werden.

Die Aufgabe, von Heft zu Heft wieder mit einem besonderen Layout und aufsehenerregenden Bildern zu überraschen, ist schwierig. Schließlich sind die Geschmäcker verschieden und die Zielgruppen unterschiedlich. Dazu kommt, dass sich der Geschmack verändert - Trends kommen und gehen. Die Zeitschrift muss das früh erkennen und umsetzen. Ein Kochheft kann zum Beispiel konservativer sein als ein Lifestyle-Magazin und nicht jede Mode mitmachen, aber es muss sich ebenso dem Zeitgeist anpassen und wettbewerbsfähig bleiben. Das gilt mittlerweile auch für Fachzeitschriften, die über Abonnement vertrieben werden, oder für Kundenzeitschriften, die meist kostenlos verteilt werden. Auch sie dürfen das Publikum nicht langweilen, sondern müssen durch ein überzeugendes Layout begeistern. Ansonsten bleiben Leser und Anzeigenkunden aus.

Es gibt keine Patentrezepte für das perfekte Erscheinungsbild eines Heftes, aber Gestaltungsprinzipien, die für eine harmonische Optik sorgen. Das folgende Kapitel stellt sie vor.

## 6.1 Die Grundelemente der Zeitschriftengestaltung

Die wichtigste Grundlage einer Zeitschrift ist die Typographie. Typographie ist die Kunst, mit Schriftzeichen ein Druckwerk zu gestalten. Die Beschäftigung mit Schriften ist eine eigene Philosophie. Es gibt Tausende verschiedener Schriften. Vom alten römischen Reich, über das Mittelalter, die Renaissance bis ins 21. Jahrhundert wurden die Schriften immer weiterentwickelt und erneuert. Mit dem Zeitgeschmack ändern sich auch die Schriften. Jede hat ihre eigene Geschichte, ihren Charakter und ihre Ästhetik. Und auch wenn der Leser in der Regel von der Entwicklungsgeschichte der einzelnen Schriften wenig weiß, kann er ganz instinktiv Schriften einer Epoche oder einer Emotion zuordnen.

Es ist daher nicht unerheblich, welche Schriften für eine Zeitschrift ausgewählt werden. Die Schrift beeinflusst das Erscheinungsbild eines Magazins wesentlich. Einzige Bedingung: Die Schrift muss immer gut leserlich sein. Denn wenn die Leser sich schon anstrengen müssen, die Schrift zu entziffern, dann werden sie sich nur schwer auf den Inhalt des Artikels konzentrieren können.

Welche Schriften jedoch zu einem Heft passen, richtet sich nach dem Zeitschriftentyp, dem Geschmack der Zielgruppe, dem Trend der Zeit, dem Thema eines Beitrags und dem Zweck der Schrift. Eine Fachzeitschrift für Mediziner wird nur wenige klare, unverschnörkelte Schriften auswählen, ein Lifestyle-Magazin spielt dagegen mit modischen Schriften. Für einen langen Artikel muss eine lesefreundlichere Schrift gewählt werden als für die Schlagzeile auf der Titelseite, die vor allem auffallen soll.

### 6.1.1 Grundbegriffe der Typographie

Würde eine Zeitschriften nur eine einzige Schrift verwenden, wäre das Layout sehr langweilig. Durch die Variation der Schrift kommt Leben auf die Zeitschriftenseiten:

### Schriftart

Die verschiedenen Schriften können in Schriftgruppen eingeteilt werden, die in ihrer Erscheinungsform gleiche charakteristische Merkmale haben:

**Serifen-Schriften (Antiqua-Schriften):** Diese Schriften haben Serifen und unterschiedliche Strichstärken. Antiqua-Schriften, deren Vorbild die römische Schrift ist, wirken sehr klar und seriös. Die Schrift rückt sich selbst in den Hintergrund, ist dezent und daher auch leicht lesbar. Außerdem schaffen die Serifen eine Verbindung zwischen den Buchstaben, was wiederum dem Lesefluss zugute kommt. Serifen-Schriften werden sehr häufig in Zeitungen und Zeitschriften eingesetzt, so dass das Auge des Lesers diese bereits gewohnt ist. Daher werden sie oft für den Grundtext von Beiträgen verwendet oder in Überschriften, wenn ein Artikel besonders seriös wirken soll. Typischer Vertreter der Serifen-Schriften ist Times, Garamond und Baskerville.

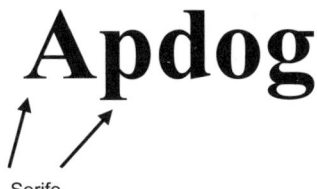

Serife

*Serifen sind die Abschlussstriche an den Buchstaben. Sie werden unterschiedlich angesetzt und haben verschiedene Formen. Sie sind beispielsweise dreieckig oder gerundet und waagrecht oder schräg angesetzt. Durch die Form der Serife kann die Schriftart bestimmt werden*

**Serifenlose Schriften (Groteskschriften):** Ihr Kennzeichen ist, dass sie keine Serifen haben, dafür aber eine gleichmäßige Strichstärke. Diese Schnörkellosigkeit gibt den Schriften ein sachliches, konstruktives und nüchternes Auftreten. Groteskschriften können aber gleichzeitig auch etwas monoton und konstruiert wirken. Außerdem sind sich einige Buchstaben sehr ähnlich, etwa „b" und „d" oder „p" und „q", weil dabei jeweils die gleiche Form gespiegelt wird - bei Serifenschriften ist der Unterschied etwas klarer. Grotesk-Schriften müssen daher bei Lauftexten vorsichtig eingesetzt werden. Trotzdem werden sie häufig verwendet. Für sachliche Wirtschafts-, Technik- oder Fachinformationen passen sie gut. Oft werden sie auch in Überschriften und Titelzeilen, insbesondere bei Boulevardmagazinen, verwendet, weil sie sehr dominant wirken. Zu den Groteskschriften gehören Futura, Helvetica, Franklin und Univers.

# Apdog

*Die Schrift Arial ist serifenlos. Die Buchstabenlinien sind hier gleich stark.*

**Frakturschriften:** Diese Schriften sind sehr schnörkelhaft und stark verziert, so dass sie sehr schwierig zu lesen sind. Sie werden verwendet, wenn eine Zeitschrift ihre Konservativität in den Vordergrund stellen will. Frakturschriften, zu denen Unger-Fraktur und Amtsfraktur und Koch-Kurrent zählen, werden in Magazinen selten eingesetzt, da sie auch etwas altmodisch wirken.

> **Kennst du überhaupt das Ave Maria? Nein? Dann sprich eben ein paar Vaterunser mehr. Oder bete irgendetwas, 15 Minuten!**

*Die Zeitschrift Max hob Zitate in einem Artikel über die Beichte in der Kirche mit der konservativ anmutenden Frakturschrift hervor.*

*Quelle: Max 2/03*

**Handschriften:** Diese Schriften imitieren Schreibschriften. Daher wirken sie sehr persönlich. Die Buchstaben sind miteinander verbunden. Auch sie sind schwierig zu lesen und werden in Zeitschriften selten verwendet. Schreibschriften sind etwa Künstler-Schreibschrift und Englische Schreibschrift.

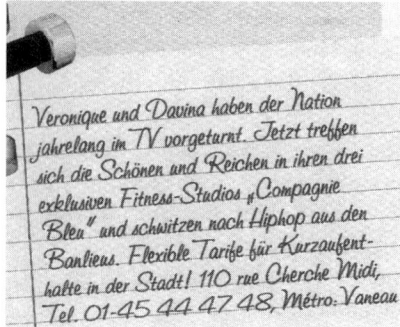

*Zeitschriften verwenden Schreibschriften oft für Kurzmitteilungen. Durch ihren Pinwandcharakter bekommen sie eine sehr persönliche Wirkung.*

*Quelle: Shape 5/03*

**Dekoschriften:** Diese Schriften können die verschiedensten Erscheinungsformen haben. Durch ihre ungewöhnliche Art lenken sie die Aufmerksamkeit stark auf sich, sie erregen die stärksten Emotionen, schon allein, weil sie sich von den klassischen Antiqua- oder Grotesk-Schriften stark abheben. Oftmals wirken sie modisch, künstlerisch, außergewöhnlich und individuell. Sie eignen sich vor allem für Überschriften, weil sie durch ihre Ungewöhnlichkeit auffallen. Für lange Fließtexte sind sie weniger geeignet, da das Auge diese Schriften nicht gewohnt ist, was den Lesefluss hemmt. Dekoschriften werden sehr stark bei Zeitschriften eingesetzt, die sich am Zeitgeist orientieren und mit einem modischen Layout Trends setzen wollen.

*Ouelle: Max 2/03*

*Die Überschrift „Eminem" gestaltete die Zeitschrift „Max" in einer Dekoschrift.*

Jede Zeitschrift vermischt in ihren Beiträgen die verschiedensten Schriften. Neben einer lesefreundlichen Schrift für die längeren Texte dient eine zweite Schrift als Blickfang in der Überschrift, dem Vorspann, Bildunterschriften oder Zitaten. Durch diese Schriftmischung werden spannende Kontraste erzielt. Das Mischungsverhältnis gibt jedem Magazin seinen eigenen Charakter. Es muss jedoch gekonnt sein. Auch sollten nicht zu viele Schriften verwendet werden.

## Schriftgrad

Als Schriftgrad wird die Größe einer Schrift bezeichnet. Die Maßeinheit für den Schriftgrad ist der Punkt. Leider gibt es mehrere Maßangaben für den Punkt. Da heute hauptsächlich amerikanische Software verwendet wird, wird mit dem DTP-Point (pt) gerechnet, der 0,3528 mm groß ist. Der französische Didot-Punkt (dd), der auch typografischer Punkt genannt wird, entspricht etwa 0,375 mm. Der so genannte Pica-Punkt (pc) ist 0,531 mm groß.

Es gilt: Je größer die Schrift, desto leserlicher wird sie. Die meisten Zeitschriften setzen für den normalen Artikeltext Schriftgrade zwischen 9 und 11 Punkt ein. Die Schriftgröße richtet sich nach dem Geschmack, aber auch nach der Zielgruppe. Für ältere Leser sollte beispielsweise eine größere Schrift gewählt werden.

Wie groß die Überschriften sind, ist ebenso Geschmacksache. Viele Zeitschriften wollen seriös wirken, indem sie Überschriften im Bildzeitungs-Format vermeiden. Es gilt jedoch: Große Überschriften ziehen die Blicke der Leser auf sich. Zu kleine Überschriften wirken dagegen oft langweilig. Mit den unterschiedlichen Größen bei den Überschriften kann der Layouter aber auch auf die Bedeutung eines Artikels hinweisen: Große Titel für die wichtigen, kleinere für die unwichtigeren.

*Bei der Überschrift zum Artikel über den Optiker Fielmann spielte der Stern mit den Schriftgraden.*

*Quelle: Stern 27/03*

## Schriftschnitt

Ein Schriftschnitt beschreibt, wenn sich das Aussehen eines Buchstabens verändert. Zu einer Schriftfamilie zählen verschiedene Versionen einer Schrift: Die Schrift kann zum Beispiel normal, fett (dicker), kursiv (schräggestellt) oder schmal geschnitten werden. Der Layouter verändert die Schriftschnitte, wenn er den Leser auf ein Wort, einen Satz oder einen Abschnitt aufmerksam machen will. Das kann im Lauftext oder auch bei Überschriften der Fall sein.

- Die *normale Schrift* ist am lesefreundlichsten und wird für den Lauftext eingesetzt.
- Die *kursive Schrift* wirkt sehr fein. Sie eignet sich aber nicht für längere Texte. Auch bei Überschriften wird sie selten verwendet. Oftmals werden Zitate oder Vorspänne kursiv gedruckt.
- *Fette Schriften* werden für Überschriften eingesetzt, weil sie am dominantesten sind und daher am besten hervorstechen. Sie markieren oft auch einzelne Wörter, selten werden sie als Bildunterschriften oder Anlauftexte verwendet. Als Fließtext sind sie nicht lesefreundlich genug.
- Mit *Kapitälchen* werden Großbuchstaben bezeichnet, die aus verschiedenen Schriftgrößen bestehen. Großbuchstaben werden bei Kapitälchen angewandt wie in der Groß- und Kleinschreibung. Sie werden vor allem für Überschriften verwendet. Bei längeren Texten würden sie den Lesefluss hemmen.
- Gleiches gilt für *Versalien*. Diese bestehen aus gleich großen Großbuchstaben.
- Auch wenn die *verschiedenen Schriftschnitte* Aufmerksamkeit erregen, sollte mit ihnen sparsam gearbeitet werden, weil sonst die Lesbarkeit des Textes beeinträchtigt wird.

Normal
*Kursiv*
**Fett**
KAPITÄLCHEN
VERSALIEN

*Durch die verschiedenen Schriftschnitte kann ein Wort hervorgehoben werden.*

## 6.1.2 Die Seitengestaltung

Auch für die Seitengestaltung einer Zeitschrift gibt es wichtige Grundbegriffe und Regeln:

### Satzspiegel

Die bedruckte Fläche einer Zeitschriftenseite wird Satzspiegel genannt. Auch die nicht bedruckten Seitenränder haben ihren Namen: Der obere Rand heißt Kopfsteg, der untere Fußsteg. Der Bundsteg ist der Rand auf der inneren Seite, der Außensteg ist der Rand auf der Blattaußenseite.

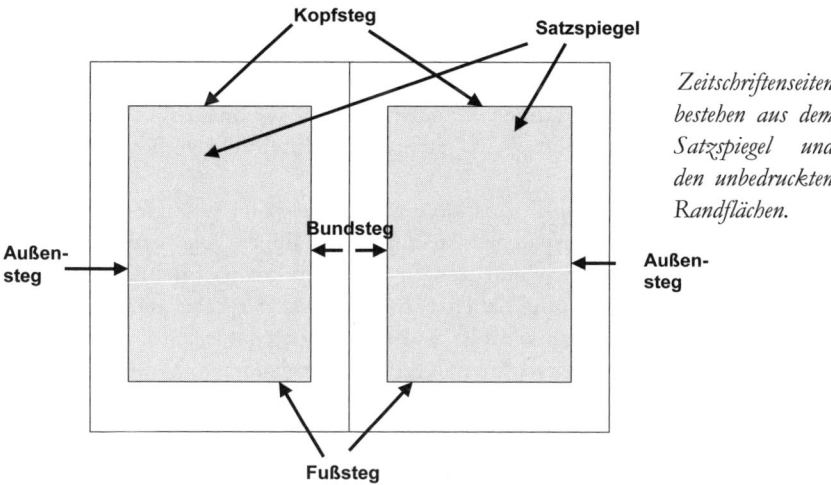

*Zeitschriftenseiten bestehen aus dem Satzspiegel und den unbedruckten Randflächen.*

## Spalten

Auf großformatigen Zeitschriftenseiten wird der Text in Spalten eingeteilt. Dadurch ist der Text leichter lesbar. Im Gegensatz zu Zeitungen, wo die Spalten oft ineinander verschachtelt werden, stehen bei Zeitschriften die Spalten klar nebeneinander. Wie breite und wie viele Spalten eine Seite haben wird, hängt vom Format des Heftes, dem Satzspiegel, aber auch von der Schrift und dem Schriftgrad ab.

## Spaltenbreite

In den meisten Zeitschriften werden für verschiedene Artikel verschiedene Seitenbreiten verwendet. Die Spaltenbreite hängt dabei von der Schrift und der Schriftgröße ab. Layouter müssen einerseits beachten, dass die Spalten nicht zu schmal sind, weil sonst das Auge beim Lesen sehr oft wieder zum Zeilenanfang zurückspringen muss. Das verringert die Lesegeschwindigkeit und ist nicht gerade lesefreundlich. Außerdem müssen dann die Wörter sehr oft getrennt werden. Anderseits ermüden den Leser zu breite Spalten, weil der Blick der langen Zeile folgen muss und dabei ständig die Gefahr besteht, dass er in eine andere Zeile springt. Auch hat das Auge mehr Mühe vom Zeilenende sicher an den nächsten Zeilenanfang zu springen. Als Grundregel gilt: Die Spalten sollten zwischen 25 und 45 Zeichen breit sein.

## Spaltenzahl

Bei Zeitschriften variieren innerhalb einer Ausgabe die Spaltenbreite und damit auch die Anzahl der Spalten. Die Spaltenzahl hat einen sehr großen Einfluss auf das Erscheinungsbild.

Im klassischen Magazin-Format dominieren dreispaltig gesetzte Beiträge. Relativ häufig sind auch vierspaltige Seitenlayouts zu finden. Die schmalen Spalten erinnern an Tageszeitungen und werden daher oft für nachrichtliche Meldungen, Berichte oder Leserbrief-Seiten verwendet. Da der Leser diese Einteilung von seiner Tageszeitung gewohnt ist, ist sie auch noch gut lesbar.

Bei großformatigen Zeitschriften, die Fachinformationen übermitteln wollen, treten auch fünfspaltige Texte auf. Sie haben dann schon den Charakter einer Tageszeitung. Für Zeitschriften im Magazinformat ist diese Einteilung jedoch ungünstig, die Spalten zu schmal, so dass es zu viele Trennungen gibt und das Schriftbild sehr unruhig wirkt.

Gerade bei Publikumsheften sind mittlerweile auch die Ein- und Zweispalter vermehrt zu sehen. Einspaltige Texte erinnern an ein Buch und vermitteln den Eindruck, dass es sich bei diesem Text um Kultur, Wissenschaft oder Literatur handelt. Gerade deshalb wirken ein- und zweispaltige Texte sehr elegant.

Im modernen Layout spielen die Zeitschriftenmacher vermehrt mit den verschiedenen Spaltenzahlen. Das Heft wirkt erfrischend und überrascht Seite für Seite. Die Spalten werden durch einen Spaltenabstand oder eine Spaltenlinie voneinander abgetrennt.

Die Spaltenzahl beeinflusst auch die Bildformate. Die Größe eines Bildes orientiert sich an den Spalten. Ein Bild endet nicht mitten in einer Spalte, sondern wird über ein, zwei oder mehrere Spalten gezogen.

*Das gekonnte Spiel mit Spaltenbreite und Spaltenzahl belebt das Layout.*

*Quelle: Maxim 6/03*

## Zeilen

Einen entscheidenden Einfluss auf das Äußere eines Heftes hat der Verlauf der Zeilen:

**Blocksatz:** Zeilen, die gleich breit sind, werden Blocksatz genannt. Die Abstände zwischen den Wörtern und Buchstaben sind dann vom Computer so berechnet, dass der linke Zeilenbeginn und das rechte Zeilenende immer an den jeweils gleichen Satzkanten beginnen und enden. Der Blocksatz ist in Zeitschriften sehr beliebt, weil er dank seiner klaren Struktur und Übersichtlichkeit sehr gut lesbar

Dies ist Blocksatz, dies ist Blocksatz, dies ist
Blocksatz,    dies    ist    Blocksatz,    dies    ist
Blocksatz,    dies    ist    Blocksatz,    dies    ist
Blocksatz,    dies    ist    Blocksatz,    dies    ist
Blocksatz,    dies    ist    Blocksatz,    dies    ist
Blocksatz,    dies    ist    Blocksatz,    dies    ist
Blocksatz,    dies    ist    Blocksatz,    dies    ist
Blocksatz,    dies    ist    Blocksatz,    dies    ist
Blocksatz,    dies    ist    Blocksatz,    dies    ist
Blocksatz,    dies    ist    Blocksatz,    dies    ist
Blocksatz,    dies    ist    Blocksatz,    dies    ist
Blocksatz,    dies    ist    Blocksatz,    dies    ist
Blocksatz,    dies    ist    Blocksatz,    dies    ist
Blocksatz,    dies    ist    Blocksatz,    dies    ist
Blocksatz,    dies    ist    Blocksatz,    dies    ist
Blocksatz,    dies    ist    Blocksatz,    dies    ist
Blocksatz,    dies    ist    Blocksatz,    dies    ist
Blocksatz, dies ist Blocksatz

ist. Der Nachteil dabei ist jedoch, dass – falls das letzte Wort in der Zeile nicht getrennt werden kann – große Zwischenräume die Wörter auseinanderziehen. Außerdem ist der Blocksatz sehr von der Spaltenbreite abhängig. Sind die Spalten sehr schmal, müssen Worte oft getrennt werden.

*Blocksatz*

**Flattersatz:** Mit dem linksbündigen Flattersatz ist gemeint, dass die Zeile immer links beginnt aber rechts nicht immer an der gleichen Satzkante aufhört. Der Abstand zwischen den Wörtern ist immer gleich groß. Die Zeilen sind nicht gleich lang, es entstehen unregelmäßige Satzränder. Der linksbündige Flattersatz ist gut zu lesen, weil der Zeilenbeginn immer am gleichen Satzrand anfängt, so dass das Auge diesen leicht findet. Außerdem kann hier auf Trennungen verzichtet werden. Der Nachteil dabei: Wenn die Satzränder zu unregelmäßig sind, kommt Unruhe in die Gestaltung. Beim Grundtext wird der linksbündige Flattersatz nicht oft eingesetzt, dafür verwenden ihn Layouter gerne für Überschriften oder auf Titelbildern. Analog beginnt beim rechtsbündigen Flattersatz die Zeile nicht immer an der gleichen Satzkante, hört aber dafür immer an der gleichen Stelle auf. Dieser wird aber selten verwendet, weil er für das Auge sehr ungewohnt ist und es immer wieder den Zeilenanfang finden muss. Dieser Flattersatz wird daher nur für Vorspänne und Bildunterschriften oder auf Titelbildern eingesetzt.

Dies ist linksbündiger Flattersatz, dies ist
linksbündiger Flattersatz, dies ist linksbündiger
Flattersatz, dies ist linksbündiger
Flattersatz, dies ist linksbündiger Flattersatz,
dies ist linksbündiger Flattersatz, dies ist
linksbündiger Flattersatz, dies ist linksbündiger
Flattersatz, dies ist linksbündiger
Flattersatz, dies ist linksbündiger Flattersatz,
dies ist linksbündiger Flattersatz, dies ist
linksbündiger Flattersatz, dies ist linksbündiger
Flattersatz, dies ist linksbündiger
Flattersatz, dies ist linksbündiger Flattersatz,
dies ist linksbündiger Flattersatz, dies ist
linksbündiger Flattersatz, dies ist linksbündiger
Flattersatz, dies ist linksbündiger
Flattersatz, dies ist linksbündiger Flattersatz,
dies ist linksbündiger Flattersatz, dies ist
linksbündiger Flattersatz, dies ist linksbündiger
Flattersatz, dies ist linksbündiger
Flattersatz,dies ist linksbündiger Flattersatz

Dies ist rechtsbündiger Satz, dies ist
rechtsbündiger Satz, dies ist rechtsbündiger
Satz, dies ist rechtsbündiger Satz, dies ist
rechtsbündiger Satz, dies ist rechtsbündiger
Satz, dies ist rechtsbündiger Satz, dies ist
rechtsbündiger Satz, dies ist rechtsbündiger
Satz, dies ist rechtsbündiger Satz, dies ist
rechtsbündiger Satz, dies ist rechtsbündiger
Satz, dies ist rechtsbündiger Satz, dies ist
rechtsbündiger Satz, dies ist rechtsbündiger
Satz, dies ist rechtsbündiger Satz, dies ist
rechtsbündiger Satz, dies ist rechtsbündiger
Satz, dies ist rechtsbündiger Satz, dies ist
rechtsbündiger Satz, dies ist rechtsbündiger
Satz, dies ist rechtsbündiger Satz, dies ist
rechtsbündiger Satz, dies ist rechtsbündiger
Satz, dies ist rechtsbündiger Satz, dies ist
rechtsbündiger Satz, dies ist rechtsbündiger
Satz,

*Links- und rechtsbündiger Flattersatz*

Dies ist zentrierter Satz, dies ist zentrierter Satz, dies ist zentrierter Satz, dies ist zentrierter Satz, dies ist zentrierter Satz, dies ist zentrierter Satz, dies ist zentrierter Satz, dies ist zentrierter Satz, dies ist zentrierter Satz, dies ist zentrierter Satz, dies ist zentrierter Satz, dies ist zentrierter Satz, dies ist zentrierter Satz, dies ist zentrierter Satz, dies ist zentrierter Satz, dies ist zentrierter Satz, dies ist zentrierter Satz, dies ist zentrierter Satz, dies ist zentrierter Satz, dies ist zentrierter Satz, dies ist zentrierter Satz, dies ist zentrierter Satz, dies ist zentrierter Satz, dies ist zentrierter Satz, dies ist zentrierter Satz, dies ist zentrierter Satz, dies ist zentrierter Satz, dies ist zentrierter Satz, dies ist zentrierter Satz, dies ist zentrierter Satz, dies ist zentrierter Satz, dies ist zentrierter Satz, dies ist zentrierter Satz, dies ist zentrierter Satz, dies ist zentrierter Satz, dies ist zentrierter Satz,

**Zentrierter Satz:** Ein zentrierter Satz bedeutet dass die Textzeile an einer Mittelachse ausgerichtet wird. Zeilenbeginn und -ende variieren. Er ist schwierig lesbar und wird bei Titelseiten oder als Vorspann verwendet.

*Zentrierter Satz*

## Zeilenabstand

Genau wie der Schriftgrad wird auch der Zeilenabstand eines Textes in Punkt angegeben. Jede Schrift hat einen Mindestabstand. Dieser wird Kompress genannt. Für das Zeitschriftenlayout ist aber der Mindestabstand meist zu wenig. Der Text ist leichter zu lesen, wenn der Zeilenabstand größer ist, weil dann die Informationsdichte des Textes verringert wird und der Text aufgelockert ist. Das Auge verrutscht beim Lesen zudem nicht so schnell in eine andere Zeile.

Als Faustregel gilt, dass der Zeilenabstand ein bis zwei Punkt über dem Kompress sein sollte. Der zusätzliche Zeilenabstand wird als Durchschuss bezeichnet.

Der Schriftgrad und der Zeilenabstand stehen also in einem Verhältnis. Dieses wird beispielsweise mit 10/12 bezeichnet. Das bedeutet: Die Schrift ist 10 Punkt groß, der Zeilenabstand beträgt 12 Punkt.

# 6.2 Farbgestaltung

Zeitschriften leben von ihrer Farbigkeit. Eine ausschließlich schwarz-weiß gestaltete Zeitschrift könnte gegen die farbenprächtige Konkurrenz am Kiosk nicht bestehen.

Farbe erzeugt Stimmungen, mit Farben assoziiert jeder Bilder und Ereignisse – positive, aber auch negative. Rot kann Leidenschaft und Liebe bedeuten, rote Verkehrsschilder weisen aber auf Gefahr hin. Diese Wirkung nutzen Zeitschriftengestalter – mehr oder minder bewusst. Mit Farbe können sie ein Image schaffen: Knallig bunt für freche Mädchenzeitschriften, dezent blau für seriöse

Wirtschaftmagazine, weiß plus Modefarbe für das elegante Frauenmagazin. Artikelthemen können mit Farben optisch eindringlich betont werden. Wichtige Aspekte eines Beitrags können hervorgehoben werden. Farben helfen ebenso bei der Orientierung. Gleiche oder ähnliche Farben symbolisieren: Wir gehören zusammen. Farbenleitsysteme werden deshalb oft eingesetzt, um Rubriken zu untergliedern. Farben können auch die Optik ausgleichen: Eine knallige Anzeige auf der rechten Seite wird beispielsweise mit einer dezenteren Redaktionsseite ausbalanciert.

### 6.2.1 Grundbegriffe

Im Umgang mit Farben treten unter anderem folgende Basisbegriffe auf:

**Grund- und Komplementärfarben:** Es gibt die drei Grundfarben Rot, Gelb und Blau. Farben werden oft in bunte Farben (Grundfarben und jede Mischung wie Violett, Orange etc.) und unbunte Farben (Schwarz, Weiß und die verschiedenen Grautöne) eingeteilt. Unter Komplementärfarbe versteht man die Farbe, die im Farbkreis einer Farbe gegenüber liegt. Komplementärfarben sind beispielsweise Gelb und Blau-Violett, Orange und Blau oder Rot und Grün.

**CMYK:** In Zeitschriften wird Farbe mit Hilfe von den drei Grundfarben Cyan (Blau), Magenta (Purpurrot) und Yellow (Gelb) plus der Zusatzfarbe Schwarz als verdunkelnde und Kontrast-Farbe hergestellt. Gemäß dem Prinzip der subtraktiven Farbmischung ergeben im Prinzip die drei Grundfarben, wenn sie zu gleichen Anteilen gemischt werden, zusammen Schwarz. In der Realität wird daraus eher ein Braungrau, weshalb noch Schwarz als Extrafarbe für den Druck hinzugezogen wird.

Mit den Farben Magenta, Gelb, Cyan und Schwarz kann durch Mischen bestimmter Farbanteile jeder Farbton hergestellt werden. Rot und Gelb ergibt beispielsweise Orange, Blau und Gelb macht Grün.

**Schmuck- und Mischfarben:** Die Farbpalette der Zeitschriften kann in Misch- und Schmuckfarben unterteilt werden. Mischfarben werden aus den Grundfarben zusammengesetzt und können jeden gewünschten Farbton annehmen. Schmuckfarben werden von Herstellern dagegen schon fertig gemischt angeboten. Die Farbpalette der Schmuckfarben ist begrenzt, da Farbhersteller nicht über eine Million Töne auf Vorrat haben können. Die Farben variieren nur in verschiedenen Helligkeitsstufen.

**Helligkeitswert:** Farben haben eine Eigenhelle, damit wird die Leuchtkraft eines Farbtons bezeichnet. Wird die Farbe mit Weiß aufgehellt, spricht man von Fremdhelle.

**Vierfarbseparation:** Farbige Zeitschriftenseiten werden in vier Druckvorgängen gedruckt, da für jede Grundfarbe ein einzelner Druckvorgang durchgeführt wird. Dazu wird jede Farbe einzeln auf einem Film belichtet. Die Filme sehen aus wie Klarsichtfolien. Auf ihnen werden die Farbanteile einer Grundfarbe als graue Punkte aufgedruckt. Wenn beispielsweise Orange gedruckt werden soll, sind auf den Filmen für Magenta und Gelb Punkte angebracht. Dann werden auf das Papier zunächst die magentafarbenen Punkte gedruckt, anschließend die gelben.

## 6.2.2 Der Umgang mit Farbe

Farbe muss sparsam und bewusst eingesetzt werden. Zu viel Farbigkeit wirkt unübersichtlich. Bunte Texte fallen zwar auf, sind aber nicht so leicht zu lesen wie schwarz-weiße. Auch gilt: Ein farbiger Kasten sticht zwar hervor, sind dagegen vier verschiedenfarbig unterlegte Kästen auf einer Seite, geht der einzelne unter.

Die Farbauswahl einer Zeitschrift muss daher gut überlegt werden. Damit ein Heft nicht zu bunt wird, können die Layouter und Grafiker oftmals nur eine eingeschränkte Farbpalette verwenden. Die Farbpalette ist im Zeitschriftenkonzept festgelegt. Es stehen dann nur eine begrenzte Anzahl von Farben als Hintergrundfarbe, für die Überschriften, für die Infokästen etc. zur Verfügung. Ebenso sind Auszeichnungsfarben für Zitate oder andere Hervorhebungen festgelegt.

Die beschränkte Farbauswahl schafft außerdem ein Corporate-Design und damit einen Wiedererkennungswert. Gleichzeitig muss die Farbpalette aber soviel Flexibilität lassen, dass der Layouter zu den verschiedensten Farbbildern passende Farben zur Seitengestaltung findet.

Die Farbpalette variiert, je nachdem um welche Zeitschrift und welche Zielgruppe es sich handelt. Bei Frauenzeitschriften dominieren oft warme Farben und Pastelltöne. Jugendzeitschriften lieben es bunt. Technisch orientierte Heft verwenden gerne kühle Blau-, Silber- und Grautöne. Zu Heften, die sich mit der Natur beschäftigen, passen wiederum Erdfarben wie Grün oder Blau. Männerzeitschriften bevorzugen kräftige, satte Farben, aber auch warme Erdtöne.

Neben der Zeitschriftenart bestimmt aber auch das Thema eines Beitrages die
Farbgestaltung. Für einen Artikel über Hautcremes passen beispielsweise Pastelltöne, aber kein Violett. Das würde zu sehr an blaue Flecken erinnern.

## 6.2.3 Farbwirkung und -symbolik

Farben haben einen Charakter. Sie sind aufdringlich und zurückhaltend, schreiend und leise, zart und heftig, edel und grell. Rot ist nicht gleich Rot. Je nachdem, ob es ein helles oder dunkles Rot ist, ein gesättigtes oder ein weniger gesättigtes, wirkt es anders: mal zart, mal aggressiv, mal bedrohlich, mal frisch.

Neben der Farbwirkung spielt auch die Symbolik der Farbe eine Rolle. Jeder
weiß beispielsweise: Das rote Verkehrschild bedeutet Vorsicht oder Verbot.

Diese Kraft der Farbe geht auch am Leser nicht vorbei. Farben nehmen Einfluss auf seine Stimmung und seine Wahrnehmung. Ein Artikel, der in einem
knalligen Vollrot gestaltet ist, wirkt aggressiver als in einem zurückhaltenden
Hellblau.

Allerdings ist die Wirkung und Symbolik für jeden anders. Jeder hat seine
Lieblingsfarbe und Farben, die er nicht ausstehen kann. Die beliebtesten Farben
sind laut „GEO" Blau und Rot. Weniger geschätzt werden Braun und Orange.
Kein Wunder: Blau, so das Heft, macht zufrieden, gelbliches Rot stimuliert.

| Die beliebtesten Farben der Deutschen | | Die unbeliebtesten Farben der Deutschen | |
|---|---|---|---|
| Blau | 38 % | Braun | 27 % |
| Rot | 20 % | Orange | 11 % |
| Grün | 12 % | Violett | 11 % |
| Schwarz | 8 % | Rosa | 9 % |
| Rosa | 5 % | Grün | 9 % |
| Gelb | 3 % | Grau | 9 % |
| Weiß | 3 % | Schwarz | 8 % |
| Violett | 3 % | Gelb | 6 % |
| Braun | 2 % | Gold | 4 % |
| Gold | 2 % | Silber | 2 % |
| Grau | 1 % | Rot | 2 % |

*Einer Studie des Farbpsy-
chologen Max Lüscher
zufolge stimuliert gelbliches
Rot. Dunkles Blau macht
zufrieden, blaues Grün
stabilisiert die Psyche.*

*Quelle: GEO Extra 2, nach Max Lüscher*

Zeitschriftenmacher sollten Farben daher nicht nur unter ästhetischen Gesichtspunkten betrachten, sondern die Wirkung der Farben kennen und sie gezielt einsetzen.

**Rot:** Diese Farbe ist sehr dominant und auffallend. Sie besitzt Signalwirkung, nicht umsonst wird diese Farbe für Warnschilder verwendet. Rot ist aggressiv, leidenschaftlich, stürmisch, wild, erobernd, hitzig, tatkräftig, aber auch erregend, heißblütig, warm und voller Energie. Rot ist präsent, es ist die Farbe des Hier und Jetzt. Es erinnert an Blut. Rot passt daher zu Themen wie Revolution, Krieg, Katastrophen und Hitze, aber auch zu Leidenschaft, Liebe, Sinnlichkeit, Kühnheit, Power und Lebhaftigkeit. Es ist die Farbe des Kommunismus, von reifen Früchten und von Herzen. Rot ist als Farbe sehr beliebt: Das Erscheinungsbild von Stern, Spiegel und Focus wird von dieser Farbe geprägt, aber auch Boulevardhefte wie Frau im Spiegel verwenden es. Das hat wahrscheinlich mit dem präsenten und auffälligen Charakter dieser Farbe zu tun. Rot symbolisiert: Wir sind aktiv.

**Gelb:** Die Farbe leuchtet und ist ebenfalls sehr auffällig. Wegen seiner Leuchtkraft wird Gelb oft für Warntafeln verwendet, da Gelb auch aus der Ferne auffällt. Eine andere Farbe kann neben Gelb nur verlieren. Gelb ist warm, sonnig, hell, klar, fröhlich, frisch und sauber. Es ist dynamisch und extrovertiert. Gelb ist die Farbe des Sommers, der Sonne, des Frühlings mit seinen gelben Blumen, der Zitrusfrische, der guten Laune, aber auch die Farbe von Leuchtmarker.

**Blau:** Blau ist sehr zurückhaltend, introvertiert; es drängt sich nicht in den Vordergrund. Es hat eine ruhige und kühle Wirkung, ist friedlich, edel, sachlich und seriös. Blau lässt anderen Farben neben sich Freiraum. Blau ist die Farbe des Himmels und des Meeres und erscheint daher groß und weit. Blau strebt in den Hintergrund und schafft Raum. Die Farbe symbolisiert Technik und Forschritt, aber auch die Frische und Kühle von Wasser, von Urlaub, Entspannung, Sicherheit und Ruhe.

Aufgrund dieser Eigenschaften und sicherlich auch, weil es die Lieblingsfarbe vieler ist, wird Blau oft in Zeitschriften verwendet.

**Grün:** Die Farbe ist nicht aufdringlich, aber durchaus präsent und gleichzeitig beruhigend. Es verträgt sich gut mit anderen Farben. Grün ist die Farbe der Natur und hat nichts mit Technik zu tun. Die Farbe wirkt gelassen, friedlich und erfrischend. Es ist eine Farbe für Gesundheit, Ernährung und Bewegung. Es ist die Farbe der Hoffnung und des Lebens. Eine grüne Ampel sagt: Geh! Ein gelbliches Grün wirkt warm, frühlingshaft wie die ersten Knospen im Frühling oder grüne Äpfel. Ein blaues Grün ist kühler und schwerer, es tritt noch mehr in den Hintergrund.

**Orange:** Orange ist weniger auffallend wie die beiden Farben Gelb und Rot, aus denen es gemischt wird. Trotzdem geht Orange nicht unter, wenn es neben anderen Farben steht. Im Gegenteil, es verträgt sich sehr gut mit anderen Farben und lässt diesen Entfaltungsraum. Auf dunkleren oder nicht konkurrierenden Farben hat ein leuchtkräftiges Orange eine Signalwirkung. Mit Orange können wichtige Überschriften oder Textstellen hervorgehoben werden.

Orange ist im Gegensatz zu Blau extrovertiert, es drängt sich nach vorne. Es ist heiter, frisch, erregend, auflockernd, lebendig, warm und positiv. Orange kann mit den Themen Frohsinn, Energie, Frühling, Optimismus, Kraft und Freude verbunden werden. Es heitert auf. Viele Menschen bringen Orange mit der inneren Befreiung und Stärke, der Lebensbewältigung in Verbindung. Es erinnert aber auch an saftige Orangen und andere Früchte der Natur.

Orange wird wegen seiner positiven und leichten, aber auch neutralen Wirkung von Zeitschriften gerne eingesetzt, gerade bei bunten Seiten. Zu viel von dieser Farbe wirkt jedoch aufdringlich.

**Braun:** Diese Farbe ist völlig unaufdringlich. Es ist eine Farbe, die Behaglichkeit ausstrahlt und sich nicht in den Vordergrund drängt. Braun ist ein Naturton, der an Kaffee, an Erde und den Herbst erinnert. Als aufgehelltes Beige wird Braun gerne eingesetzt, um Infokästen einzufärben.

**Violett:** Die Farbe ist sehr eigenwillig. Es hat keine Signalwirkung, ist aber sehr präsent und lässt sich nicht in den Hintergrund drängen. Lila ist würdevoll, düster und extravagant. Es ist mystisch und wird mit Fantasie, Übersinnlichem, Dämonen, Überirdischem, Religiösem und Übernatürlichen verbunden.

**Schwarz:** Schwarz hat eine große Eigendynamik und Kraft. Es kann stark die Aufmerksamkeit auf sich lenken, aber andererseits auch andere Farbe betont in den Vordergrund stellen. Schwarz als Hintergrundfarbe ist zurückhaltend und rückt die Vordergrundfarbe noch stärker ins Rampenlicht. Schwarz als Vordergrundfarbe ist dominant und kraftvoll. Schwarz ist die Farbe, die als sehr seriös und teuer empfunden wird, aber auch als sehr kreativ, weil sie so schnörkellos und nüchtern ist. Schwarz ist in Europa auch die Farbe der Trauer. Beiträge über Krieg, Vertreibung, Katastrophen, Unglücke oder Armut werden von Zeitschriften oftmals in Schwarz oder in dessen Abstufungston Grau gehalten. Schwarz und Grau wirken trist, bedrohlich, bekümmert, niedergedrückt, unheilvoll. Gleichzeitig steckt Schwarz voller Emotionen. Bei Schwarz kommt es zudem auch immer auf die richtige Portionierung an. Zuviel Schwarz erdrückt und wirkt nahezu bedrohlich, sparsam eingesetzt erscheint es klar, neutral, strukturierend und schafft Ordnung, betont und hebt hervor.

**Weiß:** Weiß ist eine Farbe, die zwar dezent ist, aber gleichzeitig die Aufmerksamkeit sehr stark auf sich ziehen kann. Weiß ist die häufigste Hintergrundfarbe in Zeitschriften, weil sie aus dem Hintergrund heraus eine sehr klare Wirkung hat und die Aufmerksamkeit auf sich fokussiert. Eine Zeitschriftenseite, in der viel Weiß vorkommt, wirkt neben einer knallbunten Anzeigenseite angenehm. Teure und seriöse Magazine arbeiten daher sehr viel mit dieser Farbe. Mit Weiß kann gut geordnet und strukturiert werden. Weiß ist die Farbe des Kühlen, von kühlem Schnee und von edlen Blüten. Weiß ist kühl und ohne Emotionen, aber auch rein, elegant und teuer. Es schafft Ordnung, Sauberkeit und Klarheit. Weiß wirkt erwachsen, nicht umsonst ist diese Farbe nur selten in bunten Jugendmagazinen zu finden.

## Die Wirkung von Farben und Farbstufen

- **Helle Farben:** ausstrahlend, leicht
- **Dunkle Farben:** in sich kehrend, schwer, drückend
- **Kalte Farben:** frisch, in den Hintergrund rückend
- **Warme Farben:** solide, in den Vordergrund drängend
- **Intensive Farben:** grell, schreiend
- **Stumpfe Farben:** zurückhaltend
- **Leichte Farben:** zart, filigran
- **Schwere Farben:** kraftvoll, grob

## 6.2.4 Farbkomposition

Ein Layout wird spannungsreich und faszinierend, wenn mehrere Farbtöne geschickt zusammenspielen. Farben können harmonisch aufeinander abgestimmt sein und sich ergänzen, Kontraste und Spannungen, aber auch Wärme und Kälte erzeugen. Die Farbzusammenstellung darf nicht willkürlich sein. Sie muss das Thema eines Artikels unterstützen, ohne vom Inhalt abzulenken. Die Farben müssen Informationen hervorheben, diese klar strukturieren und ordnen. Gleichzeitig müssen die Farben aber auch überraschen und der Zielgruppe gefallen. Wichtig ist, dass diese Wirkung nicht zufällig erfolgt, sondern bewusst. Denn Farben und Farbkombinationen haben eine Funktion. Die richtige Mischung der Farben in einem Heft überzeugt. Dafür gibt es einige Regeln:

**Kombination von Grundfarben und kräftigen Tönen:** Rot und Gelb sind sehr dominante Farben. Gemeinsam mit Blau und anderen kräftigen Tönen wie Orange und Grün entsteht eine sehr farbenfrohe, teilweise schrille Seite. Die Farben wirken sehr aktiv und kraftvoll. Gerade Boulevard-, Sport- und Jugendmagazine setzen diese Farben gerne ein und nutzen diesen fröhlichen und dynamischen Effekt. Werden die Farben nicht sparsam verwendet, wirkt die Seite jedoch schnell vollgestopft. Es gilt: Zu viele verschiedene Farben überfordern die menschliche Aufnahmefähigkeit.

**Kombination von Pastelltönen:** Die Kombination mehrerer zarter, mit Weiß aufgehellter Töne wirkt sehr weich und sanft. Es entsteht eine stille und unaufdringliche Harmonie. Oftmals werden auch Kästen mit Pastellfarben unterlegt, weil diese zwar dann betont werden, sich aber nicht aggressiv in den Vordergrund drängen. Pastelltöne passen sehr gut zueinander. Selbst wenn mehrere pastellfarbene Elemente auf einer Seite verwendet werden, wirken die Farben zurückhaltender und weniger überladen als wenn man dafür Grundfarben gewählt hätte.

**Kontraste:** Kontraste wirken spannungsreich. Folgende Kontraste werden unterschieden:

*Komplementärkontrast:* Der Komplementärkontrast ist in der Zeitschriftengestaltung sehr beliebt. Denn einerseits vermitteln die Kombination von Farbe und Gegenfarbe eine große Harmonie, anderseits entsteht auch eine Spannung. Layouter nutzen diesen Effekt, indem sie beispielsweise in ein grünes Bild eine rote Überschrift setzen. Das Rot drängt sich dann geschickt in den Vordergrund. Gleiches gilt für andere Komplementärkontraste wie der Signalfarbe Gelb und dem dezenten Blau.

*Warm-Kalt-Kontrast:* Während Gelb- und Rot-Töne eine sehr warme Ausstrahlung haben, wirken blaue und blaugrüne Farben kühl. Genauso wie beim Komplementärkontrast ergänzen sich kalte und warme Töne harmonisch und spannungsreich. Die warmen Farben treten dabei stärker in den Vordergrund als die kalten.

*Bunt-Unbunt-Kontrast:* Eine gute Kombination entsteht durch bunte Farben und die unbunten Farben Weiß, Schwarz und Grau. Während Weiß, Schwarz und Grau im Hintergrund bleiben, treten die anderen Farben stark hervor.

*Hell-Dunkel-Kontrast:* Dunkle Farben drängen sich in den Hintergrund und lassen den leuchtenden Farben den Vortritt. Durch das Spiel mit der Helligkeit können dabei schöne Kontraste erzielt werden.

*Qualitätskontrast:* Stumpfe, getrübte und gebrochene Farben werden mit leuchtenden, reinen und gesättigten Farben kombiniert. Die leuchtenden Farben treten hervor.

*Charakterkontrast:* Jede Farbe hat ihren Charakter und diese Charaktere können gegeneinander antreten: so zum Beispiel das dezente, edle und zurückhaltende Sonnengelb gegen das auffallende Neongelb.

**Einbindung durch Ton-in-Ton-Gestaltung:** Es gehört zu den gängigen Gestaltungstricks, Farben eines Fotos oder Bildes im Layout aufzugreifen. Wird auf einem Foto beispielsweise eine rot gekleidete Joggerin am Meer abgebildet, dominieren dann im Layout die rote Farbe der Kleidung und die Farbe des Meers, die Überschrift ist rot und die Hintergrundfarbe des Artikels kann dann blau sein. Somit fällt das Layout nicht auseinander, sondern es verbindet sich das Bild mit dem Text zu einem harmonischen Ganzen.

## 6.3 Die Titelseite

Das Cover ist die wichtigste Seite einer Zeitschrift. Im Straßenverkauf ist der Verkaufserfolg eines Heftes stark davon abhängig, ob die Titelseite die Käufer anspricht oder nicht. Denn ein Großteil der Leser gehört meist nicht zu den Stammlesern, sondern entscheidet sich spontan vor dem Verkaufsregal, welches Heft ihm von der Optik am besten gefällt bzw. welche auf dem Cover angekündigten Artikel ihn am meisten interessieren. Aber auch Fach- und Kundenzeitschriften, die dem Leser regelmäßig, teilweise auch kostenlos, zugestellt werden, müssen auf ihr Äußeres achten. Ein uninteressantes Erscheinungsbild findet keine Beachtung und die Zeitschrift landet im Papierkorb.

Leider gibt es keine Schablone für das optimale und erfolgreiche Cover. Zu unterschiedlich sind die Zeitschriftenarten, die Zielgruppen und die Geschmäcker. Ein Szenemagazin versucht mit einer extravagant gestalteten Titelseite junge Trendsetter auf sich aufmerksam zu machen, ein Heft mit Häkelanleitungen bleibt dagegen konventionell dezent. Einen allgemein gültigen Leitfaden für die Gestaltung der Titelseite lässt sich daher nicht aufstellen, doch es gibt einige objektive Regeln, die durchaus hilfreich sind. Das heißt nicht, dass ein Cover, das alle diese Regeln bricht, nicht trotzdem ein Verkaufshit werden kann.

### 6.3.1 Allgemeine Gestaltungsregeln

Bei einem guten Cover muss der Leser sofort wissen, dass es sich um eine bestimmte Zeitschrift handelt. Er will das Heft sofort erkennen - sei es am Logo, am typischen Schriftbild oder an der Farbgebung. Diese Erkennungselemente sollten daher selten geändert werden. Das bedeutet aber nicht, dass der Titel nicht variantenreich gestaltet werden kann - im Gegenteil: Er sollte Ausgabe für Ausgabe überraschen, faszinieren.

Das Cover muss sich zwar von seinen Mitbewerbern abheben, gleichzeitig aber muss der potenzielle Käufer auf dem Cover erkennen, um welchen Zeitschriftentyp es sich handelt. Die Männerzeitschrift „Men's Health" beispielsweise bildet auf dem Titel grundsätzlich einen muskulösen Mann ab. Damit macht das Magazin klar, dass es die Zielgruppe Mann adressiert, hebt sich aber von anderen Männerheften ab, die in der Regel eine spärlich bekleidete Frau zeigen. Außerdem ist das „Men's-Health"-Cover immer schwarz-weiß, im Gegensatz zu den farbigen Hochglanzfotos der Mitbewerber. Der Kunde identifiziert dadurch das Magazin auf den ersten Blick.

Ein Titelbild muss zur Zielgruppe der Zeitschrift passen. Teure Hochglanz-magazine sind meist sehr schlicht gestaltet. Edle Farben unterstreichen diesen Charakter. Andere Hefte wie Jugendzeitschriften sind dagegen knallbunt und mit vielen verschiedenen Bildern und Formen.

Als weitere Grundregel gilt, dass das Layout ausgewogen sein muss. Die E-lemente Titelbild, -schrift und -texte müssen gut gegliedert und im Gleichge-wicht sein.

## 6.3.2 Das Titelbild

Ein Zeitschriftencover lebt in der Regel vom Bild. Der potenzielle Käufer wird immer zuerst das Foto oder die Illustration betrachten. Und nur wenn ihm diese gefallen, wird er die Titeltexte lesen. Die Texte müssen deshalb an das Titellay-out angepasst werden und nicht umgekehrt. Das Bild muss die Blicke auf sich ziehen und den Betrachter faszinieren – sei es durch ansprechende oder überra-schende Motive, sei es durch ausgefallene Bildausschnitte.

Jedes Foto und jede Illustration strahlt eine Stimmung aus. Die strahlende Schönheit auf der Frauenzeitschrift vermittelt gute Laune, Spaß und ein erhol-sames Durchblättern; der ängstliche Blick der Kinder in Kriegsgebieten lässt den Leser eine seriöse und hintergründige Berichterstattung erwarten. Das Cover steht für den kompletten Inhalt eines Heftes. Der Käufer, der im Kiosk vor Hunderten von Zeitschriften steht, entscheidet sich innerhalb von Sekunden, welche Botschaft ihn am meisten anspricht. Deshalb: Je klarer die Aussage auf dem Titel, desto besser. Dem Zeitschriftentitel muss es gelingen, sich einerseits durch eine raffinierte Bildauswahl von seinen Mitbewerbern abzuheben, gleich-zeitig muss er aber auch die Zielgruppe am besten ansprechen.

Die Heftmacher sollten sorgfältig überdenken, welches Thema auf dem Titel bildlich illustriert sein sollte. Viele Magazine wählen prinzipiell das Schwer-punktthema aus. Nicht immer ist das jedoch optimal. Die Redaktion einer Au-tozeitschrift stellte beispielsweise fest, dass ihre Leser sehr gerne umfassende Berichte über Ferrari lesen, das Heft verkaufte sich aber besser, wenn auf dem Cover ein für den Normalbürger finanzierbares Auto abgebildet wurde.

Die meisten Magazine entscheiden sich für ein Foto-Cover, sei es weil Fotos besser Emotionen und Stimmungen übermitteln können, sei es weil es seriöser und journalistischer wirkt. Illustrationen sind seltener zu finden, können aber auch sehr reizvoll sein. Hauptsache, es spricht die jeweilige Zielgruppe an.

Das beliebteste Titelmotiv ist der Mensch, weil sich der Betrachter damit am besten identifizieren kann. Wenn sich die abgebildeten Menschen dem Leser zuwenden, schafft dieser Augenkontakt Nähe zum Leser.

### 6.3.3 Die Titeltexte

Meist stehen die wichtigen Titeltexte auf der linken Seite im linksbündigen Flattersatz. Das hat auch seinen Grund: Im Verkaufsregal des Kiosks sind die Hefte so aufeinander gestapelt, dass nur ein schmaler linker Rand vom Heft herausschaut. Ein potenzieller Kunde, der vor dem Regal steht, kann meist nur das Zeitschriftenlogo und die linken Titeltexte erkennen. Und hier sehen viele Blattmacher ihre Chance, die Aufmerksamkeit des Lesers zu gewinnen. Eye-Catcher-Schlagworte wie „Exklusiv", „Abgezockt", „Falle" oder „100 Tipps" tun ihr übriges.

Die Schlagzeilen müssen kurz und knackig formuliert sein und dabei die Aussage auf den Punkt bringen. Oft bestehen sie aus einem Schlagwort plus circa vier bis acht Worte, beispielsweise: „Aufgedeckt: Die fiesesten Tricks der Steuerfahnder". Sehr gut sind nutzorientierte Titeltexte. Sie zeigen, was der Leser bekommt, wenn er dieses Heft kauft, etwa „100 Tipps zu Jobwechsel und Selbstständigkeit". Aber auch sensationelle Nachrichten oder Texte, die sympathisch oder witzig sind und Nähe zum Leser aufbauen, machen auf sich aufmerksam.

Grundsätzlich gilt: Das Thema muss prägnant und zugespitzt formuliert sein. Die Meldung muss den Leser aufhorchen lassen, sie muss ihn neugierig machen. Ein Beispiel: Der Titeltext „Bauchmuskeltraining" wird weniger Interesse wecken als „Waschbrettbauch in vier Wochen". Ebenso gilt: Mit abgedroschenen Phrasen sind Leser selten zu begeistern. Die Regel „Nur schlechte Nachrichten sind gute Nachrichten" mag für Zeitungen passen, für den Zeitschriftentitel gilt sie nicht. Der Leser will sich bei einer Zeitung informieren, eine Zeitschrift soll ihn vor allem unterhalten - und nicht ständig in Angst oder Wut versetzen.

Eine gute Schlagzeile oder ein spannendes Titelthema kann den Verkauf eines Heftes enorm steigern. Welches Thema die Verkäufe ankurbeln kann, das unterscheidet sich: Gibt es einen Skandal oder ein anderes Top-Ereignis, ist dieses als Titelthema Pflicht. Ist das gerade nicht der Fall, muss ein Heft den Puls einer Zeit oder die Interessen der Leser auf den Punkt bringen. Frauenzeitschriften steigern beispielsweise ihre Auflage, wenn sie im Frühjahr die neueste Top-Diät ankündigen, bei der man so viel essen kann wie man will.

*Quelle: Der Spiegel 36/02, Shape 5/03, PC Professionell 4/03*

*Während sich der „Spiegel" auf ein einziges Titelthema und ein eindringliches Foto be-beschränkt, kündigt „Shape" auf dem Cover mehrere Beiträge an. „PC Professionell" verzichtet ganz auf Fotos wirbt nur mit einer großen Zahl von Themen.*

Fast jeder Zeitschriftentitel wird von einer großen Schlagzeile, dem Titelthema, beherrscht. Ihre Schrift ist die größte auf dem Cover. Die anderen Titeltexte sind hierarchisch in deutlich kleineren Schriften abgebildet. Der Leser wird so zuerst auf das Titelthema aufmerksam. Zudem weiß er, dass dieses Thema in dieser Zeitschriftenausgabe sehr wichtig ist und daher umfassend behandelt wird.

Einige Zeitschriften wollen auf dem Titelbild möglichst viele Schlagzeilen unterbringen, um dem Leser zu zeigen, was das Heft zu bieten hat. Das ist vor allem für Hefte sinnvoll, die neu auf dem Markt sind und den Leser mit ihrer Themenvielfalt noch neugierig machen müssen. Aber aufgepasst: Zu viel Text erschlägt den Leser. Wenige kurze Aussagen kann er besser wahrnehmen. Ein bekanntes Magazin mit hohen Auflagen wie der Spiegel beschränkt sich schon mal auf ein einziges Thema auf dem Titel.

Wichtig ist zudem, dass die Texte die Wirkung und Ausstrahlung des Titelbildes nicht stören. Gleichzeitig müssen die Texte aber gut erkennbar sein, also möglichst auf einem ruhigen Hintergrund platziert sein.

Die Typografie sollte ebenso ihren Beitrag dazu leisten, dass die Titelseite klar und übersichtlich wirkt. Die Schrift muss sehr gut lesbar sein, deshalb werden oft klare Schriftarten wie Antiqua oder Grotesk-Schriften und keine Schrift mit extravaganten Schattierungen verwendet. Zusätzlich muss die Schrift aber auch zu dem Titelbild, dem Layout und dem Image des Magazins passen. Bei einer Zeitschrift über Antik- und Nostalgie-Märkte eignet sich etwa schon einmal eine verschnörkeltere Schrift.

### 6.3.4 Die Titelfarben

Die Farbigkeit eines Titels variiert je nach Zielgruppe. Während Boulevard-Hefte und Jugendmagazine sehr bunt gestaltet sind, bleiben Wirtschaftszeitschriften oftmals farblich dezent, um ihre Seriosität zu unterstreichen. Auch neue Trends beeinflussen die Farbgebung. Gerade Szenemagazine orientieren sich an Modeerscheinungen. Entscheidenden Einfluss auf die Farbgebung hat aber ebenso das Titelthema. Handelt es sich um Krieg, Zerstörung oder Katastrophen eignen sich dezente und graue Töne oder Schwarzweiß-Bilder. Letztere wirken sehr eindringlich und gleichzeitig dokumentarisch.

*Das Titelbild von GEO Epoche zeigt ein Schwarzweiß-Foto. Es passt zum Thema. Das Bild visualisiert, wie verloren die Frau in den Trümmerhaufen steht. Die Typografie ist sehr zurückhaltend.*

*Quelle: GEO Epoche*

Schwarzweiß-farbene Titelblätter sind jedoch relativ selten, schon allein deshalb weil farbige Cover mehr auffallen. Rot ist eine anregende und herausfordernde Farbe. Sie passt zu Themen wie Gefahr, Aggression, Dynamik, Krieg und Katastrophen, aber auch zu Liebe, Leidenschaft und Wärme. Blau ist eine zurückhaltende Farbe, die gerne für Reise- und Naturthemen verwendet wird, aber auch mit Kälte und Ruhe verbunden wird. Das freundliche und belebende Gelb verbreitet gute Laune und kommt häufig in Verbindung mit Sommer und Wärme vor.

In den meisten Fällen bestimmen aber andere Faktoren die Farbe und Farbigkeit des Titelbildes. Viele Cover werden beispielsweise auf das Titelfoto abgestimmt. Die Hintergrundfarbe oder die Titeltexte greifen dann eine Farbe im Foto auf. Ist das Fotomodell auf dem Titel beispielsweise blau gekleidet, wird die Hintergrundfarbe in diesem Ton gestaltet. Bild und Texte verbinden sich damit harmonisch. Anders ist die Situation, wenn eine Kontrast- oder Primärfarbe gewählt wird. Gelbe Schrift auf blauem Hintergrund beispielsweise sticht sofort hervor. Gleiches gilt für rote Schrift auf grünem Hintergrund. Kontraste kann der Grafiker ebenso schaffen, wenn er kalte und warme Farben verwendet.

## 6.3.5 Das Logo

Jede Zeitschrift hat ein Erkennungsmerkmal: das Logo. Es ist der Name der Zeitschrift in einem typischen Schriftzug. Teilweise wird dieser noch mit einem Zeichen kombiniert, wie der weiße Stern im roten Rechteck für das Nachrichtenmagazin Stern.

Das Logo hat einen sehr wichtigen Stellenwert. Es sorgt dafür, dass das Heft von seinen Käufern immer wiedererkannt wird. Die Titelseite ändert sich von Ausgabe zu Ausgabe, allein das Logo bleibt gleich. Es macht eine Zeitschrift unverwechselbar. Ein Beispiel: Betrachtet man in einem Kiosk die nebeneinander aufgereihten Frauenzeitschriften, wären diese ohne das Logo kaum zu unterscheiden, schließlich lacht den potenziellen Käufern auf jedem Cover eine Frau freundlich an.

Damit der potenzielle Käufer eine Zeitschrift im Kiosk sofort erkennen kann, sollte ihm das Logo daher zuerst auffallen. Da die Hefte aber in den Regalen übereinander gestapelt werden, so dass nur ein schmaler linker Rand zu sehen ist, wird das Logo in der Regel links oben platziert. Nur so wird es von anderen Heften nicht verdeckt. Bei einigen Heften - gerade bei denjenigen mit kleineren Auflagen – ist zudem noch an der linken Seite ein kleineres gestürztes Logo mit dem Namenszug angebracht. Auch auf dem Heftrücken ist das Logo positioniert. Der Effekt: Egal ob das Heft im Regal oder in einem Stapel übereinander liegt, der Käufer kann das Logo als erstes erkennen und weiß nun, um welche Zeitschrift es sich handelt.

Ein Logo muss leicht lesbar sein. Die Schrift sollte also klar und nicht zu verschnörkelt sein. Doch noch wichtiger: der Charakter der Schrift muss zur Zeitschrift passen.

*Maxim Fashion hat für das Logo einen modernen Schriftzug gewählt. Das Logo des Hardrock-Heftes Hammer passt zu seinem Charakter.*

*Quelle: Maxim Fashion Frühjahr / Sommer 2003 und Hammer 12 / 02*

Es gilt: Je einfacher das Logo, desto einprägsamer. Es muss optisch ansprechend sein und gleichzeitig der Corporate Identity einer Zeitschrift entsprechen. Wird zum Schriftzug ein Zeichen gewählt, sollte dies ebenso eine klare Form haben und eingängig sowie einprägsam sein. Der Betrachter muss sie sofort entschlüsseln können und sollte nicht lange überlegen müssen, um welche Form es sich handelt und was diese bedeutet. Der simple Stern der Illustrierten Stern ist hier beispielhaft für eine klare Aussage.

Die Farbe hat ebenfalls einen wichtigen Einfluss. Sie sollte ebenso wie der Schriftzug zum Inhalt einer Zeitschrift passen. Viele Zeitschriften verwenden ein rotes Logo, weil diese Farbe hervorsticht und – wie im Straßenverkehr bei den Straßenschildern – auf etwas aufmerksam machen will. Gleichzeitig hat Rot aber auch etwas Nachrichtliches. Einige Hefte passen die Farbe ihres Logo auch der Farbe der Titelseite an, nur die Schrift und die Form bleiben gleich. Wichtig ist zudem, dass sich das Logo klar von der Hintergrundfarbe des Titels hervorhebt.

Oft wird durch das Titelfoto das Logo etwas verdeckt. Damit wird eine Verbindung zwischen dem Logo und dem Titel geschaffen. Doch wie viel darf verdeckt sein? Es gilt: Das Logo sollte noch identifizierbar sein. Magazine, die eine hohe Stammleserschaft haben, können dabei noch großzügiger verdecken als kleinere Magazine. Denn die Frauenzeitschrift „Freundin" wird vom Publikum schon erkannt, wenn nur das F vom Schriftzug zu sehen ist. Bei Heften mit kleineren Auflagen ist das Logo nicht bekannt und sollte daher möglichst frei zu erkennen sein.

Eine bekannte Frauenzeitschrift wie die Vogue kann ihr Logo durchaus teilweise verdecken. Das Heft wird trotzdem von den Lesern wiedererkannt. Der spielerische Umgang mit dem Logo in Ausgabe 6/03 ist ein überraschender Blickfang.

Quelle: Vogue 6/03

## 6.4 Das Layout von Artikeln

Das Layout ordnet Artikel, Fotos, Illustrationen, Grafiken und Infokästchen auf einer Zeitschriftenseite. Einfach ist diese Aufgabe nicht: Das Layout muss den Leser auf eine Seite aufmerksam und so neugierig machen, dass er den Beitrag liest. Es muss dafür sorgen, dass Informationen schnell zu finden sind und Beiträge lesefreundlich verpackt sind. Gleichzeitig muss es das Publikum Seite für Seite immer wieder überraschen und faszinieren.

Die Gestaltung der Zeitschriftenseiten hängt von der Zielgruppe und den Themengebietes eines Heftes ab. Eine Kochzeitschrift lebt von schönen, appetitanregenden Fotos, ein Stadtmagazin überrascht durch ein ausgefallenes Layout, bei einer Zeitschrift für Intellektuelle dominiert in der Regel der Text. Während in der Fachzeitschrift mit wichtigen berufsbegleitenden Hintergrundinformationen das Layout oftmals sehr unauffällig ist und in den Hintergrund tritt, ist die Optik in der Lifestylezeitschrift genauso wichtig wie die Textbeiträge.

Die Gestaltung der Zeitschriften hat sich in den vergangenen Jahren stark verändert. Das Publikum hat immer weniger Zeit zum Lesen und will möglichst viel Wissen möglichst schnell aufnehmen. Die Leser blättern die Hefte heute oftmals nur mehr durch und lesen vereinzelt Artikel an, aber nicht komplett durch. Die Zeitschriftenmacher reagieren auf dieses Verhalten. Sie servieren mittlerweile nicht mehr seitenlange Bleiwüsten, sondern schnüren Informationspakete. Anstelle von langen Texten gibt es jetzt viele lesefreundliche Happen, plus Infografiken und -kästen. Damit wird vermieden, dass der Leser von einem langen Artikel abgeschreckt wird. Gleichzeitig werden ihm immer wieder Anker geworfen, damit er nicht abschweift und den Artikel zu Ende liest. Blickfänge wie Fotos, Grafiken und Illustrationen sollen den Durchblätterer neugierig machen und dazu bringen, den Artikel zu lesen. Langweilige Bilder in Briefmarkenformat sind immer weniger in der Zeitschriftenwelt zu finden, dafür vermehrt ausgefallene Motive und Bildformate.

Das Layout setzt sich aus mehreren Grundelementen zusammen, die alle ihre Aufgabe haben: Der Text informiert, Grafiken veranschaulichen Zahlen, statistische Ergebnisse oder Abläufe, Bilder wecken Emotionen. Jedes Element muss bedacht eingesetzt werden. Die richtige Mischung aus all diesen Elementen gewinnt.

## 6.4.1 Die Basiselemente einer Seite

Das Layout jedes Zeitschriftenbeitrags setzt sich aus verschiedenen Bestandteilen zusammen.

**Überschrift:** Diese muss hervorstechen. Deshalb wird sie immer in der größten Schrift, meist im fetten Schriftschnitt und in einer anderen Schriftart als der Lauftext gesetzt. Stehen mehrere Artikel auf einer Seite oder einer Doppelseite gilt: Der wichtigste Beitrag hat die größte Überschrift. So wird die Aufmerksamkeit der Leser auf diesen Artikel gezogen.

**Dachzeilen oder Unterzeilen:** Oftmals steht ober- oder unterhalb der Überschrift noch eine weitere kleinere Headline, die Dach- oder Unterzeile. Diese soll dem Leser noch weitere Informationen geben und ihm bei der Orientierung helfen.

**Vorspann:** Auch der Vorspann wird in der Regel in einer größeren Schrift, in einem anderen Schriftschnitt und/oder in einer anderen Schriftart als der Lauftext gestaltet. Er soll den Leser in den Artikel ziehen und muss daher kurz und prägnant sein. Als Faustformel gilt: Vier Zeilen reichen. Oftmals werden beim Vorspann auch noch einzelne Schlüsselworte durch Kapitälchen (Großbuchstaben) oder eine andere Farbe hervorgehoben. Der Vorspann wird manchmal auch im Flattersatz gestaltet, so dass er sich gegen den im Blocksatz layouteten Fließtext abhebt.

**Initial:** Der Lauftext beginnt oftmals mit einem so genannten Initial. Das bedeutet: Der erste Buchstabe des Lauftextes ist vergrößert. Er geht über mehrere Zeilen. Initials müssen in einem Heft nicht immer gleich groß sein. Je größer die Überschrift und der Vorspann, desto größer fällt meist auch das Initial aus. Wichtig ist, dass das erste Wort des Lauftextes aus mindestens drei Zeichen besteht. Denn wenn der Text beispielsweise mit „Es" beginnt, wird als Initial das „E" vergrößert und der restliche Lauftext beginnt mit dem einzelnen Buchstaben „s", was nicht schön wirkt. Ebenso sollte der Buchstabe „I" nicht als Initial verwendet werden. Er ist zu schmal und kann auch als senkrechter Balken verstanden werden.

**I**m schummerigen Licht des 40 Grad warmen Raums ruhen fünf junge Frauen schweigend auf bequemen Liegen. Unter den Seidengewändern zeichnen sich erschreckend dürre Körper ab. Der Eindruck, man befände sich in einem Wellness-Tempel oder Meditationszentrum, wird durch leise Zen-Klänge im Hintergrund verstärkt. Aber für die Frauen hier geht es um mehr als um Wohlbefinden. Es geht um Gesundheit, Hei-

*Quelle: Vogue 5/03*

*Ein „I" als Initial sollte vermieden werden, da es wie ein senkrechter Balken wirkt. Auch sollte das erste Wort mehr als zwei Buchstaben haben, damit der Text nicht mit nur einem Buchstaben beginnt.*

Der Einstieg über Initials empfiehlt sich vor allem, wenn sich Überschrift und Vorspann auf einer Doppelseite befinden und der Lauftext auf den nächsten Seiten beginnt. Wird auf der ersten Seite des Artikels ein Initial gesetzt, verzichtet man auf dieser Seite dann meist auf Zwischenüberschriften, um nicht zu viele Betonungen zu setzen.

Als Alternative für Initials können das erste Wort oder die ersten Worte farbig und in einem anderen Schriftschnitt gesetzt oder ein Zeichen, beispielsweise ein Pfeil, verwendet werden.

**Lauftext:** Bleiwüsten schrecken Leser ab. Daher muss der Lauftext immer in lesefreundliche Happen unterteilt werden. Zwischenüberschriften sind dafür optimal. Meist sind sie einzeilig. Absätze sorgen dafür, dass der Text nicht zu lang wird. Auch Absatzeinzüge lockern den Text auf, sind eine optische Verschnaufpause. Zitate, die durch eine größere Schrift und einen anderen Schriftschnitt hervorgehoben werden, sind – gerade bei Interviews und Reportagen – Blickfang und Textgliederung.

**Bild und Bildunterschrift:** Sie sind der Blickfang einer Seite: Fotos, Grafiken und Illustrationen. Sie lockern das Layout auf und wecken die Aufmerksamkeit und Emotionen des Lesers. Erklärende Worte zu dem Bild kommen in die Bildunterschrift. Sie sollte nicht fehlen, weil sie dem Leser noch weitere Informationen zu dem Bild gibt. Bildtexte werden meist in einer anderen Schriftart oder einem anderen Schriftschnitt als der Lauftext gestaltet.

**Endmarke:** Damit der Leser weiß, dass ein Beitrag zu Ende ist, sollte das klar markiert sein. Üblich sind Autorennamen bzw. -kürzel oder Zeichen wie ein kleines schwarzes Viereck. Auch ein kleines Kästchen mit Quellen- oder Literaturhinweis, Internet- oder Kontaktadressen beendet den Beitrag optisch.

## 6.4.2 Die Seitenkomposition

Kaum etwas langweilt einen Leser so sehr wie ein Einheitslayout mit gleichen Spaltenbreiten, gleich großen Überschriften und gleich großen Bildern. Ein gutes Heft muss immer aufs Neue überraschen. Gleichzeitig muss der Leser aber auch einen typischen Stil erkennen, ein durchgängiges Konzept. Zu viel Neues verwirrt ihn.

Die Gestaltung einer Zeitschriftenseite muss daher gut überlegt sein, Text und Bild müssen sich zu einer harmonischen Gesamtkomposition zusammen fügen. Die richtige Mischung macht's: Nicht zu viel Text, nicht zu viel Bild, ein klares, aber kein eintöniges Layout.

Wie schon oben erwähnt, variiert ein gutes Layout, je nachdem welche Zielgruppe damit angesprochen wird. Es gibt aber einige Regeln, die für einen spannungsreichen Seitenaufbau sorgen:

**Es muss klare Hierarchien geben.**
Es darf nur einen Aufmacher geben. Das heißt, es können zwar mehrere Überschriften oder Bilder auf einer Seite stehen, es sollte aber klar sein, welche Überschrift und welches Bild am wichtigsten sind. Und das erreicht man durch Größe und Platzierung. Das größte Bild, die größte Überschrift ziehen die Blicke zuerst auf sich. Die kleineren Bilder oder Infografiken treten zunächst in den Hintergrund und werden dann auf den zweiten Blick wahrgenommen. Der Leser wird dadurch vom Layout über die Seite geführt. Der Layouter kann bestimmen, welches Element der Leser zuerst wahrnimmt.

**Abwechslung macht eine Seite lebendig.**
Immer nur das Gleiche langweilt. Daher sollten nicht immer die gleichen For-men verwendet werden. Waagrechte und senkrechte Elemente auf einer Seite wirken spannungsreicher. Das gilt auch für die komplette Zeitschrift: ein Info-kasten in Hochformat, auf der nächsten Seite ein breiter Kasten. Ebenso sollten Bildgrößen und Spaltenbreiten im gesamten Heft variiert werden. Das bedeutet nicht, dass das Layout chaotisch sein sollte. Die Seiten müssen abwechslungs-reich, aber klar und übersichtlich sein.

## So entstehen Kontraste

Ein wichtiges Kompositionsmittel ist der Kontrast. Er stellt konträre Elemente gegenüber und schafft dadurch Spannungen, aber auch gleichzeitig Harmonie.
- **Quantitätskontrast:** viel – wenig, klein – groß, häufig – selten
- **Proportionskontrast:** lang – kurz, breit – schmal, dick – dünn
- **Helligkeitskontrast:** hell – dunkel, schwarz – weiß, düster – strahlend
- **Intensitätskontrast:** matt – glänzend, stumpf – brillant, schwach – intensiv
- **Form-Kontrast:** rund – eckig, gestaucht – gestreckt, gerade – krumm
- **Massen-Kontrast:** Ballung – Lockerung, Verdichtung – Verdünnung, Kon-zentration – Verteilung
- **Bewegungs-Kontrast:** ruhende Elemente – bewegende Elemente, Stille – Turbulenz
- **Richtungskontrast:** Bewegungsrichtung A – abweichend
- **Farb-Kontraste:** siehe Kapitel 6.3.4

**Der Text muss in lesefreundliche Portionen geteilt sein.**
Leser haben in der Regel keine Lust auf seitenlange Texte ohne optische Auflo-ckerungen. Das bedeutet jedoch nicht, dass eine Zeitschrift nur aus Kurztexten bestehen sollte, doch die Beiträge müssen in Abschnitte zerlegt werden. Da-durch wirkt der Artikel strukturiert. Der Leser nimmt die Informationen schnel-ler auf, kann sich länger konzentrieren und schweift nicht so schnell ab. Zudem hat er mehrere Einstiegspunkte in einen Beitrag. Die Portionierung ist haupt-sächlich die Aufgabe des Redakteurs, da er seinen Text in mehrere Informati-onseinheiten aufteilen muss. Aber auch das Layout kann seinen Beitrag dazu leisten: Der Text kann beispielsweise mit Zwischenüberschriften gegliedert werden. Auch herausgestellte Zitate oder die Hervorhebung zentraler Aussagen verhindern eine Bleiwüste. Kleine Textkästchen lockern das Textbild auf. Ab-sätze und Absatzeinzüge geben dem Auge eine Verschnaufpause. Kurze Absät-ze verhindern, dass der Leser von einer zu langen Textmenge abgeschreckt wird.

Infokästen, die farblich dezent unterlegt sind, Grafiken und Bilder teilen die Seite ebenfalls auf.

**Das Layout muss klar sein.**

Beim Layout gilt: Weniger ist mehr. Ein klares und übersichtliches Layout zieht die Blicke mehr auf sich als ein verwirrendes und vollgepacktes. Die Leser können schneller erfassen, um welches Thema es in einem Beitrag geht. Sie wissen, dass sie schneller und unkomplizierter an die gewünschten Informationen kommen. Ein klares Layout ist zu erreichen, wenn man sich an folgende Regeln hält:

*Strukturierte Informationen:* Das Layout kann Informationen ordnen. Elemente, die zusammenpassen, müssen beieinander platziert sein oder die gleichen Formen aufweisen.

*Nicht zu viele Einzelelemente:* Ein Kästchen hier, ein Kästchen da und schon wirkt die Seite vollgestopft. Die Informationen sollten zwar gegliedert werden, aber zu viele Einzelhappen sollten es dabei nicht werden. Zwischenüberschriften, kleine Bilder und sonstige Elemente dürfen nicht unsortiert auf die Seite gestellt werden. Dies wirkt dann kontraproduktiv: Der Lesefluss wird durch die unruhige Seitengestaltung gestört.

*Geringe Informationsdichte:* Auf einer Seite sollten nicht zu viele Informationen aufeinandergepresst werden. Die einzelnen journalistischen Elemente – Text, Infokästen, Grafiken, Fotos etc. – sollten nicht zu eng nebeneinander stehen.

*Verzicht auf unwichtige Details:* Unwichtige Details lenken den Leser ab. Da der Leser in kurzer Zeit die wichtigsten Informationen aufnehmen will, verliert er schnell das Interesse, wenn ihm Detailinformationen nichts bringen.

*Sparsam eingesetzte Hervorhebungen:* Ein wichtiges Gestaltungselement ist, wichtige Aussagen oder Bilder hervorzuheben und dadurch die Blicke des Publikums auf sich zu ziehen. Das gelingt beispielsweise durch farbliche Betonung, durch veränderte Schriften oder durch mit Farbe unterlegte Kästen. Doch Vorsicht: Zu viele Hervorhebungen bewirken den gegenteiligen Effekt. Der Leser bemerkt die einzelne Hervorhebung gar nicht mehr, zu viele andere versuchen seinen Blick zu erhaschen. Deshalb ist ein sparsamer Umgang mit Betonungen ratsam. Der Leser findet sich dann auf der Seite besser zurecht, und sein Blick wird klar durch die Seite gelenkt. Auch sollte eine doppelte Auszeichnung vermieden werden: Ein farbig unterlegter Infokasten, der auch noch mit Rahmen umgeben ist und in der Überschrift eine ausgefallene Schrift hat, ist zuviel.

*Einfache Formen vor Verschnörkeltem:* Klare Formen wirken in der Regel besser als verschnörkelte.

*Nicht zu viele Varianten:* Infokästen oder andere Elemente müssen nicht immer die gleiche Form und das gleiche Erscheinungsbild aufweisen, im Gegenteil: Abwechslung steigert die Dynamik einer Seite. Sind es aber zu viele Formen und Gestaltungsvarianten, bringt es Unruhe auf der Seite. Das ist beispielsweise der Fall, wenn zwei Tabellen in einem Artikel völlig verschieden gestaltet werden, etwa mit anderen Formen, Farben und Gliederungssystemen.

*Keine Angst vor Leere:* Je mehr weiße Flächen auf einer Zeitschriftenseite sind, desto aufgelockerter, strukturierter und edler wirkt sie. Wenn mehrere Beiträge oder Bilder auf einer Seite abgedruckt werden, sollten diese durch einen ausreichend großen weißen Freiraum getrennt werden. Die einzelnen Beiträge bekommen dadurch mehr Luft und werden optisch voneinander getrennt. Die Seite wirkt übersichtlicher.

*Zuordnung:* Es muss immer klar sein, zu welchem Artikel ein Bildtext, ein Vorspann, ein Dachtitel etc. gehört.

*Harmonische Verteilung:* Bilder, Infokästen, Grafiken und andere Elemente müssen auf einer Seite harmonisch verteilt sein. Dadurch wirkt das Layout harmonisch und ausgeglichen. Ist im oberen rechten Bildteil ein horizontales Bild, passt beispielsweise in den unteren linken Teil des Layouts ein vertikaler Kasten.

**Der Text sollte klar strukturiert sein.**
Überschriften sind ebenso wie die Bilder ein wichtiger Eyecatcher. Und auch der Text kann durch eine geschickte Gliederung oder eine besondere Schrift auf sich aufmerksam machen. Für den Text gelten folgende Regeln:

*Die Schrift muss zum Thema passen:* Zu einem Artikel über High-Tech-Geräte passt keine verschnörkelte Schriftart in der Überschrift.

*Nicht zu viele verschiedene Schriften:* Verschiedene Schriften für Überschrift, Vorspann, Bildunterschrift und Lauftext wirken durchaus spannungsreich. Ein Schriftenwirrwarr sollte jedoch vermieden werden.

*Nicht zu viele Hervorhebungen:* Mit verschiedenen Schriften, Schriftgrößen und -schnitten können einzelne Textpassagen oder Worte hervorgehoben werden. Das ist nur wirkungsvoll, wenn der Layouter nicht übertreibt. Fette Zwischentitel, die auch noch unterstrichen und farbig hervorgehoben sind, sind zu viel.

*Eingeklinkte Überschriften:* Gerade bei doppelseitigen oder großen Aufmacherfotos werden Überschriften und Vorspänne oftmals ins Bild eingeklinkt. Bild und Text bilden damit eine optische Einheit. Dabei darf die Lesbarkeit nicht eingeschränkt sein. Optimal ist es, wenn der Text auf einem einfarbigen oder ruhigen Hintergrund steht. Es sollte in diesem Fall auch eine große Schrift für die Headline gewählt werden. Die Farbe der Schrift muss sich kontrastreich abheben: Vor einem hellblauen Hintergrund ist eine weiße Schrift kaum zu lesen. Eine harmonische Verbindung entsteht, wenn die Überschrift Farben aufgreift, die im Bild vorkommen. Ist auf dem Foto beispielsweise eine Person in einer gelben Jacke abgebildet, kann die Headline diese Farbe wieder aufgreifen. Die gleichen Regeln gelten auch für den Vorspann und Bilderklärungen, die ebenfalls oft im Bild eingebaut werden. Ist das Foto zu unruhig, empfiehlt es sich manchmal den Teil des Bildes, auf dem der Vorspann oder ein Bildtext platziert ist, aufzuhellen oder einen Kasten mit einer dezenten Farbe zu unterlegen. Weißer Text auf schwarzem Untergrund ist oft schwer lesbar, wenn die Schrift zu klein oder die Schriftlinien zu dünn sind.

**Auf den Blickfang Bild sollte selten verzichtet werden.**
Fotos sind ein optimaler Eyecatcher. Studien zufolge ziehen Fotos als erstes die Blicke der Leser auf sich, noch bevor sie eine Überschrift anschauen. Der Grund: Für Menschen ist es leichter und schneller, Informationen aus einem Bild zu entnehmen. Fotos oder Infografiken machen oftmals Worte überflüssig, weil sie für sich selbst sprechen. Bilder sind daher ein gutes Mittel, um Informationen aus einem zu langen Text auszugliedern. Große Bilder mit ausgefallenen Motiven oder Bildausschnitten sind ein wichtiges Stilmittel von Zeitschriften. Denn im Gegensatz zu Zeitungen müssen sie nicht nur informieren, sondern vor allem auch faszinieren und unterhalten (siehe auch Kapital 5.6). Für das Layout mit Bildern gelten folgende Regeln:

*Aufmacherbild:* Jede Seite – und nicht nur die Aufmacherseiten – benötigen klare Einstiegspunkte für den Leser. Optimal dafür geeignet ist ein großes Bild. Aber auch große Überschriften, ein hervorgehobenes Zitat oder ein Informationskasten oder eine Kombination aus mehreren Elementen ziehen den Blick auf sich.

*Klare Hierarchien:* Neben dem Aufmacherbild lockern kleinere Bilder eine Seite optisch auf. Sind mehrere Bilder auf einer Zeitschriftenseite, sollte ein Bild dominieren. Die anderen Bilder sollten kleiner sein. Auch gilt: Das Aufmacherbild sollte die größte Wirkung haben. Die kleineren Bilder dürfen diese Wirkung nicht aufheben.

*Gezielter Einsatz:* Auch wenn Bilder die Aufmerksamkeit der Leser auf sich ziehen, sollten sie nur gezielt verwendet werden. Es bringt meist nichts, wenn die Bilder auf der Seite gedankenlos angehäuft werden. Besser ist es die Bilder sparsam zu verwenden, so dass mit ihrer Hilfe der Blick des Lesers gezielt über die Seite geführt wird.

*Harmonische Verteilung:* Die Bilder sollten auf einer Seite gut platziert sein und nicht in eine Ecke gedrängt werden. Sind die Bilder über der kompletten Seite verteilt, wird auch der Blick des Lesers über die ganze Seite schweifen. Oftmals stellen Layouter ein großes Bild in die obere Hälfte der Seite und ein kleineres in den unteren Bereich. Damit wird der Blick des Leser aufgefangen.

*Abwechslung bei den Formaten:* Wenn mehrere Bilder auf einer Seite stehen, sollten nicht immer die gleichen Formate verwendet werden. Besser ist eine Mischung aus kleinen und großen, aus hochkantigen und breitkantigen Bildern. Extremformate wie schmale Bilder, die sich über die ganze Länge einer Zeitungsseite ziehen, überraschen. Die Seite wirkt dadurch spannungsreicher. Zu vermeiden sind auch Minibilder in Briefmarkenformat – vor allem, wenn diese das einzige Bild auf der Seite sind. Interessanter ist es dagegen, wenn beispielsweise der Text mit einem Zitat plus kleinem Bild unterbrochen wird. In diesem Fall darf das Bild klein sein, so lange der Inhalt klar zu erkennen ist.

*Aussagekräftige Fotos:* Fotos müssen aussagekräftig sein, sonst kann auf sie verzichtet werden.

*Klare Zuordnung:* Stehen mehrere Beiträge und Artikel auf einer Seite, muss klar erkennbar sein, welches Bild zu welchem Text gehört. Oftmals werden die einzelnen Beiträge durch schmale Linien abgetrennt oder als mehrere Blöcke voneinander optisch abgesetzt.

*Orientierung an den Spalten:* Ein rechteckiges Bild muss immer mit dem Spaltenende des Textes abschließen. Die Größe eines Bildes (Ausnahme: das Aufmacherbild) kann also nur ein-, zwei- drei- oder vierspaltig sein.

*Freigestellte Bilder:* Freigestellte Bilder sind ein gutes Gestaltungsmittel, da sie einerseits viel Luft lassen und anderseits unwichtige Details wie ein einfarbiger Hintergrund weggeschnitten sind. Der Betrachter kann sich auf das Wesentliche des Bildes konzentrieren. Freigestellte Bilder sollten nicht zu klein sein. Außerdem sollten die Umrisse klar sein; es wirkt abgehackt, wenn einzelne Details wie Haare beim Freistellen abgeschnitten werden. Oftmals fließt um freigestellte Fotos auch der Text herum, man spricht dann von einem Formsatz. Das Bild sollte dann nicht so weit in den Spaltentext hineinragen, dass in den Zeilen nur mehr für ein bis zwei Wörter Platz ist. Durch den Blocksatz werden diese dann auch noch weit auseinandergezogen oder ungünstig getrennt. Das ist schwierig zu lesen.

*Eingeklickte Bilder:* Häufig stellen Layouter ein kleines Bild in ein großes Bild. Dies eignet sich besonders, wenn Kontraste dargestellt werden sollen: Ein großes Bild mit der schlanken Frau nach der Spezialdiät und eingestellt ein kleines

Bild vor der Diät. Neben dem Vorher-Nachher-Effekt eignen sich die einge-klickten Bilder auch für andere Kontraste wie Überblicksbild versus Detailbild oder Hier gegen Dort. Dieser Effekt sollte jedoch mit Vorsicht verwendet wer-den. Wenn das kleinere Bild kaum mehr zu erkennen ist oder durch das größere untergeht, sollte es besser neben das große Foto gestellt werden oder nur ein Bild verwendet werden.

*Bildfolgen:* Gerade bei Interviews werden oftmals von dem Gesprächspartner mehrere Bilder nebeneinander gestellt. Das hat schon etwas von einer kleinen Filmvorführung. Der Leser lernt dadurch den Interviewten von mehren Seiten kennen. Bei der Bildfolge sollten jedoch nur die Fotos rausgefiltert werden, die besonders aussagekräftig sind. Es bringt nichts, wenn die nebeneinanderstehen-den Bilder zu ähnlich sind. Besser ist es, die Person mit deutlich unterschiedli-chen Mimiken oder Gesten abzudrucken.

*Weiße Flächen:* Mehrere Bilder nebeneinander erdrücken sich gegenseitig, wenn dazwischen keine weiße Fläche gelassen wird.

*Ungewöhnliche Bildschnitte:* Es muss bei einem Portrait nicht der Mensch plus Sessel und Hintergrundwand abgebildet werden. Reizvoller ist es, wenn nur ein Teil, etwa nur ein kleiner Teil des Gesichtes ausgeschnitten wird (siehe Kapitel 6.6).

*Vorsicht Seitenmitte:* Gerade bei doppelseitigen Aufmachern gehen Bilder meist über zwei Seiten. Hier muss der Layouter vorsichtig sein, weil der Bruch in der Mitte oftmals das Foto verzerrt. Bei Fotos mit Menschen sollte deshalb das Gesicht und vor allem die Augen niemals im Bruch stehen.

*Bildtexte:* Zu jedem Foto gehört ein Bildtext. Die Ausnahme sind nur Schmuckbilder. Es muss für den Leser klar erkennbar sein, zu welchem Foto die Bildunterschrift gehört. Die Texte werden unter, neben oder sogar über das Foto platziert. Wenn sie in das Foto gestellt werden, muss aber darauf geachtet werden, dass der Text in einer Farbe geschrieben ist, die gut lesbar ist. Die Texte mehrerer Bilder können auch in einer Bildunterschrift zusammengefasst werden. Dann sollten die Bilder jedoch nah beieinander stehen oder mit dem Text der Zusammenhang mehrere Bilder deutlich gemacht werden. Sind die Bilder auf der Seite verteilt, sollte jedes Bild einen eigenen Erklärungstext haben, weil der Leser die Bilder getrennt betrachtet. Abschreckend wirken auch zu lange Bild-texte: Zwei bis drei Zeilen reichen meist (siehe Kapitel 6.6)

**Das Layout muss die Anzeigenseiten berücksichtigen.**
Die Gestaltung von Anzeigen liegt zwar nicht in der Hand der Redaktion, trotz-dem muss die Zeitschrift deren Optik berücksichtigen. Anzeigen sind nur darauf

ausgerichtet, die Aufmerksamkeit des Lesers auf sich zu lenken. Dies bringt wiederum Layouter in eine schwierige Position: Die Anzeige soll natürlich nicht von den redaktionell gestalteten Beiträgen ablenken, andererseits darf sie aber auch nicht vollkommen untergehen, da sonst der Anzeigenkunde verärgert wäre. Die Anzeigenseiten sollten harmonisch in die Heftdramaturgie eingegliedert werden. Ist auf der rechten Seite eine sehr unruhig gestaltete Anzeige, muss die redaktionelle Seite schlicht gestaltet sein. Ist die Anzeige dezent, sollte ein überraschendes Layout für einen Blickfang sorgen. Im deutschsprachigen Raum sind Anzeigen in der Regel rechts platziert, kleinere Anzeigen sind manchmal auch auf redaktionellen Seiten mitten im Text untergebracht. Anzeigenkunden sind der Überzeugung, dass Werbung auf der rechten Seite von den Lesern mehr beachtet wird. Ob das stimmt, konnten Forschungen bislang nicht belegen.

**Jede Seite muss dem Corporate Design entsprechen.**
Jede Seite einer Zeitschrift sollte durch ein anderes Layout überraschen. Trotzdem muss jeder Beitrag dem Corporate Design, sprich dem Zeitschriftenstil, entsprechen. Eine Zeitschrift verwendet etwa durchgängig fette Zwischenüberschriften, Farben einer bestimmten Intensität (also ausschließlich Pastellfarben) oder Infokästen in der gleichen Untergrundfarbe. Durch das Corporate Design bekommen die einzelnen Seiten einen Zusammenhalt.

**Standardseiten müssen gleichartig sein.**
Das Layout von Standardseiten, zu denen das Inhaltsverzeichnis, Leserbriefe, Vorwort, Kulturseiten und die Vorschau gehören, muss anders sein als das von Aufmachergeschichten. Standardseiten müssen in jeder Ausgabe eines Hefts nach dem gleichen Konzept, nahezu gleich gestaltet sein: Der Lauftext hat von Ausgabe zu Ausgabe die gleiche Spaltenanzahl, die gleichen Schriften und Schriftgrößen; ebenso sind die Spalten für die Kommentare immer farblich gleich unterlegt, und das Editorial verwendet immer dasselbe Chefredakteurfoto.
Die Gleichheit der Seiten über mehrere Ausgaben hat ihren Sinn: Der Leser erkennt die Seite sofort wieder und weiß, dass er hier seine Informationen findet. Darüber hinaus prägen die Standardseiten auch das Erscheinungsbild des Heftes. Die jeweilige Seite sollte daher immer ähnlich, aber keinesfalls langweilig gestaltet sein. Ebenso sollten sich die verschiedenen Standardseiten in einem Heft unterscheiden.

*Quelle: GQ 2/03 und 3/03*

*Standardseiten müssen nicht langweilig sein, wie das Männermagazin GQ beweist.*

**Die Aufmacherseiten müssen auffallen.**

Aufmacherseiten müssen den Leser überraschen und neugierig machen. Sie heben sich durch ihr aufwändiges Layout von den Standardseiten deutlich hervor. Oftmals beginnen Aufmacherartikel mit einem doppelseitigen Bild, da hiermit garantiert ist, dass der Leser den Beitrag auch bemerkt. Je wichtiger ein Beitrag ist, desto größer sollten auch die Aufmacher sein. Weniger wichtige Beiträge können auch mit einem Einseiter oder einem größeren Bild begonnen werden. In den Bildern sind oftmals die Überschrift und der Vorspann eingeblendet. Die Folgeseiten mit dem restlichen Artikel sind in ihrem Layout zurückhaltender. Sie sollten jedoch auf die Aufmacherseiten Bezug nehmen, sprich Farben, Schriften oder andere gestalterische Formen wieder aufnehmen. Dadurch werden die Verbindungen und das Zusammenspiel zwischen den Aufmacher- und Folgeseiten garantiert. Die Folgeseiten dürfen jedoch nicht zu schlicht layoutet sein und müssen ebenfalls mit Infokästen, großen Bildern, Textportionierungen etc. um die Aufmerksamkeit der Leser kämpfen. Alle Aufmacherseiten müssen zudem dem Corporate Design der Zeitschrift entsprechen. Ansonsten würde das Heft gestalterisch nicht zusammenpassen.

*Eine typische Aufmacherge-schichte: Der Artikel startet mit einer Doppelseite. Im Anschluss kommen zwei Folgeseiten, die durch einen Blickfang aufgelo-ckert werden.*

*Quelle: Elle 10/02*

## 6.5 Infografiken und Infokästen

Im modernen Zeitschriftenlayout sind Infografiken und Infokästen nicht mehr wegzudenken. Das hat seinen Grund: Raffiniert gestaltet ziehen sie die Auf-merksamkeit der Leser auf sich. Sie bringen komplexe Sachverhalte grafisch auf den Punkt, so dass der Leser die Fakten schneller erfassen und verstehen kann als dies mit einem Text möglich wäre. Während großformatige Fotos beim Leser oftmals Emotionen wecken sollen, übernehmen die Schaubilder die Auf-gabe zu informieren. Sie ergänzen Artikel mit Zusatzinformationen.

## Infografik-Typen

Verschiedene Infografik-Typen eignen sich für unterschiedliche Zwecke:

**Karten:** Karten zeigen, wo sich etwas ereignet hat oder ereignen wird. Sie helfen dem Leser, sich zu orientieren und sich eine räumliche Vorstellung zu machen. Neben Welt-, Länder- und Städtekarten, gibt es auch Karten, die Regionen nach bestimmten Themen (etwa Erdbeben-gefährdete Gebiete) abgrenzen. Karten liefern ebenso Wegbeschreibungen zum Beispiel für besondere Wandertouren. Auch Wetter- und Sternkarten gehören zu diesem Infografik-Typ.

**Statistische Grafiken:** Sie visualisieren Zahlen und Mengen, die zu einem bestimmten Zeitpunkt oder innerhalb eines Zeitraumes erhoben wurden. Die am häufigsten verwendeten statistischen Grafiken sind Torten-, Balken-, Säulen-, Flächen-, Kurven- und X,Y-Diagramme.

**Ablauf- und Prinzip-Grafiken:** Diese Schaubilder erklären dem Leser, wie etwas ausschaut, funktioniert, strukturiert oder abgelaufen ist. Der Grafiker hat die Wahl zwischen Sachbildern, Schnittzeichnungen, Funktions-, Ablauf- und Strukturbildern.

**Tabelle und Liste:** Tabellen und Listen präsentieren dem Betrachter geordnete Text- und Zahleninformationen.

## 6.5.1 Allgemeine Gestaltungsregeln

Welche Infografik einem Leser gefällt und welche nicht, ist Geschmacksache. Und es variiert je nachdem, welche Moden und Trends gerade angesagt sind. Doch es gibt einige Regeln, die garantieren, dass ein Schaubild die Blicke auf sich zieht und schnell verstanden wird.

**Die Infografik muss klar und leicht verständlich sein.**
Das Ziel einer Infografik ist zu informieren. Das gelingt ihr nur, wenn der Leser sofort versteht, was sie aussagen will. Sie überzeugt, wenn sie klar strukturiert ist. Die Informationen müssen auf den ersten Blick erkennbar sein und dürfen nicht durch grafische Spielereien in den Hintergrund treten. Das bedeutet aber

nicht, dass der Grafiker auf jedes ausschmückende Element verzichten muss. Im Gegenteil – detailreiche Bilder wirken oft interessanter als eine schlichte Tabelle. Einzige Bedingung: Die illustrativen Bestandteile dürfen die Informationen, die vermittelt werden sollen, nicht in den Hintergrund drücken. Wo allerdings die Grenze zwischen Blickfang und verwirrendem Schnörkel liegt, darüber lässt sich streiten. Es gilt jedoch: Optimal ist es, wenn die schmückenden Elemente nicht aus aussagelosen Kästen, Schatten oder Rahmen bestehen, sondern eine nützliche Information liefern.

Werden trockene Informationen wie statistische Zahlen nicht nur in Balkendiagrammen, sondern die Werte in Bilder umgesetzt, wirken sie meist spannender, weil der Leser das Ausmaß dieser Zahlen besser vor Augen hat.

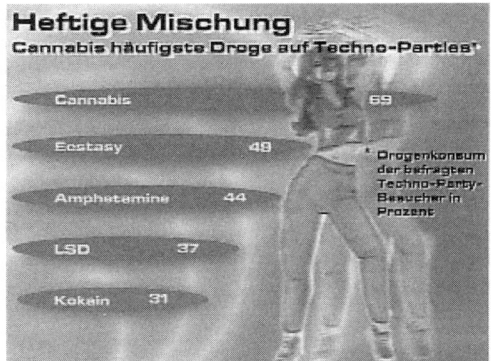

*Das Balkendiagramm bekommt mehr Aufmerksamkeit durch seine ausgefallene Gestaltung.*

*Quelle: Ratgeber Frau und Familie 12/01*

### Zu viele Informationen schaden der Infografik.
Der Leser will die Infografik schnell verstehen, sonst schweift er sofort mit seinem Blick wieder ab. Daher darf der Grafiker in das Schaubild nicht zu viele Informationen stopfen. Eine Kernaussage und maximal ein paar wenige Nebenaussagen reichen. Ist der Sachverhalt sehr komplex, können die wichtigen Aussagen auf mehrere nebeneinanderliegende Bilder aufgeteilt werden. Umgekehrt bringt dagegen eine Grafik mit zu wenig Informationen nichts. Ein Balkendiagramm mit zwei Werten ist meist sinnlos.

### Texte müssen kurz und verständlich sein.
Bildunterschrift und Begleittexte müssen weitere erläuternde Hintergrundinformationen zur Grafik geben. Sie dürfen aber keine neuen Fragen aufwerfen, indem sie mit Fachausdrücken oder nicht geläufigen Abkürzungen verwirren.

Sind Fachausdrücke unvermeidlich, müssen sie im Schaubild erläutert werden,
denn der Leser wird sich selten die Mühe machen und im Artikel nach Erklärungen suchen.

*Die Infografik ist
fantasievoll gestaltet
und erklärt dabei
den Sachverhalt sehr
prägnant und über-
sichtlich.*

*Quelle: Focus 44/02*

**Die Grafik muss für sich allein verständlich sein.**
Eine gutes Schaubild kommt mit wenig Text aus. Das Bild muss für sich selbst
sprechen. Die Bildunterschrift sollte dementsprechend kurz sein. Auch sollte
der Leser die Grafik verstehen, ohne im Artikel nachlesen zu müssen. Das ist
schon allein deshalb wichtig, weil Leser in einer Zeitschrift zuerst die Bilder und
Grafiken betrachten. Gefallen diese, wird der Leser eventuell den Artikel lesen.

**Jede Infografik benötigt eine Überschrift und eine Quellenangabe.**
Eine Grafik kann nur für sich selbst sprechen, wenn Sie eine Überschrift hat.
Die Überschrift sollte kurz sein. Mit einer größeren Schrift oder einem fetten
Schriftschnitt macht sie auf sich aufmerksam. Weitere Detailinformationen
werden oftmals in eine kleinere Unterzeile gepackt. Es wirkt zudem unseriös,
wenn die Quellenangabe fehlt. Schließlich ist für den Leser wichtig, von wem
die Zahlen oder Informationen kommen. Eine von einem Pharmakonzern veröffentlichte Studie über die Heilungswirkung des eigenen Medikaments bringt
positivere Ergebnisse als die Studien eines unabhängigen Marktforschungsinsti-
tuts. Neben der Quellenangabe sollte auch der Autor bzw. Grafiker erwähnt

sein. Oftmals ist auch eine Datumsangabe unverzichtbar. Dadurch erfährt der Leser, wann beispielsweise die Mietpreise in München erhoben wurden und kann einschätzen, wie aktuell diese Information ist.

**Infografiken dürfen nicht inflationär eingesetzt werden.**
Schaubilder locken nur die Aufmerksamkeit auf sich, wenn sie nicht übertrieben oft eingesetzt werden. Sie sollten nicht als dekoratives Anhängsel für einen langen Text dienen. Sinnvoll sind sie nur dann, wenn sie Informationen verständlicher oder schneller übermitteln als dies mit einem Text möglich wäre. Wie viele Infografiken ein Heft verträgt, darüber lässt sich keine allgemeingültige Aussage machen. Das Nachrichtenmagazin Focus, das 1993 den Infografiken-Trend nach Deutschland gebracht hat, setzt pro Heft schon 30 bis 40 Grafiken ein. Der Spiegel steht mit 20 bis 30 Schaubildern kaum nach, während der Stern sich mit weniger als zehn zurückhaltend zeigt. Andere Zeitschriften wie die Bunte beschränken sich dagegen auf ein bis zwei Grafiken.

**Kombigrafiken müssen die einzelnen Grafiken klar trennen.**
Eine Kombigrafik ist ein einziges Schaubild, das aus mehreren kleineren Einzelgrafiken besteht. Nach einer Bürgermeisterwahl werden etwa ein Balkendiagramm mit den Stimmenzahlen für die gewählte Partei, eine Kurve mit Umfrageergebnissen zur Beliebtheit des Bürgermeisters und eine Tabelle über die Regierungszeiten der verschiedenen Bürgermeister in eine Grafik gepackt. Kombigrafiken können einen sehr guten und für den Leser schnell verständlichen Überblick über ein Thema geben, allerdings nur, wenn die einzelnen Schaubilder abgegrenzt sind. Es wird schnell unübersichtlich, wenn die Grafiken miteinander verschmelzen oder zu eng nebeneinander stehen. Ebenso sollten auch hier nur die wichtigsten Kernaussagen eines Themas herausgezogen werden, zu viele Nebenaussagen verwirren noch mehr als bei einer Einzelgrafik.

**Die Infografik muss sich perfekt in das Layout einfügen.**
Das Schaubild, der Text und Fotos müssen optimal zusammenpassen. Bevor sich der Grafiker an die Gestaltung einer Grafik macht, sollte er wissen, wie das restliche Layout der Seite und die nebenliegende Seite ausschauen soll. Ist ein sehr emotionales Foto der Aufmacher der Geschichte, sollte die Infografik zum Beispiel dezent und zurückhaltend gestaltet sein. Die Grafik kann ein Zeitschriftenlayout stimmig machen, wenn sie etwa Farben oder Formen eines Fotos aufgreift. Gibt es keine Fotos, darf ein großes und aufwändiges Schaubild auf sich aufmerksam machen.

**Die Größe der Darstellung ist abhängig von diversen Kriterien.**
Wie groß muss eine Infografik sein? Das ist Geschmacksache und richtet sich nach vielen Gesichtspunkten. Wichtigstes Kriterium ist der Nachrichtenwert der Darstellung. Gibt sie nur eine kleine Zusatzinformation oder veranschaulicht sie im Artikel erklärte Sachverhalte, kann sie klein gehalten werden. Anders ist die Situation, wenn die Grafik die Hauptaussage des Textes enthält. Dann können sich Grafiker und Redakteure für ein großes Format entscheiden. Ein Beispiel: Zu einem Artikel über die neuen Geschäftsstrategien der Telekom passt eine kleine Grafik über den Aktienkurs der Firma. Schreibt der Redakteur allerdings einen Artikel über den Sturzflug der Aktie, dann ist ein dominante Grafik durchaus gerechtfertigt.

Neben dem Aussagegehalt bestimmt auch die illustrative Qualität der Grafik die Größe. Eine illustrierte Darstellung zieht die Blicke mehr auf sich als ein schlichtes Säulendiagramm und kann mehr Platz einnehmen. Sollte die Grafik die Zentralaussage des Artikels enthalten, lohnt es sich daher, sich für ihre Gestaltung etwas mehr Mühe zu machen.

Des weiteren entscheiden Layout-Vorgaben über die Ausmaße der Infografik. Die Seitengestaltung der jeweiligen Zeitschrift bestimmt, ob Grafiken dominant oder zurückhaltend gesetzt werden und wie Text, Foto und Grafik miteinander verknüpft sind.

Aber Vorsicht: Ein immer gleiches Grafikschema wirkt für Stammleser einer Zeitschrift schnell langweilig und sie übersehen dann die Darstellung.

**Bei Schriften werden die Hierarchien berücksichtigt.**
Viele Infografiken bestehen aus Überschrift, Zwischenüberschrift, Bildunterschrift , erklärenden Texten in der Grafik und Quellenangaben. Die Typografie wird entsprechend der Bedeutung der Texte gewählt. Meist reichen drei verschiedene Schriftgrößen. Die Überschrift ist in der Regel fett und mit der größten Schriftgröße. Die Unterüberschrift und die Grafiktexte sind kleiner. Für die Quellenangabe sollte die kleinste Schriftgröße gewählt werden. Vorsicht auch bei der Schriftart: Der Leser muss sich auf die Grafik konzentrieren, verspielte Schriften oder schräg gestellte Texte sind schwierig zu lesen und lenken ab.

**Die Infografik muss in das Erscheinungsbild der Zeitschrift passen.**
Infografiken müssen sich in das typische Layout einer Zeitschrift einfügen. Das komplette Heft plus Schaubilder muss daher einheitliche Schriften, Farben, und Darstellungsarten vorweisen. Werden von Infografik-Agenturen Bilder gekauft, sollten diese an den individuellen Zeitschriftenstil angepasst werden.

## Infografik-Agenturen

Verschiedene Agenturen haben sich auf Infografiken spezialisiert, dazu zählen beispielsweise AFP (www.afp.de), AP Grafik (www.ap.org), APA Grafik (www.apa.at), Bulls Press (www.bullspress.de), DPA Grafik/Globus Infografik (www.de/globus), Infochart (www.infochart.de), Isotype.com AG/Reuters Grafikdienst (www.isotype.com) und SID-Grafik (www.sid.de)

**Zahlenwerte müssen in ihrer Relation korrekt abgebildet werden.**
Zahlen an sich sind meist trocken. Spannender oder wenigstens anschaulicher wird jede statistische Erhebung, wenn sich der Leser ein Bild davon machen kann, welche Mengen hinter diesen Zahlen stehen. Eine Tabelle mit Zahlen ist bei weitem nicht so anschaulich wie ein Balkendiagramm, bei dem die unterschiedlich hohen Säulen die unterschiedlichen Werte veranschaulichen. Eine wichtige Regel dabei ist jedoch, dass die Mengen in ihrer Relation korrekt abgebildet werden.

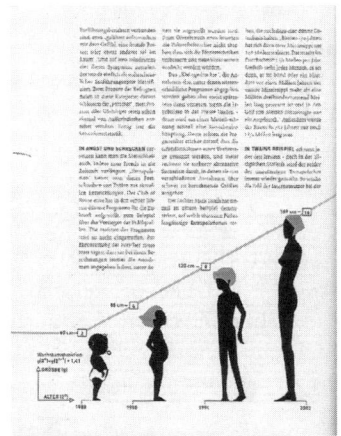 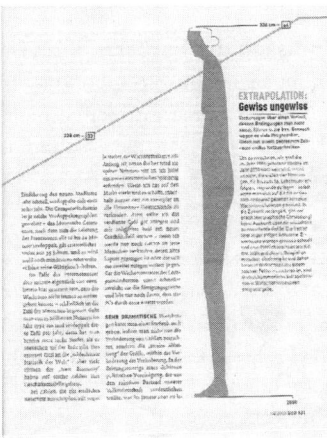

*Quelle: GEO 4/03*

*Die Grafik visualisiert durch eine korrekte Darstellung der Größen einen Artikel, der sich mit Hochrechnungen beschäftigt. Ein Beispiel ist das Wachstum des Menschen.*

**Die Motive der Infografik müssen zur Leserschaft passen.**

Viele Schaubilder verwenden Symbole und Pictogramme. Je bekannter und einfacher diese sind, desto schneller weiß der Leser, um welches Thema es in der Grafik geht. Wie die Symbole gestaltet werden sollen, das orientiert sich jedoch an den Lesern und dem abzubildenden Sachverhalt. Eine Frauenzeitschrift, die zum Beispiel für Gymnastikanleitungen die zu trainierende Bauchmuskulatur zeigen will, wird das Bild sicherlich weniger detailliert darstellen als eine Fachmedizinerzeitschrift in einem Artikel über diese Muskelgruppe. Wichtig ist zudem, dass unbekannte Symbole und Zeichen in oder am Rande der Darstellung erklärt werden.

**Die Beschriftung muss einheitlich sein.**

Durch die Rechtschreibreform kann ein Wort unterschiedlich geschrieben werden. Der Grafiker sollte im Schaubild die gleiche Schreibweise wie im Text verwenden.

Einheitlichkeit ist aber auch im Schriftbild gefordert. In einer Landkarte sollten beispielsweise Großstädte und Hauptflüsse dieselbe Schrift und Schriftgröße aufweisen.

**Infografiken müssen die Farbsymbolik beachten.**

Bei manchen Dingen haben die Grafiker in der Farbgestaltung keine Auswahl: Bäume haben grünes Laub, das Meer ist blau, ein Hausdach ist rot, die Sonne ist gelb etc. Auch politische Parteien haben ihre Farbsymbolik. Warme Farben kennzeichnen Wärme, kalte Farben Kälte.

**Weniger Farbe ist mehr.**

Zu viele Farben erdrücken den Betrachter, zu viele Farbschattierungen kann er schwierig wahrnehmen. Eine Regel besagt, dass zwei bis vier Farben und maximal drei Abstufungen pro Farbe reichen. Die Farbwahl richtet sich aber auch nach der Leserschaft. Eine an Kinder gerichtete Zeitschrift darf durchaus bunte Schaubilder verwenden, ein seriöses Fachblatt für Steuerberater sollte dagegen dezente Farbtöne verwenden.

**Strukturen schaffen Übersichtlichkeit.**

Bildelemente die zusammen gehören oder sich ergänzen, sollten die gleiche Farbe, Farbintensität, Form, Strichstärke sowie Schrift- und Schriftgröße haben und dicht nebeneinander platziert sein. Ein Tortendiagramm ist etwa leichter zu erfassen, wenn die Zahlenwerte und Erklärungen dicht an den oder sogar innerhalb der Tortenstücke platziert sind. Im Gegensatz dazu können die Kernaussagen von den Nebenaussagen oder nicht zusammen gehörende Elemente durch variierende Charakteristika wie Kontrastfarben, verschiedene Schriften, Schriftgrößen, Formen, Strichstärken, Abstand etc. abgegrenzt werden. Auch mit unterschiedlichen Größen kann der Grafiker zeigen, welche Information wichtig ist: Größere Elemente übermitteln dabei die Hauptaussage.

**Mit Farbkontrasten Informationshierarchien abgrenzen.** Farbige Kontraste schaffen Übersichtlichkeit, weil sie verschiedene Informationen klar abgrenzen und wichtige Details hervorheben. Grafiker können eine einzige Farbe in verschiedenen Helligkeitsstufen (z.b. hellblau und dunkelblau oder noch kontrastreicher weiß und schwarz) oder warme und kalte Farben (z.b. rot und blau) verwenden. In der Regel werden die zentralen Informationen in der dunklen oder warmen Farbe gestaltet. Wenn etwa auf einer Landkarte die Arbeitslosenzahlen der verschiedenen Großstädte illustriert werden sollen, sind die Arbeitslosenzahlen und Städtenamen schwarz bzw. rot markiert, die Länderkarte im Hintergrund ist weiß bzw. blau.

Eine andere Möglichkeit für ein kontrastreiches Schaubild ist es, Komplementärfarben einzusetzen (rot und grün, gelb und blau). Auch bunte und unbunte Farben bringen eine gelungene Spannung in die Grafik. Die unbunten Farben eignen sich hervorragend für die Nebenaussagen, die Farbtöne werden für die Kernaussagen herangezogen. Einzige Ausnahme ist schwarz: Diese Farbe kann für beide Informationshierarchien verwendet werden.

Mit den Helligkeitsstufen von Farben können auch Mengen gezeigt werden. Es gilt dabei: Je dunkler die Farbe, desto größer der Zahlenwert.

## 6.5.2 Karten

Die Kartografie unterscheidet zwischen topografischen und thematischen Karten. Topografische Karten beschreiben lagegetreu geografische Örtlichkeiten wie eine Stadt, ein Land, einen Weg. Thematische Karten veranschaulichen raumbezogene Aussagen, wollen dabei aber keine exakte Abbildung der Erde liefern. Thematische Karten sind beispielsweise Karten mit der Bevölkerungsdichte, Wirtschafts- oder Verkehrsdaten. Die Karten sind kein Abbild der Natur, sie müssen aber situationstreu sein. Für die Darstellung von Karten gelten folgende Regeln:

**Vereinfachte Darstellung:** Die Infografik einer Zeitschrift kann selbstverständlich nicht mit der Genauigkeit und Exaktheit von offiziellen Karten arbeiten. So sind beispielsweise in einer Infografik die Grenzen einer Länderkarte stark vereinfacht dargestellt oder nicht jeder Fluss und jede Kleinstadt darin enthalten, wenn diese Information nebensächlich ist. Sie muss dem Leser eine bestimmte Information schnell vermitteln und darf ihn nicht mit unwichtigen Details ablenken.

**Maßstab:** Der Leser will sich eine Vorstellung machen können, welche Dimension die dargestellte Grafik in der Realität hat. Eine Maßstabsangabe ist deshalb unverzichtbar. Der Grafiker hat hierfür mehrere Möglichkeiten. Sehr gebräuchlich ist ein Balken mit Kilometerangabe. Der Vorteil: Selbst wenn das Schaubild verkleinert oder vergrößert wird, wächst der Maßstab mit und gibt immer die richtige Größe an. Anders ist dies, wenn Landkarten die Maßstabsangabe von beispielsweise 1:50.000 – ein Zentimeter in der Grafik entspricht 50.000 Zentimetern in der realen Welt - verwenden. Muss die Darstellung dann im Layout in der Größe verändert werden, stimmt der Maßstab nicht mehr. Ein weiterer Nachteil dieser Angabe ist zudem, dass sie schwieriger nachzuvollziehen ist als der Balken. Sehr anschaulich ist dagegen, wenn der Grafiker dem Schaubild noch eine Übersichtskarte beifügt. Der Stadtkarte mit den Überschwemmungsgebieten wird noch eine Deutschlandkarte beigefügt, die anzeigt, wo die betroffene Stadt liegt. Oder der Landkarte von Moldawien wird eine Deutschlandkarte anbei gestellt, damit die Leser einschätzen können, wie groß Moldawien ist.

**Hervorhebungen:** Damit der Leser auf einen Blick erfassen kann, wo ein Ereignis geschehen ist oder geschehen wird, muss der Ort hervorgehoben werden. Der Grafiker kann beispielsweise durch Pfeile, Pfade oder in Kästchen hervorgehobene Ortsnamen den Leser aufmerksam machen.

**Anhaltspunkte:** Der Leser findet sich in einer kartografischen Infografik besser zurecht, wenn der Grafiker Anhaltspunkte setzt. Bei einer Inlineskating-Route ist dann beispielsweise das Rathaus, die Brücke und das Gymnasium hervorgehoben. Der Leser kann sich dadurch besser vorstellen, wo die Route entlang geht - und er kann sie sich dank des fotografischen Gedächtnisses auch besser merken.

**Realitätstreue:** Auch wenn Karten für eine Infografik stark vereinfacht werden, müssen sie die Realität wiedergeben.

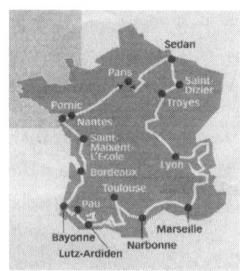

*In dieser Kartengrafik wird die Route der Tour de France vereinfacht und übersichtlich dargestellt. Leider fehlt eine Maßstabsangabe. (Quelle: Hörzu 27/03)*

## 6.5.3 Statistische Grafiken

Um dem Leser statistische Werte oder Zahlen zu vermitteln, stehen dem Grafiker eine Vielzahl von gestalterischen Möglichkeiten zur Verfügung. Die optimale Darstellungsform hängt davon ab, welcher Sachverhalt dem Leser übermittelt werden soll. Auch hier gibt es Richtlinien für die Gestaltung:

### Balken und Säulen

Balken- und Säulendiagramme eignen sich optimal, wenn Zahlen miteinander verglichen werden. Ob die horizontalen Balken oder die vertikalen Säulen für eine Infografik besser geeignet sind, hängt von mehreren Faktoren ab: Säulen können im Gegensatz zu Balken nicht nur Zahlenwerte vergleichbar machen, sondern auch zeitliche Veränderungen aufweisen, beispielsweise durch Jahreszahlen unter den Säulen. Balkendiagramme haben dagegen den Vorteil, dass sie einfacher beschriftet werden können. Der Text wird in die Balken gestellt. Bei der Säule ist dafür nur wenig Platz vorhanden, so das die Erklärung oft schräg oder in den 90-Grad-Winkel gestellt wird. Das ist jedoch schwierig zu lesen. Ob ein Balken- oder Säulendiagramm eingesetzt wird, hängt zudem von dem der Infografik zugewiesenen Platz im Layout ab: Säulendiagramme sind in der Regel hochformatig und Balken breitformatig gestaltet. Egal, für welchen Typ sich der Grafiker entscheidet, auch hier gibt es einiges zu beachten:

**Hierarchie:** Die größte und wichtigste Zahl steht in der Regel links oder oben. Der nächstgrößte Wert folgt in der Reihenfolge von links nach rechts oder von oben nach unten. Die Ausnahme: Wenn ein Säulendiagramm eine zeitliche Abfolge veranschaulicht, steht der älteste Wert natürlich links.

**Einheitliche Grundlinie:** Alle Säulen müssen auf einer einheitlichen Grundlinie stehen. Auch Säulen beginnen von einer einzigen – meist nicht sichtbaren - linken Linie aus.

**Negative Werte:** Negative Werte müssen visualisiert werden. Säulen gehen dann unter die Grundlinie, Balken breiten sich nach links aus.

**Illustration gegen Langweile:** Schlichte Balken und Säulen wirken manchmal etwas langweilig. Verwendet der Grafiker illustrative Elemente oder Zeichen, macht er das Infobild sofort lebendiger.

**Gleiche Breite:** Alle Balken und Säulen müssen gleich breit sein. Sie dürfen sich nur in der Länge verändern.

*Eine gute Idee ist die Darstellung der Trends bei den Reisezielen als Wegweiser. Allerdings hätte beachtet werden müssen, dass alle Ländernamen einheitlich in den Schildern stehen sollten. Es fehlen zudem die Quellenangaben und die Maßeinheit.*

*Quelle: Bunte 12/03*

*Das Säulendiagramm zeigt die Entwicklung junger Unternehmen im zeitlichen Verlauf.*

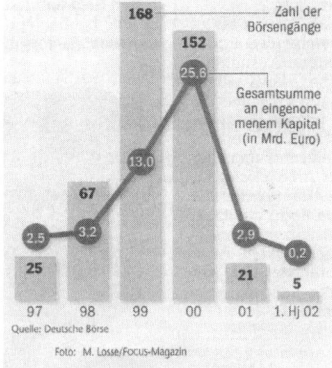

*Quelle: Focus 45/02*

## Tortendiagramm

Das Tortendiagramm, das auch Kreis- oder Kuchendiagramm genannt wird, veranschaulicht die Teile eines Ganzen, sprich es zeigt, wie 100 Prozent eines Sachverhaltes in Einzelteile zerlegt werden können. Für übersichtliche Tortendiagramme gelten folgende Regeln:

**Maximal sechs Elemente:** Kreisdiagramme sollten mindestens drei und maximal sechs Elemente haben. Eine Torte mit weniger als drei Segmenten ist meist überflüssig, mit mehr als sechs Elementen wird sie oftmals unübersichtlich.

**Große Kuchenstücke:** Wenn die Kuchenstücke sich optisch kaum unterscheiden, bringt ein Tortendiagramm relativ wenig. In diesem Fall sind Säulen- oder Balkendiagramme besser, da der Leser die einzelnen Werte besser vergleichen kann.

**Beschriftung:** Die Beschriftung der Kuchenstücke sollte möglichst kurz sein, da zu viel Text im Diagramm den Betrachter „erdrückt". Am übersichtlichsten ist es, wenn die Kuchenstücke im Inneren beschriftet sind. Ist das nicht möglich, sollten sie komplett außerhalb erklärt werden.

**Uhrzeigersinn:** Da Leser Kreisdiagramme in der Regel im Uhrzeigersinn betrachten, sollte das größte Kreiselement bei 12 Uhr oder zumindest in der oberen Hälfte stehen. Der nächste Wert steht rechts vom Maximalwert.

**Formenvielfalt:** Das Tortendiagramm muss nicht immer rund sein. Es eignen sich auch Rechtecke oder evtl. auch Ovale. Aber Vorsicht: Ist die geometrische Form zu verspielt, kann der Leser die Flächen optisch nicht mehr vergleichen.

*Fit for Fun kombiniert die Tortengrafik mit einem Balkendiagramm. (Quelle: Fit for Fun 6/03)*

## Liniendiagramme

Die auch als Fieberkurven bezeichneten Liniendiagramme zeigen meist Daten in einer zeitlichen Entwicklung. Folgendes ist dabei zu beachten:

**Anzahl der Werte:** Mit wie vielen Zahlenwerten eine Kurve versehen ist oder ob überhaupt welche notwendig sind, hängt von der Leserschaft ab. IT-Manager beispielsweise möchten von ihrer Fachzeitschrift genauere Zahlen über die Umsatzzahlen ihres Wettbewerbers wissen als der Käufer einer Computerzeitschrift, die sich vor allem mit Produkttests einen Namen gemacht hat. Es ist aber fast immer sinnvoll, Höchst- und Tiefstwerte oder Anfangs- und Endwerte anzugeben. Eventuell können diese noch mit besonders auffälligen Zahlen in der Kurve erweitert werden. Wichtig ist auch hier: Die Zahlen sollten möglichst nah an den Linien stehen.

**Werteskala:** Die Werteskala darf nicht fehlen. Was bedeutet beispielsweise, wenn in einer Säule der Zahlenwert 15 steht. Sind das 15 Millionen Stück oder 15 Tausend Stück? Für die Maßeinheiten müssen bekannte Abkürzungen verwendet werden wie km für Kilometer oder Mio. für Millionen.

**Hintergrundraster:** Hintergrundlinien oder -raster erleichtern den Vergleich verschiedener Zahlenwerte. Sie sollten jedoch unauffällig sein und nicht mit dicken Linien die Aufmerksamkeit von der Hauptaussage wegziehen.

**Nullpunkt:** Die x,y-Achse bzw. der Nullpunkt muss angegeben sein. Nur so ist die Grafik auch seriös. Verzichtet der Grafiker auf die Achsen, können die Zahlen und Mengen meist nur verzerrt wahrgenommen werden. So kann der Leser bei einer frei schwebenden Kurve nicht visuell einschätzen, wie hoch die Werte tatsächlich sind. Die Achsen müssen nicht explizit dargestellt sein, wenn z.B. durch den Bildrand erkennbar ist, dass sich die y-Achse dort befindet.

**Gleichmäßige Abstände:** Die Zeitabstände und Werte in der x- und y-Achse müssen gleichmäßig sein. Auf der x-Achse kann beispielsweise ein Zentimeter einer Zeitspanne von jeweils 10 Jahre entsprechen. Sind die Abstände verschieden, gibt die Kurve die Realität nicht korrekt sondern verzerrt wieder.

**Abgegrenzte Linien:** Eine Grafik bildet meist mehrere Linien ab. Es wird jedoch für den Leser schwierig die Kurven zu unterschieden, wenn die Linien zu nah beieinander liegen. Und auch wenn zwischen den Kurven größere Abstände liegen, ist ebenso Vorsicht geboten, da zu viele Kurven das Schaubild vollstopfen. Es ist dann übersichtlicher, mehrere Infografiken mit Kurven nebeneinander zu stellen.

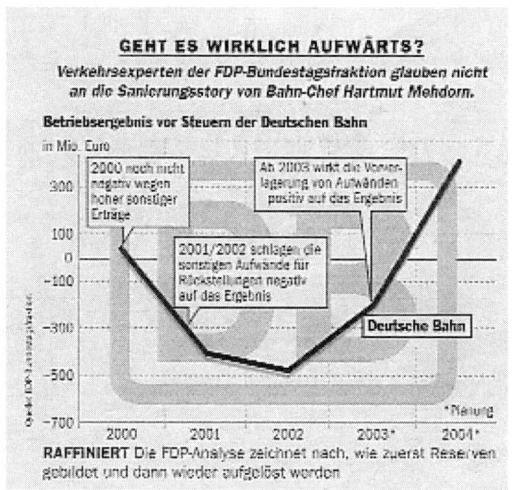

Bei dem *Liniendiagramm* werden *Meilensteine markiert.*

*Quelle: Focus 21/03*

## 6.5.4 Ablauf- und Prinzip-Grafiken

Je nachdem, welcher Sachverhalt dem Betrachter übermittelt werden soll, kann der Grafiker zwischen einer Vielzahl verschiedener Darstellungsarten wählen.

### Sach- und Schnittdarstellungen

Sachbilder zeigen, wie etwas ausschaut oder – falls es für das menschliche Auge nicht erkennbar ist – ausschauen könnte. Die Schnittzeichnung verschafft dem Leser einen Blick in das Innere; sie bildet meist den Querschnitt eines Gegenstandes, eines Lebewesens etc. ab . Im Gegensatz zur Fotografie bilden die Sach- und Schnittgrafik jedoch nicht exakt die Realität ab, sondern sie können wichtige Details grafisch hervorheben und Unwichtiges weglassen. Folgende Regeln sind bei diesen Infografiktypen zu beachten:

**Hervorhebung der wichtigen Infos:** Der Grafiker muss die wesentlichen Informationen herausarbeiten. Zu viele unwichtige Details wirken jedoch schnell unübersichtlich. Wie real die Grafik jedoch sein muss, hängt von vielerlei ab: Je unbekannter der abgebildete Sachverhalt ist und je mehr Informationen mit ihm übermittelt werden sollen, desto facettenreicher muss er dargestellt werden.

**Originalgetreue Farben:** Die Farben orientieren sich an der Realität. Wird etwa der Querschnitt eines Muskels gezeigt, irritiert es, wenn dieser in Grün abgebildet ist.

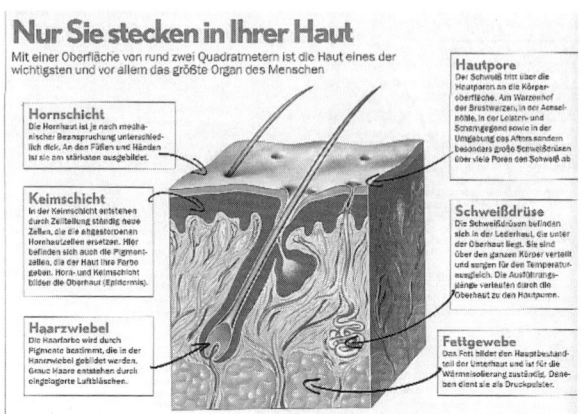

*Die klassische Schnitt-darstellung zeigt schwierige Sachverhalte vereinfacht.*

*Quelle: Men Active Juli/August 2003*

### Funktions-, Ablauf- und Strukturbilder

Die Funktionsdarstellung veranschaulicht, wie etwas funktioniert, die Ablaufdarstellung wie ein Vorfall abgelaufen ist. Das Strukturbild erläutert Beziehungen und Zusammenhänge. Meist sind sie sehr abstrakt gehalten, um einen komplizierten Sachverhalt verständlicher zu machen.

**Logische Reihenfolge:** Der Grafiker kann für das Funktions- und Ablaufdiagramm ein Gesamtbild oder mehrere aufeinander folgende Einzelbilder wählen. Die Darstellung und Erklärungstexte sollten jedoch der natürlichen Blickführung des Lesers folgen: von oben nach unten oder von links nach rechts. Falls das nicht möglich ist, können Nummerierungen die Reihenfolge eines Vorfalls oder eines Funktionsschemas veranschaulichen. Beim Strukturbild bringt der Leser eine Anordnung von oben nach unten oft mit Hierarchien in Verbindung. Ist die Infografik von links nach rechts angeordnet, gehen die Betrachter davon aus, dass eine Reihenfolge dargestellt wird, beginnend bei dem linken Element.

**Wesentliche Fakten:** Der Verständlichkeit und Übersichtlichkeit zuliebe sollte die Darstellung nur die wichtigsten Informationen enthalten.

**Nicht zu viele Linien:** Linien und Pfeile sollten möglichst sparsam eingesetzt werden. Es wird unübersichtlich, wenn sich Pfeile überschneiden, zu lang oder nicht geradlinig sind.

**Kurze Texte:** Die Erklärungstexte müssen so kurz wie möglich sein. Zu viel Text verstopft die Infografik.

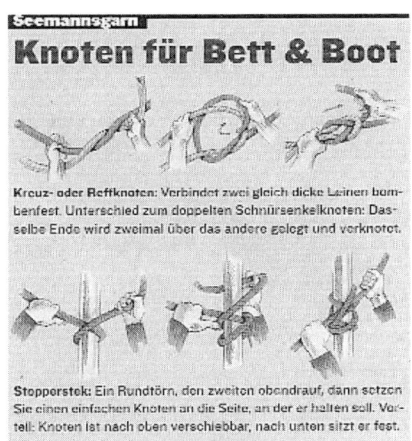

*Die Ablaufgrafik zeigt Handgriff für Handgriff, wie man einen Knoten bindet.*

*Quelle: Men's Health 10/01*

## 6.5.5 Tabelle und Liste

Oft sind Tabellen und Listen sehr lieblos gestaltet. Dabei sind sie hervorragend geeignet, dem Leser übersichtlich kurze Texte und Zahlen zu übermitteln, die er sehr schnell sortieren und vergleichen kann. Außerdem können sie auf sehr wenig Platz sehr viele Informationen übermitteln. Damit Tabellen übersichtlich bleiben, ist folgendes zu beachten:

**Übersichtlichkeit:** Die Tabelle muss gut strukturiert sein.

**Lesbare Schrift:** Nur wenn Zahlen und Texte eine ausreichend große Schriftgröße haben, sind sie für den Leser erkennbar. Eine zu kleine oder zu dünne Schrift macht das Lesen von Tabellen äußerst mühsam.

**Keine Fußnoten:** Auf Fußnoten sollte möglichst verzichtet werden. Sie werden entweder sowieso übersehen oder sie führen dazu, dass der Blick des Betrachters ständig von der eigentlichen Tabelle abschweift.

**Trennelemente:** Als Trennelemente eignen sich entweder Linien oder farbig unterlegte Balken (für breitformatige Tabellen) bzw. Säulen (für hochformatige Tabellen.)

**Corporate Design:** Mehrere Tabellen in einem Artikel müssen einheitlich gestaltet sein.

**Einheitliches Bild:** Je einheitlicher das Schriftbild und die Linienstärken gewählt sind, desto übersichtlicher wird die Tabelle.

*Das „Manager Magazin"
visualisiert eine trockene
Aufzählung hier grafisch
sehr gelungen.*

*Quelle: Manager Magazin 7/02*

### 6.5.6 Infokasten

Genau wie Infografiken sind Informationskästen im modernen Zeitschriftenlayout mittlerweile nahezu unverzichtbar. Bei längeren Artikeln kann dank dieser Kästchen ein Aspekt oder Nebenaspekt aus dem Beitrag herausgezogen werden oder komplizierte Sachverhalte, Grundinformationen oder Hintergründe kurz gesondert erklärt oder zusammengestellt werden.

Der Vorteil dabei: Der Text wird kürzer und kommt schneller auf den Punkt, wenn Informationen gesondert aufbereitet werden. Das Publikum kann die Informationen im Kasten lesen, wer die Aussagen bereits kennt, kann den Kasten ignorieren. Zudem sind Infokästen Blickfänge, die das Layout auflockern.

Welche Themen in Infokästen abgegrenzt werden können ist vielfältig: Kurzinterviews mit Experten, Pro- und Contra-Argumentationen, die Vita eines Interview-Partners, Hintergrundinformationen etc.

Bei der Gestaltung gelten im Grunde genommen die gleichen Regeln wie beim Gesamtlayout. Dazu kommen noch weitere Tipps:

**Überschrift:** Jeder Infokasten muss eine Überschrift haben. Der Leser muss - ohne den Beitrag zu lesen - sofort wissen, um welches Thema es im Kästchen geht. Auch diese Schlagzeile muss den Leser neugierig machen. Optimal ist es, wenn Unterüberschriften noch weitere Zusatzinformationen geben.

**Zwischenüberschriften:** Besteht der Kasteninhalt aus einem etwas längeren Text, schaffen Zwischenüberschriften Übersichtlichkeit.

**Einheitliches Design:** Die Kästen müssen zum Corporate Design passen. Die Schrift und Gestaltung muss zu dem gesamten Layout passen.

**Dezente Hintergrundfarbe:** Oftmals sind die Kästen farblich unterlegt oder mit Linien abgetrennt. Die Hintergrundfarbe sollte dezent sein und sicherstellen, dass sich der Kasten ins Gesamtlayout harmonisch einfügt und dass die Texte im Kasten nicht unleserlich werden .

**Bilder:** Auch im Kasten sind Fotos und Grafiken Blickfänge. Doch aufgepasst: Bilder ohne erkennbaren Inhalt haben hier nichts zu suchen. Bildunterschriften dürfen nicht fehlen.

*Der Infokasten kommt direkt auf den Punkt. Die wichtigen Informationen werden kurz dargestellt.*

*Quelle: Fit for Fun 3/03*

## 6.6 Fotos und Illustrationen

Fotos sind das Einstiegstor zum Artikel. Sie faszinieren, informieren, machen neugierig, wecken Gefühle und erzählen Geschichten. Gleiches gilt für Illustrationen. Sie überspitzen, veranschaulichen, verwundern und haben ihren Charakter.

Fotos und Illustrationen sind der Blickfang eines Artikels. Ihre Aufgabe ist es aufzufallen und den Leser neugierig zu machen. Das gelingt jedoch nicht jedem Bild.

### 6.6.1 Die unterschiedlichen Fototypen

Welches Foto zu einem Beitrag passt, hängt vom Text ab, zu dem es veröffentlicht werden soll, aber auch von seinem Zweck, den es hat. Es lassen sich im Prinzip drei Bildtypen unterteilen:

**Das Nachrichtenfoto:** Das Nachrichtenfoto ergänzt einen nachrichtlichen Text. Es soll Bericht erstatten. Es dokumentiert das Geschriebene und hilft dem Leser, sich ein umfassenderes Bild zu machen. Es zeigt klar und unverkünstelt die Fakten. Wenn beispielsweise ein Nachrichtenmagazin auf seinen News-Seiten über einen Flugzeugabsturz schreibt, visualisiert das Bild die Katastrophe. Das Foto kann aber auch für sich alleine eine Nachricht sein. Gerade bei Boulevard-Magazinen ist ein kompromittierender Schnappschuss einer prominenten Person schon die Nachricht alleine – manchmal nur begleitet von einer kurzen Bildunterschrift. Beim so genannten Paparazzi-Bild zählt nur, dass der Fotograf einen VIP zu einem unerwarteten Zeitpunkt und Situation erwischt hat. Weniger wichtig ist, wie scharf das Foto ist oder ob der Lichteinfall optimal ist. Je näher der Fotograf dran war, desto besser. Das fotografische Wie ist sekundär. Das nachrichtliche Foto muss sich selbst erklären. Es muss das Geschehen erfasst haben, selbstverständlich auf eine Art, die den Leser fesselt. Das Bild bestätigt den Nachrichtentext. Seine Aufgabe ist nicht zu erzählen, sondern nur abzubilden. Es informiert über Ereignisse und Sachverhalte. Bildserien aus nachrichtlichen Fotos dokumentieren ein Thema umfassender. Sie sollen dem Leser eine größere Vorstellung von den Geschehnissen geben und ihm mehrere Perspektiven ermöglichen.

*Hier ist das Bild an sich die Nachricht. Die Leser interessiert nur bei Prominenten, wenn diese eine Kaugummiblase machen.*

*Quelle: Bunte 6/03*

**Das Aufmacher- und Dekorationsbild:** Diese Fotos dienen vor allem dazu, einen Artikel dekorativ zu illustrieren. Das Foto kann ein zum Artikel passendes Schmuckbild sein, beispielsweise wenn ein Artikel über die neuesten Steuererhöhungen mit einem Bild über Ertrinkende bebildert wird. Für abstrakte Sachverhalte gibt es Symbolbilder. So veranschaulicht ein Sparschwein beispielsweise den Begriff Sparkurs. Aufmacherfotos dokumentieren nicht, sondern unterhalten. Sie können auch ein rein grafisches Element sein. Als künstlerische Fotoinszenierung werden die Motive oftmals künstlich im Fotolabor in Szene gesetzt oder per Computer verfremdet. Dementsprechend fantasievoll können sie auch sein. Ein Beispiel: Ein Politiker wird interviewt. Wenn es sich um ein nachrichtliches Foto handelt, müsste auf jeden Fall sein Gesicht fotografiert werden, bei einem Schmuckbild kann nur sein Mund als Aufmacher dienen.

**Das Reportagefoto:** Sie sind die Königsdisziplin für Fotografen. Reportagefotos erzählen ihre eigenen Geschichten. Es kann sich dabei um ein einzelnes Foto oder um mehrere Bilder zu einem Beitrag handeln. Fotostrecken schildern visuell ein Thema von mehreren Seiten und Perspektiven. Die Fotos werden um ein bestimmtes Thema gruppiert. Sie werden zwar von Texten begleitet, im Vordergrund stehen aber eindeutig die Bilder. Die Fotos lassen die persönliche Bildsprache des Fotografen erkennen. Damit unterscheiden sie sich auch von den nachrichtlich orientierten Bildserien. Diese informieren, Fotoreportagen erzählen. Fotoreportagen werden sorgfältig mit Hilfe eines Konzeptes vorbereitet. Dazu sind Recherchearbeit und Vorbereitungen unabdinglich. Für ihre Reportagestrecken sind besonders der Stern und GEO bekannt, aber auch viele Reisemagazin wollen sich mit Bildreportagen hervorheben.

## 6.6.2 Das richtige Foto

Welches Foto ist gut? Das ist eine Frage, die keiner beantworten kann. Zu unterschiedlich sind die Emotionen, die ein Foto bei jedem einzelnen erweckt. Ein Foto, das den einen begeistert, kann jemand anderen abstoßen. Bildredakteure haben - egal zu welchem Zweck - Tausende Fotos zur Auswahl. Sie müssen das beste Foto bzw. die besten Fotos aussuchen. Doch welches ist das beste?

Ein Foto muss ein Thema so packend visualisieren, dass der Leser nicht nur auf den Beitrag aufmerksam wird, sondern dass er sich mit dem Bild beschäftigt, seinen Blick über das Bild schweifen lässt. Ein gutes Bild muss Gefühle produzieren, es muss den Betrachter, jedes Mal wenn er es anschaut, aufs neue faszinieren. Er muss das Bild sehen und hören, riechen und schmecken können. Es muss verzaubern und den Leser in eine neue Welt hineinführen, die er vorher nicht gekannt hat. Es muss ihn von seiner Realität in eine neue Realität führen, ihm die Augen für Details öffnen und neue Sichtweisen eröffnen. Ein gutes Foto muss den Leser an einem Augenblick teilnehmen lassen, es hält die Zeit fest und gibt dem Betrachter Zeit, sich mit einem Augenblick zu beschäftigen, der eigentlich nur einen Bruchteil einer Sekunde gedauert hat. Es muss dem Betrachter helfen, hinter die Fassade des Geschehens zu schauen, ungewohnte Perspektiven zu eröffnen. Durch das Foto nimmt der Leser direkt am Geschen teil, er ist dabei und nah dran oder mitten drin.

Das typische Foto in der Sportvereinszeitschrift, in der eine verkrampft lächelnde Gruppe um den Siegerpokal gereiht ist, fasziniert weniger als eine Großaufnahme von einem Sportler, der gerade hochkonzentriert ist, der glücklich ins Ziel rennt oder erschöpft und enttäuscht die Siegerehrung eines anderen mitverfolgt.

## 6.6.3 Kriterien der Bildauswahl

Das für einen Beitrag optimale Bild muss nicht nur nach ästhetischen Gesichtspunkten ausgewählt werden. Denn auch wenn das Foto noch so schön ist, wirkt es fehl am Platze, wenn es die Aussage des Artikels nicht hervorhebt oder nicht ins Layout passt. Auf der Zeitschriftenseite kann es auch optisch untergehen, wenn es kontrastlos in die Seite eingefügt ist. Ob ein Foto zu einer Zeitschrift passt, hängt auch sehr von der Leserschaft ab. Jedes Heft hat seinen eigenen Stil. Es gibt jedoch Kriterien, die bei der Auswahl eines Bildes unterstützen können.

**Das Foto muss eine klare Aussage haben.**
Der gewünschte Bildinhalt muss klar dargestellt und zu erkennen sein. Nichtssagende Bilder langweilen.

**Kontraste machen ein Bild spannungsreich.**
Kontraste können durch Farbkontraste, aber auch durch kontrastierende Formen erzeugt werden. Interessant wirkt auch ein Bild mit Groß- und Klein-, aber auch mit Nah- und Fernkontrasten.

**Symmetrie und Asymmetrie erzeugen Stimmung.**
Symmetrisch aufgebaute Bilder wirken sehr klar und ruhig. Sie sind übersichtlich und aufgeräumt, können aber auch etwas langweilig erscheinen. Asymmetrische Fotos haben Schwung und bringen Dynamik. Ob ein symmetrisches oder a-symmetrisches Bild verwendet wird, hängt von der Aussage des Themas, aber auch von dem gesamten Layout ab: Zu einem stillen, besinnlichen und nachdenklichen Artikel passt das ruhige, symmetrische Bild, wenn dadurch das Layout nicht zu langweilig wird. Wichtig sind dann lebendige Kontrastpunkte, etwa ein zweites Bild in einem anderen Format. Für aktive Themen eignen sich a-symmetrische Fotos.

**Leere und volle Bilder bewusst einsetzen.**
Leere Bilder fokussieren den Blick auf die wenigen Bildelemente. Sie beschränken auf das Wesentliche. Auch sie wirken ruhig, manchmal auch etwas langweilig. Überfüllte Bilder können den Leser auf Entdeckungsreise schicken, sind sie zu vollgestopft, wirken sie so unruhig, dass der Leser keine Lust hat, sich mit ihnen zu beschäftigen. Auch hier gilt, das Bild kann helfen, das Thema des Beitrages stärker zu visualisieren und zu unterstreichen.

**Farbbilder müssen zum Thema passen.**
Meistens werden in Zeitschriften Farbfotos verwendet, doch bunte Bilder eignen sich nicht für jedes Thema . Schwarzweiß-Bilder haben etwas Dokumentarisches, aber auch etwas ernstes. Dadurch, dass keine Farbe die Aufmerksamkeit des Betrachters auf sich ziehen kann, können sie das Wesentliche zeigen. Gerade für geschichtliche Themen oder Artikel über Kriege, Gewalt oder Katastrophen eignen sich Schwarzweiß-Fotos optimal. Bei Bildern über Verletzte oder

Tote können Farbbilder, die das Blut darstellen, sogar abschrecken. Schwarz-weiß-Fotos wirken oftmals eindringlicher und zeigen die Gefühle meist viel besser. Farbfotos sind dagegen oft frisch, fröhlich und aktiv. Die Farbe kann zusätzlich Stimmung vermitteln oder eine Aussage unterstützen, beispielsweise wenn ein Artikel über Sinnlichkeit mit einem knallroten Mund bebildert wird. Bei Boulevard-Magazinen oder Jugendzeitschriften sind die Fotos oftmals fast schon übertrieben farbig und grell.

**Ungewöhnliches macht neugierig.**

Ein anderer Blickwinkel kann ein Foto sehr spannend machen. Eine ungewöhnliche Perspektive kann den Betrachter verblüffen und ihn faszinieren, weil sie etwas von einer ganz anderen Seite zeigt. Ungewöhnliche Detailaufnahmen, die sehr nah aufgenommen werden, zeigen Bekanntes von einer neuen Seite. Auch eine unkonventionelle Beleuchtung, Komposition, Körperhaltung haben den gleichen Effekt: Sie machen neugierig. Doch Vorsicht. Zu viele Fotos in einem Heft, die sich dieses Effekts bedienen, überfordern. Sie nutzen sich gegenseitig ab.

*Durch die ungewöhnliche Größe der Darstellung wirkt das Bild besonders ansprechend.*

*Quelle: Der Feinschmecker 12/00*

**Vorsicht Seitenmitte.**

Die meisten Aufmacherbilder nehmen eine Doppelseite ein oder gehen zumindest noch etwas über die Falz in der Heftmitte. Wichtig ist, dass im Falz keine wesentlichen Elemente des Bildes sind, etwa die Augen von einem Menschen.

**Klischees sollten vermieden werden.**

Abstrakte Themen werden meist mit Symbolbildern aufgemacht oder bebildert. Dabei sollten klischeehafte Bilder vermieden werden (Händeschüttelbild). Diese eignen sich oftmals nicht, die Leser in den Bann zu ziehen, da sie diese Bilder bereits kennen.

**Beste Fotoqualität ist ein Muss.**

Pixelige Fotos, sprich Fotos mit unscharfen Konturen, aus der Digitalkamera oder unscharfe Fotos sind bei einigen Heften leider immer noch zu finden. Dies wirkt amateurhaft. Eine Ausnahme ist es natürlich, wenn der Effekt mit Absicht so gewählt wurde und als grafisches Gestaltungselement klar zu erkennen ist.

**Hintergrundfotos müssen ruhig sein.**
Fotos werden oftmals als Hintergrundbilder verwendet. Die Bilder werden dann stark aufgehellt und Anlauftexte oder Kastentexte darauf gestellt. Dieses Gestaltungsmittel muss allerdings mit Vorsicht gewählt werden. Ist das Bild zu auffällig, tritt es aus dem Hintergrund und das Layout wirkt überfüllt und unordentlich.

**Eine Zeitschrift muss einen einheitlichen Stil haben.**
Jedes Heft benötigt eine Handschrift. Dazu trägt auch die Bebilderung bei. Diese muss sich an dem Geschmack der Leser orientieren, aber gleichzeitig einen einheitlichen Stil haben. Lifestyle- und Modemagazine bevorzugen oft konstruierte Fotos mit ungewöhnlichen Perspektiven, ausgefallenen, teilweise unnatürlichen Gestiken und Mimiken der Fotomodelle und wenigen großen Fotos. Reisezeitschriften veröffentlichen dagegen farbige Naturaufnahmen. Sie haben wenige, aber sehr große Fotos. Jugendhefte bevorzugen viele kleine Bilder, teilweise wirken diese wie Schnappschüsse. Wirtschaftsmagazine setzen dokumentierende, aber wenige Fotos ein.

## 6.6.4 Motiv Mensch

Das beliebteste Fotomotiv ist der Mensch. Das hat seinen Grund: Fotos mit Menschen lenken die Blicke am meisten auf sich, weil sich der Leser damit am meisten identifizieren kann. Da jeder täglich von Hunderten freundlicher Menschen auf Plakaten, Zeitschriften oder Werbeprospekten angelächelt wird, ist es schwierig, ein auffallendes und ungewöhnliches Porträt zu fotografieren, dass sich von anderen abhebt. Nicht umsonst ist die Porträtfotografie eine besondere Kunst. Gute Porträts zeigen den Charakter eines Menschen. Sie erzählen etwas über seine Lebensweise, seine Eigenheiten, seine Gefühle und auch über seine Gedanken und Stimmung. Folgendes ist zu beachten, wenn eine Zeitschrift das Foto eines Menschen veröffentlichen will:

**Der Blick richtet sich zum Betrachter.**
Forschungen haben ergeben, dass der Betrachter bei der Fotografie eines Menschen zuerst auf die Augen und den Mund blickt. Eine alte Regel empfiehlt daher, dass Menschen auf Fotos den Leser anschauen und nicht aus dem Heft herausschauen sollen. Doch diese Regel ist kein Muss. Es gibt auch hervorragende Fotos, in denen ein Mensch woanders hinschaut. Die Blickrichtung hat oft eine Bedeutung. Schaut der Fotografierte nach oben rechts, schaut er in die

Zukunft. Das ist meistens mit Optimismus verbunden, nicht jedoch, wenn der Porträtierte Sorgenfalten im Gesicht hat. Der Blick nach links ist ein Blick in die Vergangenheit. Schaut er dabei nach unten, hat dies oft etwas trauriges oder deprimiertes.

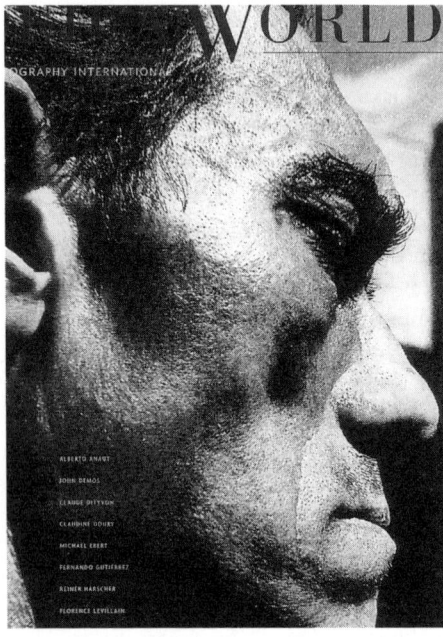

*Das Titelbild der Kundenzeitschrift Leica World zieht durch ein sehr eindrucksvolles Porträt die Aufmerksamkeit auf sich.*

*Quelle: Leica World 1/01*

**Das Umfeld eines Menschen ist aufschlussreich.**
Wird ein Mensch in seiner vertrauten Umgebung – zuhause oder in seiner Arbeit – fotografiert, ist das meist sehr spannend. Der Betrachter bekommt einen Einblick in die Lebensweise, er befindet sich direkt im Alltagsleben des Porträtierten. Es ist jedoch nur sinnvoll, das Umfeld abzudrucken, wenn dieses auch eine Aussage hat oder eine Atmosphäre vermitteln kann.

**Mimik und Gestik sollten für sich sprechen.**
Der Gesichtsausdruck eines Menschen zeigt seinen Charakter. Er zeigt, wie sich ein Mensch fühlt, wie er denkt. Die Mimik eines Menschen sollte immer zum Text passen. Unstimmig wirkt es, wenn das Foto eines lächelnden Politikers neben dem hervorgehobenen Zitat „Steuererhöhungen sind schrecklich" steht.

Auch die Gestik charakterisiert einen Menschen. Hände und Körperhaltung
können einiges aussagen. Deshalb empfiehlt es sich ein Ganzkörperbild, ein
Brustbild oder einen Ausschnitt mit Händen zu wählen, wenn dieses aussagekräftig ist. Schlecht ist es, die Hände nur halb abzubilden. Es gilt: Hände sollten
ganz oder gar nicht auf dem Bild zu sehen sein. Die Gestik sollte ebenso wie die
Mimik die Aussage des Textes unterstützen. Ein Porträtierter, der seine Hände
ruhig in den Schoß gelegt hat, passt nicht zu einem Text, der ihn als wild gesti-
kulierend schildert. In diesem Fall sollte lieber nur ein Ausschnitt des Gesichts
verwendet werden.

## 6.6.5 Bildserien

Werden mehrere Bilder in einem Artikel verwendet oder ganze Reportage-
Fotostrecken konzeptioniert, muss Folgendes beachtet werden:

**Weniger ist mehr.**
Auch wenn die ausgesuchten Fotos noch so gut sind, sollten sie nicht gedankenlos in das Heft gesetzt werden. Wenn sie sparsam und überlegt platziert werden,
kann der Blick des Lesers über die Seite geführt werden.

**Die Reihenfolge muss sinnvoll sein.**
Mehrere Fotos müssen in einem sinnvollen Zusammenhang stehen und inhaltlich in der richtigen Reihenfolge stehen, und zwar von oben nach unten, von
links nach rechts oder von einer Seite zur nächsten. Die Fotos erzählen – auch,
wenn es keine Reportagestrecke ist - eine Geschichte. Ein Beitrag über Soldaten,
die in den Krieg ziehen, sollte also auch die chronologisch richtige Reihenfolge
haben: Zuerst die Soldaten, die in sauberer Uniform aufmarschieren, dann das
Foto von den Soldaten im Schlamm.

**Die Bildauswahl sollte kontrastreich sein.**
Werden mehrere Fotos für einen Beitrag verwendet, sorgt eine abwechselnde
Bebilderung für Spannung: ein Foto mit einer Detailaufnahme, dazu ein Bild mit
einer Übersichtsaufnahme; ein Foto mit dem Interviewpartner in seiner Woh-
nung, dazu eine Detailaufnahme mit seinen Augen; ein ruhiges Bild, dazu ein
dynamisches asymmetrisches Bild; ein Bild mit warmen Farben, dazu ein Bild
mit kühlen Farben usw.

**Der Aufmacher muss das Thema ausdrücken.**
Das Aufmacherfoto muss bereits ein Gefühl, eine Stimmung erzeugen, die
während der gesamten Geschichte gehalten wird. Im Aufmacherbild wird die
Überschrift und teilweise auch ein Anlauftext platziert. Das Foto muss so ausgewählt werden, dass dies möglich ist, ohne die Wirkung des Bildes zu zerstö-
ren.

## 6.6.6 Das Redigieren von Fotos

Ist das perfekte Foto gefunden, geht es nun ans Redigieren. Der perfekte Bildausschnitt und das optimale Format müssen gefunden werden.

### Der Bildschnitt

Den richtigen Bildausschnitt zu finden, ist eines der wichtigsten Gestaltungsmittel einer Zeitschrift. Das klassische Bild aus der Kamera des Familienvaters,
sprich Postkartenfoto mit starr lächelnder Familie plus Himmel plus Boden plus
Umgebung, ist in der Regel nicht gerade spannend. Besser ist, das Foto so zu
beschneiden, dass nur das Wichtigste auf dem Bild zu sehen ist. Mit einem interessanten Bildschnitt kann aus einem Foto noch mehr herausgeholt werden, es
kann auf den Leser interessanter wirken, weil unwichtige Details wie der Hintergrund weggeschnitten werden. Das Bild wirkt dann eindringlicher. Bildschnitte
können ein symmetrisches Bild asymmetrisch und damit dynamischer, aktiver
und lebendiger machen.

Ein guter Bildschnitt bringt den Leser noch näher an das Geschehen, das Foto wirkt intimer.Das Foto kann mit Hilfe eines Bildschnitts verbessert werden,
es kann aber auch die Bildaussage verändert werden.

Gerade bei einem Porträt kann ein enger Bildschnitt die wichtigen Details aus
einem Foto herausholen. Der Blick des Leser wird gezielt auf das Wesentliche
gelenkt. Das Bild geht näher an den Betrachter heran und kann dann auch dem
Leser die abgelichtete Person näher bringen. Das gilt aber nicht für jedes Porträt. Es kann auch sehr spannend sein, wenn der Mensch mit seiner Gestik oder
in seiner typischen Umgebung dargestellt wird – allerdings nur, wenn dieser
Hintergrund auch etwas hergibt.

## Das Format

Bilder in Postkarten- oder Briefmarkenformat sind in vielen Zeitschriften gang und gäbe. Sie sind normal und konventionell. Dabei kann ein anderes Bildformat dem Bild viel mehr Spannung und Dynamik geben und das Bildmotiv noch mehr betonen. Ausgefallene Formate fallen auf. Sie wirken stärker, lebendiger. Ein Layout aus hoch- und querformatigen Fotos wirkt dynamisch und spannungsreich. Quadratische Formen wirken dagegen ruhig.

Sind in einem Seitenlayout mehrere Fotos enthalten, müssen die verschiedenen Formate jedoch zusammenpassen. Zu viele unterschiedliche Formate bringen Unruhe und Chaos in das Layout. Werden mehrere Porträts in einem Beitrag vorgestellt, sollten diese möglichst gleich groß sein (plus eventuell ein größerer Aufmacher). Außerdem sollten dies Bilder dann einen gleich großen Ausschnitt zeigen, sprich nur Gesichtsaufnahmen oder nur den kompletten Körper mit Hintergrund.

## 6.6.7 Manipulation von Bildern

Ein Foto kann niemals objektiv sein. Der Fotograf kann beeinflussen, welche Emotionen das Bild wecken kann: Er fotografiert einen bestimmten Ausschnitt. Durch die Perspektive hält er eine bestimmte Sichtweise eines Sachverhaltes oder eines Ereignisses fest; von einer anderen Perspektive würde das Bild ganz anders aussehen. Durch Nahaufnahmen kann der Fotograf den Betrachter emotional stärker binden als durch eine sachliche Großaufnahme. Er kann einen Schauspieler mit Starallüren als warmherzigen Menschen darstellen oder einen gutmütigen Menschen in einem Augenblick fotografieren, in dem er unsympathisch wirkt. Viele Boulevardmagazine ergreifen so beispielsweise Partei für bestimmte Personen. So waren beispielsweise zu Zeiten des Ehekriegs zwischen Prinz Charles und der von der Öffentlichkeit sehr geliebten Prinzessin Diana Fotos von Charles Geliebter Camilla Parker-Bowles sehr gefragt, die diese möglichst unfotogen zeigten.

Auch der Layouter hat die Möglichkeit der Manipulation: Er kann entscheidende Details mit Hilfe des Bildschnitts einfach wegschneiden. Auch dank Computer sind Bildmanipulationen kein Problem und wirken dazu noch täuschend echt. Die Schauspielerin Kate Winslet beschwerte sich beispielsweise, weil sie auf dem Cover einer Männerzeitschrift per Computer einfach schlanker gemacht wurde. Bei den Boulevardzeitschriften ist es gang und gäbe Titelstorys, für die es keine Fotos gibt (oder nicht geben kann, weil die Geschichte erfunden ist) Fotos zusammenzubasteln. So erscheinen beispielsweise regelmäßig Prominentenehepaare plus der Geliebten des Mannes gemeinsam fröhlich lächelnd auf dem Cover. Der Vermerk, dass es sich um eine Bildmontage handelt, geht fast unter. Bei vielen Zeitschriften sind diese Bildmanipulationen häufig zu sehen – schon allein, weil das konstruierte Bild natürlich die Aufmerksamkeit potenzieller Käufer weckt. Mit Seriosität hat diese Art des Bildjournalismus jedoch nichts zu tun.

## 6.6.8 Briefing und Konzeption

Damit der Fotograf das in den Augen der Redaktion perfekte Bild schießen kann, ist eine Absprache erforderlich. Der Fotograf sollte vom Art Director oder Bildredakteur, teilweise auch vom Redakteur ein Briefing erhalten, in dem geklärt wird, was der Kern des Beitrags ist. Der Fotograf muss wissen, um welches Thema es sich bei dem Beitrag handelt, wie der Beitrag aufgemacht wird, welche Meinung oder Sichtweisen der Artikel hat. Außerdem ist es von Bedeutung, wie der Beitrag voraussichtlich gestaltet wird. Er sollte erfahren, wie viele Bilder in dem Beitrag enthalten sind, wie groß diese abgedruckt werden. Soll beispielsweise eine Doppelseite mit einem Porträt aufgemacht werden, muss der Fotograf schon darauf achten, dass Augen und Mund nicht in der Mitte des Fotos sind, da es dann bei der Doppelseite mitten im Bruch stehen würde. Meist hat auch die Redaktion bereits Vorstellungen über einige Bildmotive.

Bei Fotoreportagen stellt der Fotograf der Redaktion meist ein Konzept vor. Dabei legt er fest, welche Bilder eine Geschichte erzählen sollen. Natürlich kann keiner im voraus wissen, welche Fotos das Foto-Shooting bringen wird. Das hängt davon ab, wie das Ereignis verläuft und sich die Menschen verhalten. Der Fotograf kann aber festlegen, wie er die Story fotografisch erzählen will, das heißt mit welchem Aufmacherbild – einem eindringlichen Porträt, einem Landschaftsbild, einer Momentaufnahme, etc - er starten will, von welcher Szene er Fotos liefern und wie er die Geschichte abschließen will. Auch sollte er klären, wie die Geschichte erzählt wird. Ein Beispiel: Ein Fotograf möchte eine Friedensdemonstration fotografieren. Will er zeigen, wie engagiert die Menschen dabei sind, wird er Einzelporträts machen. Will er zeigen, dass die Demonstration vom Staat unterdrückt wird, zeigt er Polizisten. Und wenn er zeigen will, dass die Demo mehr Krawalle als Frieden bringt, zeigt er Steinewerfer.

## 6.6.9 Bildunterschriften

Auch wenn Bildunterschriften eigentlich zu dem redaktionellen Aufgabengebiet gehören, sind sie aber so eng mit dem Bild und der Bildaussage verknüpft, dass an dieser Stelle auf dieses Thema eingegangen wird. Bildunterschriften sorgen dafür, dass der Leser ein Bild verstehen kann. Von der Bildunterschrift kann es abhängig sein, welche Informationen der Leser aus dem Bild gewinnen kann. Durch sie wandert der Blick des Lesers über das Foto. Gleichzeitig können sie ihn aber auch neugierig machen und ihn dazu bringen, dass er den Artikel liest. Der Bildtext kann den Leser auf Details hinweisen oder auch eine kleine Geschichte erzählen und erklären, warum dieses Bild veröffentlicht wird. Folgendes ist zu beachten:

**Bildunterschriften sollten nicht fehlen.**
Mit Ausnahme von Aufmacher- und Schmuckfotos benötigt jedes Bild einen Bilderklärung. Die Bildunterschrift beschreibt den Inhalt des Bildes. Sie soll dafür sorgen, dass das Bild vom Leser verstanden wird. Die Bildunterschrift sollte den Leser in das Bild hineinziehen, also Zusatzinformationen geben und nicht langweilen. Sie sollte den Leser auf Wichtiges hinweisen.

**Die Angaben unter dem Bild müssen korrekt sein.**
Werden Personen auf dem Foto dargestellt, müssen die Namen, soweit sie für den Artikel oder das Bild von Belang sind, in der Bildunterschrift stehen. Oftmals ist es für den Leser auch hilfreich, wenn er den Titel oder die Berufsbezeichnung einer Person der Bildunterschrift entnehmen kann. Gerade bei einem beruflichen Fachmagazin will der Leser beispielsweise wissen, wer ihm hier wertvolle Tipps gibt. Den Namen und Titel zu nennen, ist natürlich nicht nötig, wenn der Leserschaft bekannte Persönlichkeiten wie Queen Elizabeth gezeigt werden. Eine Bildunterschrift „Königin Elizabeth von England" bringt dann keine Informationen für den Leser. Sind die dargestellten Personen auf einem Foto nicht bekannt, etwa bei einem Foto über ein Fest, sollte trotzdem auf diese Menschen Bezug genommen werden

**Bildtexte müssen kurz sein.**
Zu lange Bildtexte schrecken oftmals den Leser ab. Die Bildunterschriften sollen nur ein kleiner Texthappen sein, den der Leser beim Durchblättern der Zeitschrift noch bereit ist zu lesen. Bei breiten Bildern sind zwei Zeilen Bildtext empfehlenswert, bei sehr schmalen Bildern können es schon vier bis fünf Zeilen sein.

**Bildtexte müssen eine Zusatzinformation enthalten.**
Der Bildtext sollte den Leser auf den Haupttext neugierig machen. Das gelingt nicht, wenn die Bildzeile etwas beschreibt, was der Leser bereits sieht, etwa „Schauspieler X spielt Fußball". Besser ist es, für den Bildtext eine spannende Aussage aus dem Text oder eine Zusatzinformation zu verwenden wie „Schauspieler X bei seinem liebsten Hobby ...".

**Auf den Blickfang eingehen.**
Die meisten Bilder haben einen Blickfang. Hier wird der Leser als erstes hinschauen. Dementsprechend passend ist es, wenn der Bildtext auf diesen Blickfang eingeht.

**Keine Fachbegriffe.**
Die Bildzeile sollte kein Wissen voraussetzen, das im Artikel erklärt wird. Es dürfen keine ungängigen Fach- und Fremdwörter oder Abkürzungen verwendet werden, es sei denn sie werden im Bild oder im Bildtext erklärt.

**Witz und Reflexion nur wenn es passt.**
Im Gegensatz zu Zeitungen, die in der Regel sehr sachliche Bildtexte wählen, ist bei Zeitschriften durchaus auch Witz erlaubt. Aber Vorsicht: Es bringt nichts, zwanghaft komisch sein zu wollen. Das wirkt schnell lächerlich. Auch ist es nicht seriös, abgebildeten Personen einfach Aussagen in den Mund zu legen.

*Viele Lifestyle-Zeitschriften entdeckten in den vergangenen Jahren die so genannte Trashfotografie. Hierbei wirken die Bilder wie Schnappschüsse und sind oft – mit Absicht – verwackelt oder über- bzw. unterbelichtet. (Quelle: Novum 7/99)*

## 6.6.10 Illustrationen

Illustrationen, sprich Zeichnungen, Grafiken, Skizzen etc., sind ebenso wie Fotos ein sehr wichtiges Gestaltungsmittel für Zeitschriften. Sie können als Aufmacher gestaltet sein, aber auch einen Beitrag bebildern. Genauso wie Fotos sind sie ein Blickfang. Ihr Vorteil ist: Sie können viel stärker als Fotos einen Sachverhalt oder ein Ereignis interpretieren. Sie können überzeichnen und karikieren. Sie können ein Thema ins Lächerliche ziehen, aber auch seriös dokumentieren.

Meist werden Illustrationen jedoch verwendet, um etwas überspitzt darzustellen. Einzige Bedingung: Der Leser muss die Aussage der Illustration verstehen können.

Die Möglichkeiten der Illustrationen sind unbegrenzt. Es gibt die verschiedensten Techniken, die wiederum ihre eigene Wirkung haben: Eine zarte Kreidezeichnung hat beispielsweise etwas zartes, eine krakelige Zeichnung ist dagegen frech und modern. Eine flächige und klare Darstellung ist sachlich und seriös. Eine wichtige Regel für Illustrationen ist daher: Die Technik sollte zum Thema passen.

*Quelle: Der Feinschmecker 12/00 und Fit for Fun 8/99*

*Illustrationen können einen Beitrag künstlerisch und ironisch bebildern.*

## 6.7 Booklets, Beilagen und Gimmicks

Immer öfter legen Verlage ihren Zeitschriften Booklets (kleine Heftchen) und Sonderhefte bei oder kleben kleine Extrageschenke auf das Cover bzw. ins Heft. Von diesen Extras versprechen sich die Zeitschriftenmacher mehr Umsatz, da diese ein zusätzlicher Anreiz sind, ein Heft zu kaufen. Neue potenzielle Käufer werden durch die kleinen Geschenke auf eine Zeitschrift aufmerksam gemacht.

Bei Jugendzeitschriften sind mittlerweile Anhänger in Herzform, Schmuck, Tattoos zum Aufkleben, Schminksets oder ähnliches gang und gäbe. Aber auch andere Magazine entdecken die Extras für sich: Frauenzeitschriften wie die Cosmopolitan locken beispielsweise mit Tarotkarten auf dem Titel, in der Musikzeitschrift Rolling Stone klebt im Heft regelmäßig eine Musik-CD und Computerhefte verkaufen sich besser mit einer CD, die mit aktueller Software vollgepackt ist.

Auch Beilagen und Booklets sind immer häufiger zu sehen. Die kleinen Heftchen beschränken sich in der Regel auf ein Thema, über das sie aber umfassend berichten. Ein Wirtschaftsmagazin versucht beispielsweise mit dem Extra-Heft: „Bausparen" oder „Geld-Anlage" neue Leser zu gewinnen. Menschen, die sich für dieses Thema interessieren, kaufen dann das Heft, weil sie wissen, dass dieser Sachverhalt umfassend beleuchtet wird.

Teilweise werden diese Hefte zwar von den Redaktionen gestaltet, aber von Werbekunden finanziert.

Die Booklets, Beilagen und Gimmicks sind ein zusätzlicher Kaufanreiz für Kunden, aber nur, wenn sie auch auf diese Extras aufmerksam gemacht werden. Es ist daher sehr wichtig, diese Zusatzleistung hervorzuheben. Hier gibt es verschiedene Möglichkeiten:

- Die Extras werden auf den Titel geklebt und sind damit nicht zu übersehen. Das Problem ist allerdings, dass diese dann oft heimlich weggerissen werden, ohne dass das Heft gekauft wird. Der Einzelhandel jammert auch, dass die Hefte dann schwer übereinander gestapelt werden können, weil die Titel auseinander gleiten.
- Eine Alternative ist es, die Gimmicks auf die erste Seite des Heftes zu kleben. Auf dem Titel wird ein Loch geschnitten, so dass der Kunde das Extra sofort sehen kann. Leider treten hier die gleichen Probleme auf wie wenn sie auf dem Titel angebracht werden.
- Die Zeitschriftenmacher kleben die Zusatzgimmicks oder -heftchen mitten in die Zeitschrift, bilden diese aber auf dem Titel ab – möglichst an einem auf-

fälligen Platz. Meistens wird links oben auf das Extra hingewiesen, da dieser Platz auch trotz Stapelung in den Kioskregalen am besten zu sehen ist.

• Beilagen werden in einem anderen Format gestaltet. Die kleinformatige Glamour legte beispielsweise ein Extraheft zur aktuellen Mode bei, das ein größeres Format als das Mutterheft hatte. Obwohl dann die Beilage ins Heft gesteckt wurde, war sie nicht zu übersehen.

*Das Booklet hebt sich vom restlichen Titelbild ab und macht so verstärkt auf sich aufmerksam.*

*Quelle: Woman 1/02*

Die Booklets und Beilagen können sich zwar vom Mutterheft gestalterisch abheben, sie sollten aber dem Corporate Design entsprechen. Das bedeutet: Die Farbgestaltungen beider Hefte, die Formgebung und das Layout müssen zueinander passen und gleiche Elemente aufweisen, so dass der Käufer sofort erkennen kann, um welche Zeitschrift es sich handelt.

Für die Sonderhefte und Booklets gelten die gleichen Layout-Regeln wie für das Heft selbst. Einziger Unterschied: Gerade Booklets haben ein sehr kleines Format, so dass sie maximal zweispaltig gesetzt werden können. Darüber hinaus sind die Beiträge kürzer. Einige Booklets werden auch mit kleinerer Schrift gestaltet, um mehr Informationen in das Heftchen unterbringen zu können. Aber Vorsicht: Eine zu kleine Schrift ist unleserlich und ist für den Leser sehr anstrengend zu lesen.

## 6.8 Exkurs: Die Aufgaben der Herstellung

In vielen Verlagen ist die Herstellungsabteilung direkt an die Redaktion angegliedert, da viele Abstimmungsprozesse und Abläufe eng an die Redaktion gebunden sind. Oft ist die Herstellung aber auch im Verlagsbereich angesiedelt. Dort ist sie sowohl für den Papiereinkauf als auch für die technische Produktion der Zeitschrift verantwortlich. Der folgende Abschnitt zeigt kurz die Aufgaben im redaktionellen Herstellungsprozess der Zeitschrift auf.

Der Hersteller tritt erst dann in Erscheinung, wenn in der Redaktion sowohl Layout als auch Text- und Bildmaterial am Computer fertiggestellt sind. Nachdem der Chef vom Dienst die Layouts freigegeben hat, werden sie von der Grafik meist über das redaktionseigene Netzwerk digital an den Hersteller zur technischen Produktion weiter gegeben. Die Originalfotos und ein Ausdruck auf Papier werden beigelegt.

Der Hersteller prüft nun zunächst die Vollständigkeit der Daten und ob diese den definierten technischen Parametern entsprechen. Dann gibt er die Bilder an die hauseigene Lithografie oder eine Lithoanstalt weiter. Dort werden diese in die für die Weiterverarbeitung notwendigen digitalen Bildformate umgesetzt.

Schließlich werden die Bilddaten mit den Satzangaben des Layouts verknüpft und die Layout-Dateien nach schriftsetzerischen und handwerklichen Regeln überarbeitet.

Aus diesen nun erstellten so genannten Reinzeichendateien werden die Druckfilme erstellt, die zum Andruck an die Druckerei gehen. Erst jetzt sind alle Elemente farbgetreu in der richtigen Platzierung und Größe zu erkennen.

Der erstellte Andruck geht dann zur letzten Kontrolle an Redaktion und Grafik. Wenn alles freigegeben ist, gehen die Andruckbögen und die Druckfilme schließlich zur Druckerei, wo der Drucker mit diesen die Druckmaschine einstellt. Die Andrucke zieht er zur Kontrolle und Anpassung der Farben heran.

Nun wird zunächst ein Probelauf durchgeführt, die Farben nochmals geprüft und schließlich die gesamte Auflage gedruckt, gefaltet, verarbeitet und schließlich zur Abholung durch die Spedition bereit gestellt.

# Kapitel 7: Redaktionelles Markenmanagement

Um den Bekanntheitsgrad einer Zeitschrift zu erhöhen und auf dem gewünschten Niveau halten zu können, muss ein Verlag alle zur Verfügung stehenden Instrumente ausgewogen kombinieren. Neben der richtigen Zielgruppenansprache, effizienten Werbe- und Marketingmaßnahmen sowie gezielten Vertriebsaktionen unterstützt ein professionelles Markenmanagement die dauerhafte Bindung von Lesern an ein Heft. Je durchgängiger die Botschaft der Marke in allen redaktionellen und verlagsseitigen Aktivitäten verbreitet wird, desto mehr werden die Zeitschrift und ihre Inhalte zur Marke, die regelmäßig nachgefragt wird und die bei jeder Kaufentscheidung am Kiosk automatisch mit in die engere Auswahl kommt.

## 7.1 Das Markenkonzept

Eine der wichtigsten Aufgaben der Redaktion ist neben der zielgruppenbezogenen Berichterstattung die Themen attraktiv aufzubereiten, dem Leser einen Nutzwert zu bieten und ihn an das Heft zu binden. Doch wie kann man den Leser dazu bringen, dass er nicht nur einzelne Ausgaben kauft, wenn ihn ein Thema interessiert, sondern dass er das Heft sogar abonniert?

Hierzu bedarf es in jedem Fall einer starken Marke, die dem potenziellen Käufer das Vertrauen gibt, von Ausgabe zu Ausgabe für ihn nützliche und interessante Informationen zu erhalten.

Für den Ausbau einer Zeitschrift zu einer Marke müssen die Verantwortlichen mehr tun als nur ein solide gefertigtes Produkt anbieten. Sie müssen der Zielgruppe kommunizieren, dass sie mit dem Kauf der Zeitschrift nicht nur Informationen erhalten, sondern dass sie mit dem regelmäßigen Erwerb Teil eines Ganzen werden, dass sie dazu gehören, mehr wissen oder einfach „in" sind.

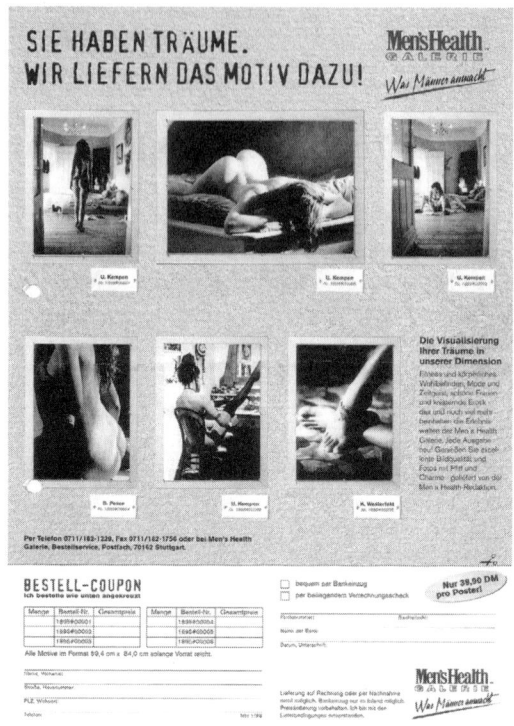

*1999 nahm das Männermaga-
zin Men's Health die Men's
Health GALERIE im Heft
auf. Mit dem Slogan „Männer-
welten" bot der Verlag den
Lesern in diesem Shop jeden
Monat Poster zu Schwerpunk-
ten wie Erotik, Vater und
Sohn etc. an und wollte so die
Leser an die Marke binden.*

Die Leser müssen mit dem Heft bestimmte attraktive Attribute verbinden,
die ihnen im Idealfall sogar suggerieren, dass sie etwas verpassen, wenn sie eine
Ausgabe nicht kaufen. Die Marke muss die Leser regelmäßig in eine eigene Welt
entführen. Eine Welt, die auf die Bedürfnisse der Zielgruppe zugeschnitten ist.

Markenloyalität (brand loyality) stellt sich nur dann ein, wenn das Produkt
einzigartig inszeniert und in den Gefühlen der Zielgruppe verankert wird. Die
Spitze der Markentreue wäre es daher, wenn die Marke nicht mehr dem Verlag
oder der Redaktion gehören würde, sondern den Lesern. Damit ist gemeint,
dass die Marke so stark in das Leben der Leser integriert ist, dass die Tatsache,
dass das Heft eigentlich ein Produkt ist, in den Hintergrund rückt.

Es müssen daher drei wichtige Punkte beachtet werden:

* Über die Erfüllung der Grundbedürfnisse hinaus muss die Marke dem Konsumenten eine besondere Bedeutung, ein Lebensgefühl vermitteln!
* Dieses Ziel kann erreicht werden, wenn die Lebensstile der Konsumenten/Leser betrachtet werden. Denn Markenloyalität ist Ausdruck des Lebensstiles in einer erlebnisorientierten Welt.
* Dieses Verhalten läuft dabei nicht kognitiv kontrolliert ab, vielmehr verankern sich Marken in der Gefühlswelt des Lesers.

Der unter anderem auf Markenführung spezialisierte Unternehmensberater Gerhard Conzelmann (C&P Gruppe, Unternehmensberatung) rät dazu, ein Produkt mit Hilfe einer Geschichte zur Marke auszubauen.

Seiner Meinung nach kommunizieren heute Unternehmen mit speziellen Adressaten über ganz spezielle Wege (Werbung, Promotion, Public Relations). Diese Art der Vermittlung von Botschaften verliere jedoch mehr und mehr an Wirksamkeit, so dass zukünftig der erfolgreiche Marktauftritt durch inszenierte Kommunikation angestrebt werden müsse.

Das Unternehmen/der Verlag vermittle dabei seine Botschaft durch eine Geschichte – einprägsam, interessant und mit „starkem Ich", dass heißt mit starker und ehrlicher Selbstdarstellung.

Diese Geschichte sei vielseitig verwendbar und könne in allen Bereichen entsprechend ausgedrückt werden. Ob als PR-Instrument, im Verkauf oder im Bereich der Public Affairs – die Botschaft ist zwar unterschiedlich geprägt, aber einheitlich und wiedererkennbar.

Dies allein würde schon für ein Markenkonzept genügen, laut Conzelmann verlange die Inszenierung jedoch noch weitere, ganz bestimmte Qualitäten, die eine Geschichte zu einer guten Geschichte machen:

* **Metapher:** Gute Geschichten brauchen eine verbale oder visuelle Metaphorik, ein wirkungsvolles Bild. Dieses Bild lebt von einem zündenden Gedanken, einer zündenden Idee.
* **Mission:** Gute Geschichten erzählen nicht nur über unsere sinnliche Welt, sondern vermitteln auch Sinn. Sie erzählen von einer Mission und schaffen dadurch Mythen. Zuhörer sollten sich dem Inhalt der Geschichte kaum entziehen können.
* **Nutzen:** Gute Geschichten sind auch Ratgeber; sie sind nützlich über den Tag hinaus.
* **Identifikation:** Gute Geschichten schaffen Identifikation mit Inhalt und Figuren. Ihre Qualität wird gemessen an dem Ruf nach Fortsetzung. Gute

Geschichten werden weitererzählt und erzeugen so weitere gute Geschichten. Sie bewegen!

Diese Qualitäten sind entscheidend, denn sie machen die Geschichte „transportfähig", so dass Emotionen hervorgerufen werden. Sie sorgen dafür, dass die Verbindung zum Publikum nicht als Einbahnstraße verläuft, sondern dass Reaktionen oder sogar Aktionen zurückkommen.

Um dies zu gewährleisten, sind nach Conzelmann aber auch gewisse Anforderungen an eine Geschichte zu stellen, dass heißt, sie muss gewisse Kriterien erfüllen:

**Anforderungen an eine gute Geschichte:**
* Sie hat einen zündenden Funken. Verbal und/oder visuell werden Assoziationen ausgelöst, denen man sich nur schwer entziehen kann.
* Sie hat einen sozialen Bezug.
* Sie wird durch wirtschaftliche Interessen verstärkt.
* Ihr Inhalt ist in dieser Form treu und nachvollziehbar.
* Sie lässt eine außergewöhnliche Inszenierung zu, die so durch die Konkurrenz nicht kopiert werden kann.
* Sie ist leicht verständlich, mediengerecht und ausbaubar.
* Sie löst beim Kunden Interaktionen und Dialoge aus.
* Sie ist erlebbar, hautnah und intensiv.
* Sie lässt sich in Lebensstil und Weltanschauung integrieren, befriedigt so Selbstwertstreben und Sehnsucht nach Identifikation.
* Sie ist zeitlos und hat den Keim zum Mythos, der Unternehmen und Produkt überleben wird.

Die Stuttgarter Werbeagentur Dongowski & Simon hat eine eigene Vorstellung von Markenarbeit. Im MARKETING JOURNAL stellte sie die 7 Gesetze für eine erfolgreiche Markentechnik vor:
* Eine Marke braucht Ziele
* Eine Marke lebt durch Persönlichkeiten
* Eine Marke braucht eine starke Idee
* Eine Marke muss sympathisch sein
* Eine Marke braucht Kontinuität
* Eine Marke verlangt ständige Investitionen
* Eine Marke ist als Partner anzubieten

Kurz: Charakter gehört zur Markentechnik.

Um die Identität der Marke sichtbar zu machen, rät Dongowski & Simon zur Identifizierung der Markenkompetenz.
Folgende Fragestellungen sollten hierfür herausgearbeitet werden:
- **Warum** sind wir da?
- **Worin** liegt unsere Begründung?
- **Was** können wir (besser)?
- **Worauf** sind wir stolz?
- **Was** wollen wir erreichen?
- **Wodurch** sind wir bekannt geworden?
- **Was** unterscheidet uns?
- **Wie** ist unser Ruf? **Wie** sollte er sein?

Einige Beispiele für erfolgreiche Marken im Zeitschriftenmarkt:

**Focus:** Die Macher des wöchentlichen Nachrichtenmagazins haben für ihre Zielgruppe den Begriff „Infoelite" geprägt. Die Leser können sich also elitär fühlen, wenn sie den „Focus" kaufen. Gemeinsam mit der Unterzeile „Fakten, Fakten, Fakten" suggeriert diese Markenbotschaft großes Wissen und einen hohen Informationsstand und dadurch berufliche und gesellschaftliche Vorteile.

**Spiegel:** Die Markenbotschaft „Spiegelleser wissen mehr" transportiert noch direkter als der „Focus" das Gefühl von Exklusivwissen. Schließlich drückt sie doch aus, dass die Leser des „Spiegels" mehr wissen als andere.

**Playboy:** Der Spruch „alles was Männern Spass macht" sagt, dass der Käufer des „Playboys" wirklich alles bekommt, was ihm Freude macht. Was kann man(n) von einer Markenwelt mehr erwarten?

**Fit for Fun:** Die Fitness-Zeitschrift hat Bücher unter ihrem Namen herausgegeben, ein „Fit for Fun"-Restaurant eröffnet und mit „Fit for Fun" TV ein eigenes TV-Format. Ein Beispiel für konsequente Markenarbeit.

**Hörzu:** Einer der großen Klassiker unter den TV-Zeitschriften in Deutschland. Die Marke ist so stark, dass die Heftmacher den Namen sogar beibehalten haben, obwohl dieser die inhaltlichen Themenschwerpunkte schon gar nicht mehr wiedergibt. Demnach müsste das Heft nämlich eigentlich **Sieh hin** heißen.

Was passiert, wenn erfolgreiche Marken massiv von Wettbewerbern angegriffen werden, verdeutlicht das Beispiel der Zeitschrift „Bild der Frau" der Axel Springer AG.

Im März 2003 testete der Burda Verlag seine neue wöchentliche Frauenzeitschrift „Frau im Trend" in regionalen Testmärkten. Diesen Titel empfand Springer als Plagiat seiner „Bild der Frau", da sich beide Hefte einschließlich des Logos tatsächlich frappierend ähnelten. Nachdem das Landgericht Hamburg am 1. April 2003 eine von Springer erwirkte Einstweilige Verfügung aufgehoben hatte, wurde das Blatt mit anderen Mitteln bekämpft. So brachte die Axel Springer AG noch Ende April ihrerseits eine weitere wöchentliche Frauenzeitschrift mit dem Namen „Frau von Heute" an die Kioske, einzig aus dem Grund, die Verkäufe des Konkurrenten zu behindern und den Markteintritt zu erschweren. Burda zog wiederum das bundesweite Erscheinen von „Frau im Trend" um einen Tag vor.

Auch preislich versuchten sich die beiden Großverlage gegenseitig auszustechen. „Frau im Trend" war mit einem Kampfpreis von nur 50 Cent angetreten, „Frau von Heute" kostete gar nur 40 Cent.

Einige Einstweilige Verfügungen und Veränderungen im Layout beider Hefte später, beruhigten sich die Gemüter etwas. Dennoch war wieder einmal klar geworden, wie sensibel Markenmanager auch und gerade im Zeitschriftenmarkt auf Angriffe reagieren und dass solche Angriffe auf eine wichtige Marke eines Hauses oftmals mit immensen Kosten abgewehrt werden.

Auch der im April 2003 neu erschienene Männertitel „Men Active" aus dem Attic Futura Verlag konnte eine gewisse Ähnlichkeit mit dem Konkurrenten „Men's Health" der Rodale Motorpresse nicht verleugnen. Auch hier könnte die Sogwirkung der bereist bekannten Marke „Men's Health" die Bekanntheit des neuen Titels sicher fördern. Auch dies beweist, wie vorsichtig die Markenmanager mit ihrem Gut umgehen müssen, wenn sie nicht wollen, dass ihrer Marke Schaden zugefügt wird.

*Die beiden Zeitschriftenmarken „Men's Health" und „Men Active" weisen eine verblüffende Ähnlichkeit auf. Der neue Titel „Men Active" könnte von der Bekanntheit des etablierten Titels „Men's Health" profitieren.*

## 7.2 Produktdifferenzierung und Line Extensions

Zu einer konsequenten Markenführung gehört auch der stete Ausbau der Marke. Denn nur, wenn die Zeitschrift durch spezielle Angebote, durch ein besonderes Image und durch Mehrwert immer wieder auf sich aufmerksam macht, hat sie auch wirklich die Chance, sich dauerhaft als Marke im Markt zu positionieren.

Eine Marke lebt nicht zuletzt von ihrer Bekanntheit in der Zielgruppe und in den Bevölkerungsschichten, die vielleicht mittelfristig zur Zielgruppe werden könnten. Und so sind gute Heftmacher neben ihrer Aufgabe, ein gutes Heft auf den Markt zu bringen, auch immer darauf bedacht, die Angebote ihrer Marke zu erweitern, auf spezielle Kundenwünsche mit speziellen Variationen ihres Produktes zu reagieren oder unter dem Dach des Markennamens Produkte mit bestimmten Themenschwerpunkten herauszubringen. Alles mit dem Ziel, den Namen, die Inhalte und die Marke der Zeitschrift unauslöschlich in den Köpfen der Leser zu zementieren.

### 7.2.1 Produktdifferenzierung

Im Rahmen der Produktdifferenzierung wird eine bereits eingeführte Zeitschrift durch das Einführen von Varianten des Heftes ergänzt. Dies ist zum Beispiel ein gutes Mittel, um verschiedene Schichten innerhalb der Heftzielgruppe zu erreichen.

So gibt es beispielsweise seit Mai 2002 eine kleinere Pocketausgabe des Computermagazins „Chip" aus dem Hause Vogel Burda Communications. Während die normal große Standardausgabe mit CD weiterhin 3,90 Euro kostete, wurde die zusätzlich erscheinende Pocketausgabe ohne CD mit einem Preis von 1,50 Euro bei den Händlern platziert, später wurde der Preis dann auf 1,99 Euro erhöht, die Standardausgabe auf 3,99 Euro. Durch das Kompaktheft konnten teilweise neue Zielgruppen erschlossen werden, denen einerseits das kompaktere Format sympathischer und das Standardheft zu teuer war und denen andererseits die Printinformationen auch ohne beiliegende CD genügten. Die Aktion hatte noch einen weiteren Effekt: So wurde durch die Belieferung des Einzelhandels mit zwei verschiedenen Heftversionen eine Doppelplatzierung beim Handel erreicht. Ein gutes Beispiel für erfolgreiche Markenarbeit also.

*Das Computermagazin „Chip" gibt es in zwei verschiedenen Formaten zu kaufen.*

## 7.2.2 Line Extensions

Zum Ausbau der Marke gehört es auch, neue Produkte unter dem Markennamen auf den Markt zu bringen. Neue Verlage, die noch kein Heft im Handel
haben und Verlage, die eine neue Zeitschrift launchen wollen, haben es hier oft
schwer. Sie müssen den neuen Namen mit immensen Marketinginvestitionen
pushen. Für bestehende Marken gibt es dagegen kaum Markteintrittsbarrieren.
Die bereits bestehende Markenbekanntheit ist ein immenser Vorteil im Wettbewerb. Mit Sonderheften des Mutterobjektes oder periodisch erscheinenden
Heften mit thematisch nahem Bezug zur Marke können einerseits neue, vielleicht speziellere Zielgruppen erschlossen werden und andererseits das Mutterheft und die Marke gestärkt werden, denn mit jedem neuen Satelliten wächst
auch das Interesse und das Vertrauen in die Marke.

Neben der Generierung neuer Vertriebs- und Anzeigenumsätze ist der
Launch von Sonderheften und periodischen Themenschwerpunktheften also
immer auch eine Werbemaßnahme für die Marke.

Bei Axel Springer etwa sind die einzelnen Ableger der „Bild"-Marke teilweise
schon eigene Marken mit wiederum eigenen Line Extensions. Der „Bild" -
Verlagsgeschäftsführer Christian Nienhaus wurde in einem Interview mit dem
„kress report Nr. 20/03" zum Thema Line Extensions befragt. Er erklärte dabei
die Auswahl der Themen:

„Unsere strategischen Aktivitäten der Line Extension orientieren sich an dem obersten Ziel, die Marke „Bild" zu unterstützen, zu fördern und auszubauen". Grundsätzlich unterscheidet Nienhaus zwischen direkten Line Extensions wie „Sport Bild" oder „Bild der Frau", den neuen „Bild"-Spezialtiteln wie „Tiere", „Reise" und „Gesundheit" und schließlich Merchandisingangeboten mit gebrandeten (Buch, CD) und nicht gebrandeten (PC´s und Textilien) Produkten. Nienhaus ergänzte: „Entscheidendes Kriterium bei all diesen Aktivitäten ist die Wiedererkennung mit den Eigenschaften unserer Marke Bild".

Weitere Beispiele für themengebundene Sonderhefte und periodisch erscheinende Ableger zu einem Muttertitel:

**Auto Motor und Sport:** einmal jährlich erscheinen die Sonderhefte „ams Gebrauchtwagen", „ams Testjahrbuch" und der „Auto Katalog", zweimal jährlich das „Formel 1 – Sonderheft". Gemeinsam mit den seit Ende der Neunziger Jahre unter das Auto Motor und Sport-Dach genommenen Heften „Motor Klassik" und „Sport Auto" deckt die Markenfamilie nahezu alle automobilen Themen ab.

**Men's Health:** Die Männerzeitschrift aus dem Hause Rodale Motorpresse gibt das Mode-Sonderheft „Men's Health Best Fashion" sowie einen Ableger für die ältere Männergeneration „Men's Health Best Life" heraus.

**Stern:** Seit Mai 2003 liegt "Stern Spezial Gesund Leben" als sechster Stern-Ableger nach „Fotografie", „Campus und Karriere", „Chronik", „Biographie" und „Cannes" an den Kiosken.

**Joy:** Marquard Medien hat im Mai 2003 den neuen Ableger seiner Frauenzeitschrift „Joy" auf den Markt gebracht. „Joy Celebrity" thematisiert Stars und Promis, Mode und Beauty.

**National Geographic:** 40 Prozent Bekanntheit der Marke Anfang 2003 in Deutschland waren den Machern zu wenig. Die Verantwortlichen haben daher 2003 laut einem Interview des kress reports zum „Jahr des Testes" für eine Reihe von Line Extensions erhoben. Begonnen wurde am 14. April mit „NG Adventure" für abenteuerlustige Outdoor-Fans. Für den Herbst wurden dann die etwas zivilisiertere Variante „NG Traveler" und für die 8-13 Jährigen „NG Kids" angekündigt.

## 7.3 Produktdiversifizierung

Wenn eine Marke bereits einigermaßen gefestigt ist und die Inhalte der Zeitschrift es zulassen, können die Markenverantwortlichen den nächsten Schritt tun. Denn es gibt weitere Möglichkeiten, die Marke zu unterstützen, das Vertrauen und die Aufmerksamkeit der Leser weiter zu erhöhen und vielleicht sogar die Zielgruppe zu erweitern.

Ein Mittel hierzu ist die Produktdiversifizierung. Im Rahmen der Diversifizierung wird der Verlag mit seiner Marke auch in Bereichen außerhalb der reinen Printbranche tätig. Meist dient dies dazu, die Printmarke zu unterstützen, oftmals tun sich aber auch ganz neue Umsatzmöglichkeiten und Betätigungsfelder auf.

Folgende drei Beispiele zeigen Produktdiversifizierung im Printbereich:

**Fit for Fun:** Neben der Zeitschrift und einer Bücherreihe finden sich mittlerweile beim Lebensmittelhändler allerlei verzehrbare Markenableger wie Vollkornbrote, Müslidrinks, Salate oder Brotaufstriche. Außerdem hat die Verlagsgruppe Milchstrasse Lizenzen für ein „Fit for Fun"-Restaurant und ein Spa (Wellness-Zentrum) vergeben; inzwischen gibt es auch „Fit for Fun" – Single-Reisen.

In einem Interview mit dem kress report sagt Petra Linke, die den Marken-Ausbau von Fit for Fun verantwortet hat: „Solche so genannten Brand Extensions erfordern wenig Investitionen, wirken aber nur langfristig. Allein die Produktentwicklung im Lebensmittelsektor hat mit den ganzen Testphasen einen Vorlauf von mindestens einem Jahr. Bis wirklich das große Geld in die Kasse fließt, können schon mal zwei bis drei Jahre ins Land gehen." Gefahren sieht Linke vor allem bei mangelnden Absprachen mit Partnern und fehlender Markenkontrolle: „Gerade für Neu-Einsteiger ist es wichtig, auf eine einheitliche Markenführung aus einer Hand zu achten", so Linke.

**YAM! :** Die Jugendzeitschrift bietet ihre Inhalte seit März 2003 auch über das Handy an. Bei „Vodafone live!", dem mobilen Info-Portal, können News und Specials direkt übers Handy gelesen werden – Fotos inklusive. Der Service bietet umfangreiche Specials rund um alle Themen an, für die sich die jugendliche Zielgruppe interessiert. Moritz von Laffert, Geschäftsführer AS Young Mediahouse: „Vodafone ist der ideale Partner für den digitalen Ausbau der Marke YAM! im Bereich Mobilfunk. YAM! Und Vodafone sind bei der jugendlichen Zielgruppe die angesagten Marken und passen daher gut zusammen."

**Maxim:** Am 13. März 2003 startete der 30-minütige TV-Ableger der gleichnamigen Männerzeitschrift „Maxim TV" im 14-täglichen Rhythmus. Für „Maxim TV" setzte sich die Moderatorin Charlotte Karlinder Extremsituationen aus, absolvierte Männermutproben und stieg in den Boxring. „Maxim TV verströmt den gleichen Spirit wie unser Heft" sagte „Maxim"-Chefredakteur Uwe Killing. Laut „Maxim"-Verlagsleiter Robert Sandmann habe man mit der Kombination Print, TV, Online und den Palm- und Handy-Diensten ein in dieser Form einzigartiges Marken-Gesamtbild, das sogar noch ausbaufähig sei.

## 7.4 Der Online-Auftritt

Für einen ganzheitlichen Markenauftritt ist heute ein adäquates Online-Angebot zwingend notwendig. Mehr und mehr erwarten die Leser von Zeitschriften, vor allem aktuelle Informationen – schon vor dem Erscheinungstermin des Heftes – im Internet erfahren zu können. Und immer öfter lassen sie sich durch diese meist kompakt gekürzten Inhalte dazu bewegen, die ausführlichen Berichte im Heft nachzulesen. Unbestritten ist auch, dass sowohl User, die das Netz intensiv nutzen als auch gelegentliche WWW- Besucher bei der Kaufentscheidung am Zeitschriftenregal der Marke eine hohe Kompetenz zuordnen, die sie vorher schon mal im Internet gesehen haben.

So erfüllt der Online-Auftritt viele Aufgaben. Er ist Werbeplattform für die eigene Marke, Ergänzung zur Printausgabe, Vertriebsweg für die Abowerbung des Verlags, immer öfter aber auch lukrativer Umsatzbringer durch Bannerwerbung und bezahlte Contentlieferung. Meist haben die Online-Auftritte aber das Ziel, die Marke des Printobjektes zu stützen und die Präsenz im Internet nicht allein der Konkurrenz zu überlassen.

Die Online-Angebote von Zeitschriften unterscheiden sich stark. Je nach Zielgruppe, Heftthematik und Verlagspolitik differieren Online-Inhalte, Layout und Ausführlichkeit der Beiträge. So bieten Nachrichtenmagazine wie „Stern", „Spiegel" und „Focus" mehrmals täglich aktualisierte Kurznachrichten teilweise ergänzend zum später ausführlicheren Bericht der Printausgabe, zum Teil aber auch exklusive Informationen wie Fotostrecken oder Personenporträts.

Jugend- und Musikzeitschriften bieten größtenteils Tourneedaten und Starberichte, aber auch Live-Chats oder Expertenberatung zu speziellen Themen.

Die Zeitschrift „TV Spielfilm" aus der Verlagsgruppe Milchstrasse stellt sogar das komplette Fernsehprogramm und damit die Kernkompetenz der Printausgabe ins Netz. Die meisten Verlage bieten diese Dienste noch kostenlos. Ob bezahlte Inhalte auf breiter Basis jemals Erfolg haben werden ist fraglich. Sicher ist aber, dass die Darbietungsformen und Inhalte einem permanenten Wechsel unterliegen und die Anbieter laufend am Auftritt feilen müssen.

Äußerst aktiv sind beispielsweise die Hochglanztitel unter den Frauenzeitschriften. Sie sind fast alle im Internet vertreten. Ihr Ziel ist es, neue und jüngere Zielgruppen fürs Heft zu gewinnen. Im Webangebot ihrer Frauenzeitschrift findet die Surferin viele Informationen, Tipps und Tricks etc.

Ein Artikel der Zeitschrift w&v beschäftigte sich Anfang 2003 etwas eingehender mit dem Thema Frauenzeitschriften und Internet:

Laut dem Beitrag gehen auch die Frauentitel völlig unterschiedlich mit dem Thema Internet um. Während z.B. die Zeitschrift „Brigitte" nach fünf Online-Jahren im August 2002 ihren Online-Auftritt einem umfassenden Relaunch unterzogen hatte und auch die „Vogue" des Condé Nast-Verlags nach zwei Jahren Web-Erfahrung seit Mai 2003 mit neuem Erscheinungsbild auftritt, haben Titel wie „Emma" erst nach Jahren des Herumbastelns eine einigermaßen repräsentative Site entwickelt. Magazine wie „Maxi" haben sogar nicht einmal einen Webauftritt. Man habe das Geld und die Zeit laut Anzeigenleiterin Wencke von der Heydt lieber in Heftausstattung und Marketing gesteckt.

Optisch wissen die Frauentitel – laut dem Bericht – offenbar, was sie ihren Surferinnen schuldig sind: harmonische Farbgestaltung in den Trendfarben Pink, Orange, Creme oder Rot und Fotos, die Lebensart verheißen.

Oberflächlich, so ist zu lesen, ähneln sich die Konzepte, vor allem im interaktiven Service-Bereich: Bei fast allen Online-Magazinen gäbe es Communities, E-Cards, Newsletter, Online-Shops und Partnerbörsen. Doch bei genauerem Hinsehen seien zwei Ansätze zu erkennen: titelbegleitende Online-Präsenz und eigenständiges Frauenportal.

Die meisten Frauenmagazine hätten sich für die erste Möglichkeit entschieden – sie bewerben in der Hauptsache das jeweils aktuelle Kioskheft, die thematischen Highlights werden als Kurzinfo angerissen; Datenbanken für Rezepte, Events oder Reiseziele seien klassische zusätzliche Sevice-Elemente.

Ein Beispiel für einen erfolgreichen Webauftritt ist auch die Seite der gleichnamigen Frauenzeitschrift aus der Verlagsgruppe Milchstrasse Amica.de. Den Auftritt verantwortet die Tomorrow Focus AG von Hubert Burda Media.

Grund für den Erfolg sicherlich: die Konzentration der Site auf Herzensangelegenheiten. Es gibt eine Single-Box, Single-Chats, Partnersuche, Psychotests.

Der Flirtfaktor ist hoch. Zudem gibt es viele benutzerfreundlich gestaltete redaktionelle Texte zum Abrufen in Rubriken wie Beauty & Fitness, Mode &
Design, Love & Soul, Job & Money oder Frau & Karriere. Lohn des betriebe-
nen Aufwands: 1.140.455 Visits und 9.925.724 Page Impressions im Januar
2003.

Die Begeisterung der Surfer ist den meisten Online-Seiten sicher, anders
schaut es dagegen oft mit dem finanziellen Erfolg aus.Kaum jemand möchte
heute für Dienste aus dem Web zahlen.

In einem Interview der Zeitschrift „w&v (werben & verkaufen)" äußert sich der
Vorsitzende der Geschäftsführung der Verlagsgruppe Handelsblatt, Harald
Müsse, Anfang 2003 zum Thema Paid Content im Internet. Darauf hingewiesen, dass das Schweizer Institut Prognos zuletzt Paid Content im Internet eine
düstere Zukunft prophezeit habe und die Umsätze wohl nicht ansteigen würden,
meinte er:

„Ich sehe mehr Entwicklungsmöglichkeiten als die Marktforscher. Man muss
aber die Angebote ein Stück weit verändern. Zunächst werden wir den Wer-
bespruch von American Express „Bezahlen Sie einfach mit Ihrem guten Namen" beherzigen. Und im Internet gegen Anmeldung Informationen zur frei-
en Benutzung stellen. Danach werden wir Inhalte so qualifizieren und spezifi-
zieren, dass sie dem Nutzer auch Geld wert sind. Im Micropayment-Bereich
haben wir bereits gute Erfahrungen mit der Datenbank Genios gemacht. Mal
sehen, ob die Daten aus der Anmeldung was hergeben. Nach der Explosion
von Kostenlos-Informationen wird es sicher schwer sein, die Entwicklung
wieder zurückzudrehen. Wir merken aber, dass die Quellen Wirtschaftswoche
und Handelsblatt einem bestimmten Publikum einfach Geld wert sind. Um
mittelfristig erfolgreiche Geschäfte machen zu können, wollen wir dann in einem zweiten, ferneren Schritt die Websites substantieller aus dem Paid Content finanzieren. Ökonomisch ist es auf Dauer sinnlos, etwas kostenlos her-
zugeben."

Ob bezahlte Inhalte auf breiter Basis jemals Erfolg haben werden,ist fraglich.
Sicher ist aber, dass die Darbietungsformen und Inhalte einem permanenten
Wechsel unterliegen und die Anbieter laufend am Auftritt feilen müssen.

## 7.5 Permanente Anpassung und Relaunch

Auch die größten und bekanntesten Marken müssen regelmäßig den Leserbe-dürfnissen und der Marktsituation angepasst werden. Hat die Redaktion einmal den Markenkern herausgearbeitet, wird dieser Kern das Heft idealerweise über den gesamten Lebenszyklus begleiten. Doch sowohl die Heftinhalte als auch die gestalterischen Aspekte werden sich je nach den Präferenzen der Zielgruppe verändern und mit dieser wachsen.

Wichtig hierfür ist, dass die Redaktion permanent selbstkritisch überprüft, ob sie auf dem richtigen Weg ist. Die Indizien dazu kann sie sowohl aus Leserreak-tionen durch Leserbriefe als auch durch Marktforschungsergebnisse generieren. Im schlechtesten Fall merkt sie erst durch sinkende Verkäufe oder nachlassende Nachfrage seitens der werbetreibenden Wirtschaft, dass sie am Heft arbeiten muss, im Idealfall sind die Heftmacher so nah an der Zielgruppe, dass die Leser stets gleich zufrieden sind, aber die regelmäßigen Veränderungen am Heft nicht bewusst wahrnehmen.

In der Praxis werden die Hefte meist kontinuierlich und nach außen kaum wahrnehmbar immer wieder leicht angepasst, werden die Anforderungen und die notwendigen Veränderungen aber zu umfassend – was bei den meisten Zeitschriften mindestens alle paar Jahre der Fall ist – dann ist ein Relaunch fällig.

Der Begriff Relaunch kommt aus dem Englischen. Das Wort launch bedeu-tet, dass ein Boot zu Wasser gelassen wird. To launch heißt also dementspre-chend ein Schiff zu Wasser lassen, eine Sache in Gang zu setzen. Der Relaunch ist also der erneute oder erneuerte Auftritt im Markt.

Oft bezeichnen die Heftmacher auch nur die optische Renovierung eines Blattes bereits als Relaunch, wobei man in diesem Fall bestenfalls von einem Redesign sprechen kann. Manchmal werden aber auch die Inhalte, im Extrem-fall sogar der Markenkern angefasst und verändert. Und gelegentlich ist sogar die gesamte Vermarktungskette betroffen.

Im Grunde genommen stellen sich die Heftmacher bei den Vorüberlegungen zu einem Relaunch dieselben Fragen wie bei der Hefteinführung, die wichtigste Frage ist aber sicherlich die nach den Bedürfnissen der Zielgruppe. Und da-durch wird auch der zentrale Unterschied zwischen dem Launch, also der Neu-einführung einer Zeitschrift und dem Relaunch sichtbar, nämlich die sicherlich vorteilhafte Tatsache, dass man beim Relaunch auf Vergangenheitsdaten und Erfahrungen mit den Lesern zurückgreifen kann. Beherzigt die Redaktion nun die Erkenntnisse, müsste sie eigentlich relativ einfach in der Lage sein, das Heft-konzept den Vorstellungen und Wünschen der Leser anzupassen.

Im Folgenden werden einige Beispiele für Relaunches und deren unterschiedli-che Schwerpunkte vorgestellt:

## Bravo

**Zeitraum des Relaunches:** Ab Heft 18/2003

**Veränderungen:** Das Heft wurde radikal optisch und inhaltlich umgebaut. „Bravo wurde schlagartig heller und offener", so Chefredakteur Uli Weissbrod. Die Inhalte seien schneller erfassbar und das Heft freundlicher. „Bravo" wurde optisch entrümpelt, statt zu viel Farbe und Fotos gab es mehr Weißraum, Käs-ten und Ordnung. Das Inhaltsverzeichnis wurde klarer strukturiert.

Auf dem Titel blieb es bei üppigen Bildcollagen und bunten Überschriften. „Das Cover ist heilig", so die Begründung des Chefredakteurs.

Die Veränderungen im Innenteil gingen über rein optische Umbauten hinaus. Wie sonst nur bei Programmies üblich, erhielt die Bravo ein Farbleitsystem. Jede Farbe steht für eine der neuen Rubriken Stars, Life, Fun, Service und Love. Die Rubriken werden nicht mehr von Ressorts betreut, sondern von Teams. Ein gutes Beispiel also dafür, dass ein Relaunch sogar Veränderungen in der Redak-tionsstruktur selbst nach sich ziehen kann.

**Gründe für den Relaunch:** Rückgang der verkauften Auflage: laut Jugendfor-schung hat der Begriff Ordnung im positiven Sinne für die Kids heute wieder eine Bedeutung, Umbenennung der Ressorts in Teams, da das Wort Ressort „uncool" klinge.

## Sport Bild

**Zeitraum des Relaunches:** Laufend seit Januar 2003

**Veränderungen:** Integration der „Sport Bild" in die Bild-Gruppe (Bild, Bild am Sonntag), dadurch deutliche Vorteile im Vertrieb, kontinuierliche Blatt-Optimierung, Verbesserung der Heftoptik, höherer Bildanteil, die Seiten wurden lesbarer gemacht, vollständig herausnehmbare Bundesliga-Tabellen wurden ins Heft genommen, neue Umfelder für Sponsoring mit Umheftern und Booklets geschaffen. Ein Beispiel dafür, dass ein Relaunch sich auch auf die komplette Vermarktungskette beziehen kann.

**Gründe für den Relaunch:** Das Heft sollte unverzichtbarer Werbepartner für Kampagnen werden, die sich gezielt an Männer richten, so Torsten Brandt, General Manager von „Sport Bild": das Umfeld für Sponsoring sollte attraktiver werden, der Relaunch zielte vor allem auf die Anzeigenkunden und Werbepartner ab.

## Cinema

**Zeitraum des Relaunches:** Mai 2003

**Veränderungen:** Modifiziertes Logo: laut Chefredakteur Helmut Fiebig stärkere Orientierung daran, was der Leser von einem modernen Film- und Lifestyle-Magazin wünscht, Heftstruktur wurde komplett zerschlagen und geteilt: in einen vorderen Heftteil, den Entertainment-Teil, der das Lebensgefühl, das mit Film verbunden ist, wiedergibt. Und den zweiten Teil, das Programm, das nicht mehr nur die vier Wochen des Erscheinungszeitraumes des Heftes abdeckt, sondern sechs Wochen, also auch einen Wochenrückblick und eine Wochenvorschau beinhaltet. Der Programmteil ist kompakter und standardisierter geworden, insgesamt das Heft ruhiger. Eine opulente Optik, mehr Bilder, großzügige Weißräume und weniger Textkästen sorgen für entspannteres Lesen, Senkung des Copypreises von 3,10 auf 2,80 Euro.

**Gründe für den Relaunch:** Die sinkenden Abverkaufszahlen im Einzelverkauf sollten durch mehr Faszination und Trends aufgehalten werden, Anreize für Anzeigenkunden und Platz für Sonderwerbeformen geschaffen werden.

## Bunte

**Zeitraum des Relaunches:** 2. Quartal 2003

**Veränderungen:** Hochwertigeres Papier, kleineres internationales Magazinformat (wie Focus), Erhöhung des Copypreises um 10 Cent.

**Gründe für den Relaunch:** Vorteile im Werbemarkt und sinkender Anzeigenumfang.

# Kapitel 8: Die Vermarktung der Zeitschrift

Noch während die Redaktion am Produkt Zeitschrift arbeitet, laufen bereits die Motoren der Vermarktungsmaschinerie auf Hochtouren. Anzeigenpreise werden kalkuliert, Kunden akquiriert, Heftauflagen festgelegt, Werbeauftritte koordiniert und vieles mehr. Für die erfolgreiche Vermarktung der Zeitschrift ist es notwendig, dass alle beteiligten Verlagsbereiche und natürlich auch die Redaktion Hand in Hand arbeiten. Das folgende Kapitel stellt die wichtigsten Funktionen, Eckpunkte und Planungsaktivitäten vor.

## 8.1 Die Verantwortlichen, die Abteilungen und ihre Aufgaben im Vermarktungsprozess

Der Erfolg einer Zeitschrift wird von vielen verschiedenen Abteilungen und Personen im Verlag gestaltet. Bei der Vermarktung des Heftes sind nicht nur die verkäuferisch tätigen Verlagsangestellten beteiligt, auch Personen und Abteilungen, deren Schwerpunkte eher in der Produktion, der kreativen Gestaltung oder der Bereitstellung von Informationen liegen, kommen wichtige Aufgaben zu.

### 8.1.1 Der Verleger

Der Verleger ist in der Regel der Eigentümer des Verlages. Er führt das Unternehmen und trägt die wirtschaftliche Verantwortung. Ihm kommt die sogenannte Grundsatzkompetenz zu: Er hat die Befugnis, die grundsätzliche Haltung der verlegten Publikationen festzulegen. Somit bestimmt er die publizistische Ausrichtung und schafft die notwendigen Voraussetzungen, um diese umzusetzen. Hierfür stellt er die finanziellen Mittel, das Personal und die notwendigen technischen und organisatorischen Einrichtungen zur Verfügung.

Der Zeitschriftenverleger ist also sowohl Kaufmann als auch Publizist, wobei er in der Regel das Tagesgeschäft versierten Spezialisten aus den einzelnen Fachbereichen überlässt.

Die Führung des Gesamtunternehmens sowie die kaufmännische Leitung liegen aber in seiner Hand. Schließlich trägt er auch den größten Teil des finanziellen Risikos.

Im Verfassungsrecht sind seine Befugnisse durch die besondere Stellung des deutschen Pressewesens sogar speziell hervorgehoben und gesichert.

In vielen Verlagen nehmen die Aufgaben und die Funktionen des Verlegers auch angestellte Manager in Geschäftsführung und Vorstand wahr. Dies ist etwa der Fall, wenn der Eigentümer sich aus dem aktiven Geschäft zurückzieht oder die Größe des Unternehmens und die Vielzahl von Zeitschriften es nötig macht, die Führungsmannschaft auszubauen.

In der deutschen Verlagslandschaft gibt es die verschiedensten Ausprägungen des Verlegerprofils. So wird das Unternehmen Hubert Burda Media von Prof. Dr. Hubert Burda persönlich als Verleger und Vorsitzender des Vorstands repräsentiert. Auch die Bauer Verlagsgruppe wird von Heinrich Bauer selbst als Verleger geführt. Beim Axel Springer Verlag hingegen haben sich die Erben von Axel Springer weitestgehend aus dem operativen Geschäft zurückgezogen. Hier lenkt mit Dr. Matthias Döpfner ein angestellter Geschäftsführer die Geschicke der Verlagsgruppe, während die Gesellschafter aus dem Hintergrund Einfluss nehmen. Bei den Vereinigten Motorverlagen in Stuttgart schließlich führen auch angestellte Manager die Geschäfte, während Paul Pietsch, der über 90-jährige Gründungsverleger, auch 2003 noch im verlegerischen Beirat tätig ist.

Im Vermarktungsprozess beschränken sich die Aufgaben des Verlegers in den meisten Fällen darauf, das geeignete Umfeld für die operativen Bereiche zu schaffen.

## 8.1.2 Der Herausgeber

Die Funktion des Herausgebers in deutschen Verlagen ist äußerst heterogen ausgeprägt. Üblicherweise ist der Herausgeber der Träger der publizistischen Richtlinienkompetenz, die ihm vom Verleger übergeben wurde. In manchen Verlagen nimmt der Verleger diese Funktion in Personalunion mit weiteren verlegerischen Aufgaben wahr. In anderen Unternehmen wiederum wird die wirtschaftliche deutlich von der publizistischen Verantwortung getrennt. Der

Herausgeber stimmt in der Regel die publizistische Grundhaltung seines Produktes mit dem Verleger ab und verantwortet diese dann vor der Redaktion. Wenn er auch nicht aktiv ins redaktionelle Tagesgeschäft eingreift, so sorgt er doch dafür, dass die Grundhaltung berücksichtigt wird. Der Chefredakteur ist ihm berichtspflichtig, gelegentlich sogar direkt unterstellt.

Viele Verlage sind mittlerweile dazu übergegangen, die Chefredakteure mehr in die Gesamtverantwortung für ihre Objekte einzubeziehen. So ernennt beispielsweise die Motorpresse Stuttgart bereits seit Ende der neunziger Jahre viele Chefredakteure zu sogenannten Geschäftsführenden Herausgebern. Der Begriff allein macht schon deutlich, dass die Chefredakteure nicht nur im publizistischen Bereich durch die Übernahme der herausgeberischen Verantwortung mehr Kompetenzen erhalten, sondern auch immer mehr in die Führung der Geschäfte ihrer Objekte sowie die wirtschaftliche Verantwortung integriert werden.

Hubert Burda Media hat mit Helmut Markwort sogar einen sogenannten Ersten Journalisten eingesetzt. Neben der journalistischen Oberaufsicht über alle Medien des Hauses führt er als Vorstand Focus, Fernsehen und Hörfunk die Geschäfte des Focus Magazin Verlags, der Tomorrow Focus AG und der Burda Broadcast Media. Dies zeigt, dass auch die Rolle des Herausgebers und der Verantwortlichen in den Redaktionen im Vermarktungsprozess immer wichtiger wird.

### 8.1.3 Der Verlagsleiter/Objektleiter

Die Aufgaben des Verlagsleiters unterscheiden sich von Verlag zu Verlag. In kleineren Unternehmen ist er meist zugleich der Geschäftsführer. In größeren Verlagen verantwortet er oft nur Teilbereiche wie etwa das wirtschaftliche Ergebnis einer oder mehrerer Zeitschriften. Er ist für die strategische Ausrichtung und die Weiterentwicklung seines Produktportfolios zuständig. Eine Besonderheit der Position ist die Tatsache, dass Fachbereiche wie Vertrieb und Anzeigen ihm zwar berichtspflichtig sind, er diesen Abteilungen aber meist weder fachlich noch disziplinarisch vorsteht. Der Verlagsleiter ist also genau genommen als Produktmanager der ihm zugeordneten Objekte zu sehen, der trotz seiner übergeordneten Funktion stark auf die konstruktive Zusammenarbeit mit allen Bereichen angewiesen ist. Dies kommt auch im Zusammenspiel mit der Redaktion zum Tragen. Denn der Chefredakteur ist ihm meist hierarchisch gleichgestellt, die Ergebnisverantwortung trägt aber der Verlagsleiter. Somit ist er also für

Erlöse und Kosten verantwortlich, die in Abteilungen und Redaktionen anfallen, kann auf diese aber nur indirekt einwirken..

In manchen Verlagen wirkt der Verlagsleiter auch als Geschäftsbereichsleiter. In diesem Fall hat er höhere fachliche und oft auch disziplinarische Kompetenzen, da er über die Verlagsbereiche hinaus auch bis hin zur Redaktion Einfluss nehmen kann. Oft stehen ihm dann noch ein oder mehrere Objektleiter zur Seite, die dann als verlängerter Arm der Geschäftsbereichsleitung die originären Aufgaben der Verlagsleitung übernehmen.

Im Vermarktungsprozess einer Zeitschrift wirkt der Verlagsleiter als Koordinator der Verkaufsabteilungen, der Marketing- und Werbeverantwortlichen und aller nachgelagerten Prozesse. Er hat weiterhin die Aufgabe, nachfragesteigernde Maßnahmen zu initiieren, umsatzgenerierende Impulse zu geben und den Vertriebs- und Anzeigenabteilungen ein Umfeld zu schaffen, in dem sie effizient wirken können.

## 8.1.4 Der Anzeigenleiter und die Anzeigenabteilung

Der Anzeigenleiter ist im Zeitschriftenverlag sowohl im Sinne des Presserechts als auch hinsichtlich aller kaufmännischen und marketingbezogenen Belange verantwortlich für die Anzeigen, die im Heft erscheinen. Inhaltlich steht er persönlich für die Konformität der Anzeigeninhalte mit gängigen Gesetzesvorgaben gerade. Er trägt stellvertretend für den Verleger sowohl zivilrechtlich als auch strafrechtlich die Verantwortung für die in der Zeitschrift erschienenen Anzeigen, Fremdbeilagen etc. Auf der redaktionellen Seite ist er neben dem Chefredakteur der zweite Lieferant von Heftinhalten, nämlich der Anzeigen. Auf der kaufmännischen Seite ist er neben dem Vertriebsleiter verantwortlich für eine der beiden großen Erlösquellen Anzeigen und Vertrieb.

Je nach Größe des Verlages unterscheiden sich seine Kompetenzen und Aufgaben. Kleinere Verlage haben meist nur einen Anzeigenleiter, der zugleich Abteilungsleiter der Anzeigenabteilung ist. In diesem Fall ist er für die Marketingmaßnahmen, die Kundenakquise, die Anzeigenpreiskalkulation, die Steuerung des Außendienstes und die Personalführung zuständig. Ebenso kümmert er sich um den organisatorischen Aufbau und die strukturelle Optimierung der Abteilung. Nicht zuletzt verantwortet er auch alle Kosten und Erlöse vor der Geschäftsleitung.

In größeren Verlagen gibt es neben dem Geschäftsbereichsleiter Anzeigen meist mehrere Anzeigenleiter für verschiedene Zeitschriften oder Objektbereiche. Diese werden häufig unterstützt von Anzeigenverkaufsleitern, deren Schwerpunkte hauptsächlich im operativen Tagesgeschäft und der Kommunikation mit den Ansprechpartnern beim Kunden liegen, während der Anzeigenleiter vornehmlich auf strategischer Ebene agiert, indem er zum Beispiel neue Angebote, Rabattmodelle oder auch Kooperationsstrategien entwickelt. Bei wichtigen Kunden übernimmt er schließlich auch die Aufgabe des Key Accounters.

Neben dem Anzeigenleiter und den Anzeigenverkaufsleitern gibt es noch Anzeigenberater und Assistenten, die ihnen zuarbeiten und abwicklungstechnische Aufgaben wahrnehmen. Viele Verlage haben ihre Anzeigenabteilungen auch in den Anzeigenverkauf und die Anzeigenverwaltung gegliedert. Der Anzeigenverkauf ist dann schwerpunktmäßig in der Kundenakquise tätig. Er stellt den Kunden Auflagen-, Reichweiten- und Nutzungsdaten für die Zeitschriften sowie Informationen über die Kaufkraft und Struktur der Leser zur Verfügung und bringt so Argumente vor, die den Kunden zeigen sollen, dass sie mit der Belegung der Seiten den höchstmöglichen Nutzen mit ihrem Werbebudget erzielen können. Die Anzeigenverwaltung übernimmt alle nachgelagerten Aufgaben wie die technische Abwicklung, die Erstellung der satztechnischen Anzeigenmanuskripte, die Klärung der Übermittlung der vom Kunden zur Verfügung gestellten Vorlagen und die Abrechnung der Kosten.

Im Zuge personeller und struktureller Optimierungsprozesse verändert sich in vielen Verlagen nach und nach der Aufbau der Anzeigenabteilung. So gibt es beispielsweise bei Gruner und Jahr seit März 2003 Überlegungen für eine durchgreifende Neustrukturierung im Anzeigenbereich. Bereits zum 1. Juli 2002 war beschlossen worden, den Außendienst nicht mehr bestimmten Titeln zuzuordnen, sondern den vier Zeitschriftengruppen Stern-Geo, Schöner Wohnen, Frauen sowie Wirtschaftspresse. Nun soll die gesamte Belegschaft der einzelnen Anzeigenabteilungen ebenfalls diesen vier Gruppen zugeordnet werden. Dadurch würden sich erhebliche Synergieeffekte ergeben.

Immer öfter gehen Verlage auch dazu über, potenziellen Anzeigenkunden innovative Kooperations- und Promotionkonzepte anzubieten. So gibt es beispielsweise in der Anzeigenabteilung des Axel Springer Young Mediahouse, das Zeitschriften wie „Popcorn", „Mädchen" und den deutschen „Rolling Stone" herausbringt, eine Promotion-Koordinatorin, deren Aufgabe es ist, strategische Kooperationen und gemeinsame Promotion-Aktionen im Handel mit Firmen zu vereinbaren. Immer natürlich mit dem Gedanken im Hinterkopf, den Partnern einen Zusatznutzen zu bieten, sie dadurch an den Verlag zu binden und schließlich neue Anzeigenumsätze zu generieren.

## 8.1.5 Der Vertriebsleiter und die Vertriebsabteilung

Der Vertriebsleiter ist für die zweite Haupterlösquelle neben den Anzeigen, nämlich die Vertriebserlöse aus dem Verkauf der Hefte verantwortlich. Ähnlich wie im Anzeigenbereich hängen die Schwerpunkte seines Aufgabenbereichs von der Größe und der Struktur des Verlages ab.

In kleinen Verlagen ist der Vertriebsleiter zugleich der Abteilungsleiter der Vertriebsabteilung. Er verantwortet also neben allen Kosten und Erlösen auch die strukturelle Ausrichtung sowie die vertrieblichen Prozesse und trägt die Personalverantwortung für alle Mitarbeiter der Vertriebsabteilung.

In größeren Verlagen gibt es für einzelne Zeitschriften oder bestimmte Titelgruppen mehrere Vertriebsleiter. Die Verantwortlichkeiten sind auch hier von Verlag zu Verlag unterschiedlich. Meist steht ein Hauptvertriebsleiter dem Fachbereich vor, der für die strategische Ausrichtung, Verbandsarbeit, die Handelsspannenverhandlungen und die Vertriebspolitik zuständig ist. Daneben gibt es Vertriebsleiter, die kleine Teams führen, in denen einzelne Zeitschriften oder Objektgruppen verantwortet werden.

Die Aufgaben dieser Teams und der Teamleitung sind vielfältig. So ist jedes Team für sämtliche Verkaufsaktivitäten und die Vermarktung der ihm zugeteilten Objekte in allen Sparten zuständig. Der Einzelverkauf über Zeitschriftengroßhändler, Kioske und Bahnhofsbuchhandlungen, die Vermarktung der Hefte über Lesezirkel und den Werbenden Buch- und Zeitschriftenhandel werden hier ebenso verantwortet wie die Fachhandelsakquisition oder das Abonnement. Auch Hotel- und Messeverkäufe sowie der Verkauf an Industriekunden und sonstige Großabnehmer wird vom Vertrieb gesteuert.

Eine wichtige Aufgabe ist auch die Koordination und die Durchführung aller logistischen Abläufe, die Steuerung der Speditionen, die Übermittlung von Auflagenzahlen, die Vertriebsverwaltung und die Abrechnung mit den jeweiligen Handelspartnern. Auch die Impulse für die Vertriebsmarktforschung und das Benchmarking, die ständige Beobachtung der Wettbewerber, sind fester Bestandteil des Aufgabenbereiches.

Der Vertriebsleiter ist zudem auch für strategische Kooperationen mit möglichen Heftabnehmern zuständig, verantwortet die Preispolitik, das Marketing-Controlling und die Jahresplanung. Weitere Schwerpunkte seiner Arbeit liegen in der Initiierung von Sales-Promotion- und Trade-Marketing-Maßnahmen, der Erschließung neuer Vertriebskanäle, dem Verfassen von Verbesserungskonzepten zur Steigerung der verkaufsfördernden Produktleistung, der Planung von Messeaktionen sowie im Event-Marketing. Kostenmanagement, Beziehungspflege zu Handelspartnern und Abnehmern sowie die Analyse und Bewertung von Verkaufstrends sind weitere wichtige Grundlagen. Bei all diesen Aufgaben wird der Vertriebsleiter von Objekt- und Verkaufsleitern sowie Disponenten und Vertriebsassistenten unterstützt.

Wie bereits erwähnt, ist der Aufbau der Vertriebsabteilung in allen Verlagen unterschiedlich und unterliegt meist einem ständigen Erneuerungs- und Optimierungsprozess. Bis Mitte der Neunziger Jahre gab es beispielsweise bei der Motorpresse Stuttgart zwei Teams innerhalb der Abteilung. Das eine Team war schwerpunktmäßig für die Autozeitschriften zuständig, während das andere Team hauptsächlich die Zeitschriften aus dem Motorrad-, Musik- und Telekommunikationsbereich bearbeitete. Unterhalb des Fachbereichsleiters Vertrieb wurde jedes Team von einem Vertriebsleiter geführt. Diese standen den Objektvertriebsleitern, den Disponenten und Vertriebsassistenten vor. Die Bereiche Logistik und Abonnement waren nicht im Fachbereich Vertrieb angesiedelt, sondern eigenständige Abteilungen.

Mit Ausweitung der Produktpalette verwischten die Grenzen beider Vertriebsteams und die Abteilung wurde neu strukturiert. Fortan gab es mehrere kleine Vertriebsteams, die aus je einem Vertriebsleiter, einem Verkaufsleiter und ein oder zwei Disponenten bestanden, die ganzheitlich ihre Produktpalette bearbeiteten und quasi als kleine Profitcenter arbeiteten. Der Objektvertriebsleiter war jetzt auch immer Teamleiter und damit disziplinarischer Vorgesetzter. Die Abteilung Logistik wurde dem Fachbereich Vertrieb angegliedert und fungierte hier als Dienstleister für alle Vertriebsteams.

Zwischen Ende der Neunziger Jahre und dem Beginn des neuen Jahrtausends gab es weitere Veränderungen. Die Aboabteilung, das Direktmarketing wurde in den Fachbereich, der inzwischen zum Geschäftsbereich aufgewertet wurde, integriert. Der für einen Titel zuständige Werbeleiter aus dem Direktmarkting war jetzt auch direkt dem Objektvertriebsleiter unterstellt. Trotz seiner organisatorischen Anbindung an die Aboabteilung war er nun auch Mitglied des Vertriebsteams. Und auch die Disponenten bildeten einen Dispo-Pool mit neuen Aufgabenbereichen.

All diese Veränderungen dienten einer ständigen Optimierung der Prozesse und einer Effizienzsteigerung der Vertriebsmaßnahmen. Ende 2002 schließlich wurde der Vertrieb von einem der Gesellschafter der Motorpresse Stuttgart, dem Verlagshaus Gruner und Jahr, übernommen. Was übrigens auch einen Trend der letzten Jahre widerspiegelt. Immer mehr Verlage überlassen ihren Vertrieb sogenannten Nationalvertrieben, die alle Aufgaben einer Vertriebsabteilung als externer Dienstleister abwickeln. Der Münchner Verlag Condé Nast zum Beispiel hat bis Anfang des Jahrzehnts den Vertrieb von Zeitschriften wie „Vogue" und „GQ" vom Vertriebsdienstleister Moderner Zeitschriftenvertrieb MZV in Eching machen lassen und ist erst vor kurzem zum Burda Vertrieb gewechselt, der wie viele andere Großverlage auch den Vertrieb für Fremdverlage übernimmt.

Condé Nast hat schon immer auf externe Vertriebsdienstleister gesetzt. Es gibt im Hause zwar trotzdem eine eigene Vertriebsabteilung, sogar einen Vertriebsdirektor. Diese Abteilung koordiniert aber nur noch mit wenigen Mitarbeitern die Handelsaktivitäten, ohne jedoch einen großen personellen und technischen Aufwand betreiben zu müssen. Einzig die Abomarketing-Aktivitäten werden allein im Haus geplant und umgesetzt.

Auch das Münchener Axel Springer Young Mediahouse, eine Tochter des Axel Springer Verlags, setzt auf einen Nationalvertrieb. Die Besonderheit hierbei ist, dass auch dieser Vertriebsdienstleister, die asv vertriebs gmbh, eine Tochter des Axel Springer Verlags ist. Das Young Mediahouse lässt sowohl die Handelsaktivitäten als auch die Aboabwicklung hier betreuen. Dies könnte natürlich auch die Vertriebsabteilung des Mutterkonzerns in Hamburg übernehmen. Die Münchener haben sich aber für die asv vertriebs gmbh entschieden, da hier bereits ähnliche Zeitschriften betreut werden und ein großes Know How für Spezialtitel aller Art vorhanden ist, während der Axel Springer Verlag selbst eher einen Schwerpunkt auf großen Publikums- und Programmzeitschriften hat.

Es gibt noch viele weitere unterschiedliche Vertriebskonstellationen im Vermarktungsprozess von Zeitschriften. Die genannten Beispiele sollen aber zunächst als Überblick genügen.

## 8.1.6 Der Marktforscher und die Marktforschungsabteilung

Der Abteilung Marktforschung kommt ein nicht unerheblicher Beitrag im Vermarktungsprozess zu. So machen viele Aktionen erst Sinn, wenn Marktforscher vorher untersucht haben, welche Zielgruppe mit einer Zeitschrift angesprochen werden soll, wie die Bedürfnisse der Adressaten aussehen und wie die Zielgruppe am erfolgversprechendsten angesprochen werden kann. Oft führen die Fachabteilungen Anzeigen und Vertrieb ihre spezifischen Marktuntersuchungen abteilungsintern durch. Die meisten großen Verlage unterhalten heute aber eigene Marktforschungsabteilungen. Diese versorgen hauptsächlich die Redaktionen und die Anzeigenabteilung mit relevanten Marktdaten, aber auch den

Vertrieb und das Marketing. Studien zum Verbrauchs- und Mediennutzungsver-halten, Contentanalysen für die Redaktion, aber auch Untersuchungen der so-ziodemographischen Faktoren wie Alter, Geschlecht, Bildungsstand, Beruf, Familienstand etc. gehören zu den Aufgabengebieten der Marktforschung und helfen, die Zielgruppe zu verstehen und deren Bedürfnisse in entsprechenden Produkten umzusetzen.

Nicht selten werden spezifische, vom Verlag selbst beauftragte Marktfor-schungsstudien auch den Anzeigenkunden als Zusatznutzen angeboten. Diese erhalten also auch Erkenntnisse über ihre eigenen Kunden von der Anzeigenab-teilung und werden somit an den Verlag gebunden.

Seit einigen Jahren bietet beispielsweise die Verlagsgruppe Milchstrasse die Studie FAME an. In diesem Analyseinstrument sind für Anzeigenkunden wich-tige Erkenntnisse über das Image von Marken und Medien erforscht und zu-sammengetragen worden. Auch die Vereinigten Motorverlage bieten mit dem auf den Automobilsektor bezogenen Car Communication Panel CCP ein ähnli-ches Instrument an.

Die Marktforschung nimmt neben ihrer originären Aufgabe für den Verlag, nämlich der Beschaffung von Informationen für die Objektbereiche selbst, somit immer mehr noch einen weiteren Platz im Vermarktungsprozess der Zeitschrift ein. Durch die Bereitstellung eigener Produkte wie Studien und Ana-lysen bindet die Abteilung Kunden an den Verlag und ermöglicht so Umsätze zum Beispiel im Anzeigenbereich.

### 8.1.7 Der Marketingleiter und die Marketingabteilung

Die meisten Verlage haben für die Bewerbung der Produkte und die Öffentlich-keitsarbeit eine eigene Abteilung. Je nach Größe des Unternehmens unterschei-den sich die Schwerpunkte dieses Teams. Durch die Besonderheit des Produk-tes Zeitschrift ist die Aufgabe des Marketingleiters nicht mit der herkömmlichen Vorstellung z.B. aus dem Konsumgüterbereich zu vergleichen. Dort führt er oft zugleich die Marke, ist also quasi als Brand Manager tätig, manchmal auch ge-meinsam mit dem zuständigen Produktmanager.

Etwas komplizierter ist das im Zeitschriftenverlag. Da sowohl der Verlagslei-ter als auch der Chefredakteur für die Führung der Marke zuständig sind, liegen die Aufgabenschwerpunkte des Marketingleiters mehr in der Koordination, der Beratung und der Ausführung der beschlossenen Konzepte. Er ist also noch stärker als Dienstleister zu sehen als in der Industrie. Seine Abteilung erarbeitet

gemeinsam mit dem Verlagsleiter, dem eigentlichen Produktmanager der Zeitschrift, und meist auch dem Chefredakteur, der neben der Produktion des Produktes auch mit für die Markenführung verantwortlich ist, das Marketing- und
Kommunikationskonzept. Er leitet die Werbe- und PR-Maßnahmen ein und
steuert das Marketing-Controlling, um die Effizienz der Maßnahmen zu kontrollieren und daraus weitere Aktionen abzuleiten. Er muss darauf achten, dass alle
Maßnahmen unter den Abteilungen abgestimmt sind und sowohl Anzeigen- als
auch Vertriebsabteilung gleich nach außen auftreten. Zudem müssen alle Aktionen zum generellen Unternehmensauftritt passen.

Auch der Presse- und Promotionservice ist oft hier angesiedelt, so dass alle
Kommunikationsmaßnahmen, immer in enger Abstimmung mit den Markenverantwortlichen, vom Marketingleiter verantwortet werden. Die Vermarktungschancen der Zeitschrift hängen stark ab von der Qualität und der Effizienz der Marketingmaßnahmen und von der Fähigkeit des Marketingleiters und
seiner Abteilung, die verantwortlichen Entscheider im Verlag kreativ und zielgerichtet zu beraten sowie für die richtigen Ideen zu begeistern.

## 8.1.8 Der Herstellungsleiter und die Herstellungsabteilung

Der Herstellungsleiter ist verantwortlich für ein breites Aufgabenfeld. Er sorgt
dafür, dass die Ideen und Texte der Redakteure, die Bilder und Layouts der
Grafiker und die von der Anzeigenabteilung akquirierten Anzeigen in ein ferti-
ges Druckerzeugnis umgewandelt werden, das schließlich vom Vertrieb verkauft
werden kann. Man könnte also sagen, dass die Herstellung zentral imVermark-
tungsprozesses agiert.

Der Herstellungsleiter ist der Einkäufer des Rohstoffes Papier und kalkuliert
die technischen Kosten. Er vergibt technische Dienstleistungen, organisiert und
kontrolliert die technischen Prozesse. Er muss flexibel auf verkaufsunterstüt-
zende Ideen wie CD-Beilegung, Booklet-Beiheftung etc. reagieren können und
auch bei solchen Aktionen schnell umzusetzende und kostengünstige Alternativen aufzeigen.

In manchen Verlagen sind auch originär verkäuferische Aufgaben üblich.
Dabei akquiriert die Herstellungsabteilung beispielsweise Abnehmer von Sonderdrucken und ist für die anschließende Produktion der Drucke in der Herstellungsabteilung verantwortlich.

### 8.1.9 Der Controller und die Controllingabteilung

Dem Controller und seiner Abteilung kommt im Vermarktungsprozess die Aufgabe zu, bereits im Vorfeld alle vorliegenden mengen- und preisbezogenen Kalkulationen zusammenzuführen und entscheidungsrelevant bewertbar zu machen. Das heißt, er sorgt für die betriebswirtschaftliche Entscheidungsgrundlage und ist dadurch mitverantwortlich dafür, ob Projekte durchgeführt werden oder nicht.

Ein gutes Controlling führt zu einer Reduzierung unnötiger Prozesse und damit zu einer Arbeitserleichterung. Es gibt allen Agierenden im Verlag ein Instrument an die Hand, dass zu jedem Zeitpunkt den Erfolg von Projekten oder Zeitschriften dokumentiert.

Da ein Verlag eine Zeitschrift aus strategischen oder wirtschaftlichen Gründen im Markt einführt oder dort hält, muss ein Unternehmen ersehen können, ob die gesteckten Ziele erreicht werden. Das Controlling dient dabei als Ergebniskontrolle für Objekte oder Projekte.

Controlling ist immer auch eine Führungsaufgabe. Der Controller informiert die verantwortlichen Manager im Verlag, erarbeitet Problemlösungsvorschläge, analysiert Abweichungen und bietet Frühwarnsysteme zur rechtzeitigen Erkennung von ökonomischen Schieflagen. Letztendlich wird der Erfolg oder Misserfolg der Vermarktung einer Zeitschrift erst durch seine Arbeit transparent gemacht.

### 8.1.10 Der Chefredakteur

Der Chefredakteur ist der Leiter der Redaktion. Er stimmt die redaktionelle Grundlinie der Zeitschrift mit dem Herausgeber ab und koordiniert die Arbeit der einzelnen Ressorts. Die detaillierten Aufgabenbereiche wurden bereits in Kapitel 3.1 erläutert.

Zusätzlich zu diesen originär journalistischen Zuständigkeiten übernimmt er aber zunehmend Aufgaben im Vermarktungsprozess der Zeitschrift. Immer mehr wird der Chefredakteur auch für den wirtschaftlichen Erfolg seines Magazins mitverantwortlich gemacht. So wird die strenge Trennung von redaktioneller Produktherstellung und der Vermarktung nach und nach aufgeweicht.

Der Chefredakteur kann sich nur noch in Maßen auf seine Unabhängigkeit vom Verlag berufen.

Dies gilt zwar noch, was die Heftinhalte anbelangt. Was allerdings die Zusammenarbeit mit den Vermarktungsabteilungen anbelangt, so ist er noch mehr als früher in die Prozesse und Aktionen eingebunden. Er arbeitet eng mit der Anzeigenabteilung zusammen, arrangiert Treffen mit potenziellen Kunden aus dem redaktionellen Adressstamm, ermöglicht dem Vertrieb die Kontaktaufnahme zu Firmen, die im Heft erwähnt werden und fungiert als Mittler zu den Vermarktungsabteilungen.

Außerdem wird er auch selbst verkäuferisch tätig, indem er zum Beispiel strategische Kooperationen mit Partnern unterstützt, die monetäre Gegenleistungen erbringen. Immer mehr wird der Chefredakteur auch zum Produktmanager seines Heftes.

## 8.2 Die Absatzwege

Eine äußerst zentrale Rolle im Vermarktungsprozess einer Zeitschrift spielen die Auswahl der richtigen Absatzwege, die Belieferung der Handelspartner mit den richtigen Mengen sowie die punktgenaue logistische Abwicklung mit Speditionen, Post und sonstigen Zustellorganisationen. Der Vertrieb durchleuchtet regelmäßig alle möglichen Absatzwege, prüft die Möglichkeiten, hier Hefte abzusetzen und organisiert den Verkauf über diese Sparten. Er klärt die logistischen Voraussetzungen und die Abwicklungsmodalitäten. Denn die richtigen Titel müssen zur richtigen Zeit in der richtigen Menge an den richtigen Ort gebracht werden. Im Folgenden sind die wichtigsten Absatzwege und die zentralen Abwicklungsfaktoren in den jeweiligen Sparten aufgeführt.

**Die wichtigsten Sparten sind:**
- Einzelverkauf über Zeitschriftenhändler mit dem Zwischenhändler Grosso
- Einzelverkauf über Bahnhofsbuchhändler
- Verkauf über Fachhändler
- Verkauf über den Lesezirkel
- Verkauf über den Werbenden Buch- und Zeitschriftenhandel
- Abonnementverkauf
- Auslandsverkäufe
- Bordexemplarverkäufe
- Direktverkauf über den Verlag
- Sonstiger Verkauf und Industrieverkäufe

## 8.2.1 Einzelverkauf über das Grosso

In Deutschland gibt es 82 Pressegroßhändler, das so genannte Grosso. Die Grossisten sind jeweils für eine festgelegte Region zuständig, haben damit also ein Gebietsmonopol. Alle Einzelhändler in den jeweiligen Gebieten werden vom Grosso beliefert. Der Verlagsvertrieb informiert die Grossisten regelmäßig über Besonderheiten anstehender Heftausgaben, verhandelt über Handelsspannen und Auflagen und bespricht mit dem Grosso alle relevanten Daten inklusive durchzuführender Markttests.

Das Verbot der Gebietskartellbildung gilt bewusst für die Grossisten nicht, da so gewährleistet werden soll, dass alle Gebiete der Bundesrepublik gleichermaßen mit Presseerzeugnissen versorgt werden. 1993 bestätigte die Bundesregierung das System: *„Die Bundesregierung geht davon aus, dass das derzeitige Pressevertriebssystem ... einen wesentlichen Beitrag zu der in Europa einzigartigen Pressevielfalt geleistet hat. Die Monopolkommission hält das bestehende System der Gebietsmonopole beim Presse-Grosso für hinnehmbar. Sie geht davon aus, dass das bestehende Vertriebssystem eine rasche, umfassende und flächendeckende Versorgung mit allen Objekten der Verlage bietet und ist sich der Gefahren bewusst, die eine Aufhebung des Gebietsmonopols oder des Sortimentsmonopols bei Objekttrennung, insbesondere durch Vergünstigung einer weiteren Vorwärtsintegration der großen Verlage zur Folge haben könnte."*

Mit Vorwärtsintegration ist gemeint, dass Verlage teilweise Anteile an manchen Grossofirmen haben und diese Entwicklung forcieren könnten, um größeren Einfluss auf die Distribution zu haben.

Das Grosso unterliegt der horizontalen (Verkaufspreis für den Endverbraucher ist festgelegt) und vertikalen (Abgabepreise für die Handelsstufen Grosso und Einzelhandel sind festgelegt) Preisbindung.

Zudem ist es durch die Bezugspflicht als Gegenleistung für das Gebietsmonopol verpflichtet, allen von Verlagen angebotenen Titeln einen Marktzutritt zu verschaffen. Es kann also keine Zeitschriften ablehnen, sondern muss in jedem Fall zunächst versuchen, das Objekt im jeweiligen Gebiet zu verkaufen. Der Einzelhandel wiederum hat einen Belieferungsanspruch seitens des Grosso.

Weitere Ansprüche und gegenseitige Verpflichtungen zwischen Verlagen und Grossisten wie Vereinbarungen zu Remissionshöhen und Verarbeitungskosten etc. wurden 1993 im „Koordinierten Vertriebsmarketing", dem KVM festgehalten, um die gemeinsamen Marketingbemühungen der Verlage und Grossisten zu koordinieren und Konflikte zu vermeiden.

In regelmäßigen Abständen erhebt das Grosso alle für den Pressehandel interessanten Verkaufsstellen in Deutschland (derzeit ca. 120.000) und stellt somit sowohl seinen eigenen Verbandsmitgliedern als auch den Verlagen ein Arbeitsmittel zur Verfügung, dass die Marketingabteilungen mit wichtigen Marktdaten versorgt. In der so genannten EHASTRA (Einzelhandelsstrukturanalyse) werden zum Beispiel Daten der Verkaufsstellen festgehalten wie:

- Größe der Verkaufsstelle
- Öffnungstage
- Öffnungszeiten
- Umsatz
- Vollsichtregale
- Warenangebot
- Verkaufshilfen
- Theke
- Ortsgröße

Grosso und Verlage sind gemeinsam bemüht, die immer schwieriger zu kontrollierenden Käuferströme nachzuvollziehen und entsprechend zu reagieren. Ende der Neunziger Jahre wurde so vom Presse-Grosso eine neue Form von Schwerpunktverkaufsstelle ins Leben gerufen, der so genannte Presse-Facheinzelhandel (FEH). In diesen Verkaufsstellen erhält der Kunde eine umfassende Beratung hinsichtlich der Presseprodukte, ein gut sortiertes Sortiment und einen lückenlosen schnellen Nachlieferservice. Es ist gewährleistet, dass Kunden in diesen Geschäften alle Presseprodukte, die sie wünschen, entweder sofort oder kurzfristig erhalten. Im März 2003 gab es ca. 3.500 dieser Verkaufsstellen, die vom Grosso mit besonderen Werbemitteln und Aktionen unterstützt werden und mit dem Blauen Globus, gewissermaßen dem Prüfsiegel und nach außen für alle sichtbaren Markenzeichen ausgestattet sind.

### 8.2.2 Einzelverkauf über Bahnhofsbuchhändler

In Deutschland gibt es einige hundert so genannte Bahnhofsverkaufsstellen. Die Belieferung dieser Händler läuft nicht über das Grosso. Der Verlagsvertrieb muss also direkt mit dem Bahnhofsbuchhändler in Kontakt treten. Im Folgenden sind einige Besonderheiten und die zentralen Kriterien der Verkaufsstellen aufgeführt:

- Nebenbetriebe der Deutschen Bahn, verpachtet an selbständige Unternehmer
- Längere Öffnungszeiten durch Freistellung von der Gewerbeordnung

- Direktbelieferung durch die Verlage, dadurch höhere Handelsspanne möglich und Sicherstellung der wirtschaftlichen Existenz der kostenintensiveren Verkaufsstellen
- Umfassendes Pressesortiment
- Sehr hohe Besucherfrequenz

## 8.2.3 Verkauf über Fachhändler

Fachhändler sind in der verlagseigenen Definition themenspezifische Verkaufsstellen, also zum Beispiel ein Autozubehörladen für eine Autozeitschrift oder ein Reitausstatter für eine Pferdezeitschrift. Der Verlagsvertrieb geht den Fachhändler direkt an, wobei in der Praxis immer mehr das Grosso diese Verkaufsstellen akquiriert und beliefert.

## 8.2.4 Verkauf über den Lesezirkel

Lesezirkel sind meist regional vertreten. Das heißt, es gibt in allen Regionen Deutschlands Firmen, die bestimmte Heftmengen von den Verlagen zu einem sehr günstigen Preis abnehmen und in ihren jeweiligen Gebieten an gewerbliche und private Kunden vermieten. Hier gibt es kein Gebietsmonopol. Der Verlagsvertrieb geht an die einzelnen Lesezirkel bzw. an die Verbände heran und klärt direkt die Konditionen und die zu liefernden Mengen. Die gewährten Rabatte sind teilweise sehr hoch und liegen nicht selten bei 90%.

Beim Lesezirkel kann der Kunde so genannte Erstmappen erwerben, in denen die aktuellen Ausgaben mehrerer Zeitschriften enthalten sind. Die Mappen mit älteren Ausgaben können zu einem günstigeren Preis gemietet werden. Der Kunde kann die Hefte als Festmappe abnehmen. In diesem Fall bekommt er eine Mappe mit vom Lesezirkel bestimmten Titeln angeboten. Altenativ kann er auch eine Punkte- oder Wunschmappe wählen. Hier kann er die Hefte selbst aussuchen, die er erhalten möchte. Die Lesezirkelauflage ist für Verlage sehr attraktiv, da die Hefte durch die mehrmalige Verwendung in verschiedenen Mappen und die öffentliche Auslage in Praxen, bei Friseuren etc. eine hohe Reichweite garantieren.

### 8.2.5 Verkauf über den Werbenden Buch- und Zeitschriftenhandel

WBZ-Firmen gibt es bundesweit mehrere hundert. Auch sie genießen keinen Gebietsschutz. WBZ-Firmen schicken so genannte Haustürverkäufer. Diese schließen im direkten Kontakt mit dem Kunden an der Haustür Abonnements im eigenen Namen oder im Namen des Verlags ab. Der Verlagsvertrieb verhandelt direkt mit diesen Firmen über Konditionen und Liefermengen. Die Auflage fließt beim Verlag in die Abo-Auflage ein.

### 8.2.6 Abonnementverkauf

Unter einem Abonnement versteht man den Kauf einer Folge künftig erscheinender Ausgaben einer Zeitschrift. Laut BGB ist das Abonnement ein Sachkaufvertrag.

Für den Verlag ist das Abonnement die sicherste und am besten planbare Größe. Es fallen keine Handelsspannen an, Remissionen entfallen und die Kosten sind gut kalkulierbar. Der Verlag hat den Vorteil des sicheren regelmäßigen Absatzes, des früheren Geldeinganges (Vorausbezahlung) und der größeren Sicherheit bei der Produktionsplanung. Auch für die Anzeigenabteilung ist die Abo-Auflage bei den Anzeigenkunden die sicherste und beliebteste Argumentation. Mit Aboprämien, Rabatten, Probeabos und kostenlosen Leseexemplaren versuchen die Verlage, die Abonnenten zu gewinnen, um möglichst schnell einen hohen Teildes Umsatzes über die Abo-Hefte generieren zu können. Die Vorteile für die Kunden liegen ebenso auf der Hand: Lieferung nach Hause, bargeldlose Bezahlung, Prämien und Rabatte.

### 8.2.7 Auslandsverkäufe

Die meisten Zeitschriften werden auch im Ausland verkauft. In den deutschsprachigen Ländern wie Österreich und der Schweiz, aber auch in den Niederlanden finden sich die meisten großen deutschen Magazine in den Kioskregalen. Aber auch in Urlaubsländern wie Spanien, Italien, Kroatien und selbst in Afrika und Asien werden deutsche Zeitschriften verkauft. Viele große Verlage haben hierfür einen eigenen Auslandsvertrieb, der das Know-how und die Kontakte zu den Auslandsgrossisten und Importeuren hat. Oft läuft der Auslandsvertrieb aber auch über einen Dienstleister wie den Deutschen Pressevertrieb (DPV) in Hamburg. Dieser erfüllt dann die Funktion, die ein Nationalvertrieb im Inland innehat.

## 8.2.8 Bordexemplarverkäufe

In dieser Sparte verhandelt der Vertrieb direkt mit den Fluggesellschaften über die Beilegung der Hefte als Werbeexemplare im Flugzeug oder in den Abfertigungshallen der Gesellschaften. In den meisten Fällen zahlen die Fluggesellschaften nur wenig für diese Exemplare, zudem müssen teilweise sehr hohe Werbekostenzuschüsse vom Verlag gezahlt werden. Durch die hohe Reichweite dieser Exemplare sind sie dennoch attraktiv für den Verlag.

## 8.2.9 Direktverkauf über den Verlag

Der Verlag kann auch ohne die Zwischenschaltung des Handels Hefte verkaufen. So kann er beispielsweise Straßenverkäufer losschicken, die die Hefte verkaufen oder so genannte Stumme Verkäufer (Verkaufsautomaten) aufstellen. Auch auf Messen kann er selbst Hefte verkaufen. Die meisten Direktverkäufe laufen allerdings für gewöhnlich per Telefon im Direktmarketing auf, wo Einzelheftbestellungen und Nachlieferwünsche aufgenommen werden.

## 8.2.10 Sonstiger Verkauf und Industrieverkäufe

Es gibt noch weitere Möglichkeiten der Heftvermarktung. So kann der Vertrieb beispielsweise prüfen, ob nicht größere Mengen von Heften an Firmen als Mitarbeiterexemplare, an Hotels für die Auslage oder sonstige Großabnehmer und Sonderkunden verkauft werden können. Wenn bestimmte Firmen oder Produkte in einem Heft besprochen werden, so ist auch dies ein Anlass dafür, bei den entsprechenden Unternehmen nachzufragen.

# 8.3 Marktbeobachtung, Benchmarking und Zielgruppenanalyse

Sowohl im Vertriebs- als auch im Anzeigenmarkt gibt es eine regelmäßige Wettbewerbsbeobachtung. Die Aktivitäten anderer Verlage beeinflussen direkt die Vermarktungschancen einer Zeitschrift, so dass es manchmal nur auf Tage oder Stunden ankommt, um auf Aktivitäten von Konkurrenten reagieren zu können.

Jeder Verlag beobachtet seine Mitbewerber genau, um zeitnah entsprechende Gegenmaßnahmen einzuleiten. Aber auch lang- und mittelfristig umsetzbare Erkenntnisse werden aus dem Marktwissen und den Kenntnissen über die Zielgruppe und ihre Reaktion auf Maßnahmen anderer Verlagshäuser und Zeitschriften gezogen. Nicht zuletzt werden auch aus verlagseigenen Marktforschungsstudien und Leserbefragungen wichtige Handlungsvorlagen ermittelt.

### 8.3.1 Marktbeobachtung und Benchmarking im Vertrieb

Kaum ein Vertriebsmarkt ist so dynamisch und schnelllebig wie der Zeitschriftenvertrieb. Während in Industrie und Wirtschaft Produkte meist über einen sehr langen Zeitraum identisch bleiben und auch die Vertriebspolitik eher langfristig angelegt ist, hat die Vertriebsabteilung eines Zeitschriftenverlages es genau genommen zu jeder neuen Ausgabe der Zeitschrift mit einem neuen Produkt zu tun. Natürlich bleiben sowohl das Markenbild des Magazins und auch die strategische vertriebliche Ausrichtung bestehen, aber jede Ausgabe ist auch ein eigenständiges Heft mit individuellen Themen, einer eigenen Auflagenhöhe und nach Ablauf der Angebotszeit auch einer sofortigen Bewertungsmöglichkeit des Verkaufs nach Erfolg oder Misserfolg.

Damit bietet also eine Zeitschrift zu jeder neuen Ausgabe auch eine mögliche Angriffsfläche für die Wettbewerber. Der Konkurrent kann plötzlich früher erscheinen, hat eine attraktive Promotionaktion am Point of Sale geplant oder vermarktet eine besonders reizvolle Zugabe auf dem Titel des Heftes. Somit ist es also für einen Verlag immens wichtig, so früh wie möglich über Wettbewerbsaktivitäten Bescheid zu wissen. Hierzu nutzen die Vertriebe der verschiedenen Verlagshäuser die unterschiedlichsten Methoden. Im Folgenden sind einige der praktizierten Möglichkeiten aufgeführt.

**Außendienstabfragen:** Die meisten Verlagsvertriebe und Nationalvertriebe arbeiten mit einem eigenen Außendienst, der regelmäßig die seinem Gebiet zugeordneten Zeitschriftengroßhändler besucht. Zu vielen dieser Grossisten hat er ein so gutes Verhältnis, dass er zeitnah Informationen zu Konkurrenzaktivitäten erhält. Da der Grossist immer einige Zeit vor Erscheinen einer Zeitschrift vom Verlag ein Ankündigungsschreiben mit geplanten Aktionen erhält und natürlich auch rechtzeitig über die Änderung des Erscheinungstages oder die Frequenz des Erscheinens informiert wird, kann er frühzeitig dem Wettbewerber diese Informationen geben. Dies ist übrigens ein offenes Verfahren. Die meisten konkurrierenden Verlage wissen, dass der Mitbewerber die Informationen erhält. Da sie aber selbst auch die Konkurrenzinformationen erhalten, wird dies stillschweigend geduldet, da der Nutzen für alle Seiten meist überwiegt. In heiklen Fällen versucht ein Verlag natürlich auch schon mal, eine Aktion geheim zu halten. Meist wird er dann aber den Handel einfach möglichst spät informieren, so dass der Mitbewerber nicht mehr reagieren kann.

**Scannerkassen:** Es gibt in Deutschland einige tausend Zeitschriftenhändler, die mit Scannerkassen ausgerüstet sind und die ihre Verkaufsdaten so täglich an ihren zuständigen Grossisten weitergeben können. Diese sogenannten VMP-Daten (Verkaufstägliche Marktbeobachtung am Point of Sale) können über einen zentralen Info-Pool täglich von den Verlagen abgerufen werden und somit zeitnah eine Verkaufsprognose erstellt werden, noch bevor das tatsächliche Ergebnis gemeldet wurde. So kann der Verlag schon frühzeitig auf die Entwicklung reagieren und entsprechende Maßnahmen einleiten. Viele konkurrierende Verlage erteilen sich über Passwörter gegenseitig die Genehmigung, aus dem zentralen Datenpool die täglich über die Scannerkassendaten ermittelten Verkaufszahlen abzurufen.

**Innendienstkontakte:** Oft hat auch der Innendienst im Vertrieb einen guten Draht zum Innendienst eines Handelspartners und erhält dadurch Informationen.

**Erfolgsanalyse:** Wichtig ist auch die regelmäßige, nachträgliche Analyse der Maßnahmen der Mitbewerber. So kann ermittelt werden, ob ähnliche Aktionen auch beim eigenen Heft Aussicht auf Erfolg haben oder ob von der Konkurrenz eingeleitete Maßnahmen ausgeglichen werden können.

**Konkurrenzdatenbank:** Die meisten Zeitschriftenvertriebe führen eine Konkurrenzdatenbank. Hier fließen die Verkaufszahlen der Mitbewerber, die zu jeder Ausgabe von einigen Grossisten gemeldet und dann hochgerechnet werden, ein. Es genügen meist bereits ca. 10% aller Großhändler, um qualifizierte Hochrechnungen erstellen zu können. Die meisten Verlage haben ausreichend gute Kontakte zum Grosso, um die Zahlen zu erhalten.

## 8.3.2 Zielgruppenanalyse im Vertrieb

Die Vertriebsmarktforschung wird in den meisten Verlagen, verglichen mit der Anzeigen- und Redaktionsmarktforschung eher stiefmütterlich behandelt. Während die Marktforschungsabteilungen der Verlage oft hochglanzanimierte auf-

wändige Kataloge für die Redaktionen und die Anzeigenverkäufer erstellen und
Zielgruppen von allen Seiten detailliert beleuchten, erhalten die Vertriebsabtei-
lungen, wenn überhaupt, nur sporadisch die Möglichkeit, eigene Fragestellungen
in die Studien mit einzubeziehen. So müssen die Vertriebe meist auf selbst erstellte Studien zurückgreifen.

Mitte der neunziger Jahre hat beispielsweise der Vertrieb der Motorpresse
Stuttgart sowohl Innen- als auch Außendienst in der Erscheinungswoche des
neuen Männermagazins Men´s Health zu den Einzelhändlern geschickt, um hier
einen selbst erstellten Fragenkatalog mit den Händlern abzuhandeln und um
Erkenntnisse über die Zielgruppe der Zeitschrift zu erhalten.

Auch der Nationalvertrieb des Axel Springer Verlags in Hamburg, die asv
vertriebs gmbh, geht neue Wege. So werden in regelmäßigen Abständen in
ihrem Auftrag 1.500 Einzelhändler von Promotern des Verlagsdienstleisters
Service Team GmbH nach vertrieblichen Aspekten befragt, die Aufschluss über
Zielgruppen und Möglichkeiten für vertriebliche Aktionen geben sollen.

In vielen Fällen ähneln sich die Fragen von Redaktion, Vertrieb und Anzeigen. In wesentlichen Punkten gibt es aber auch Fragestellungen, die speziell für
den Vertrieb von besonderer Bedeutung sind. Im Folgenden sind einige wichtige Fragekomplexe aufgelistet, die im Rahmen einer Vertriebsmarktforschung zu
klären sind und die dem Vertrieb helfen, die Zielgruppe zu verstehen sowie
Handlungen abzuleiten. Diese gelten der Erforschung des Käuferverhaltens
differenziert in zwei Blickrichtungen:

**A.** Die Prozesse und Motive beim Käufer selbst (endogene Situation) und
**B.** Die Prozesse und Motive, die von außen beeinflusst sind (exogene Situation).

## A. Prozesse und Motive beim Käufer selbst (endogene Situation)

### 1. Regelmäßiger Käufer/unregelmäßiger Käufer

- Kauft der Käufer ein Heft regelmäßig oder unregelmäßig? Wie häufig
  kauft er Zeitschriften und holt er diese selbst am Kiosk oder im Geschäft?

### 2. Selbstkauf/Kauf im Auftrag

- Kauft er die Zeitschriften für sich selbst oder für jemand anderen?

### 3. Stammkäufer/Wechselkäufer bzgl. der Verkaufsstellen

- Wie sind die Anteile der Stammkäufer/Wechselkäufer bei den einzelnen Verkaufsstellen?

- Warum besucht der Kunde gerade diese Verkaufsstelle? Warum gerade zu diesem Zeitpunkt? Ist er häufiger in diesem Geschäft? Ist er ein General-Interest- oder ein Special-Interest-Käufer? Welche Segmente sind für ihn wichtig und welche Titel kauft er?
- Welche regionalen und lokalen Unterschiede gibt es?
- Lassen sich sozial unterschiedliche Gruppen ermitteln?
- Zu welcher Geschäftsart gehört die Verkaufsstelle (Eingruppierung bezüglich der Einzelhandelsstrukturanalyse EHASTRA)
- Gibt es Marketing, das den Käufer veranlassen könnte, seine Zeitschriften immer in derselben Angebotsstelle zu kaufen? (Vermeidung von Remission, bessere Umweltbilanz)

## 4. Stammkäufer/Wechselkäufer bzgl. der Titel

- Wie hoch sind die Anteile der Stammkäufer/Wechselkäufer bei den einzelnen Titeln/Zeitschriftengattungen?
- Warum gibt es wechselnde Kaufentscheidungen? Ist das immer so? Wenn nein, warum und wann ist es anders? Was müsste sich ändern, damit jemand immer die gleiche Zeitschrift kauft? Ist jemand Abonnent von Zeitschriften? Wenn ja, von welchen Heften und warum?
- Lassen sich sozial differente Gruppen ermitteln?

## 5. Abhängigkeiten von Zielkauf und Spontankauf

Seit Ende des letzten Jahrzehnts gibt es eine verstärkte Diskussion zum Thema Discounter, weil diese sich stark auf hochauflagige Publikumstitel konzentrieren. Es ist eine vertiefte Untersuchung erforderlich, die klärt, ob es eine Wechselwirkung zwischen hochauflagigen General-Interest-Titeln und kleinauflagigen Special-Interest-Titeln gibt, sprich ob Käufer von auflagenstarken Magazinen am Verkaufsregal auch noch auf kleinere Titelaufmerksam werden und diese mitnehmen. Man nimmt an, dass eine Wechselwirkung zwischen diesen beiden Gattungen besteht, die Intensität ist jedoch noch nicht bekannt. Für die Spezial-Interest-Verlage würde das beschränkte Produktportfolio der Discounter Nachteile bringen, da Käufer von hochauflagigen Publikumstiteln nun bei den Discountern nicht mehr spontan zu diesen Titeln greifen könnten. Sollte sich die Annahme von intensiven, relevanten Abhängigkeiten zwischen General-Interest- und Special-Interest-Zeitschriften belegen, so wäre dies ein wichtiges Argument gegen die Trennung des Presse-Sortiments. Denn vermutlich würden Spezial-Interest-Titel dadurch Schaden nehmen und die Einzelhandels-Struktur an Qualität und Vielfalt deutlich schrumpfen. Nachfolgend einige entsprechende Fragestellungen:

- Wenn jemand mehrere Zeitschriften kauft, sollte ermittelt werden, warum er das tat. Hatte er ein bestimmtes Ziel? War es der Titel, der Preis oder einfach das Segment, das ihn interessierte?
- Warum hat er andere Titel (welche/Preis/Thema) gekauft? Hat er dabei spontan gehandelt? Wenn ja, warum?
- Was sind die entscheidenden Kriterien beim Spontankauf? Wie läuft er ab? Was sind die Voraussetzungen, dass es dazu kommt?
- In welcher Einzelhandels-Sparte ist die Quote der Spontankäufe am höchsten?
- Welche Titel/Titelgruppen haben die höchste Quote am Spontankauf und warum?

## 6. Kaufentscheidung

- Wie lange beschäftigt sich ein Käufer mit dem Kauf/Auswahl eines Titels?
- Welche Rolle spielt hierbei die Geschäftsart?
- Welche Determinanten/personenbezogenen Informationen bestimmen das Käuferverhalten der verschiedenen Absatzwege?
- Lassen sich Steuerungsmodelle auf der Basis von Käuferprofilen entwickeln, die Remissionsquoten senken und dennoch mehr Käufer/Leser erreichen?
- Wie läuft der Kaufprozess/Kaufakt (Phasen)?

## B. Prozesse und Motive, die von außen beeinflusst sind (exogene Situation)

### 1. Ausverkaufsverhalten

- Was macht der Käufer, wenn der gesuchte Titel nicht mehr vorhanden bzw. ausverkauft ist?

### 2. Höhe des Heftstapels versus Just-in-time-Belieferung

- Inwieweit beeinflusst die Höhe des Heftstapels den Käufer (psychologische Faktoren)?

### 3. Erscheinungstag

- Die übervollen Regale mit Titeln und Mengen, besonders an den „dichten" Tagen (Donnerstag und Freitag, bei Jugendtiteln auch am Mittwoch) führen zunehmend zu der Frage, wann der beste EVT-Tag ist.

- Wann (an welchem Wochentag) kauft ein Kunde welche Zeitschrift? Welche Art von Zeitschrift (Gattung) kauft er im Wochenverlauf/im Erscheinungszeitraum?
- Warum kauft er die Zeitschrift gerade an diesem Tag?
- Wann würde er den Titel am liebsten kaufen und warum?

## 4. Schwerpunkt-Verkaufsstellen

Bahnhöfe leisten heute häufig bereits die Funktion einer Schwerpunkt-Verkaufsstelle. Der Zeitschriftenkäufer weiß, dass er jeden Titel aktuell kaufen und in Ruhe und angenehmer Atmosphäre auswählen kann. Dies ist eine ideale Voraussetzung für Befragungen in diesen Verkaufsstellen und die Übertragung der Ergebnisse auf zukünftige Schwerpunktverkaufsstellen:

- Gibt es den Käufer, der um seine diversen Interessen abzudecken, die entsprechenden Zeitschriften in unterschiedlichen Schwerpunkt-Verkaufsstellen holt?
- Wie sollte ein Presse-Laden ausgestattet, organisiert und gelegen sein, dass man dort gerne, häufig oder regelmäßig Presse einkauft?
- Welchen Einfluss hat die äußerliche Identifikation der Verkaufsstelle auf die Kaufentscheidung?

## 5. Verkaufshilfen

- Welche Wirkung hat eine Verkaufshilfe, inwieweit werden dadurch Kaufimpulse ausgelöst?

## 6. Zeitschriften als Umsatzträger

- Geht man zum Supermarkt wegen der Zeitschriften? Ist es wichtig, dass man dort Zeitschriften bekommt?

## 7. Platzierung/Belegungsschema

- Haben Objekte, die in Augenhöhe präsentiert werden, eine bessere Verkaufschance?

## 8. Titelbild

- Inwieweit beeinflusst das Titelbild den Verkauf?

## 9. Heftkonzeption

- Was wird vom Käufer verstärkt gewünscht? Gibt es diesbezüglich Trends?
- Wie ist der Nutzwert bei den verschiedenen Objektgattungen?
- Erwarten die Leser von den Titeln mehr „just for fun" oder mehr Ratgeber-Funktion?

**10. Kaufberatung durch Personal**

- Erwarten die potenziellen Käufer eine Kaufberatung?
- Könnte das Verkaufspersonal den Verkauf beeinflussen, wenn es verkäuferisch geschult wäre?
- In welcher Einzelhandelskategorie (EHASTRA-Geschäftsart) wird am meisten aktiv verkauft?
- Welches sind erfolgversprechende Ansätze zur Initiierung und Unterstützung der Kaufberatung des Einzelhändlers?

Generell hilfreich für einen Verlag ist es zudem, wenn er folgende Fragen bzgl. der Vertriebsmarktforschung beantworten kann:

- Welches Instrumentarium für die vertriebliche Marktforschung steht zur Verfügung und welche Standards müssen für die Verlagsbranche noch geschaffen werden?
- Gibt es Ansatzpunkte in anderen Branchen, die sich auf die Verlagsproblematik übertragen bzw. adaptieren lassen?
- Wie lassen sich die Ergebnisse aus der Vertriebsmarktforschung konkret umsetzen?

### 8.3.3 Marktbeobachtung und Benchmarking im Anzeigenbereich

Auch in der Anzeigenabteilung ist es wichtig, stets über die Aktivitäten der Mitbewerber Bescheid zu wissen: Welche Aktionen sind geplant? Mit welchen Anzeigenpreisen arbeitet die Konkurrenz und welche potenziellen Kunden schalten bereits regelmäßig Anzeigen bei einem Mitbewerber? In der Anzeigenabteilung stehen nicht primär die kurzfristigen Schaltungen zu jeder Ausgabe im Vordergrund. Hier wird mehr Augenmerk auf mittel- bis langfristige Strategien gelegt, die Anzeigenkunden möglichst zu treuen dauerhaften Partnern machen sollen.

In vielen Fällen erhält der Anzeigen-Außendienst direkt von seinen Ansprechpartnern in der werbetreibenden Wirtschaft Informationen, beispielsweise wenn dieser von einem anderen Verlagsvertreter besucht wurde. Hat der Anzeigenvertreter ein gutes Verhältnis zum Kunden, wird er sicher erfahren, was die Konkurrenz ein paar Tage vorher angeboten hat. An Informationen wie Anzeigenpreise und Anzahl der geschalteten Anzeigen kommt die Anzeigenabteilung meist einfacher. Die Mediadaten vieler Verlage und Zeitschriften stehen im Internet unter der Website des Verlags oder sind unkompliziert per Post oder

Fax beim Verlag abzurufen. Sie sind frei zugänglich. Und welche Firmen Anzeigen schalten, kann man durch Analyse der Zeitschriften auswerten. Im Internetauftritt des Media-Service vom Verband Deutscher Zeitschriftenverleger e.V. (www.pz-online.de) sind die Mediadaten vieler Verlage, die wichtigsten Markt-Mediastudien sowie Tarifkalkulatoren, Branchenreports und Reichweitenanalysen zu finden.

Wichtig für die Anzeigenabteilung ist auch zu wissen, welche Angebote und Insertionsformen (Anzeigenarten) die Konkurrenz anbietet. Meist sind diese auch aus den Mediadaten ersichtlich. Noch bis Mitte der Neunziger Jahre wurden hauptsächlich die klassischen Werbeformen, sprich eine Anzeigenseite oder ein Teil davon gebucht. Doch je stärker der Wettbewerb wurde, desto mehr mussten die Verlage auch individuelle Angebotsformen in ihr Portfolio übernehmen. Sei es Sponsoring bestimmter Rubriken, gemeinsam mit dem Werbepartner erstellte Booklets auf der Titelseite oder viele weitere Kooperationsformen. Der Fantasie sind hier kaum Grenzen gesetzt. Bei vielen Verlagen kann der Werbekunde beispielsweise nicht nur Anzeigen schalten, sondern durch Crossmedia-Konzepte seine Produkte sowohl in Print als auch Online präsentieren, im Heft beigelegte CD´s sponsern oder gemeinsame Promotionaktionen durchführen. Beim Axel Springer Young Mediahouse, das Zeitschriften wie Popcorn oder Mädchen herausbringt, hat der Anzeigenkunde sogar die Möglichkeit, im Rahmen von Product Placement seine Produkte attraktiv in den Fotoromanen der Jugendtitel zu präsentieren, ja sogar eine Geschichte mit dem Produkt als thematischen Mittelpunkt der Story zu sponsern. Hierdurch wird deutlich, wie wichtig es ist, über die Aktivitäten und Angebote der Wettbewerber im Anzeigenbereich Bescheid zu wissen und sich von diesen abzuheben.

### 8.3.4 Zielgruppenanalyse im Anzeigenbereich

Die genaue Analyse der Zielgruppe einer Zeitschrift ist eines der wichtigsten Arbeitsmittel der Anzeigenabteilung. Gilt es doch, potenzielle Anzeigenkunden davon zu überzeugen, dass sie mit Belegung der eigenen Zeitschrift genau die Leute erreichen, die sie zum Kauf ihres Produktes animieren wollen.

Die Anzeigenmarktforschung ist eng verwoben mit der redaktionellen Publikumsforschung, da zwischen beiden Bereichen Wechselwirkungen bestehen. So beeinflusst das redaktionelle Umfeld einer Anzeige einerseits stark, wer die Werbung sieht, und andererseits wie die Werbebotschaft ankommt. Die Werbeträgerforschung des Anzeigenbereichs möchte also primär der werbetreibenden

Wirtschaft Argumente und Entscheidungshilfen für deren Mediaplanung zur Verfügung stellen. Ebenso soll sie die Wirkungsweisen der Medialeistung (der Kontakte mit der Zielgruppe des Werbetreibenden) nachweisen. Markt-Media-Studien sind für die meisten Unternehmen die Entscheidungsbasis für die Mediaselektion und werden den Werbetreibenden in der Regel kostenfrei zur Verfügung gestellt.

Jede Media-Studie muss verschiedene Komponenten enthalten, die für Anzeigenkunden in ihrer Mediaplanung unerlässlich sind:

So orientieren sich die meisten an Messgrößen wie der Netto-Reichweite, die die Zahl der Personen angibt, die eine bestimmte Zeitschrift lesen. Relevant ist auch die Brutto-Reichweite, die die Zahl der Kontakte mit den Lesern widerspiegelt. Hierbei wird berücksichtigt, dass die angesprochenen Personen auch mehrmals mit der Anzeige in Kontakt kommen können.

Natürlich kommt es neben diesen quantitativen Kriterien auch darauf an, die Kontakte qualitativ zu streuen. So sind also neben der Reichweite einer Zeitschrift auch die Leserstruktur sowie die Eigenschaften und Merkmale der Zielgruppe interessant. Der Werbetreibende kann dadurch einschätzen, welchen Anteil die von ihm anvisierte Zielgruppe an der Leserschaft der betreffenden Zeitschrift hat.

Eine Vielzahl von Studien stellt der werbetreibenden Wirtschaft die relevanten Daten zur Verfügung. Die Informationsgemeinschaft zur Feststellung der Verbreitung von Werbeträgern e.V. (IVW) beispielsweise bietet detaillierte Angaben zur Verbreitung und zur verkauften Auflage von Zeitschriften, Zeitungen und elektronischen Medien und prüft diese Angaben auch regelmäßig bei den Verlagen und Medienunternehmen.

Die wichtigste Markt-Media-Untersuchung, die Media-Analyse (MA) liefert zudem fundierte Daten zur Reichweite von Werbeträgern.

Und die Allensbacher Werbeträger-Analyse (AWA) erhebt darüber hinaus auch Besitz- und Konsumdaten, psychologische Merkmale, Interessen, Freizeitverhalten und vieles mehr.

Im Kapitel 8.7 wird noch genauer auf die wichtigsten Studien sowie deren Zielsetzungen und Träger eingegangen.

## 8.4 Planung von Eckdaten

Die Eckdaten einer Zeitschrift wie die Papierqualität, der Heftumfang, der Heftpreis, die Erscheinungsweise etc. haben einen großen Anteil am Erfolg einer Zeitschrift. Viele dieser Daten kann der Verlag selbst beeinflussen, manche ergeben sich automatisch aus der Wahl der anderen Eckdaten. Diese werden ertsmals zum Launch des Objektes festgelegt und verändern sich fortan ständig, sei es durch Änderungen der verkauften Auflage, durch konjunkturbedingte Nachfrageschwankungen oder durch bewusste Umstellungen, die von Redaktion und Verlag herbeigeführt werden.

Wichtig ist, dass alle Parameter gut aufeinander abgestimmt sind und ständig aktuell angepasst werden. Eine ständige intensive Marktbeobachtung und regelmäßige Marktforschung sind vonnöten, um zu wissen, welche Parameter von der Zielgruppe am besten akzeptiert werden.

Nicht zuletzt benötigt der Verlag die Eckdaten natürlich auch dazu, um den Gesamtaufwand an Kosten und die Umsätze und Erlöse realistisch einschätzen und planen zu können. Im Folgenden sehen Sie eine Übersicht über die wichtigsten Eckdaten:

### 8.4.1 Das Heftformat

Neben der eng mit der Heftgröße verbundenen Entscheidung für Rückenstichheftung oder hochwertiger anmutender Klebebindung ist das Heftformat ein zentrales redaktionelles und marketingbezogenes Kriterium. Gerade in Zeiten, in denen die Regale des Einzelhandels aufgrund der Titelüberflutung verstopft sind und die Leser unter einer Vielzahl gleichartiger Magazine auswählen können, ist auch das Format des Heftes durchaus ein Mittel, um sich vom Wettbewerber abzuheben.

Neben dem üblichen Magazinformat und dem Zeitungsformat wird beispielsweise das Pocket-Format, das nicht viel größer als die Hälfte des Magazinformats ist, immer beliebter. Magazine in dieser Größe gibt es zwar schon länger, siehe z.B. das Reader's Digest Magazine, so richtig modern ist es aber erst seit kurzem.

Noch vor einigen Jahren versuchten die Verlage, sich mit immer größeren Formaten zu übertrumpfen. Doch schließlich erkannten die Verlagshäuser, dass mit zunehmender Mobilität große Formate eher lästig waren. Condé Nast spielte im neuen Markt für Pocket-Formate den Vorreiter mit seinen erfolgreichen

Frauenzeitschriften „Glamour" und „Business Vogue". Viele Titel haben nachgezogen, vor allem im Bereich der Frauenzeitschriften. So auch „Shape", die seit
der Mai-Ausgabe 2003 im so genannten Big-Pocket-Format erscheint, genauso
wie die Springer-Zeitschrift „Allegra", die seit Februar 2003 im Format von 251
x 191 Millimeter zu kaufen ist. Davor hat Springer die Zeitschrift übrigens
redaktionell identisch im großen und im Pocket-Format an den Kiosk gebracht.
Dadurch war das Heft doppelt und auffälliger im Handel, was für den Verlag
natürlich einen hohen Marketingwert hatte.

Dass das Pocket-Format kein Garant für Mehrverkäufe ist, zeigt das Beispiel
der Mädchenzeitschrift „Sugar" aus dem Münchner Attic Futura Verlag. Das
Magazin erschien im Oktober 2002 im Format 170 x 225 Millimeter, wurde aber
nicht so angenommen wie erwartet und bereits kurz darauf wieder auf Normal-
größe umgestellt. Die Verlagsgruppe Milchstrasse hat bei ihrer Zeitschrift „Amica" das Format im Dezember 2003 ebenfalls wieder vergrößert, nachdem die
Frauenzeitschriften sich immer ähnlicher wurden. Auch der Milchstrassen-Titel
„Max" erscheint nach dem Erfolg einer XXL-Ausgabe seit Januar 2004 in grö-
ßerem Format.

### 8.4.2 Die Papierqualität

Die Papierqualität ist ein wichtiges Kriterium für eine Zeitschrift. Je schwerer
und damit dicker das Papier ist, desto hochwertiger wirkt es. Auch die Beschaffenheit des Papiers und die Zusammensetzung der Inhaltsstoffe wirkt sich direkt
auf Qualität und Anmutung aus. Hochwertige Magazine setzen daher eher auf
hochwertige Papiere. Hefte, die nur zur schnellen Informationsaufnahme gedacht sind oder bei denen es nicht unbedingt auf anspruchsvolle Auflösung von
Bildstrecken ankommt, kommen hingegen auch mit wesentlich günstigerem und
dünnerem Papier aus.

### 8.4.3 Die Druckqualität

Die Druckqualität hängt eng mit der Papierqualität zusammen. So wird man sich
bei einem Magazin, das möglichst hochwertig erscheinen soll, zur guten Papierqualität auch noch zusätzlich für Hochglanzpapier, zumindest beim Titel, entscheiden. Auch die Druckstärke im Heft wird je nach Botschaft, die beim Leser
ankommen soll, variiert.

## 8.4.4 Der Satzspiegel

Der Satzspiegel legt fest, ob Text z.B. 3 oder 4-spaltig aufgeteilt wird. Meist wird er innerhalb eines Heftes variiert.

## 8.4.5 Das geschätzte Anzeigenvolumen

Die Anzeigenabteilung muss die erwarteten Anzeigenseiten bereits im voraus planen. Im Vermarktungsprozess spielt der Verkauf der Anzeigenseiten neben dem Vertrieb eine der beiden zentralen wichtigen Rollen (siehe 8.5).

## 8.4.6 Die Redaktion-Anzeigen-Relation

Um ein Heft kalkulieren zu können, wird nicht nur die Zahl der erwarteten Anzeigenseiten geplant, sondern auch die Relation der Anzeigen zum redaktionellen Teil des Heftes. Eine Zeitschrift besteht aus mehreren Bögen oder Büchern. Ein Bogen bzw. Buch hat in 16 Seiten. Die Gesamtanzahl der Seiten des Heftes sollte also durch 16 teilbar sein. Daher muss bereits im Vorfeld geplant werden, wie viele Seiten davon die redaktionelle Berichterstattung und wie viele die Anzeigen belegen sollen. Die Redaktion muss flexibel darauf reagieren können, wenn mehr oder weniger Anzeigen als erwartet ins Heft kommen, denn nur, weil durch drei zusätzliche Anzeigen statt 160 Seiten nun 163 Seiten zustande kommen, kann nicht ein kompletter weiterer Bogen von 16 Seiten oder drei einzelne Seiten (in der Produktion zu teuer) aufgenommen werden. Hier würde die Redaktion eher drei Seiten vom redaktionellen Teil entfallen lassen.

## 8.4.7 Die Erscheinungsweise und der Erscheinungstag

Beide Parameter haben einen entscheidenden Anteil am Vermarktungserfolg. Bei Festlegung der Erscheinungsweise spielt es eine wichtige Rolle, welche Informationen das Heft der Zielgruppe übermitteln will. Die Faustregel: Je aktueller die Themen sind, desto kürzer sollten die Erscheinungsintervalle sein. Hat das Heft eher einen Magazincharakter mit weniger aktuellem Bezug und dafür ausführlichen Reportagen oder ausführliche Hintergrundfakten zu einem ur-

sprünglich aktuellen Thema, so kann die Erscheinungsweise auch weniger häufig gewählt werden.

Natürlich hängt die Wahl auch von den Erwartungen der Zielgruppe ab.
„Max", das Magazin aus der Hamburger Milchstraße, wurde Anfang des neuen
Jahrtausends von monatlich auf zweiwöchentlich umgestellt, weil die Verlagsstrategen annahmen, die überaus große Nachfrage nach dem Heft und der Relaunch zum nachrichtenmagazinähnlichen Heft rechtfertige ein häufigeres Erscheinen. Doch die Verkaufszahlen ließen zu wünschen übrig, ebenso die Nachfrage seitens der werbetreibenden Industrie. Und so wurde das Heft bereits
2002 wieder auf monatliches Erscheinen umgestellt.

Dasselbe Schicksal ereilte die Telekommunikationszeitschrift „Connect" aus
der Stuttgarter Motorpresse. Ende der Neunziger Jahre stellte man aufgrund der
guten Verkäufe auf zweiwöchentlich um. Und auch hier wurden die Erwartungen nicht erfüllt, bis der Verlag schließlich 2002 wieder auf monatlich umstellte.

Mitte 2003 stellte Condé Nast die Erscheinungsweise von „Glamour" von
monatlich auf zweiwöchentlich um. Eine große Werbekampagne und zahlreiche
Marketingaktionen haben die Umstellung begleitet. Die Münchner hofften, nach
ihrem Launch nun im neuen Segment der zweiwöchentlichen Frauenmagazine
punkten zu können. Und tatsächlich, der Erfolg rechtfertigte die Investitionen.
Eine weitere wesentliche Rolle spielt der Wochentag, an dem die Zeitschrift
erscheint. Viele Verlage orientieren sich an den Mitbewerbern, andere wiederum
erscheinen konträr zur Konkurrenz. Die beiden großen wöchentlichen Nachrichtenmagazine „Spiegel" und „Focus" etwa kommen beide am Montag auf
den Markt, nicht zuletzt deswegen, weil der Informationsbedarf der Zielgruppe
am Wochenbeginn am größten ist.

Ab Mitte der Woche füllen mehr und mehr Special-Interest-Zeitschriften wie
Automagazine und Hobbyzeitschriften die Regale, während gegen Ende der
Woche People-Blätter wie „Bunte" und „Instyle" sowie Frauen- und Männer-
magazine nachgefragt werden. Auch die meisten Musikmagazine erscheinen
Mitte bis Ende der Woche, während sich für viele Jugendmagazine der Mitt-
woch als Erscheinungstag eingebürgert hat.

Natürlich kann ein Verlag den Erscheinungstag nutzen, um die Konkurrenz
strategisch zu manipulieren. Ein Beispiel: Die beiden wöchentlichen Jugendmagazine „Star News" und „Grashoppers" erscheinen beide donnerstags. „Star
News" hat aber aus einem bestimmten Grund zwei Tage später Redaktionsschluss als sein Mitbewerber. So sind zwar beide Magazine am selben Tag am
Kiosk, „Star News" ist aber aktueller. Wenn „Grashoppers" noch etwas Luft im
redaktionellen Ablauf hat, könnte es in diesem Fall einfach den EVT auf Mitt-

woch vorziehen. Natürlich würde dann „Star News" auch auf Mittwoch vorziehen, um „Grashoppers" keinen strategischen Vorteil zu lassen. Damit wäre aber nur scheinbar alles beim Alten. Denn „Star News" müsste nun mit größter Wahrscheinlichkeit auch seinen Redaktionsschluß um einen Tag vorziehen, was „Grashoppers" nicht musste, weil die Redaktion noch ein wenig Luft hatte und dies durch kleine Änderungen am redaktionellen Ablauf abfangen konnte. Beide Magazine haben nun also wieder am selben Tag EVT, „Star News" ist aber nicht mehr zwei Tage, sondern nur noch einen Tag aktueller als „Grashoppers". „Grashoppers" hat sich durch diese EVT-Aktion also einen entscheidenden strategischen Vorteil herausgearbeitet.

## 8.4.8 Die Handelsspanne

Der Verlag gewährt allen Partnern im Pressevertrieb eine Handelsspanne, durch die Pressegroßhändler und Einzelhändler ihre Kosten decken und Gewinne generieren. Sowohl der Copypreis als auch die Spannen der einzelnen Vertriebsstufen sind preisgebunden. Rechtliche Grundlage hierfür ist der Paragraph 16 des Gesetzes gegen Wettbewerbsbeschränkungen (GWB), der nur noch Verlagserzeugnissen eine Preisbindung erlaubt.

Die im Handel wichtigsten Partner sind die Pressegroßhändler, die so genannten Grossisten. Diese erhalten die Hefte des Verlages zu einem bestimmten Rabatt, der Handelsspanne. Die Grossisten geben die Hefte dann zu einem auch gebundenen Rabatt an die Einzelhändler weiter.

Die Höhe der Handelsspanne ist abhängig von der im Grosso gesamt verkauften Auflage einer Zeitschrift (je höher die verkaufte Auflage, desto geringer die Handelsspanne). Seit März 2003 gibt es jetzt zusätzlich einen Umsatzbonus für die Verlage. Je mehr Umsatz eine Zeitschrift macht, desto höher ist der Bonus. So wird also zusätzlich zur Höhe der verkauften Auflage auch noch die Höhe des Umsatzes bewertet. Hochauflagige Magazine, die zudem hohe Umsätze abwerfen, werden also doppelt belohnt. Aber auch Objekte mit geringeren Auflagen aber hohen Copypreisen sind Nutznießer der neuen Vereinbarungen.

Die neuen Handelsspannen wurden von Ende 2002 bis Februar 2003 ausgehandelt. Niemals in der Geschichte des deutschen Pressewesens hatte es härtere Verhandlungen gegeben, die vor allem von den Forderungen von Großverlagen wie Bauer und Springer dominiert wurden.

Ende Februar 2003 war man schließlich zu einer Einigung gekommen, die von allen Seiten unterschrieben wurde. Hierbei hat beispielsweise der Bauer Verlag sogar für ihn kostenfreie Sonderplatzierungsaktionen am POS im Wert von 500.000,- Euro raushandeln können. Der Vertragsabschluß, der seit März 2003 gültig ist und eine Laufzeit von sechs Jahren hat, wird die Grossisten voraussichtlich zwischen 30 und 35 Millionen Euro jährlich kosten. Klare Gewinner waren die Verlage, die ihre Position unter anderem mit der schwierigen Lage am Anzeigenmarkt und den dadurch massiven Umsatzrückgängen begründeten.

## Zeitschriften-Handelsspannen-Tabelle
## Presse-Grosso

- gültig vom 1. März 2003 bis 28. Februar 2009 -

| Absatztabelle | | |
|---|---|---|
| ab ø Verkauf pro Folge | bis ø Verkauf pro Folge | Handelsspanne (HSP) |
| 1 | 14.999 | 29,26% |
| 15.000 | 21.999 | 28,00% |
| 22.000 | 32.999 | 24,26% |
| 33.000 | 43.999 | 22,40% |
| 44.000 | 65.999 | 20,90% |
| 66.000 | 87.999 | 19,60% |
| 88.000 | 119.999 | 18,30% |
| 120.000 | 149.999 | 17,00% |
| 150.000 | 239.999 | 15,70% |
| 240.000 | 329.999 | 15,30% |
| 330.000 | 439.999 | 15,00% |
| 440.000 | 549.999 | 14,70% |
| 550.000 | | 14,50% |

*Die seit März 2003 gültige neue Handelsspannentabelle gewährt einen Umsatzbonus. Erreicht ein Verlag mit einer Zeitschrift bestimmte Umsatzhöhen, wird ihm der entsprechende Bonus von der ursprünglich ermittelten Handelsspanne abgezogen.*

| Umsatzbonustabelle | | |
|---|---|---|
| ab ø Umsatz pro Folge | bis ø Umsatz pro Folge | Umsatzbonus |
| 1 | 249.999 | 0,00% |
| 250.000 | 299.999 | 0,50% |
| 300.000 | 399.999 | 1,25% |
| 400.000 | 499.999 | 2,00% |
| 500.000 | 624.999 | 2,50% |
| 625.000 | 749.999 | 3,00% |
| 750.000 | | 3,50% |

## 8.4.9 Gelieferte und geschätzte verkaufte Auflage

Der Vertrieb plant und kalkuliert die Auflagen. Im Vermarktungsprozess spielt der Verkauf der Hefte neben dem Verkauf der Anzeigen eine der beiden zentralen wichtigen Rollen (siehe 8.6).

## 8.4.10 Die Remissionsquote

Im Rahmen der Auflagenplanung wird auch die Höhe der Richtremission festgelegt. Die Richtremission bezeichnet die ideale prozentuale Quote der nicht verkauften Zeitschriftenexemplare, die von den Händlern an die Grossisten zurückgeschickt werden. Hierbei streben Verlage und Grossisten an, die Belieferung so zu optimieren, dass möglichst wenige Händler ausverkauft sind oder die gelieferten Hefte nicht verkaufen (siehe 8.7).

Durch das so genannte Square Root-Verfahren (SQR) wird anhand des Verkaufsdurchschnitts die optimale Remissionsquote, die bei der Disposition als Grundlage dient, errechnet.

Der Arbeitskreis Vertrieb des VDZ (Verband Deutscher Zeitschriftenverleger) hat im März 2003 in einem Schreiben an die Verlage und Nationalvertriebe die Anwendung einer erweiterten Version des SQR angeraten, dem SQR +. Bei dieser Version werden die mit SQR ermittelten Remissionsquoten mit einem bestimmten Faktor multipliziert, so dass laut der Arbeitsgruppe die Abverkäufe und die vertrieblichen Steuerungsparameter nochmals optimiert werden (siehe unten).

Die Darstellung auf der folgenden Seite zeigt beispielhaft die errechneten Remissionsquoten mit SQR und SQR + bei Verkaufsdurchschnitten zwischen 0,1 und 4,0 Exemplaren pro Titel.

## Richtremission (SQR und SQR +)
## nach Verkaufsdurchschnitt

| VD | Soll | SQR + | VD | Soll | SQR + |
|---|---|---|---|---|---|
| 0,1 | 75,97 | 98,77 | 2,1 | 40,83 | 44,91 |
| 0,2 | 69,10 | 89,83 | 2,2 | 40,27 | 44,30 |
| 0,3 | 64,61 | 83,99 | 2,3 | 39,74 | 43,71 |
| 0,4 | 61,26 | 79,63 | 2,4 | 39,23 | 43,15 |
| 0,5 | 58,58 | 76,15 | 2,5 | 38,74 | 42,62 |
| 0,6 | 56,35 | 73,26 | 2,6 | 38,28 | 42,11 |
| 0,7 | 54,45 | 70,78 | 2,7 | 37,83 | 41,62 |
| 0,8 | 52,79 | 68,62 | 2,8 | 37,41 | 41,15 |
| 0,9 | 51,32 | 66,71 | 2,9 | 37,00 | 40,70 |
| 1,0 | 50,00 | 65,00 | 3,0 | 36,60 | 40,26 |
| 1,1 | 48,81 | 63,45 | 3,1 | 36,22 | 38,03 |
| 1,2 | 47,72 | 62,04 | 3,2 | 35,86 | 37,65 |
| 1,3 | 46,73 | 60,74 | 3,3 | 35,50 | 37,28 |
| 1,4 | 45,80 | 59,55 | 3,4 | 35,16 | 36,92 |
| 1,5 | 44,95 | 58,43 | 3,5 | 34,83 | 36,57 |
| 1,6 | 44,15 | 52,98 | 3,6 | 34,51 | 36,24 |
| 1,7 | 43,41 | 52,09 | 3,7 | 34,21 | 35,92 |
| 1,8 | 42,71 | 51,25 | 3,8 | 33,91 | 35,60 |
| 1,9 | 42,04 | 50,45 | 3,9 | 33,62 | 35,30 |
| 2,0 | 41,42 | 49,71 | 4,0 | 33,33 | 35,00 |

SQR = 100 / (Wurzel aus VD +1)

SQR + = SQR x Faktor

| VD < 1,5 | = Faktor 1,3 |
|---|---|
| VD 1,6 - 2,0 | = Faktor 1,2 |
| VD 2,1 - 3,0 | = Faktor 1,1 |
| VD 3,1 - 10,0 | = Faktor 1,05 |
| VD > 10,0 | = Faktor 1,00 |
| | (Regulierung nach KVM) |

*Die SQR-Tabelle zeigt, welche Remission bei welchem Verkaufsdurchschnitt geplant werden sollte. Verkauft ein Grossist von einem Titel zum Beispiel pro Einzelhändler im Durchschnitt 1 Exemplar, so sollte eine Remission von 50% eingeplant werden. Das neue SQR+ addiert den Wert mit dem Faktor 1,3 und plant dadurch sogar mit 65 % Remission.*

## 8.4.11 Die Druckauflage

Die Druckauflage ergibt sich aus der geschätzten verkauften Auflage aller Sparten zuzüglich dem Remissionszuschlag und den kostenlos abgegebenen Exemplaren sowie diverser Lagerreserven (siehe 8.7).

## 8.4.12 Copypreis und Anzeigenpreise

Die Preispolitik ist ein strategisches Instrument und ein Teil des Marketing-Mix eines Verlages. Sowohl im Anzeigen- als auch im Vertriebsmarkt können durch die Wahl des richtigen Copypreises und einer gut durchdachten Anzeigenpreisliste Wettbewerbsvorteile herausgearbeitet werden (siehe 8.4).

## 8.4.13 Budgets für Werbung, Marketing, die Fachbereiche und die Redaktion

Zur realistischen Planung der Eckdaten und der ständigen Kontrolle aller Umsätze und Kosten  gehört natürlich auch die Einrichtung und Anpassung der Budgets für die produzierenden und vermarktenden Abteilungen. Schließlich müssen sich Eckdaten wie Anzeigen- und Copypreise auch nach den fixen und variablen Kosten richten, die im Verlag anfallen. Viele Eckdaten sind schließlich stark voneinander abhängig. Wenn beispielsweise die geschätzte Auflagenhöhe hinter den Erwartungen zurückbleibt, müssen eventuell die Werbekosten erhöht werden, um dies auszugleichen, oder die Preise müssen erhöht oder gesenkt werden.

# 8.5 Die Preisfindung

## 8.5.1 Copypreis und Abonnementpreis

Der Preis einer Zeitschrift ist einer der Schlüsselfaktoren, die entscheiden, ob das Objekt erfolgreich verkauft werden kann. Eine zu teure Zeitschrift schreckt potenzielle Leser ab; ist der Preis zu niedrig angesetzt, kann der Verlag evtl.

seine Kosten nicht decken. Die Preispolitik ist daher für das Verlagsunternehmen ein wichtiges Instrument. Es gilt nicht nur den optimalen Preis zu finden, sondern diesen auch immer wieder an den Markt anzupassen. Dies ist keine leichte Aufgabe. Da sich der Wettbewerb in der Verlagslandschaft enorm verschärft hat, können sich mittlerweile die Preise der Titel nicht in dem Maße der Kostenentwicklung anpassen wie es betriebswirtschaftlich wünschenswert wäre. Die Kosten müssen zwar gedeckt sein, der Preis wird aber aufgrund des harten Verdrängungswettbewerbs sehr knapp kalkuliert. Der Preis richtet sich folglich nicht ausschließlich nach den Kosten eines Verlages, sondern auch nach der Marktsituation.

Auch die Spezialisierung des Titels, etwa bei Fachzeitschriften, und die Auflagenhöhe spielen eine Rolle. Die Faustregel: Je spezieller die Thematik des Heftes und je geringer die Auflage, desto höher ist der Copypreis. Gefragt ist damit nicht nur eine transparente Kostenkalkulation, sondern auch Fingerspitzengefühl für die Marktlage und die Nachfrage.

Das Know-how für die Preisfindung liegt vor allem beim Vertrieb, der durch intensive Marktbeobachtung und die Kenntnis des Lesermarktes der Impulsgeber für Copypreisänderungen oder die Festlegung des Preises bei Sonderheften und Neueinführungen ist.

In der Praxis gliedern sich die Verkaufspreise von Zeitschriften in den
*   Copypreis (Einzelverkaufspreis) und den
*   Abonnementpreis

Der Zwischenhandel (Grosso, Bahnhofsbuchhandel, Lesezirkel etc.) erhält auf die gebundenen Preise Rabatte, die in Form von Handelsspannen und Werbekostenzuschüssen (WKZ) gewährt werden. Auch Sonder- und Mengenrabatte für Studenten, Bibliotheken oder Großabnehmer aus der Industrie sind durchaus üblich.

Auf den Nettopreis wird in Deutschland der für Presseerzeugnisse übliche verminderte Mehrwertsteuersatz von 7% erhoben. In der Objektkalkulation wird mit dem Nettopreis ohne Mehrwertsteuer und Händlerrabatte gerechnet.

So ergibt sich im Beispiel des Nachrichtenmagazins „Orbit News" folgende kalkulatorische Berechnung:

**Berechnung des Netto-Copypreises:**

|  | Euro | % |
|---|---|---|
| Copypreis brutto: | 5,- | 100 |
| - MwSt : | 0,33 | 7 |
| | | |
| Copypreis netto: | 4,67 | |
| - Handelsspanne Grosso: | 0,72 | 15,30 |
| - Handelsspanne Einzelhandel: | 0,86 | 18,31 |
| + Umsatzbonus (neu seit 1.3.2003): | 0,06 | 1,25 |
| | | |
| Copypreis netto plus Umsatzbonus minus Rabatte: | 3,15 | |

Der Abonnementspreis richtet sich nach den über ein halbes oder ganzes Jahr aufsummierten Einzelpreisen. In der Regel werden zwischen 10 und 15 Prozent Rabatt gegeben und eine Prämie gewährt. Vom Gesetzgeber sind 15 Prozent als Obergrenze für den Rabatt festgelegt. Durch die Zugabe einer Prämie wird diese Obergrenze allerdings oftmals überschritten, was Anfang 2003 prompt den Bundesverband der Lotto- und Totoverkaufsstellen in Deutschland e.V. (BLD) auf den Plan gerufen hat.

Dieser schickte zu Jahresbeginn 2003 Verlagen wie Springer, Burda, Bauer, Gruner und Jahr, Milchstrasse und dem Jahreszeiten Verlag Unterlassungserklärungen zu mit dem Hinweis auf den § 1 UWG (Gesetz gegen den unlauteren Wettbewerb). Durch die Auslobung einer werthaltigen Aboprämie würden die Verlage unter dem Strich wesentlich mehr als die erlaubten 15 Prozent Rabatt geben und so Geschäftseinbrüche im Einzelverkauf provozieren. Die Richtigkeit dieser Behauptung ist allerdings schwer nachzuweisen. Denn durch intensive Abowerbung wachsen in der Regel auch die Verkäufe im Einzelverkauf, da dadurch ein hoher Aufmerksamkeitswert erzielt wird.

Auch der Verband Deutscher Zeitschriftenverleger (VDZ) beschäftigt sich seit geraumer Zeit mit dem Thema. So wurde bereits zwischen April und September 2002 von der PMV (Pressemarkt Vertrieb)-Arbeitsgruppe „Wettbewerbsregeln" innerhalb des VDZ ein Entwurf mit dem Titel „Wettbewerbsregeln für den Vertrieb abonnierbarer Publikumszeitschriften" erarbeitet und mit Vertretern von BLD, dem Werbetreibendem Buch- und Zeitschriftenhandel, Presse-Grosso, Bahnhofsbuchhandel und dem Bundesverband des Tabakwaren-

Einzelhandels abgestimmt. Hierin wollen sich die Verleger teilweise selbst beschränken, um dem Gesetzgeber zuvorzukommen.

Um alle Aspekte für eine möglichst optimale Preisfindung zu berücksichtigen,
bedient sich der Verlag diverser Instrumente und preispolitischer Strategien. Im
Folgenden wird auf einige der Möglichkeiten näher eingegangen.

## Die Instrumente der Preispolitik

Den optimalen Preis bestimmen drei Determinanten:
- Kosten
- Kunde
- Konkurrenz

**Die kostenorientierte Preisfindung:** Diese richtet sich danach, wie viel die
Zeitschrift den Verlag kostet. Dazu muss bereits im Vorfeld die Auflagenhöhe
festgelegt worden sein, damit die Kosten entsprechend der Stückzahl umgelegt
werden können. Diese Preispolitik ist aber nicht nur sehr komplex, sie hat auch
ihre Risiken, da ungeklärt ist, ob die Kunden diesen Preis akzeptieren werden.

**Die kundenorientierte Preisfindung:** Diese legt den Preis zugrunde, den der
potenzielle Kunde grundsätzlich zu zahlen bereit ist. Der Preis variiert, je nachdem wie die Thematik des Objektes am Markt gewünscht und akzeptiert wird.
Darüber hinaus spielen noch andere Kriterien eine Rolle: Wie kaufkräftig ist
etwa die Zielgruppe? Ein Titel, der Jugendliche anspricht, sollte zum Beispiel
günstiger angeboten werden als ein Titel, der sich an gut verdienende Notare
wendet. Ein anderes Einflusskriterium ist der Spezialisierungsgrad des Printobjektes. Je spezialisierter das Thema, desto geringer ist in der Regel die Auswahl
an Konkurrenzprodukten und desto teurer kann das Objekt werden. Wichtig ist
ebenso der Umfang und die Ausstattung: Je aufwändiger ein Objekt gestaltet ist,
desto mehr ist in der Regel der Kunde bereit dafür auszugeben. Darüber hinaus
gibt es auch noch bestimmte Preisschwellen: Ein Verkaufspreis von 2,90 Euro
wirkt besser als einer in Höhe von 3 Euro. Bei der kundenorientierten Preisfindung muss der Verlag eine enorme Einschätzungsfähigkeit und Intuition be-
weisen.

**Die konkurrenzorientierte Preisfindung:** Hier richtet sich der Verlag nach
den Preisen der Wettbewerber. Wenn ähnliche Produkte für einen geringeren
Preis am Markt erhältlich sind, so wird die Zeitschrift vermutlich nur geringe

Chancen haben, sich mit zufriedenstellenden Auflagenhöhen zu etablieren. Daher sollte sich der Copypreis am Gesamtpreisgefüge des betreffenden Marktes orientieren. In einem thematisch geschlossenen Zeitschriftensegment könnte dies zu Preisabsprachen führen, da die Käufer nur innerhalb des Segmentes zu einem anderen Objekt abwandern könnten. Wenn jedoch alle Objekte gleichzeitig die Preise erhöhen würden, würden dem Segment durch fehlende Alternativen voraussichtlich kaum Leser abhanden kommen, alle beteiligten Verlage hätten aber mehr Geld in der Tasche. Daher sind diese Preisabsprachen wie in allen anderen Branchen in Deutschland auch verboten.

## Preispolitische Strategien

Da im Verlagswesen die Preisbindung gilt, besteht für preispolitische Strategien wenig Spielraum. Unterschieden werden:

* *Festpreispolitik* und
* *Zeitliche, produktbezogene* und *kundenbezogene Preisdifferenzierung*

**Die Festpreispolitik:** Hier bleibt der Preis des Objektes immer gleich. Der Verlag vermindert dadurch sein Risiko und kann langfristig mit dem gleichen Preis planen. Anderseits birgt diese starre Preispolitik auch Nachteile, da der Verlag selbst bei unregelmäßig erscheinenden Sonderheften trotz eventuell veränderter Wettbewerbsbedingungen oder Kostenstrukturen seinen Preis nicht angleichen würde. Dabei könnte der Verlag neue Zielgruppen mit einem günstigeren Preis erschließen. Bei Zeitschriften kommt daher die Festpreispolitik kaum zum Tragen, da durch die Periodizität des Erscheinens eine Preisanpassung theoretisch zu jeder neuen Ausgabe möglich ist.

**Die Preisdifferenzierung:** Hier hat der Verlag drei Möglichkeiten:
Die *zeitliche Preisdifferenzierung* erlaubt es, bei neuen Ausgaben den Preis anzupassen. Damit kann der Verlag etwas flexibler auf die Marktbedürfnisse reagieren. Eine kurzfristige zeitliche Preisdifferenzierung liegt bei dem so genannten Subskriptionspreis vor. Dabei wird das Objekt innerhalb einer zeitlich begrenzten Einführungsphase mit Nachlass angeboten. Der Einführungspreis kann bei Zeitschriften über mehrere Ausgaben beibehalten werden.
Bei der *produktbezogenen Preisdifferenzierung* wird ein Heft in unterschiedlichen Formen verkauft, etwa einmal im Magazinformat und zusätzlich im Pocket-Format. Preisempfindliche Marktsegmente werden so erschlossen. Zudem hat diese Strategie einen hohen Marketingwert.

Mit Hilfe der *kundenbezogenen Preisdifferenzierung* würde der Verlag die gesetzliche Preisbindung umgehen, da er dabei seine Objekte zu flexiblen Preisen anbietet, um speziellen Kundengruppen günstigere Konditionen gewähren zu können. Es gibt aber Ausnahmen, wo die *kundenbezogene Preisdifferenzierung* möglich ist; Zeitschriften können beispielsweise an Großabnehmer zu günstigeren Konditionen abgegeben werden, sofern diese die Werke zur alleinigen Nutzung – zum Beispiel als Mitarbeiterlektüre – nutzen und die Objekte nicht zum Weiterverkauf erwerben. Auch können Rabatte an Studenten oder Schulungseinrichtungen etc. gewährt werden. Rabatte für Abonnenten sind bis zu einer Größenordnung von 15-20% erlaubt.

## Preisauszeichnung

Der Copypreis sollte klar auf dem Titel erkennbar sein. Die meisten Zeitschriften haben mittlerweile auch den maschinenlesbaren EAN-Code auf der Titelseite integriert, um sowohl die Verarbeitung beim Grosso als auch die Berechnung beim Einzelhandel zu vereinfachen. Da die meisten Zeitschriften auch im Ausland erscheinen, werden zunehmend auch die Auslandspreise auf dem Titel abgedruckt. Die Preise im deutschsprachigen Ausland sind fast ausnahmslos bei allen dort erscheinenden Objekten aufgedruckt, die Preise der anderen Länder meist nur dann, wenn es die vertrieblichen Bestimmungen dieser Länder verlangen.

Die Auslandspreise unterscheiden sich meist vom Inlandspreis, je nachdem wie hoch die zusätzlichen Zoll-, Import- und Transportkosten ausfallen.

## 8.5.2 Die Anzeigenpreise

Die zweite wichtige kalkulatorische Größe ist der Anzeigenpreis. Auch hier sind Fingerspitzengefühl und exakte Kalkulation gefragt. Werden die Anzeigen zu teuer verkauft, werden sie nicht nachgefragt. Sind sie zu billig, decken sie die Kosten nicht. Die Anzeigenpreiskalkulation ist eine der schwierigsten Berechnungen im Verlag. Denn für die werbetreibende Wirtschaft und die mit der Werbung beauftragten Agenturen sind neben dem Preis vor allem die Reichweiten und die Leserschaften der zu belegenden Titel das wichtigste Kriterium.

Diese sind dann zum Beispiel in der Media-Analyse (MA), der Allensbacher Werbeträger-Analyse (AWA), der Allensbacher Computer- und Telekommunikations-Analyse (ACTA) oder auch der Typologie der Wünsche (TdW) für alle

Media-Entscheider neutral ermittelt und verfügbar. Der Anzeigenberater hat nun die Aufgabe, den potenziellen Kunden davon zu überzeugen, dass die Reichweite den Preis rechtfertigt.

## Der Tausender-Kontakt-Preis

Die Auflagen und Reichweiten der verschiedenen Blätter unterscheiden sich sehr. So bedarf es einer einheitlichen Bezugsgröße zur Vergleichbarkeit der absoluten Anzeigenpreise. Hierfür gibt es die sogenannten Tausenderpreise:

* *Tausender-Auflage-Preis* (Preis der Anzeigenseite pro 1.000 verkaufte Expl.)
* *Tausender-Leser-Preis* (Preis der Anzeigenseite pro 1.000 Leser)
* *Tausender-Kontakt-Preis* (Preis der Anzeigenseite pro 1.000 Kontakte)

Der Unterschied dieser Größen: Der Tausender-Auflage-Preis berücksichtigt ausschließlich die Anzahl der verkauften Zeitschriften, während der Tausender-Leser-Preis auch diejenigen Leser mit einrechnet, die die Zeitschrift lesen, ohne sie zu kaufen, etwa diejenigen, die sich ein Heft vom Nachbarn leihen.

Der Tausender-Kontakt-Preis umfasst auch die Möglichkeit, dass ein Leser dieselbe Anzeige in verschiedenen Zeitschriften eines Verlages mehrmals sieht.

Das allgemein maßgebliche Entscheidungskriterium der Werbungtreibenden ist der Tausender-Kontakt-Preis.

## Die Berechnung des Anzeigenpreises

Zunächst kalkuliert die Anzeigenabteilung die Kosten, die bei der Akquise und Produktion der verschiedenen Anzeigenvarianten anfallen. Hierbei werden sowohl die fixen Kosten für Personal und technisches Equipment einbezogen als auch die variablen Kosten wie die Kosten für Zusatz- oder Sonderfarben, reine drucktechnische Herstellungskosten und alle weiteren Kosten, die bei der Bereitstellung der Anzeige im Heft anfallen. Schließlich wird noch der kalkulatorische Gewinn aufgeschlagen.

Der ermittelte Wert ist nun der Grundpreis, der als Grundlage für den tatsächlich vom Kunden zu bezahlenden Anzeigenpreis dient.

## Die kundenindividuelle Preisberechnung

Nur die wenigsten Anzeigenkunden zahlen in der Praxis den regulären Grundpreis. Der kundenindividuelle Preis errechnet sich aus dem Grundpreis mit Berücksichtigung zahlreicher flexibler Komponenten. Einige der wichtigsten sind zum Beispiel:

- Der *Grundpreis* dient als Grundlage für den zu berechnenden Preis. Der Kunde müsste diesen zahlen, wenn er weder Sonderwünsche hätte noch etwaige Rabatte in Anspruch nehmen wollte.

- *Farbzuschläge* muss der Kunde zahlen, wenn er zusätzliche Farben oder Sonderfarben in seiner Anzeige wünscht.

- Einen *Platzierungszuschlag* zahlt der Kunde, wenn er Sonderwünsche bezüglich der Platzierung seiner Anzeige hat.

- Die *AE-Provision* ist die Agenturprovision, die die vom werbetreibenden Unternehmen beauftragte Agentur vom Verlag für die Berücksichtigung ihrer Zeitschriften im Media-Mix erhält. Dieses Verfahren ist nicht ganz unumstritten und wird von den Unternehmen zusehends kritisiert.

- Die *Malstaffel* bezeichnet einen für die wiederholte Schaltung von Anzeigen eingeräumten und von der Zahl der Schaltungen abhängigen Rabatt. Je höher die Zahl der Schaltungen, desto höher der Rabatt. Voraussetzung für die Gewährung des Rabattes ist ein Anzeigenabschluss. Hierbei verpflichtet sich der Kunde, innerhalb einer bestimmten Zeit eine bestimmte Anzahl oder eine bestimmte Menge an Anzeigenraum abzunehmen. Viele Verlage gewähren als Gegenleistung hierfür dem Kunden etwa bei Preiserhöhungen eine Karenzzeit, in der noch der alte Preis gilt.

- Einen *Ausgaben-Nachlass* erhält der Kunde, wenn er mehrere verschiedene Ausgaben (z.B. Ausgaben in verschiedenem Format oder auch regionale Ausgaben) belegt.

- Ein *Kombinations-Rabatt* wird gewährt, wenn mehrere verschiedene Zeitschriften eines Verlages oder eine komplette Objektgruppe belegt werden.

- Von den meisten Verlagen werden *Anzeigensplittings und Teilbelegungen* angeboten. So können zum Beispiel in der Gesamtauflage mehrere verschiedene Motive national gleichmäßig verteilt erscheinen oder verschiedene Motive regional unterschiedlich festgelegt gebucht werden. Auch die Belegung nur einiger ausgewählter Gebiete mit der Anzeige ist möglich.

- Darüber hinaus werden weitere diverse *kundenindividuelle Boni* und *Aktionsrabatte* gewährt.

Im Folgenden wird die Grundstruktur einer Preisberechnung für einen Anzeigenkunden und eine vom Kunden beauftragte Agentur vorgestellt:

**1. Preisberechnung für den Anzeigenkunden direkt:**

|       | Grundpreis (Kundenbrutto, Tarifbrutto) |
|-------|------------------------------------------|
| minus | Rabatte |
| =     | Kundennetto (Tarifnetto) |
| plus  | 15% MwSt |
| =     | Kundennetto incl. MwSt |
| minus | 2% Skonto |
| =     | **Rechnungsbetrag für den Kunden** |

**2. Preisberechnung für eine vom Kunden beauftragte Agentur:**

|       | Grundpreis (Kundenbrutto, Tarifbrutto) |
|-------|------------------------------------------|
| minus | Rabatte |
| =     | Agenturbrutto (Kundennetto) |
| minus | 15% AE-Provision |
| =     | Agenturnetto |
| plus  | 15% MwSt |
| =     | Agenturnetto incl. MwSt |
| minus | 2% Skonto |
| =     | **Rechnungsbetrag für die Agentur** |

## Die Anzeigenpreisliste

Um potenziellen Anzeigenkunden die Preisstruktur für die Anzeigenschaltung bei einer Zeitschrift transparent zu machen und die Voraussetzung für ein ordnungsgemäßes Anzeigengeschäft, in dem der Gleichheitsgrundsatz für alle Kunden gilt, zu schaffen, stellt jeder Verlag Anzeigenpreislisten mit den wichtigsten Informationen zur Verfügung.

In der Liste sind die Tarifpreise und die tarifmäßigen Vergünstigungen sowie alle für einen Inserenten erforderlichen Angaben der Zeitschrift aufgelistet. Ein Verlag ist angehalten, die in der Preisliste ausgewiesenen Preise und Rabatte einzuhalten, um zu gewährleisten, dass für vergleichbare Anzeigen-Dispositionen von verschiedenen Inserenten auch gleiche Preis- und Rabattkonditionen angewendet werden. Diese Verpflichtung wird Preislistentreue genannt.

Entsprechend einer Empfehlung des Fachausschusses für das Anzeigenwesen des Zentralausschusses der Werbewirtschaft (ZAW) soll jede Anzeigenpreisliste mindestens die folgenden Informationen enthalten:

- Den Titel der Zeitschrift
- Die laufende Nummer der Preisliste und die Gültigkeit
- Die allgemeinen Geschäftsbedingungen
- Die IVW-Zugehörigkeit
- Alle Tarife und Grundpreise, die Angabe der Auflage, auf Grund derer die Preise kalkuliert sind, sowie die ermäßigten Grundpreise
- Alle Aufschläge und Nachlässe
- Die Spaltenbreiten- und -zahlen, bei Berechnung nach Seiten und Seitenteilen deren Höhen und Breiten
- Die Höhe und Breite des Satzspiegels
- Den Inhalt einer Seite in Millimeterzeilen, es sei denn dass ausschließlich nach Seiten und Seitenteilen berechnet wird
- Den Bruttopreis einer Seite und bei Seitenteilen den anteiligen Seitenpreis
- Den Anzeigenschluss/Rücktrittstermin
- Angaben zu Druckverfahren, Raster und Druckunterlagen
- Den Preis für je 1.000 Beilagen, falls diese angenommen werden, und die Art der Preisnachlässe für wiederholte Beilagenaufträge
- Die Zahlungsfrist für den Werbetreibenden und etwaige Skonti
- Den Erscheinungsort der Zeitschrift und die Anschrift des Verlags
- Die Anschrift der Anzeigenverwaltung

# 8.6 Planung der Anzeigenseiten

Im Vermarktungsprozess der Zeitschrift ist die Planung der Anzeigenseiten in vielerlei Hinsicht sehr wichtig. So weiß der Verlag durch die Preiskalkulation für die verschiedenen Anzeigenarten- und Varianten zwar, wie viel Umsatz er pro Anzeige machen wird, wie sich das Ergebnis in der Gesamtkalkulation der Zeitschrift niederschlägt, kann er aber erst ersehen, wenn er auch die Anzahl der bezahlten Anzeigenseiten plant und kalkuliert. Schließlich müssen durch die Vermarktung der Seiten nicht nur die variablen Stückkosten pro Seite, sondern auch Teile der Fixkosten von Anzeigenabteilung, Kostenträger und Gesamtunternehmen gedeckt werden.

Die Höhe des zu erreichenden Anzeigenvolumens summiert sich also aus den für die Kostendeckung notwendigen Erlösen und dem kalkulatorischen Gewinn, immer abgestimmt auf die weiteren Parameter wie die ebenfalls zur Kostendeckung beitragenden Vertriebserlöse oder den Anteil, den die Anzeigenerlöse der Zeitschrift zur Kostendeckung des Gesamtunternehmens beitragen sollen.

Natürlich muss sich die Planung der Anzeigenseitenzahl auch an den Marktgegebenheiten orientieren. Durch intensive Marktbeobachtung und die Analyse der Zielgruppen erhält die Anzeigenabteilung eine Einschätzung, wie viel Potenzial am Markt vorhanden ist, wie groß die Wahrscheinlichkeit ist, dass sie der Konkurrenz Kunden dauerhaft oder zumindest temporär abwerben kann oder ob sogar die Möglichkeit besteht, neue Zielgruppen aufzutun und dadurch den Markt zu erweitern.

So ist beispielsweise in einem Artikel der Fachzeitschrift „Werben und Verkaufen" nachzulesen, dass Luxusanzeigen noch nie zuvor so hart umkämpft waren wie 2003. Selbst Prinz Carlos von Hohenzollern wollte mit „Seasons" dem „ersten General-Interest-Titel für Luxus" den Markt hochpreisiger und hochglänzender Titel aufmischen und laut „W&V" mit einem Unisex-Konzept sogar die bei den Pflichttiteln „Vogue", „Madame", „Elle", „Marie Claire" und „GQ" übliche Geschlechtertrennung aufheben. Die limitierte Auflage sollte durchnummeriert werden und für Abonnenten sogar die Titelseite personalisiert und mit dem Namen des Käufers versehen werden. Ein exklusives Umfeld für Anzeigenkunden aus dem Luxussegment also. Entwickelt hatte das Heft der ehemalige GQ-Chefredakteur Andreas Wrede. Noch bevor das erste Heft, das für Ende März 2003 angekündigt war, erscheinen konnte, war der Traum jedoch schon wieder vorbei. Der Prinz konnte aufgrund finanzieller Schwierigkeiten das Projekt nicht mehr finanzieren.

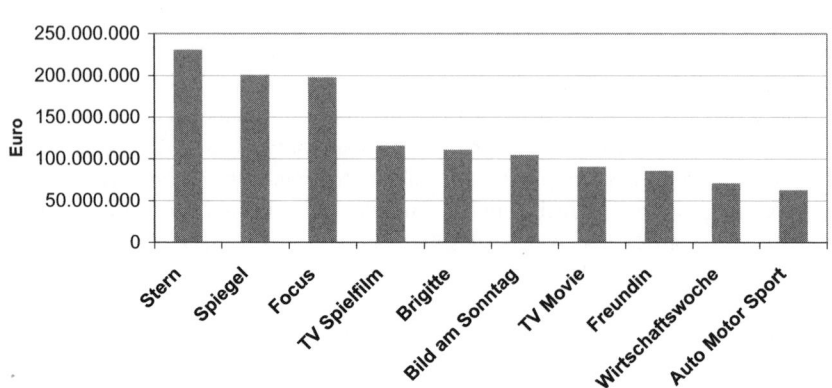

**TOP 10 der Publikumszeitschriften nach Bruttoanzeigenumsatz 2002**
(Quelle: Nielsen Media Research)

*Stern, Spiegel und Focus waren 2002 die umsatzstärksten Publikumszeitschriften nach Bruttoanzeigenumsatz.*

Die Anzeigenplaner können also einerseits die zu erreichende Anzahl an bezahlten Anzeigenseiten an den Kosten und dem gewünschten Gewinn ausrichten. Andererseits können sie versuchen, die Kosten auf ein Niveau zu bringen, das den erwarteten Anzeigenseiten entspricht. Großverlage wie Burda, Gruner und Jahr und Axel Springer führen seit Beginn 2003 beispielsweise durchgreifende Strukturveränderungen in ihren Anzeigenabteilungen durch, um die geschrumpften Anzeigenverkäufe zu kompensieren.

Wichtig ist in diesem Zusammenhang natürlich einerseits, bei welcher Art von Kunden bzw. bei welchen Branchen sich die Anzeigenverkäufer Chancen ausrechnen und ob diese anvisierten Branchen auch attraktive Werbeumsätze tätigen.

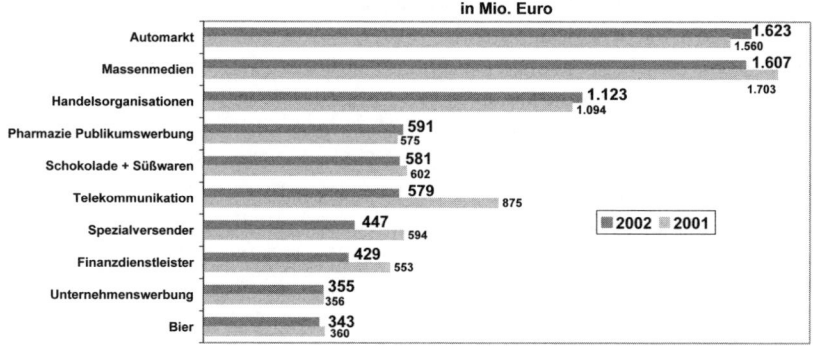

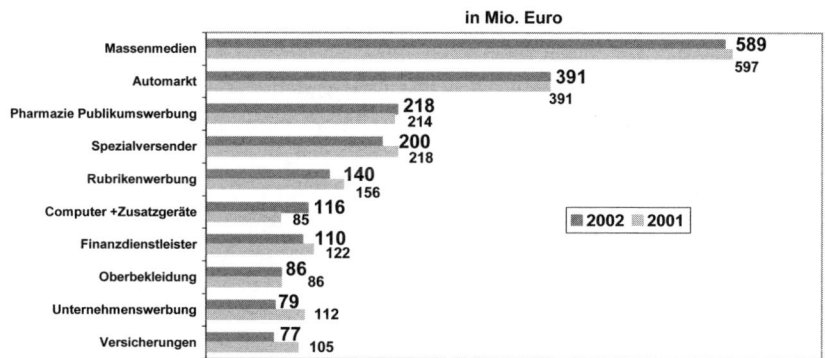

*Im Jahr 2002 hat die Automobilwirtschaft die höchsten Werbeinvestitionen getätigt. Im Jahr davor warben die Massenmedien am meisten. In Publikumszeitschriften waren sowohl 2001 als auch 2002 die Massenmedien die Spitzenreiter bei den Werbeinvestitionen.*

Generell gilt, je mehr bezahlte Anzeigen im Heft sind, desto besser. Das Anzeigenvolumen stößt jedoch auf Grenzen, wenn die Relation des redaktionellen Inhalts im Vergleich zu der Anzahl der Anzeigenseiten nicht mehr passt.

Dies ist der Fall, wenn das Erscheinungsbild des Heftes von den Anzeigen dominiert wird, so dass der Leser die Inhalte nicht mehr attraktiv findet. Dazu kommen auch noch produktionstechnische Gründe, die dazu führen können, Anzeigen abzulehnen oder auf eine spätere Ausgabe zu verschieben. So sind die so genannten Bücher oder Bögen einer Zeitschrift ein solcher Grund – ein Bogen besteht aus 16 aufeinanderfolgenden Seiten. Da man die Anzahl der Heftseiten der Zeitschrift immer durch die Seitenzahl eines Bogens dividieren können muss, kann es passieren, dass man etwa durch zwei zusätzliche Anzeigen 16 weitere Seiten drucken und 14 davon mit redaktionellem Inhalt füllen müsste. Die Produktionskosten der 14 Redaktionsseiten würden niemals durch die zwei Anzeigenseiten gedeckt werden. Ebenso sind die Produktionskosten für einen halben Bogen (acht Seiten) verhältnismäßig hoch. So müsste die Anzeigenabteilung in diesem Fall die Anzeigen also ablehnen oder zu einem späteren Zeitpunkt ins Heft nehmen.

Schließlich gibt es auch noch steuerrechtliche Gründe. So unterliegen Presseprodukte in Deutschland dem ermäßigten Mehrwertsteuersatz von 7%. Der Gesetzgeber hat aber festgelegt, dass der redaktionelle Anteil an einer Zeitschrift mindestens 25% betragen muss, damit sie steuerrechtlich als Presseprodukt behandelt wird. Ansonsten wird das Heft mit dem normalen Satz von 16% besteuert. Auch in diesem Fall würde der Verlag sicher auf die ein oder andere Anzeige zu dieser Ausgabe verzichten.

**Heftstruktur der Publikumszeitschriften im Jahr 2002**
(Quelle: ZAS-VDZ)

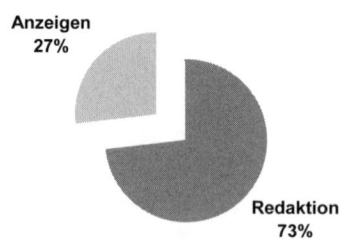

Anzeigen
27%

Redaktion
73%

*Im Jahr 2002 waren bei den Publikumszeitschriften ca. 27% der Seiten mit Anzeigen belegt. 73% nahm die redaktionelle Berichterstattung ein.*

**Anzeigenstruktur der Publikumszeitschriften im Jahr 2002**
(Quelle: ZAS-VDZ)

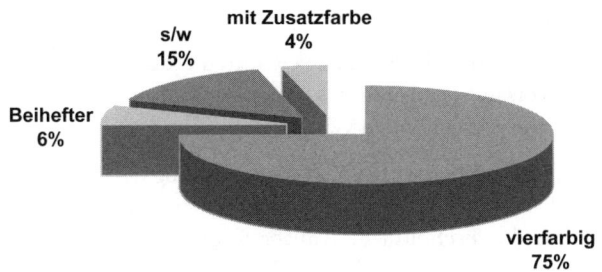

*Im Jahr 2002 waren 75% aller Anzeigenseiten vierfarbig.*

# 8.7 Die Auflagenkalkulation

Zu jeder neuen Ausgabe einer Zeitschrift muss vom Vertrieb die Druckauflage ermittelt werden. Zuvor ist eine Vielzahl von vorbereitenden Kalkulationen und Planungen nötig.

Der Auflagenhöhe kommt eine enorm große Bedeutung zu. Sie ist eine entscheidende Größe, die andere Kennzahlen und damit die gesamte Kalkulation wesentlich beeinflusst. Die Höhe des Copypreises beispielsweise hängt eng mit der Auflagenhöhe zusammen. Es gilt: Je höher die Auflage, desto mehr verteilen sich die Fixkosten auf die Einzelexemplare und desto günstiger kann der Titel dann angeboten werden.

Darüber hinaus hängen viele andere Kosten von der Auflage und dem Verkaufspreis ab, etwa die Produktions- oder Versandkosten, da diese mengen- oder umsatzabhängig sind. Es ist allerdings nicht immer einfach, die Nachfrage nach einem Titel realistisch einzuschätzen. In der Regel orientiert sich der Verlag dabei an Erfahrungswerten, er analysiert bereits vorhandene Werte und rechnet diese unter Beachtung neuer Trends auf die voraussichtliche Entwicklung in der Zukunft hoch. Zudem werden analytisch erarbeitete Prognoserechnungen hinzugezogen.

Bei Zeitschriften und Magazinen summiert sich die verkaufte Auflage aus
- dem Einzelverkauf über den Handel
- dem Direktverkauf über den Verlag
- der abonnierten Auflage und
- aus Sonderverkäufen.

Die verbreitete Auflage besteht aus der verkauften Auflage und dem Freiversand. Bei dem Freiversand werden Hefte kostenlos an Empfänger der Zielgruppe und damit potenzielle Neukunden verschickt.

Die Vertriebsabteilung hat bereits bei der Neueinführung des Titels und schließlich einmal jährlich in den Planungsgesprächen gemeinsam mit der Verlagsleitung eine bestimmte durchschnittliche Auflage festgelegt, die als Richtgröße auf jeden Fall anzustreben ist.

Die verkaufte Auflage bringt in den meisten Sparten Erlöse. Durch Freiversand und Sparten, in denen hohe Werbekostenzuschüsse an die Handelspartner gezahlt werden (wie im Werbetreibenden Buch- und Zeitschriftenhandel oder den Bordexemplaren der Fluggesellschaften), werden diese Erlöse aber wieder gemindert. Nicht zuletzt verursacht jedes kostenlos abgegebene oder bezuschusste Heft sowohl Druck- als auch Versandkosten. Erst der erwirtschaftete Deckungsbeitrag aus der Auflage zeigt den Verlagsstrategen also, ob die Verkaufserlöse gemeinsam mit den Umsätzen aus der Anzeigenabteilung das Objekt wirtschaftlich führen lassen.

**Auflagenstruktur der Publikumszeitschriften im Jahr 2002**
(Quelle: IVW)

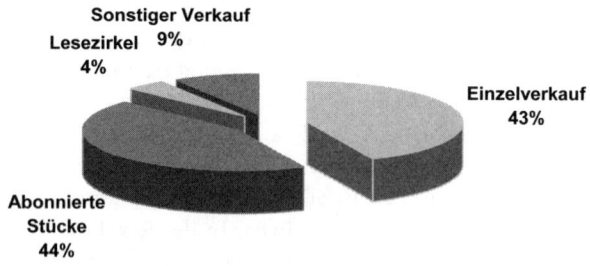

*Im Jahr 2002 wurden 43% aller Publikumszeitschriften über den Einzelverkauf abgesetzt. 44% der Hefte wurden abonniert.*

Der Vertrieb bestimmt, welche Auflage welcher Vertriebssparte zukommt. Dabei muss er Folgendes beachten:

## Grosso-Auflage

Bei der Bestimmung der Grossoauflage fließt eine Vielzahl verschiedener Faktoren ein. Bei eingeführten Heften zieht der Vertrieb hier zunächst die Erfahrungswerte heran. Der Vertriebsleiter und der zuständige Disponent schauen sich an, wie sich die Zeitschrift entwickelt hat: Wieviel Hefte wurden im Vorjahresvergleich verkauft? Welcher durchschnittliche Trend ist bei den letzten Ausgaben zu erkennen, gibt es Faktoren, die diesen Trend verändern oder bestätigen können?

Es wird ebenso geprüft, ob das geplante Titelthema oder die Schwerpunktthemen im Heft Rückschlüsse auf die Verkäuflichkeit zulassen: Wie haben sich ähnliche Themen in der Vergangenheit auf die Verkaufsergebnisse ausgewirkt? Auch saisonale Einflüsse und die Feiertagssituation werden berücksichtigt.

Schließlich klärt der Vertrieb noch, ob es IVW-Abhängigkeiten gibt (um eine höhere verkaufte Auflage melden zu können, liefert ein Verlag zum Beispiel vergleichsweise viel Hefte aus und riskiert dabei bewusst hohe Remissionsquoten).

Sobald die Disposition die erwarteten Verkaufszahlen ermittelt hat, wird die gewünschte Remissionsquote dazugerechnet und so die benötigte Bezugsmenge festgelegt. Da der Verlag das Remissionsrisiko trägt, hat er in Deutschland auch das Dispositionsrecht.

In der Praxis werden die Bezüge aber in Zusammenarbeit mit dem Grosso festgelegt. Das Grosso hat im Vorfeld ebenfalls die Bezüge geplant. Es bedient sich hier ähnlicher Methoden wie der Verlag und einem Analyse- und Prognosesystem, der MBR (Marktorientierte Bezugsregulierung), die mit Durchschnittwerten und rechnerisch ermittelten Zu- bzw. Abschlägen formelunterstützt Bezugsvorschläge ermittelt. Die Grossisten prüfen den Vorschlag der Verlage und gleichen ihn mit den selbst errechneten Bezugsvorstellungen ab. Weichen diese Vorstellungen ab, so wird im gemeinsamen Gespräch ein von beiden Seiten akzeptierter Vorschlag erarbeitet.

## Bahnhofsauflage

Die Ermittlung der Bahnhofsauflage läuft ähnlich ab wie bei den Grossisten. Auch hier werden die Bezugsvorstellungen zunächst im Verlag ermittelt und dann mit den Vorstellungen der Bahnhofsbuchhändler abgeglichen. Da die meisten Bahnhofsbuchhandlungen aus nur einer Verkaufsstelle bestehen und auch die größeren Ketten aus einer überschaubaren Anzahl von Angebotsstellen, gibt es kein vergleichbares Tool wie die MBR beim Grosso. Die Bahnhöfe ermitteln die benötigten Mengen meist aus den aktuellen Verkaufszahlen und einer im Vergleich zum Grosso niedrigeren Remissionsquote.

## Fachhandelsauflage

Die Fachhandelsauflage ergibt sich aus der Anzahl der Exemplare, mit denen die akquirierten Fachhändler beliefert werden. Bei der Ermittlung der zu druckenden Auflage muss nur berücksichtigt werden, ob im Vergleich zur Vorausgabe neue Verkaufsstellen hinzugekommen sind. Hier entfällt eine ausgabenbezogene Bezugsplanung, da die meisten Fachhändler die Hefte im Festbezug erhalten und die Bezugsmenge nur selten angepasst wird.

## Lesezirkelauflage

Auch die Lesezirkelauflage bleibt meist über mehrere Ausgaben gleich. Die Lesezirkel versuchen eine mit dem Verlag abgestimmte Menge unterzubringen und behalten diese dann zunächst bei.

## WBZ-Auflage

Für die WBZ-Auflage gilt weitgehend dasselbe wie für den Lesezirkel. Da die WBZ-Auflage zu den Abonnements gezählt wird, ist sie einerseits sehr attraktiv. Je höher die Auflage, desto höhere Abozahlen kann der Verlag der IVW melden. Andererseits ist die WBZ-Auflage durch die oft hohen notwendigen Werbekostenzuschüsse auch sehr kostenintensiv.

## Abonnement-Auflage

Die Abo-Auflage muss zu jeder neuen Ausgabe des Heftes nur aus dem Abo-EDV-System entnommen werden. Hier entfallen Verhandlungen mit etwaigen Handelspartnern, da klar erkennbar ist, wie viele Abos akquiriert wurden.

## Auslandsauflage

Die Auslandsauflage wird im Verlag ähnlich behandelt wie die Handelssparten im Inland. Das Procedere ist dasselbe wie beim Grosso: Die Verhandlungen laufen entweder direkt vom Verlagsvertrieb mit dem Auslandsgrossisten bzw. Importeur oder über einen Dienstleister in Deutschland, der für den Verlag den Auslandsvertrieb koordiniert.

## Bordexemplarauflage

Die Anzahl der Bordexemplare, die in die Druckauflage aufgenommen werden müssen, ergibt sich aus der aktuell mit den Fluggesellschaften verhandelten Auflage. Auch hier muss nicht zu jeder neuen Ausgabe neu kalkuliert werden, vielmehr versucht der Verlag regelmäßig Hefte unterzubringen. Diese werden dann in der angepassten Höhe in die Druckauflage aufgenommen.

## Auflage Direktverkauf

Der Verlag kalkuliert auch Lagerreserven ein, die für Direktbestellungen beim Verlag, also Bestellungen und Nachsendungen von Einzelexemplaren, benötigt werden. Aber auch die Mengen für etwaige Straßenverkäufer oder Stumme Verkäufer (Automaten, die an Stellen mit starkem Publikumsverkehr aufgestellt werden) und etwaige Messeverkäufe werden hier berücksichtigt. Die Auflagenhöhe für den Direktvertrieb basiert auf Erfahrungswerten.

## Sonstige verkaufte Auflage

Werden Hefte über den sonstigen Verkauf abgesetzt, muss der Verlag nur die an Industriekunden, Hotels oder sonstige Großabnehmer und Sonderkunden verkauften Hefte in der Druckauflage berücksichtigen.

## Auflage Frei- und Belegexemplare

Zu guter Letzt werden in der Auflagenkalkulation noch die Exemplare berücksichtigt, die als Belegexemplare an Anzeigenkunden gehen oder als Werbeexemplare an zukünftige Kunden. Ebenso müssen die Arbeitsexemplare für die Redaktionen und Verlagsabteilungen, Mitarbeiterexemplare und die Lagerreserve in die Druckauflage aufgenommen werden.

Schließlich werden alle Mengen in der Druckauflagenmeldung zusammengeführt und mit allen weiteren Informationen wie der Zahl der Anzeigenbeilagen etc. an die Druckerei geschickt. Diese druckt anhand dieses Druckauftrages die bestellten Mengen und stellt sie zur Abholung durch die Spedition bereit.

**Reiseverlag**
Fachbereich Vertrieb
Südseestraße 14, Essen

An:

Geschäftsführung
Anzeigenleitung
Chefredakteur

Kopie an:

Vertriebsteam 3
Herstellungsleiter

Druckerei Pinselstrich, Herr Aumüller

**Druckauflagen - Meldung**

Titel:        **Südseetraum**
VDZ-Nr.:      **4321**
Ausgabe-Nr.:  **2003/00008**

*Die Druckauflagenmeldung der Ausgabe 8/03 des Reisemagazins „Südseetraum" aus dem Reiseverlag: Der Übersichtlichkeit wegen listet der Vertrieb meist die Auflagen einiger Vorausgaben mit auf.*

| Spartenbezeichnung | Ausgabe 05/03 EVT 25.04.03 | Ausgabe 06/03 EVT 23.05.03 | Ausgabe 07/03 EVT 23.06.03 | Ausgabe 08/03 EVT 25.07.03 |
|---|---|---|---|---|
| Grosso (Inland) West | 35.000 | 37.000 | 40.000 | **45.000** |
| BB (Inland) Gesamt | 6.000 | 7.000 | 7.500 | **8.000** |
| Grosso (Inland) Ost | 6.500 | 7.500 | 8.000 | **9.000** |
| **EV Inland** | 47.500 | 51.500 | 55.500 | **62.000** |
| Österreich | 3.000 | 4.000 | 4.000 | **5.000** |
| Schweiz | 2.500 | 2.500 | 2.500 | **3.000** |
| Niederlande | 1.500 | 1.700 | 1.700 | **2.000** |
| Luxemburg | 900 | 900 | 900 | **900** |
| Sonstiges Ausland | 2.000 | 2.000 | 2.000 | **2.800** |
| **EV Ausland** | 9.900 | 11.100 | 11.100 | **13.700** |
| WBZ / Sonstige Auslieferer | 450 | 450 | 450 | **450** |
| **Lesezirkel** | 10.200 | 10.200 | 10.200 | **10.200** |
| Bordexemplare | 8.000 | 8.000 | 8.000 | **8.000** |
| Abonnements/ WBZ | 11.500 | 11.700 | 11.800 | **12.000** |
| Freistücke | 1.300 | 1.300 | 1.300 | **1.300** |
| Arbeitsexemplare | 210 | 210 | 210 | **210** |
| **Sonstiger Verkauf** | 5.000 | 3.000 | 5.000 | **5.000** |
| Lagerreserve | 940 | 1.540 | 1.440 | **1.140** |
| **Druckauflage Gesamt** | 95.000 | 99.000 | 105.000 | **114.000** |

Lesezirkel        immer ohne CD

Mit freundlichen Grüßen

**Fachbereich Vertrieb**
Otto Huber

| Druck | 114.000 |
|---|---|
| mit Reise-CD | 103.800 |
| ohne Reise-CD | 10.200 |
| CD´s bestellt | 105.000 |
| 01.07.2003 | |

## 8.8 Auflagenkontrolle und Reichweitenanalysen

Es gibt im Verlagswesen diverse Instrumente und Analysen, die Aufschluss über die wichtigsten Informationen geben, die für die Werbetreibenden zur Entscheidungsfindung nötig sind und die meist ausschlaggebend sind, ob ein potenzieller Kunde auch zum festen Kunden wird.

Die zentrale Maßeinheit ist zunächst einmal die verkaufte Auflage. Anhand des Verkaufs kann der Kunde einschätzen, wie groß der vertriebliche Erfolg der Zeitschrift ist und wie viel Leser bereit sind, sich das Produkt zu kaufen, in dem er werben möchte.

Was für den Anzeigenkunden noch wichtiger ist, ist allerdings die Zahl der Leser. Denn die meisten gekauften Zeitschriften werden nicht nur von einer, sondern von mehreren Personen gelesen. Somit liegt die Zahl der Leser immer über der verkauften Auflage.

Natürlich möchte der Werbetreibende nicht nur wissen, wie viele Leser eine Anzeige erreicht, sondern auch wie die Leserschaft strukturiert ist und ob die Anzeige die gewünschte Zielgruppe erreicht.

Im Folgenden sind die wichtigsten Analyseinstrumente aufgeführt und erklärt.

### 8.8.1 Auflagenkontrolle durch die IVW

Die Informationsgemeinschaft zur Feststellung der Verbreitung von Werbeträgern e.V. in Bonn ist eine unabhängige Prüfungsinstitution, die Daten wie Auflagen und Strukturanalysen überprüft. Sie wurde 1955 als Unterorganisation des Zentralverbandes der Deutschen Werbewirtschaft (ZAW) als eingetragener gemeinnütziger Verein rechtlich verselbständigt.

Mitglieder sind unter anderem Zeitschriftenverlage, Werbetreibende und Werbeagenturen. Die Mitgliedsverlage melden jedes Quartal die in diesem Zeitraum pro Ausgabe erreichte Durchschnittsauflage. Seit April 1996 ist auch eine ausgabenbezogene Meldung möglich. Zweimal jährlich werden die Zahlen von der IVW geprüft. Damit ist sicher gestellt, dass die Auflagen, mit denen die Anzeigenabteilung des Verlags bei der Kundenakquise wirbt, auch korrekt sind.

Der Kunde muss sich also nicht auf die Angabe des Verlags verlassen, sondern hat neutral ermittelte und geprüfte Daten vorliegen. Gemeldet werden die Druckauflage, Abonnementzahlen, Lesezirkelauflagen, Mitgliederstücke, Einzelverkauf, Remittenden, Freistücke, Bordexemplare und die Zahlen des Sonstigen Verkaufs.

Seit Januar 2003 gelten neue Richtlinien für die IVW-Auflagenkontrolle. So sind die Bordexemplare nicht mehr Bestandteil des Sonstigen Verkaufs, sondern werden in einer eigenständigen Rubrik gemeldet. Bei den Lesezirkelauflagen wurden ebenso die Richtlinien verschärft. So muss der Titel ab sofort fester Bestandteil der Mappe sein und kann nicht nur beigelegt werden.

Die IVW akzeptiert nur noch regelmäßig gleiche Auflagen im Lesezirkel, aber nicht mehr einmalig oder mehrmalig stark erhöhte Lieferungen einzelner Ausgaben. Diese werden nach den neuen Richtlinien dann zum Sonstigen Verkauf gerechnet. Die IVW verschärfte auch ihre Kontrollen. So können nun auch Fremddruckereien, Transportunternehmen, Vertriebs- und sonstige Dienstleister, Wiederverkäufer und Lesezirkel-Unternehmen überprüft werden.

Mit einem Minus von 0,35 Millionen Exemplaren war im 1. Quartal 2003 die verkaufte Auflage aller IVW-geprüften Publikumszeitschriften gegenüber dem Vorquartal leicht rückläufig. Dabei beläuft sich zu Jahresbeginn ihre durchschnittlich pro Ausgabe verkaufte Auflage auf 125,61 Millionen Zeitschriftenexemplare. Davon wurden 56,30 Millionen Stück im Abonnement (4/2002: 57, 61 Millionen.), 53,42 Millionen Exemplare im Einzelverkauf (4/2002: 52,08 Millionen), 4,69 Millionen Stück an die Lesezirkel (4/2002: 4,72 Millionen) und 9,26 Millionen im Sonstigen Verkauf (4/2002: 11,56 Millionen) abgesetzt; außerdem wurden 1,93 Millionen Bordexemplare verkauft. Die Gegenüberstellung der Zahlen der Quartale 4/2002 und 1/2003 zeigt zudem, dass in annähernd gleicher Höhe Zuwächse im Einzelverkauf zulasten der Abonnements gehen.

Die durchschnittlich im Quartal pro Ausgabe verkaufte Auflage der IVW-geprüften Fachzeitschriften liegt im 1. Quartal 2003 bei 16,77 Millionen Exemplaren und damit um 0,32 Millionen Stück unter dem Verkaufsergebnis des Vorquartals und um 0,70 Millionen Stück unter den Gesamtverkäufen des Vorjahres. Zum Jahresbeginn 2003 setzen sich die Verkäufe der Fachpresse zusammen aus 12,42 Millionen Abonnements (1/2002: 13,41 Millionen) sowie 0,32 Millionen Einzelverkäufen (1/2002: 0,38 Millionen) und 4,02 Millionen Sonstigen Verkäufen (1/2002: 3,68 Millionen). Die Gesamtverkäufe der Fachpresse verteilten sich im 4. Quartal 2002 auf 12,82 Millionen Abo-Exemplare, 0,31 Millionen Stück des Einzelverkaufs sowie 3,95 Millionen Exemplare des Sonstigen Verkaufs.

Der Gesamtverkauf der IVW-geprüften Kundenzeitschriften ist im Jahresvergleich (1/2003 zu 1/2002) von 43,85 Millionen Exemplaren um 0,78 Millionen Stück auf nunmehr 43,07 Millionen Zeitschriftenexemplare gesunken, die im Quartalsdurchschnitt pro Ausgabe gegen Entgelt vertrieben wurden.

**Vergleich der im I. Quartal 2003 gemeldeten IVW-Auflagen ausgesuchter Zeitschriften**

|                  | Auto Motor und Sport | Focus     | Rolling Stone | Vogue   |
|------------------|----------------------|-----------|---------------|---------|
| **Verkauf**      | 471.187              | 790.752   | 62.762        | 140.651 |
| **Verbreitung**  | 496.863              | 800.719   | 65.299        | 147.238 |
| **Abo-Ex.**      | 200.373              | 335.149   | 15.889        | 23.118  |
| **Einzelverkauf**| 195.259              | 204.351   | 30.856        | 76.493  |
| **EV-Lieferung** | 343.050              | 390.438   | 70.262        | 145.555 |
| **Remittenden**  | 147.791              | 186.087   | 39.406        | 69.062  |
| **Lesezirkel**   | 51.652               | 91.899    | 15.308        | 23.829  |
| **Sonstiger Verk.** | 17.670            | 50.515    | 709           | 12.789  |
| **Bordexemplare**| 6.233                | 108.938   | 0             | 4.422   |
| **Freistücke**   | 25.676               | 9.967     | 2.537         | 6.587   |
| **Druckauflage** | 654.025              | 1.002.369 | 106.367       | 220.700 |

*Quelle: IVW*

## 8.8.2 Leserschaftsforschung und Reichweitenanalysen

Während die IVW nur die quantitative Verbreitung der Zeitschrift prüft und dokumentiert, gehen Reichweiten- und Leserschaftsanalysen wie MA und AWA schwerpunktmäßig auf qualitative Aspekte ein, um die Zielgruppe näher bestimmen zu können. Im Folgenden sind die Grundbegriffe und die wichtigsten Studien der Leserschaftsforschung aufgeführt.

## Grundbegriffe

**Leser pro Ausgabe (LpA):** Diese Messgröße gibt die durchschnittliche Reichweite einer Zeitschrift an. Der Wert bezieht sich auf die Anzahl von Personen, die eine beliebige Ausgabe der Zeitschrift innerhalb der letzten 12 Erscheinungsintervalle (bei Monatszeitschriften 12 Monate, bei Wochenzeitschriften 12 Wochen) gelesen oder durchgeblättert haben. Der LpA ist also bezogen auf eine durchschnittliche Ausgabe unabhängig vom Erscheinungsintervall.

**Leser pro Nummer (LpN):** Dieser Wert gibt die Zahl der Personen an, die die zuletzt veröffentlichte Ausgabe eines Titels gelesen haben. Während der LpA den Durchschnittswert über mehrere Ausgaben angibt, bezieht sich der LpN nur auf eine Ausgabe bzw. Erscheinungsnummer.

**Leser pro Exemplar (LpE):** Der LpE gibt an, wie viele Personen eine durchschnittliche Ausgabe lesen. Hierbei wird davon ausgegangen, dass ein Heft oft von einer Person gekauft, aber von mehreren gelesen wird.

**Weiterster Leser-Kreis (WLK):** Der WLK gibt an, wie viele Personen während der letzten 12 Erscheinungsintervalle (Ausgaben) mindestens einmal in der Zeitschrift gelesen oder geblättert haben. Im Gegensatz zum LpA fließen hier auch Personen ein, die den Titel nicht regelmäßig lesen.

**Kernleser:** Das sind Personen, die 10 der letzten 12 Ausgaben gelesen haben.

**Kumulation:** Diese gibt den Zuwachs der Leserschaft bei einer mehrfachen Anzeigenschaltung in einer Zeitschrift an. Je mehr gelegentliche Leser die Ausgaben einer Zeitschrift lesen, desto mehr neue Leser werden mit jeder neuen Nummer erreicht und desto höher ist die Kumulation. Hat eine Zeitschrift zum Beispiel eine hohe Stammleserschaft, ist die Kumulation niedrig, denn es werden mit jeder neuen Ausgabe des Heftes größtenteils dieselben Leser wie zur Vorausgabe erreicht.

**Überschneidungen:** Bei Schaltung einer Anzeige in mehreren Ausgaben eines Titels oder in verschiedenen Zeitschriften besteht die Möglichkeit, dass eine Person die Anzeige mehrmals sieht. Sieht eine Person eine Anzeige in verschiedenen Ausgaben derselben Zeitschrift, so wird dies interne Überschneidung genannt. Sieht die Person die Anzeige in mehreren verschiedenen Zeitschriften mehrmals, so ist dies eine externe Überschneidung.

**Netto-Reichweite:** Diese gibt bei einer Mehrfachbelegung die Anzahl der erreichten Leser an. Leser verschiedener Titel, die eine Anzeige mehrmals sehen, werden nur einmal gezählt.

**Brutto-Reichweite:** Sie gibt bei einer Mehrfachbelegung die Anzahl der Werbeträger-Kontakte an. Die Leser verschiedener Titel, die eine Anzeige durch Überschneidungen mehrmals sehen, werden auch mehrfach gezählt.

**Tausend-Kontakt-Preis (TKP):** Der TKP ist die wichtigste Einheit in der Mediaplanung. Er gibt an, wie viel der Anzeigenkunde zahlen muss, um 1.000 Kontakte bei der Schaltung einer Anzeige zu erreichen. Dabei ist es unerheblich, ob etwa 1.000 Leser die Anzeige je einmal sehen, oder ob zum Beispiel 500 Leser die Anzeige zweimal sehen.

**Kontaktqualität:** Zur Ermittlung dieses Kriteriums werden qualitative Daten zum Leseverhalten der Zielpersonen hinzugezogen wie die Menge der gelesenen Artikel in einer Zeitschrift, die emotionale Nähe zum Titel oder Fragen zur generellen Aufgeschlossenheit gegenüber der Werbung.

**Leser pro werbeführende Seite (LpwS):** Der LpwS gibt die durchschnittliche Reichweite einer Anzeigenseite in einer Zeitschrift an und ermittelt damit die Werbemittelreichweite. Der LpwS ist eine qualitativ und quantitativ ergänzende Größe zum LpA. Zur Ermittlung des Wertes werden Leser nach ihrem Leseverhalten befragt.

## Die wichtigsten Studien

In der Verlagsbranche haben sich folgende Studien zur Reichweiten- und Leserschaftsanalyse etabliert:

### Die Media-Analyse (MA)

Die MA ist die wichtigste Studie in Deutschland. Sie erhebt die Reichweiten von Publikumszeitschriften, Tageszeitungen und elektronischen Medien. Herausgeber ist die Arbeitsgemeinschaft Media-Analyse e.V. (AG.MA), ein Interessenzusammenschluss von Verlagen, Sendeanstalten, GWA-Agenturen und Werbetreibenden. Auftraggeber sind die Mitgliedsverlage. In einem Basisdatensatz werden ca. 13.000 Personen zu ihren generellen Konsumstrukturen befragt. Dieser bildet somit eine einheitliche grobe Konsumdatenwährung für die MA.

**Untersuchungsgegenstand:** Struktur der deutschen Bevölkerung ab 14 Jahre, Reichweiten und Rezipientenstrukturen von klassischen Werbeträgern, Besitz von Gebrauchsgütern, Wohnsituation, Hobby- und Freizeitaktivitäten, Einkaufsgewohnheiten etc.

**Einbezogene Medien:** Publikumszeitschriften, Supplements, Wochenzeitungen, diverse Tageszeitungen, Kino, Lesezirkel, Fernsehsender, Hörfunksender.

**Grundgesamtheit:** Deutsche Wohnbevölkerung in Privathaushalten am Ort der Hauptwohnung in der BRD ab 14 Jahre.

**Befragungstyp:** Persönliches mündliches Interview anhand eines vollstrukturierten Fragebogens.

**Stichprobengröße:** ca. 26.000 Befragte in der Pressebefragung.

**Erscheinungsweise:** 2 x jährlich

## Die Allensbacher Werbeträger-Analyse (AWA)

Die AWA wird verlagsunabhängig vom Institut für Demoskopie in Allensbach (IfD) herausgegeben. Die Reichweiten von MA und AWA weichen aufgrund verschiedener Erhebungsverfahren voneinander ab und sind nicht vergleichbar.

**Untersuchungsgegenstand:** Reichweiten und Rezipientenstrukturen von klassischen Werbeträgern, Besitz- und Konsumdaten (rund 500 Märkte), psychologische Merkmale und Interessensgebiete.

**Einbezogene Medien:** Publikumszeitschriften, Supplements, Wochenzeitungen, diverse Tageszeitungen, Kino, Werbefunk, Werbefernsehen, Außenwerbung, Online, sonstige Werbeträger.

**Grundgesamtheit:** Deutsche Wohnbevölkerung in Privathaushalten am Ort der Hauptwohnung in der BRD ab 14 Jahre.

**Befragungstyp:** Mündliche Befragung anhand von vollstrukturiertem Fragebogen im Haushalt des Befragten.

**Stichprobengröße:** ca. 21.000 Befragte

**Erscheinungsweise:** jährlich

## Die Verbraucheranalyse (VA)

Die VA ist eine Gemeinschaftsuntersuchung der Verlage Axel Springer und Heinrich Bauer. Ihre Neutralität soll durch einen Expertenkreis mit Entscheidungsträgern aus der Werbewirtschaft sowie die verlagsübergreifende Trägerschaft gesichert werden.

**Untersuchungsgegenstand:** Struktur der bundesdeutschen Bevölkerung ab 14 Jahre, Reichweiten und Rezipientenstrukturen von klassischen Werbeträgern,

Produktinformationen (mit Marken) in vielen Produktfeldern, Freizeitbeschäftigungen, Interesse an Produktinformationen, Einstellungen, Mediennutzung von Zeitschriften, Zeitungen, Lesezirkel, elektronischen Medien, Konfessioneller Presse und Außenwerbung.

**Einbezogene Medien:** Publikumszeitschriften, Wochenzeitungen, Supplements, Tageszeitungen, Fernsehen und Hörfunk (alle Reichweiten angeglichen an die MA).

**Grundgesamtheit:** Deutsche Wohnbevölkerung in Privathaushalten ab 14 Jahre.

**Befragungstyp:** Persönliches mündliches Interview und schriftlicher Fragebogen zum Selbstausfüllen, der nach einigen Tagen wieder abgegeben werden muss.

**Stichprobengröße:** ca. 31.000 Fälle

**Erscheinungsweise:** jährlich (Datensatz 2x jährlich durch Anpassung an die jeweils aktuelle Media-Analyse).

## Die Typologie der Wünsche (TdW)

Auch bei der TdW werden die Medienreichweiten nach MA-Standard erhoben und an die der MA angepasst. Herausgeber ist der Burda-Verlag in Offenburg.

**Untersuchungsgegenstand:** Einstellungen, Konsum- und Mediennutzungsverhalten, qualitative Zielgruppenbestimmung für den gesamtdeutschen Markt.

**Einbezogene Medien:** Zeitschriften, TV, Kino, (Reichweiten angeglichen an die MA).

**Grundgesamtheit:** Deutschsprachige Bevölkerung der BRD ab 14 Jahre in Privathaushalten.

**Befragungstyp:** Mündliche Interviews, schriftliches Haushaltsbuch.

**Stichprobengröße:** ca. 20.500 Fälle

**Erscheinungsweise:** jährlich (Datensatz 2x jährlich durch Anpassung an die jeweils aktuelle Media-Analyse).

Neben diesen Markt- und Media-Studien gibt es noch eine Vielzahl weiterer, oft verlagsseitig initiierter Studien. So hat die Anzeigenabteilung des Stern (Gruner und Jahr) die Studie MarkenProfile zur Beobachtung von Markenentwicklungen und Markenpositionen herausgegeben und die Motorpresse in Stuttgart das auf automobile Gewohnheiten und Interessen abzielende Car Communication Panel. Seit einigen Jahren bietet zum Beispiel auch die Verlagsgruppe Milchstrasse ihre Studie FAME an. In dieser Medien- und Marktuntersuchung erforscht die Milchstraße Images von Marken und Medien. Mehrere identische Image-Dimensionen wie zum Beispiel Bedeutung, Modernität, Sympathie und Einzigartigkeit wurden für über 200 Marken und Medien erhoben.

Der Verlag geht davon aus, dass gerade Images mit zunehmender Marken- und Medienvielfalt immer wichtiger werden bei der Auswahlentscheidung der Konsumenten. Neben den Images bietet FAME eine Fülle von aktuellen Marken-Informationen, Markt-Fakten und Einstellungen in sechs wichtigen Branchen (Auto, Zigaretten, Finanzen, Computer + Online, Telekommunikation, Kosmetik) sowie für 70 Zeitschriften und TV Sender.

Ein weiterer inhaltlicher Baustein der Studie sind die Menschen. Zu deren genauerer Beschreibung sind über 200 Statements und Facts in vielen Bereichen erhoben worden. Die laut Verlag innovativen und vielseitigen Informationen ermöglichten ein breites Spektrum von Zielgruppen-Analysen. Und so könne FAME sehr gut für viele Aspekte der Mediaplanung und Markenführung genutzt werden und versteht sich als qualitatives Ergänzungstool zu anderen Markt-Media-Studien. Ziel der Studie sei es daher nicht, die bestehenden Analysen zu ersetzen, sondern vielmehr, einen neuen und zusätzlichen Nutzwert für Mediaplanung und strategische Markenführung zu liefern.

Auch intern führen die meisten Verlagshäuser oft noch weitere Studien durch. Alles mit dem Ziel, den Anzeigenverkäufern Argumente an die Hand zu geben, mit denen sie potenzielle Anzeigenkunden von ihrer Zeitschrift überzeugen können.

## 8.9 Das Zeitschriftenmarketing

Marketing und Werbung werden für die Verlage zunehmend bedeutender, weil der Zeitschriftenmarkt immer härter umkämpft ist und selbst die Teilmärkte von mehreren Mitbewerbern besetzt sind. Der Verlag muss der Fluktuation von Käufern im Abo- und Handelsbereich entgegenwirken, ebenso muss er neue Objekte bekannt machen und den Marktanteil eingeführter Zeitschriften erhöhen oder festigen. Die Marketinginstrumente variieren je nach Firmenphilosophie verfügbarem Budget, Mitarbeiterzahl und Fantasie eines Verlags.

## 8.9.1 Werbung

In der Regel stellt der Verlag für eine Zeitschrift einen Etat für Werbung zur Verfügung. Dieser ist oftmals ein bestimmter Prozentsatz des erwarteten oder bereits realisierten Umsatzes. Wie hoch dieser Prozentsatz ist, hängt vom Verlag ab, als Faustregel gelten 5 bis 10 Prozent. Um zu ermitteln, wie das vorhandene Budget am effizientesten aufgeteilt wird, erstellen die Verantwortlichen meist einen Werbeplan.

Im Werbeplan wird angegeben,
*   welche Ziele der Verlag mit der Werbung verfolgt,
*   bei welchen Werbeträgern der Verlag selbst Anzeigen schalten wird,
*   welche Werbemittel eingesetzt werden,
*   welche Zielgruppe adressiert wird
*   und was dafür ausgegeben werden soll.

Bevor die Verlage jedoch einen Werbeplan erstellen, wird geklärt, welche Kosten im Werbeetat erfasst werden. Jeder Verlag kalkuliert hierbei anders. Die einen rechnen nur die Kosten für die Erstellung und Schaltung von Anzeigen ein, andere zählen beispielsweise die Kugelschreiber mit Werbeaufdruck oder Gemeinkosten etwa für Verlagsankündigungen, Gesamtkataloge oder den Messestand dazu.

Im Gegensatz zur Konsumgüterindustrie gestaltet sich die Werbung im Zeitschriftenmarkt etwas anders. Schließlich kann der Verlag seine Zeitschriften nicht über Monate hinweg mit dem gleichen Spot oder Werbemotiv bewerben wie dies z.B. bei einem Waschmaschinenpulver der Fall ist. Zeitschriften versuchen immerhin täglich, wöchentlich oder monatlich mit verschiedenen Titelgeschichten und Artikeln Leser zu locken.

Die Verlage differenzieren meist drei Arten von Werbung: die Händlerwerbung, die Publikumswerbung in Medien und das Direktmarketing.

### Die Händlerwerbung

Sobald ein Verlag eine neue Zeitschrift oder eine neue Ausgabe einer bestehenden Zeitschrift herausbringt, müssen die Händler informiert werden. Um das

Grosso oder die Kioskhändler von einer Zeitschrift zu überzeugen, verschickt der Verlag oft Rundschreiben, Informationshefte oder -broschüren, die den Titel und dessen Inhalte ankündigen. Dabei wird der Händler mit Angaben über Inhalte, Zielgruppe etc. versorgt. Teilweise werden - falls bereits gedruckt - ein Leseexemplar, bei neuen Heften die Nullnummer oder Leseproben mitgeschickt.

Darüber hinaus versuchen die Verlage, die Aufmerksamkeit der Händler zu gewinnen, indem sie in der Branchenpresse Anzeigen schalten. Diese Anzeigenkampagnen in der Fachpresse werden oftmals noch von Handelsaktionen wie Händler-Preisausschreiben und Platzierungs- oder Präsentationswettbewerben begleitet.

Damit sind wir auch schon bei dem Punkt Verkaufsförderung. Der Händler will vom Verlag beim Vertrieb unterstützt werden. Der Verlag nutzt hier Mittel wie

- Plakate und Händlerschürzen (Titelseiten zum Aufhängen),
- Pappaufsteller und -aufhänger,
- Stand-, Regal- und Thekendisplays (Boxen mit Zeitschriften oder Büchern),
- Regalnasen (Täfelchen, die am Regal angebracht werden),
- Ständer oder Fußmatten mit Werbeaufdruck.

Eine weitere Möglichkeit ist es, den Händler bei dessen regionaler Werbung zu unterstützen. Falls der Händler in der regionalen Tageszeitung Anzeigen schalten möchte, kann der Verlag fertige Anzeigen liefern und sich an den Schaltkosten beteiligen.

## Die Publikumswerbung

Mit der Publikumswerbung soll das Interesse potenzieller Käufer geweckt werden. Doch wie oben erwähnt, zeigt sich die Werbung für die Verlagsbranche mit einem anderen Gesicht als die typische Konsumartikelbranche: Fernseh- und Radiospots für Zeitschriften sind im Vergleich zu anderen Markenartikeln selten, erst seit ein paar Jahren steigt die Zahl der Schaltungen durch den hohen Wettbewerb.

Mit diesen Werbeträgern wird zwar eine sehr große Zielgruppe angesprochen, die Preise sind aber für viele Verlage unerschwinglich und die Streuverluste groß. Auch andere Werbeformen und -träger erweisen sich oft für die Verlagsbranche als zu kostspielig, um sie regelmäßig zu nutzen, etwa die Plakatierung von Litfasssäulen oder Großflächen.

Besser ist es daher, ganz speziell die Zielgruppe für das neue Objekt zu adressieren und nur dort Anzeigen zu schalten, wo mit dem verfügbaren Budget der geringste Streuverlust auftritt.

In den meisten Fällen entscheiden sich die Verantwortlichen für Anzeigen oder Prospektbeilagen in Zeitungen und Zeitschriften, oft als Eigenanzeigen in verlagseigenen Titeln. Entscheidend für die Schaltung sind dabei die Preise, die Auflagenhöhe und die Leser. Es ist manchmal optimaler, eine neue Zeitschrift über Haustiere in einer kleinen Naturzeitschrift mit günstigen Anzeigenpreisen zu bewerben als in einer teuren Wochenzeitschrift. Wird allerdings ein großes neues wöchentlich erscheinendes Nachrichtenmagazin gelaunt, kann es sich durchaus bewähren, in Publikumszeitschriften mit Millionenauflagen oder überregionalen Tageszeitungen teure Anzeigen zu schalten, nicht zuletzt, weil das auch auf das Image des Verlags einen positiven Effekt hat.

Gelegentlich kooperieren auch verschiedene Zeitschriftenverlagshäuser miteinander und schalten jeweils in den Magazinen des Partners Anzeigen. Geld fließt bei diesen sogenannten Anzeigen-Gegengeschäften nicht.

## Das Direktmarketing

Special-Interest-Verlage haben noch eine weitere Möglichkeit, ihre potenziellen Leser anzusprechen. Da sie ihre Zielgruppe meist kennen und oftmals über eine gute Adressdatenbank verfügen, können sie sich mit Hilfe von Direct-Mailings an die Kunden wenden. Die Verlage verschicken Briefe oder E-Mails, die den Kunden mit Namen direkt ansprechen, und preisen den Nutzen des neuen Objektes an. Meist liegt auch noch ein Prospekt oder eine Bestellkarte bei.

Diesen Weg nutzen natürlich auch die Publikumsverlage, wobei hier die Streuverluste wesentlich größer als bei den Spezialtiteln sind.

Immer aktueller werden auch Instrumente wie SMS-Marketing oder Voice Mail, bei dem potenzielle Kunden zuhause angerufen werden, von der Tonbandstimme eines Testimonials wie Robin Williams oder Madonna Informationen erhalten und bei Interesse aufgefordert werden, eine kostenlose Hotline anzurufen und ein Abonnement abzuschließen.

### 8.9.2 Leser werben Leser (LwL)

Leser werden bei diesem Marketinginstrument dazu aufgefordert, neue Abonnenten gegen Prämien zu werben. Bei manchen Verlagen muss der Werber selbst Abonnent sein, um andere Neuleser werben zu können. Meist muss der Werber sich dann verpflichten, sein Abonnement ebenfalls für einen bestimmten Zeitraum beizubehalten.

### 8.9.3 Weitere Werbe- und Imagekampagnen

Neben den klassischen Werbeformen eröffnen sich für die Verlagsbranche auch noch weitere Möglichkeiten. Der Verlag kann zum Beispiel Signierstunden von Stars oder POS-Aktionen initiieren. Oft wird dies von den Händlern als Verkaufsförderungsinstrument gerne angenommen, da dies gut für das Image des Geschäftes ist.

Auch Fachmessen leisten einen Beitrag zur Werbepolitik. Eine Autozeitschrift kann sich auf der IAA (Int. Automobilausst.), ein Computermagazin auf der Cebit präsentieren.

Bei Kongressen und Tagungen bietet sich ebenso die Gelegenheit, potenziellen Lesern bestimmte Verlagsobjekte vorzustellen. Gegebenfalls kann dort auch ein sachkundiger Redakteur oder ein Autor einen Fachvortrag zu einem speziellen Thema halten. Das hat den Vorteil, dass die Zuhörer dessen Kompetenz auf das Objekt übertragen.

Ebenso sind dort interessierte Fachkräfte vor Ort. Meist werden diese zwar nicht sofort die Titel kaufen, die Kongressteilnehmer verfügen aber oft in ihrer Firma über einen Etat und geben eventuell später Heft- oder Anzeigenbestellungen auf.

### 8.9.4 Sponsoring

Viele Verlage nutzen die Möglichkeiten des Sport- oder Kultursponsoring, unterstützen mit ihren Zeitschriften Aktionen und werden dafür namentlich erwähnt oder stehen Pate für Spielfilme im Fernsehen mit „Sponsored By" – Effekt, wie häufig bei Programmzeitschriften zu sehen. Auch TV-Sendungen oder Konsumprodukte werden vereinzelt mit dem Logo oder dem Namen einer Zeitschrift gebrandet.

## 8.9.5 Servicepolitik

Die Servicepolitik rund um ein Verlagsobjekt gewinnt zunehmend an Bedeutung. Mit der entgeltlichen oder unentgeltlichen Zusatzleistung zum Hauptprodukt kann durchaus der Absatz des Hauptprodukts gesteigert werden. Auch hier hat der Verlag eine Vielzahl an Alternativen. Er kann z.b. Seminare und Schulungen organisieren, die sich an der Thematik der neuen Objekte orientieren.

Immer geläufiger werden Newsletter, die häufig als E-Mails, manchmal auch per Brief verschickt werden. Damit werden alle wichtigen Neuigkeiten eines spezifischen Themas kurz zusammengefasst an eine Zielgruppe versendet.

Gerade bei Publikumszeitschriften setzt sich auch die Beratung der Leser als zusätzliches Kundenbindungsinstrument durch. Der Leser kann per E-Mail, Brief, Fax, im Internet per Live-Chat oder auch telefonisch während bestimmter Servicezeiten mit Redakteuren oder Spezialisten kommunizieren.

## 8.9.6 Öffentlichkeitsarbeit

Die Pressearbeit in einem Verlag ist wie in jedem anderen Unternehmen ein wichtiger Bestandteil, um der Presse und damit der Öffentlichkeit Informationen über den Verlag und dessen Zeitschriften zu geben. Wenn eine Zeitung oder Zeitschrift eine neue Zeitschrift redaktionell – und kostenlos – erwähnt, erhält sie in der Regel mehr Aufmerksamkeit der Leser als wenn der Verlag eine kleine Anzeige schaltet.

Die Kunst bei der Pressearbeit ist trotz der gigantischen Zahl an Konkurrenzprodukten den knappen Platz im Redaktionsteil einer Zeitschrift zu erobern. Hilfreich sind dabei nicht nur gute Kontakte des Presseverantwortlichen zu den Redakteuren, es gibt auch noch viele Möglichkeiten, die Aufmerksamkeit der Presse auf die Verlagsprodukte zu lenken.

Die häufigste Methode ist es, Pressemitteilungen zu verschicken. Das bewährt sich nicht nur, wenn ein Verlag eine neue Zeitschrift auf den Markt bringt, viele Redaktionen sind auch sehr aufgeschlossen, wenn eine bestehende Zeitschrift eine Pressemitteilung mit Infos über ihre brandheißen Titelgeschichten versendet.

Kostenaufwändiger sind dagegen Pressekonferenzen oder Premierenveranstaltungen, zu denen Pressevertreter eingeladen werden. Redaktionen nehmen es manchmal auch dankbar an, wenn sich Autoren oder Redakteure für Interviews

oder Diskussionsrunden zur Verfügung stellen bzw. wenn diese kurz zu einer
Thematik ein Statement abgeben.

## 8.9.7 Eigene TV-Formate

Als neuer Trend zeichnet sich in den vergangenen Jahren ab, dass viele Zeitschriften eigene TV-Formate gründen. Durch die TV-Präsenz wird einerseits
der Name einer Zeitschrift bekannter, andererseits können dadurch ganz konkret die Inhalte der Zeitschriften populär gemacht werden. So gibt es bereits
Sendungen wie Focus TV, Auto Motor und Sport TV, Spiegel TV, Bravo TV
und MaximTV.

# 8.10 Kosten- und Umsatzplanung

Selbstverständlich will jeder Verlag mit seinen Titeln nicht nur die eigenen Kosten decken, sondern auch möglichst hohe Gewinne erwirtschaften. In der hart
umkämpften Verlagsbranche ist eine genaue und marktgerechte Kosten- und
Umsatzplanung daher äußerst wichtig. Denn wenn sich der Verlag bei seinen
Kalkulationen verschätzt, hat er schnell hohe Investitionssummen in den Sand
gesetzt.

## 8.10.1 Das Kalkulationsschema für Kosten und Erlöse

Um Kosten und Erlöse einander gegenüberstellen zu können und damit einen
Überblick über die Kostensituation zu bekommen, kalkulieren Verlage mit Hilfe
einer Vollkostenrechnung oder zunehmend mit einer Deckungsbeitragsrechnung (DB-Rechnung).

### Die Deckungsbeitragsrechnung

Die Deckungsbeitragsrechnung ist ein Kostenrechnungsverfahren, das einer
Zeitschrift nur die Erlöse und Kosten zuteilt, die diesem Titel direkt zugerechnet werden können. Die fixen Gemeinkosten werden nicht berücksichtigt. An-

ders ausgedrückt: Es werden nur die Kosten und Erlöse aufgelistet, die durch ein bestimmtes Produkt zusätzlich entstehen.

Mit der Deckungsbeitragsrechnung kalkuliert ein Verlag, wie er unter den vorhandenen Kosten-, Kapazitäts- und Marktgegebenheiten ein optimales Ergebnis erreicht. Ein Beispiel: Es werden etwa Honorare von den Autoren, Provisionen und Versandkosten eingerechnet, nicht aber die allgemeinen Kosten wie die Verwaltungskosten für die Buchführung oder die Gebäudemiete.

Die Differenz zwischen den Erlösen und den Kosten nennt man den Deckungsbeitrag. Dieser sollte natürlich positiv sein, da dann mit dem neuen Objekt auch die vorhandenen fixen Kosten gedeckt und eventuell noch ein Gewinn erwirtschaftet werden kann.

Die Fachwelt unterscheidet zwischen zwei Kalkulationsmethoden:
- der progressiven Kalkulation und
- der retrograden Kalkulation

Bei der *progressiven Planung* (bottom-up-Planung) sieht das Verlags-Controlling die Kosten als feststehende und unveränderliche Größe und überlegt, welchen Preis es unter diesen gegebenen Bedingungen festlegen sollte, um ein optimales Ergebnis zu bekommen.

Der Gegensatz dazu ist die *retrograde Planung* (top-to-down-Planung). Hier erfolgt die Planung von oben nach unten. Der Verkaufspreis und der Gewinn ist vorgegeben, das Controlling muss jetzt entscheiden, wie hoch die einzelnen Kosten angesetzt werden.

## Die Vollkostenrechnung

Das zweite Kalkulationsverfahren ist die Vollkostenrechnung. Hier werden alle im Verlag anfallenden Kosten auf die einzelnen Objekte verteilt. Das bedeutet, auch die fixen Kosten wie die Miete für die Lagerhalle oder die Verwaltungsgehälter. Jedem Titel werden diese Ausgaben proportional zugerechnet.

Die Vollkostenrechnung hat im Vergleich zur DB-Rechnung einige Mängel, weshalb sich auch letzteres Kalkulationsverfahren zunehmend durchsetzt.

Das folgende Beispiel für die Zeitschrift „Pferdepflege" verdeutlicht dies: Erhält der Verlag bei einer Vollkostenrechnung ein negatives Ergebnis, wird er ein Objekt nicht auf den Markt bringen. Die DB-Rechnung für den gleichen Titel kann dagegen zu einem positiven Ergebnis kommen. Für den Verlag kann es dann durchaus sinnvoll sein, den Titel zu produzieren, weil die ohnehin vorhandenen Fixkosten gedeckt und eventuell freie Kapazitäten ausgelastet werden.

Doch Vorsicht: Befindet sich der Deckungsbeitrag ständig nur knapp im Plus, können den Verlag die Gemeinkosten ruinieren.

**Beispiel:**
**DB- und Vollkosten-Kalkulation für die Zeitschrift „Pferdepflege"**

|  |  | DB-Kalkulation | | VK-Kalkulation | |
|---|---|---|---|---|---|
| **Auflage** |  | **10.000 Expl.** | **%** | **10.000 Expl.** | **%** |
| Nettoerlöse | Euro | 100.000,- | 100 | 100.000,- | 100 |
| Wareneinsatz | Euro | 25.000,- | 25 | 25.000,- | 25 |
| Honorare | Euro | 15.000,- | 15 | 15.000,- | 15 |
| Versandkosten | Euro | 10.000,- | 10 | 10.000,- | 10 |
| Werbung | Euro | 10.000,- | 10 | 10.000,- | 10 |
| Vertriebseinzelkosten | Euro | 10.000,- | 10 | 10.000,- | 10 |
| Summe Einzelkosten | Euro | 70.000,- | 70 | 70.000,- | 70 |
| **Deckungsbeitrag** | **Euro** | **30.000,-** | **30** |  |  |
| Rohertrag |  |  |  | 30.000,- | 30 |
| Vertriebsgemeinkosten | 20% |  |  | 20.000,- | 20 |
| Leitungskosten | 5% |  |  | 5.000,- | 5 |
| Verwaltungskosten | 10% |  |  | 10.000,- | 10 |
| **Ergebnis** |  |  |  | **./. 5.000,-** | **./. 5** |

## 8.10.2 Die Deckungsbeitragsrechnung als Grundlage der Heftkalkulation

Jeder Verlag hat seine eigenen Kalkulationsmethoden, aber auch seine eigenen Erlös- und Kostenarten. Während etwa der eine Verlag nur mit dem Verkauf der Zeitschrift Geld verdient, schöpft ein anderer die verschiedensten Möglichkeiten aus. Einige Business-to-Business-Zeitschriften leben beispielsweise ausschließlich vom Anzeigenverkauf, die Zeitschriften werden kostenlos an die Zielgruppe verschickt. Bei anderen Fachzeitschriften überwiegen wiederum die Erlöse, die über Abonnenten gewonnen werden. Im Folgenden werden die verschiedenen Erlös- und Kostenarten aufgelistet.

## Die Erlöse

Bei den Erlösen können folgende Komponenten anfallen:

- Erlöse aus dem Einzelverkauf über den Handel
- Erlöse von den Abonnements
- Erlöse von Sonderverkäufen
- Anzeigenerlöse
- Erlöse aus Nebengeschäften wie Seminaren, Sonderdrucken, Sonderpublikationen etc.

Erlös bedeutet jedoch nicht, dass der Verlag den kompletten Ladenverkaufspreis einstecken kann. Einige Abzüge schmälern die Einnahmen. Die Erlösarten stellen sich wie folgt dar:

**Einzelverkauf über den Handel:** In Deutschland vertreiben die Verlage ihre Printobjekte zum einen über das Grosso, dass die Hefte wiederum an die Kioske weiter verteilt. Des weiteren liefert das Verlagshaus die Titel an Bahnhofsbuchhandlungen, Lesezirkel, den Werbenden Buch- und Zeitschriftenhandel (WBZ) und den Fachhandel aus.

Jede dieser Handelsstufen verlangt Rabatte vom Verkaufspreis (exklusive Mehrwertsteuer). Der Rabatt für den Einzelhändler beträgt beispielsweise bei Zeitschriften in den meisten Fällen 20,24 Prozent. Dazu kommt noch der Grosso-Rabatt. Dieser ist abhängig von der verkauften Auflage und vom Preis des Heftes. Je höher die verkaufte Auflage und je teurer die Zeitschrift, desto geringer ist die Spanne. Die Rabatte liegen circa zwischen 12 und 32 Prozent. Die Erlöse aus dem Einzelverkauf werden daher errechnet, indem von dem Ladenverkaufspreis (ohne Mehrwertsteuer) die Rabatte abgezogen und das Ergebnis dann mit den abgesetzten Stückzahlen multipliziert wird.

**Abonnements:** Das Abo wird meist für ein Jahr abgeschlossen, dafür liegt der Verkaufspreis unter dem Ladenpreis. Die Gewinnung von neuen Abonnenten ist oft mit enormen Kosten verbunden, da die Leser mit umfangreichen Werbemitteln gelockt werden.

**Sonderverkäufe:** Verlage haben auch die Möglichkeit, Exemplare an Großabnehmer zu verkaufen. Beispielsweise eine größere Stückzahl einer Autozeitschrift an BMW, wenn das neue Modell auf der Titelseite ist. BMW kann dies dann zur Verteilung an seine Mitarbeiter oder als Zugabe für ein Kunden-Mailing nutzen.

**Anzeigen:** Die Erlöse variieren hier, je nachdem welche Art von Anzeige in welchem Format, in welchen Farben und mit welcher Platzierung vom Kunden gebucht wird. Auch die Anzahl der Anzeigen schwankt von Heft zu Heft. Gerade Ausgaben, die zu einer Messe erscheinen, sind umfangreicher, während in den Sommermonaten die Anzeigeneinnahmen in ein Sommerloch fallen. Dazu kommen noch unbezahlte Anzeigen, wenn etwa für eine andere Zeitschrift des Verlages geworben wird.

**Nebengeschäfte:** Es bieten sich für einen Verlag noch viele Möglichkeiten, im Namen einer Zeitschrift weitere Geschäfte zu erschließen. So kann beispielsweise ein Artikel für eine Firma gegen Entgelt nachgedruckt werden oder der Verlag veröffentlicht Sonderausgaben, die von einem Unternehmen gesponsert werden. Die Kosten und Erlöse hierfür müssen natürlich auch in der Deckungsbeitragsrechnung berücksichtigt werden.

## Die Kosten

Ebenso wie bei den Erlösen variiert die Art der Kosten von Verlag zu Verlag. Im Normalfall fallen folgende Kosten an:

*   Kosten für die Redaktion
*   Kosten für den Anzeigenverkauf
*   Kosten für die Herstellung
*   Kosten für den Vertrieb
*   Kosten für das Marketing
*   Erlösschmälerung

**Redaktion:** Zu den Ausgaben zählen Gehälter und Honorare für Redakteure, Autoren und Grafiker. Auch die Bildbeschaffung ist nicht gratis. Dazu kommen noch weitere Kosten, um den Redaktionsalltag am Laufen zu halten, etwa Reisespesen und Telefongebühren. Wenn man alle Redaktionskosten einer Zeitschrift zusammenzählt und durch die gesamte Zahl der Redaktionsseiten dividiert, erhält man den Seitenpreis einer Redaktionsseite.

**Anzeigenverkauf:** Verlage müssen Anzeigenverkäufer beschäftigen. Das Anzeigengeschäft verursacht daher Kosten wie Gehälter und Provisionen für die Anzeigenverkäufer, Reisekosten, Markforschung etc.

**Herstellung:** Hier muss man u. a. mit Kosten für die Litho sowie mit Papier- und Druckkosten kalkulieren.

**Vertrieb:** Im Vertrieb fallen Ausgaben für die Belieferung des Handels und der Abonnenten an. Dazu zählen etwa Werbung, die vom Vertrieb durchgeführt wird, Transport- und Verpackungsgebühren, etc. Auch Remittenden müssen beachtet werden. Das sind die Zeitschriften, die vom Handel nicht verkauft wurden und an den Verlag zurückgeschickt werden. In der Praxis spart man sich jedoch die Versandkosten; der Handel meldet dem Verlag die nicht abgesetzten Stückzahlen und vernichtet die übrigen Zeitschriften.

**Marketing:** Das Marketing ist je nach Art der Zeitschrift mehr oder weniger umfangreich. Eine Publikumszeitschrift benötigt in der Regel einen größeren Aufwand an Werbung als ein Business-to-Business-Magazin. Zu den Marketingausgaben zählt etwa Publikumswerbung im Fernsehen, in anderen Zeitschriften oder im Radio, aber auch Werbeaktionen, die Abonnenten, potenzielle Leser oder den Handel adressieren. Prospekte, Plakate und Mailings werden unter diesem Kostenträger verbucht, ebenso wie Ausgaben für Pressearbeit, Marktforschungen und die Teilnahme an Messen.

**Erlösschmälerungen:** Viele Verlage gewähren einigen Fachhändlern Preisnachlässe, etwa wenn Händler auf ihr Remissionsrecht verzichten und eine feste Stückzahl der Zeitschriften abnehmen. Darüber hinaus gibt es auch noch Skonti bei Zahlung innerhalb von acht Tagen nach Erhalt der Rechnung oder Boni bei der Abnahme größerer Mengen.

Der Break-Even-Point ist dann erreicht, wenn die Kosten den Erlösen entsprechen. Es gibt dann weder einen Gewinn noch Verlust.
Wenn die verkaufte Stückzahl (multipliziert mit dem Hefterlös) die entstandenen Kosten deckt, spricht man von einer Deckungsauflage.

Bei folgendem Beispiel rechnet der Verlag mit dem Deckungsbeitrag I und dem Objektergebnis/ Deckungsbeitrag II. Der Deckungsbeitrag I umfasst alle dem Objekt zurechenbaren variablen, stückzahlabhängigen Kosten. Dazu kommen die Fixkosten, die entstehen, um das Objekt herzustellen, aber unabhängig von der verkauften Auflage sind. Bei dem Deckungsbeitrag II werden noch die stückzahlunabhängigen Vermarktungskosten berücksichtigt.

**Beispiel:**
Auszug aus der DB-Rechnung für die Zeitschrift „Geld und Finanzierung". Die
Kosten werden in der Deckungsbeitragskalkulation von den Erlösen abgezogen.

| DB-Rechnung | | Pro Ausgabe | Pro Jahr |
|---|---|---|---|
| **Umsatzerlöse** | | | |
| Formatanzeigen | Euro | 175.000 | 2.100.000 |
| Fließsatzanzeigen | Euro | 25.000 | 300.000 |
| **Anzeigenumsatz** | **Euro** | **200.000** | **2.400.000** |
| Handel | Euro | 43.500 | 522.000 |
| ./. Remittenden | Euro | 21.750 | 261.000 |
| Abonnenten | Euro | 10.000 | 120.000 |
| Industrie/Sonderverkauf | Euro | 5.000 | 60.000 |
| Sonstige Vertriebsumsätze | Euro | 1.000 | 12.000 |
| **Vertriebsumsatz** | **Euro** | **37.750** | **453.000** |
| **Umsatzerlöse gesamt** | **Euro** | **237.750** | **2.853.000** |
| **Kosten und Ergebnis** | | | |
| Druck-/Verpackungskosten | Euro | 80.000 | 960.000 |
| Versandkosten | Euro | 15.000 | 180.000 |
| Anzeigen/Umsatzprovision | Euro | 20.000 | 240.000 |
| Redaktionskosten/Honorare | Euro | 40.000 | 480.000 |
| **Deckungsbeitrag I** | **Euro** | **82.750** | **993.000** |
| In % vom Umsatz | | 34,8 | 34,8 |
| Werbung, PR, Marktforschung | Euro | 41.000 | 492.000 |
| Sonstige direkte Kosten | Euro | 8.000 | 96.000 |
| **Objektergebnis (DB II)** | **Euro** | **33.750** | **405.000** |
| In % vom Umsatz | | 14,2 | 14,2 |

## 8.11 Controlling

Controlling ist ein weiter Begriff, der von Unternehmen zu Unternehmen anders ausgelegt wird. Vor vielen Jahren, als der Begriff erstmals aus den USA
nach Europa getragen wurde, wurde er oftmals noch mit Kontrolle und Bevor-
mundung gleichgesetzt. Doch mittlerweile hat wohl schon so gut wie jedes
Unternehmen erkannt, dass Controlling weniger die Befugnisse und Freiheiten
der Akteure einschränkt als vielmehr Instrumente an die Hand gibt, die sowohl

Aktionen besser planbar macht als auch durch diverse Frühwarnsysteme mehr Freiräume für Reaktionen auf bestimmte Markt- und Objektentwicklungen schafft. Durch effizientes Controlling wird also nicht nur die Qualität der Arbeit verbessert, sondern auch die Arbeit selbst erleichtert. Auch bietet das Controlling geeignete Ziel- und Kontrollsysteme, mit denen der Verlag den Nutzen geplanter oder ausgeführter Handlungen messen kann. Ein gutes Controlling reduziert unnötige Prozesse im Verlag und bietet allen Verantwortlichen ein Instrument, das zu jedem Zeitpunkt den Erfolg einer Zeitschrift dokumentiert.

Da Verlage jede Zeitschrift aus strategischen oder wirtschaftlichen Gründen ins Portfolio aufnehmen, müssen sie kontrollieren, ob die gesteckten Ziele erreicht werden. So dient das Controlling also auch als Ergebniskontrolle einzelner Marketing- oder Vertriebsmaßnahmen im Verlag.

Im Folgenden werden drei aus Verlagssicht wichtige Controlling-Instrumente anhand der Gliederungspunkte Anwendungsbereich, Zweck, Funktionsweise mit je einem Beispiel näher beleuchtet.

### 8.11.1 Aktivitätenliste

**Anwendungsbereich:** Aufwändige Verlagsprojekte mit vielen Beteiligten und verzweigten Einzelaktionen.

**Zweck:** Die Aktivitätenliste ist ein Planungsinstrument für Projekte. Sie dient auch als Kontrollinstrument um einschätzen zu können, welche Aktivitäten bereits wie weit durchgeführt bzw. erledigt sind, kommt also während des Projektes zum Einsatz.

**Funktionsweise:** Es werden alle Aktivitäten sowie deren Dauer und der Verantwortliche in der Liste erfasst. Um das Planungsinstrument zum Controllinginstrument zu machen, wird noch der Status der Aktivität erfasst.

**Beispiel:**

Aktivitätenliste

| Vorgang | Dauer(in Tagen) | Verantwortlicher | Status |
|---|---|---|---|
| Zielgruppenuntersuchung | 5 | Herr Müller | Erledigt |
| Einholung Kosten | 4 | Frau Maier | Läuft noch |

## 8.11.2 Kostenträger-Bericht

**Anwendungsbereich:** Instrument zur Kontrolle und Dokumentation der Erlös- und Ergebnissituation einer Zeitschrift.

**Zweck:** Der Kostenträger-Bericht dient zur ständigen Kontrolle des Soll-Ist-Zustandes von Kosten und Erlösen sowie als Frühwarnsystem für mögliche einzuleitende Maßnahmen.

**Funktionsweise:** Der Kostenträgerbericht ist eigentlich nichts anderes als eine etwas abgewandelte DB-Rechnung. Die bereits aufgeführten Soll-Daten werden noch um die jeweils aktuellen Ist-Daten ergänzt, um die Planerfüllung oder ggf. die Abweichung anzuzeigen.

**Beispiel:**

Auszug aus dem Kostenträgerbericht der Zeitschrift „Geld und Finanzierung"

| Text | | Soll/Ausgabe | Ist/Ausgabe | Abweichung |
|------|------|------|------|------|
| Anzeigenumsatz | Euro | 200.000 | 180.000 | - 20.000 |
| Vertriebsumsatz | Euro | 27.750 | 20.000 | - 7.750 |
| **Umsatzerlöse gesamt** | **Euro** | **227.750** | **200.000** | **- 27.750** |
| variable stückzahlabhängige Kosten | Euro | 155.000 | 160.000 | + 5.000 |
| **Deckungsbeitrag I** | **Euro** | **72.750** | **40.000** | **- 32.750** |
| In % vom Umsatz | | 31,9 | 20,0 | - 11,9 |
| Objektabhängige Fixkosten | Euro | 49.000 | 61.000 | + 12.000 |
| **Objektergebnis (DB II)** | **Euro** | **23.750** | **- 21.000** | **- 44.750** |
| In % vom Umsatz | | 10,4 | - 10,5 | - 20,9 |

In diesem Beispiel ist zum Zeitpunkt, als die Ist-Daten mit den Soll-Daten verglichen wurden, noch eine erhebliche Abweichung zum Soll-Zustand vorhanden. Die Verlagsverantwortlichen können nun durch die Fakten, die dieses Kontrollinstrument liefert, erkennen, wo es noch Handlungsbedarf gibt und an welchen Schrauben konkret gedreht werden muss, um das Projekt nach Plan abzuschließen.

## 8.11.3 Tabelle Abverkaufsgeschwindigkeit

**Anwendungsbereich:** Im Vertrieb bei der Einführung neuer Objekte oder der Notwendigkeit, aktuelle Verkaufsdaten vor Ende der Angebotszeit zu kennen.

**Zweck:** Die Tabelle mit der Abverkaufsgeschwindigkeit dient der Darstellung der Verkäufe pro Tag der Angebotszeit. Die Vertriebsverantwortlichen können, während die Ausgabe noch verkauft wird, feststellen, ob und wo Handlungsbedarf besteht und welche Vertriebssparte noch kurzfristig gefördert werden muss. Bei neuen Objekten zum Beispiel ist die erste reguläre Ausgabe im Handel oft entscheidend für die Weiterführung des Objektes und damit für Erfolg oder Misserfolg des ganzen Projektes.

**Funktionsweise:** In der Tabelle wird erfasst, wie sich die Auflage innerhalb bestimmter Fristen verändert. Es können auch mehrere Ausgaben miteinander verglichen werden. Doch während der Einführungsphase der ersten Ausgabe etwa, vergleicht man beispielsweise alle drei Tage die Auflagenentwicklung. Wenn man dann an Erfahrungswerten hochrechnet, wie sich die Auflage bis Ende der Angebotszeit entwickeln könnte, weiß man, wie groß die Wahrscheinlichkeit ist, seine Ziele zu erreichen.

**Beispiel:**
Auszug aus der Handelsauflagenentwicklung der neuen monatlichen Zeitschrift „Reisen leicht gemacht"

|                                      | 1.3.2002 | 4.3.2002 | 8.3.2002 | 11.3.2002 |
|--------------------------------------|----------|----------|----------|-----------|
| Gelieferte Auflage Handel gesamt     | 100.000  | 100.000  | 100.000  | 100.000   |
| **Lieferung Grosso**                 | **70.000** | **70.000** | **70.000** | **70.000** |
| Verkauf Grosso                       | 13.500   | 20.500   | 23.600   | 26.300    |
| Remission Grosso %                   | 80,7     | 70,7     | 66,3     | 62,4      |
| **Lieferung Bahnhofsbuchhandel**     | **30.000** | **30.000** | **30.000** | **30.000** |
| Verkauf Bahnhofsbuchhandel           | 5.000    | 8.000    | 9.000    | 11.000    |
| Remission BB %                       | 83,3     | 73,3     | 70,0     | 63,3      |
| **Gesamtverkauf Handel**             | **18.500** | **28.500** | **32.600** | **37.300** |
| **Gesamtremission Handel**           | **81,5** | **71,5** | **67,4** | **62,7** |

Die Vertriebsverantwortlichen können erkennen, dass sie wohl auf dem richtigen Weg sind mit dieser Ausgabe. Nach noch nicht einmal der Hälfte der Angebotszeit sind bereits 37,3% (Gelieferte Auflage minus Remission) der gelieferten Auflage im Handel abverkauft. Die Sparten Grosso und Bahnhofsbuchhandel entwickeln sich fast parallel gleich gut. Bei keiner dieser beiden Sparten müssen noch kurzfristige Maßnahmen eingeleitet werden.

Die obigen drei Beispiele zeigen nur kurz die Möglichkeiten des Controlling und die damit verbundenen Chancen auf. Jeder Verlag hat seine eignen Instrumente. Sicher aber ist, dass eine gute Kombination von Ziel- und Kontrollsystemen in jedem Projekt eine wertvolle Hilfe ist.

# Kapitel 9: Der Launch einer neuen Zeitschrift

Unzählige neue Zeitschriften aus den verschiedensten Themenbereichen überschwemmen jedes Jahr den Zeitschriftenmarkt. Es gibt so viele Hefte wie noch nie. Die Kioske können die Mengen nur noch zu einem Bruchteil aufnehmen und die meisten Marktsegmente sind mit einer Fülle von Titeln völlig ausgereizt. So scheint es zumindest.

Und doch versuchen große und kleine Verlage aller Gattungen immer wieder, ihre Lücke zu finden und neue Produkte zu platzieren. Nicht selten gibt ihnen der Erfolg recht. Viele der Neueinführungen können sich etablieren und werfen gute Renditen ab.

Seit fast zehn Jahren werden trotz der mehreren tausend im Handel erhältlichen Zeitschriften jedes Jahr mehrere hundert Titel neu eingeführt. Stellt man diesen die Zahl der eingestellten Objekte gegenüber, erkennt man, dass zwar in manchem Jahr nicht einmal die Hälfte der neuen Titel das erste Jahr überlebt (Quelle: MMM/Hamburg). Dies bedeutet aber gleichzeitig, dass die Zahl der Titel insgesamt stetig wächst.

Allein die Zahl der IVW-gemeldeten Publikumszeitschriften ist vom 4. Quartal 95 bis zum 4. Quartal 2002 von 709 auf 884 Titel und damit um 25% gestiegen. Und das ist nur der Saldo aus den neu eingeführten und den wieder eingestellten Zeitschriften.

Das folgende Kapitel beschäftigt sich mit den Entscheidungskriterien, den Prozessen und den Maßnahmen im Rahmen der Neueinführung von Publikumszeitschriften und zeigt auf, was die Verlagsmanager beachten müssen, um neue Hefte erfolgreich am Markt platzieren zu können.

## 9.1 Die Gründe, eine neue Zeitschrift auf den Markt zu bringen

Die Gründe der Verlage, eine neue Zeitschrift am Markt zu platzieren, sind vielfältig. Im Wesentlichen geht es den Unternehmen um wirtschaftliches Wachstum, die Erschließung neuer Märkte und das Durchsetzen gegenüber den

Wettbewerbern und diesbezüglich natürlich das Erreichen der Marktführer-
schaft in einem Segment. Aber auch Imagegründe, Markenführung und die
Abrundung des eigenen Angebotes, um den Lesern in allen Bereichen ihres
Interessensgebietes Lesestoff zu bieten, spielen eine Rolle. Im Folgenden gehen
wir etwas genauer auf die einzelnen Gründe ein.

### 9.1.1 Die wirtschaftlichen Gründe

Ein Verlag ist ein kommerziell ausgerichtetes Wirtschaftsunternehmen. Daher
ist die oberste Prämisse natürlich höchstmögliche Umsätze zu generieren. Diese
beziehen die Verlage hauptsächlich aus den Sparten Vertrieb und Anzeigen.

Gerade in schlechten wirtschaftlichen Zeiten ist es schwierig, die Umsätze zu
halten oder gar zu steigern. Seit Ende der Neunziger Jahre sinken bei den meisten Verlagen konjunkturbedingt die Auflagen und die Umsätze der etablierten
Zeitschriften. Teils können die Rückgänge durch hohe Marketingaufwendungen
etwas gedämpft werden. Dies ist aber natürlich mit hohen Kosten verbunden,
wobei unterm Strich oft nichts übrigbleibt.

Auch Preiserhöhungen werden durchgeführt, diese sind aber oft mit Nach-
fragerückgängen gekoppelt, weshalb auch in diesem Fall die Gewinnrückgänge
nicht aufgehalten werden können.

Die Verlage sind also gezwungen, sich Gedanken über neue Umsatzbringer
zu machen. Wenn die etablierten Produkte nicht mehr wachsen bzw. die Umsätze sogar schrumpfen, ist demnach die Zeit für neue Zeitschriften und damit
für eine Ausweitung des Produktportfolios.

Einer der wichtigsten Gründe, eine neue Zeitschrift auf den Markt zu bringen, ist also Umsatzrückgänge bei anderen Objekten des Verlags auszugleichen
und neue Umsätze zu generieren, um wachsen zu können.

### 9.1.2 Die Erschließung neuer Märkte

Für einen Verlag kann es von Interesse sein, einen neuen Markt zu besetzen und
damit der erste Anbieter in diesem Segment zu sein. So kann er neue Umsätze
mit neuen Objekten generieren, neue Absatzwege öffnen und damit als Gate-
Opener den Wettbewerbern einen entscheidenden Schritt voraus sein. Ebenso
kann er seinen etablierten Zeitschriften den Zutritt in das neue Segment oder
Teile davon ermöglichen.

Wenn er mit einem neuen Objekt in einen bereits bestehenden Markt ein-dringt, so kann er sich neue Umsatzfelder erschließen. Der Verlag kann aber auch das Ziel haben, sich ein Standbein in einem wachsenden Markt zu schaffen oder Wettbewerber daran zu hindern, in diesem Segment groß zu werden – mit den erwirtschafteten Gewinnen könnte die Konkurrenz schließlich dem Verlag dann auch in einem anderen Segment, in dem er bereits tätig ist, gefährlich werden. Ein weiterer Grund: Der Verlag kann der Ansicht sein, dass es in einem Segment noch keine Zeitschriften, aber eine potenzielle Zielgruppe gibt.

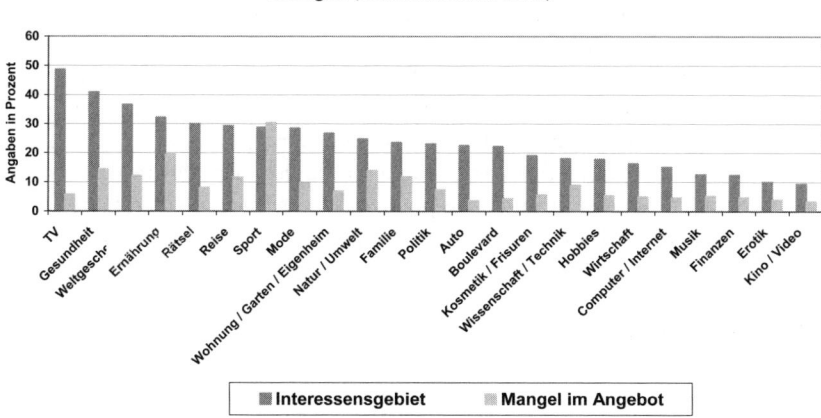

**Mangel an Zeitschriftenangeboten im Vergleich zu den Interessensgebieten der Befragten** (Quelle: CIA Mediahaus-Sensor)

*Laut einer Studie ist der Markt für Sportzeitschriften noch nicht ausgeschöpft. Die Befragten waren der Ansicht, dass es hier noch einen Mangel im Angebot gibt. Auch Hefte, die sich der Ernährung widmen, haben noch Potenzial.*

### 9.1.3 Die Abwehr von Wettbewerbern

Für einen Verlag kann es notwendig werden, eine Zeitschrift zu launchen, um zu verhindern, dass ein konkurrierender Verlag ein Segment für sich beanspru-chen kann. Ebenso kann er vermeiden, dass der Wettbewerber in einem Seg-ment, in dem der Verlag auch tätig ist, Themenfelder besetzt, die dem eigenen Objekt Leser abnehmen könnten.

Nehmen wir als Beispiel den Markt der Automobilzeitschriften: Eine Auto-zeitschrift wie „Auto Motor und Sport" von der Motorpresse in Stuttgart ist ein

Generalist, der sowohl Auto-Tests als auch Themen wie Automobildesign, Verkehrspolitik, Rennsport, Wirtschaft und automobile Emotionen abdeckt. Wenn ein Wettbewerber mit dem Schwerpunkt auf automobilen Emotionen auf den Markt kommt, kann es für die Motorpresse sinnvoll sein, eine ähnliche Zeitschrift entgegenzusetzen – ansonsten wird der neue Konkurrenztitel dem etablierten Generalisten sicher Teile seiner Leserschaft abnehmen. Und in diesem Fall ist es in jedem Fall besser, dass die Leser bei einem eigenen Titel als bei einem Wettbewerber landen.

Ein Beispiel betrifft die Springer-Zeitschrift „Bild der Frau". Nachdem der Münchner Burda-Verlag im April 2003 die optisch sehr ähnliche Zeitschrift „Frau im Trend" im Markt getestet hatte, brachte der Springer-Verlag noch vor der offiziellen Markteinführung des Burda-Titels die äußerlich fast identische Zeitschrift „Frau von Heute" heraus. Wie im „kress-report" nachzulesen war, begründete Springer dies damit, dass „Frau im Trend" ein Abklatsch des Springer-Frauen-Flaggschiffs „Bild der Frau" sei und Springer deswegen mit einem eigenen Produkt nachgezogen hätte. Burda wurde der Marktzutritt durch diese Aktion natürlich erschwert und viele potenzielle Leserinnen haben zum Springertitel und nicht zur Burda-Zeitschrift gegriffen.

### 9.1.4 Die Marktführerschaft

Marktführer in einem Segment zu sein, ist für einen Verlag immer ein Argument gegenüber potenziellen Anzeigenkunden. Denn bei keiner anderen Zeitschrift erreicht eine Kampagne so viele Leser wie beim Marktführer. Natürlich ist es immer besser, wenn der Verlag mit einem Titel der alleinige Marktführer ist. Aber auch wenn ein Verlag mit drei eigenen Titeln mehr Leser erreicht als der Wettbewerber mit einem, so kann er durch eine Anzeigenkombination eigener Hefte dem Kunden eine größere Reichweite bieten und damit zum versteckten Marktführer avancieren.

Generell ist das Prädikat „Marktführer" auch als Auszeichnung zu betrachten, die bei Lesern und Kunden Assoziationen wie Kompetenz, Objektivität und Unabhängigkeit hervorruft. Der Marktführer wird meist als der Beste angesehen.

## 9.1.5 Die Abdeckung aller Leserbedürfnisse im Segment

Durch die Einführung eines neuen Titels kann, wie im oben erwähnten Beispiel von „Auto Motor und Sport", die Leserschaft eines generalistisch ausgerichteten Titels ergänzende und eventuell detailliertere Informationen zu einem Thema erhalten als dies im Generalisten möglich wäre. Der Leser könnte die neue Zeitschrift als Ergänzung zu dem anderen größeren Titel sehen. Der Verlag müsste den Kunden nicht mit einem anderen Konkurrenten teilen und sich der Gefahr aussetzen, dass der Kunde ganz zum Wettbewerber übergeht.

## 9.1.6 Die Imagegründe

Ein weiterer Grund für die Einführung einer neuen Zeitschrift ist, das Image des Verlags oder einer Produktfamilie zu verbessern. Einem Verlag, der mehrere Zeitschriften zum Thema Sport im Portfolio hat und wichtige Themen wie Fußball, Rennsport, Ski, Wassersport etc. alle mit Zeitschriften bedient, traut man mehr Sportkompetenz zu als einem Verlag, der nur einen Sportbereich abdeckt.

## 9.1.7 Markenkompetenz

Die meisten Verlage nutzen auch den Namen einer bekannten Marke, um unter diesem Markennamen eine Markenfamilie aufzubauen. Die Zeitschriftensprösslinge profitieren vom großen Namen der Mutterzeitschrift und die Mutter vergrößert ihre Kompetenz, die Durchsetzung in der Zielgruppe und damit den Bekanntheitsgrad.

Letztendlich ist jede Entscheidung, eine neue Zeitschrift herauszubringen, aus einer Kombination vieler Gründe entstanden. Manchmal ist es aber auch ganz einfach der Intuition oder dem Interesse des Verlegers zu verdanken, dass eine neue Zeitschrift auf den Markt kommt.

Es gibt viele Beispiele für neue Zeitschriften, die durch Mut zum Anderssein Erfolg haben. Die Zeitschrift „Lucky", die von Condé Nast in den USA herausgebracht wird beispielsweise ist ein reines frauenaffines Shoppingmagazin und verkauft über 800.000 Exemplare. Geplant ist jetzt ein ähnliches Magazin für

Männer. Ob das Konzept „Kaufen, Kaufen, Kaufen" auch bei Männern funktioniert- darüber sind die Experten noch geteilter Meinung. Aber immerhin ist dies ein gutes Beispiel für ein mögliches Umdenken im Männersegment und die innovative Strategie des Condé Nast-Managements. Bereits im Februar 2001 betätigte sich Condé Nast ja mit seiner damals monatlich im Pocketformat eingeführten Frauenzeitschrift „Glamour" als Trendsetter.

## 9.2 Die Aufgaben des Projektmanagements

Im Alltag eines Verlagsunternehmens werden eine Vielzahl verschiedener Produkte produziert und vermarktet. Die meisten Aufgaben, die im Zusammenhang mit den Produkten anfallen, werden in den diversen Abteilungen bearbeitet: Die Anzeigen in den Heften werden von der Anzeigenabteilung verkauft, die Werbung und PR-Maßnahmen werden von der Marketingabteilung koordiniert, die Redaktion sorgt für die Produktion des Titels etc. All diese Abteilungen arbeiten trotz regelmäßiger Abstimmungsgespräche relativ autark.

Was ist aber, wenn eine neue Zeitschrift am Markt platziert werden soll? In diesem Fall müssen so früh wie möglich die Experten aus allen Abteilungen zu Rate gezogen werden. Wie sehen die Chancen im Vertrieb oder im Anzeigenmarkt aus? Welche Papierqualität soll bevorzugt werden und wie sind die Rohstoffkosten auf dem Papiermarkt? Diese Entscheidungen machen ein hohes Maß an Abstimmung zwischen allen Beteiligten des Verlagsprozederes zwingend notwendig. Nur wenn von Anfang an alle Zuständigen mit im Boot sind, kann vernünftig geplant werden.

Meist wird für die Gründungsphase einer neuen Zeitschrift ein Projektteam damit beauftragt, die Durchführung aller notwendigen Aufgaben zu initiieren und zu koordinieren. Die Aufgabe des Projektmanagements ist es, alle relevanten Informations- und Kenntnisträger eines Bereiches zusammenzuführen. Dabei soll eine umfassende Kommunikation gewährleistet sein, um die zu lösenden Aufgaben ohne Reibungsverluste und mit höchstem Fach- und Methodenwissen abzuwickeln. Das Projektmanagement mit seinen abteilungsübergreifenden und auf ein gemeinsames Ziel hinführenden Prozessen ist die geeignete Form, alle Belange zu berücksichtigen und ein hohes Maß an Planungssicherheit zu gewährleisten.

Um das Projekt, die Einführung der neuen Zeitschrift, also zielgerichtet durchführen zu können, gibt es einige Voraussetzungen, die vom Projektteam geschaffen werden müssen. Das Team muss die Projektziele formulieren, das

Projekt und damit die Inhalte näher beschreiben, das erweiterte Expertenteam definieren, die Anforderungen an die Mitglieder herausarbeiten, das Team organisieren und die Aufgaben verteilen. Ferner müssen die notwendigen Ressourcen ermittelt und bereitgestellt werden.

## 9.2.1 Projektziele

Mit einem neuen Projekt verfolgt ein Verlag unterschiedliche Ziele, die mit den Unternehmenszielen selbstverständlich konform sein müssen. Die Ziele eines Projektes beschreiben genau das, was das Team erreichen muss. Je genauer die Ziele formuliert werden, desto einfacher ist nachher die Erfolgskontrolle.

### System- und Vorgehensziele

Grob gerastert können Ziele in zwei Gruppen unterschieden werden. Einerseits gibt es Ziele, die Forderungen und Notwendigkeiten umfassen, die am Ende erfüllt sein sollen. Dazu zählen z. B. Termine, Kosten, Auflagenhöhe, die Anzeigenpreise, die Qualität des Produktes oder die Leistung. Diese Ziele werden als *System-Ziele* bezeichnet. Weiterhin gibt es so genannte *Vorgehensziele*, die während des Projektes auftreten. Dies sind dann Ziele bezüglich des Projektablaufs, also Meilensteine, das Teamklima, Auflagen bezüglich Umfeld und Mitteleinsatz, etc.

### Ziele zur Erfolgskontrolle

Die Definition der Ziele steht am Anfang jedes Projektes, da die Planung erst notwendig wird,
* um sicher zu sein, dass die Ziele erreicht werden können.
* um zu zeigen, wie die Ziele erreicht werden sollen.
* um vorher zu sehen, welche Ergebnisse später hervorgebracht werden.
* um den Gesamtaufwand planen zu können.
* um die Zusage von allen Beteiligten zu bekommen.
* um eine Basis zu haben, nach der das Projekt gesteuert und kontrolliert werden kann.

Je exakter die Ziele definiert werden, desto besser kann der Erfolg kontrolliert und eingegriffen werden, wenn das Team merkt, dass das Projekt in eine falsche Richtung läuft. Ein Beispiel: Eine realistisch geplante Auflagenhöhe erspart spätere Schwierigkeiten. Denn an der Stückzahl orientiert sich zum Beispiel der kalkulierte Anzeigenpreis. Erreicht das Objekt später die versprochene Auflage nicht, ist der Anzeigenkunde auch nicht bereit, den auf dieser Auflage kalkulierten Preis zu zahlen.

Geplant werden müssen vor allem:
- Die verkaufte Auflage und die verkauften Anzeigenseiten
- Die Erlöse
- Die Kosten für Redaktion, Herstellung und Verwaltung
- Die Kosten der Fachbereiche wie Anzeigen, Vertrieb, Marketing
- Die Heftinhalte, die Heftstruktur
- Werbe- und PR-Kosten

## 9.2.2 Projektdefinition

Nachdem das Projektteam die Projektziele festgelegt hat, muss es mit Hilfe der Projektdefinition klären, wie diese erreicht werden sollen. Mit der genauen Definition wird die Basis für das Handeln und das Vorgehen der Projektgruppe gebildet. Die Projektdefinition dient sowohl als Entscheidungsgrundlage für das Projekt als auch als Richtschnur für den Projektverlauf und nicht zuletzt als Maßstab für den Projekterfolg.

Wie wird vorgegangen? Zunächst sollten die nur grob vorformulierten Ziele exakt ausformuliert und detailliert festgehalten werden. Als nächstes wird der Projektablauf und die Projektorganisation geplant. Welche Tätigkeiten sind beispielsweise von wem durchzuführen?

Beispiel:
In einem Zeitschriftenverlag kann der Projektablauf und die Projektorganisation folgendermaßen ausschauen:

- Der designierte Chefredakteur muss ein Heftkonzept bzw. einen Dummy, also ein erstes Heftmuster, für die neue Zeitschrift vorlegen.

- Der Vertriebsleiter kalkuliert die Auflagenhöhen, die Vertriebskosten, die Handelsspannen und fühlt beim Großhandel vor, wie die Akzeptanz beim Einzelhandel ist, was in der Business-to-Business-Kommunikation beachtet

werden muss, etc, ohne aber jetzt schon beim Handel konkrete Aussagen ü-
ber das neue Produkt zu machen.

• Der Anzeigenleiter kalkuliert die Anzeigenpreise, den Mindestumsatz, den
seine Abteilung erwirtschaften kann und muss, die Kosten seiner Abteilung,
etc.

• Der Marketingleiter erarbeitet ein Kommunikationskonzept bzgl. der Werbe-
und PR-Maßnahmen.

• Der Marktforscher bringt Erkenntnisse über die Zielgruppe.

• Der zuständige Controller entwickelt ein Kalkulationsschema, in das schließlich alle Punkte einfließen und durch das das Projekt transparenter wird.

Schließlich muss auch noch geklärt werden, wie hoch der Projektaufwand ist
und bis wann die obigen Tätigkeiten abzuschließen sind.

Wichtig ist auch, die Kosten der einzelnen Tätigkeiten zu planen. Die Entwicklung eines Dummys, der einen Eindruck über das tatsächliche Produkt gibt,
ist bereits mit hohen Kosten verbunden: Eventuell müssen feste und freie Autoren schon jetzt Beiträge liefern oder Redakteure auf Reisen gehen. Das Heft
muss layoutet werden und auch die Marktforschung ist mit nicht unerheblichen
Kosten verbunden.

Und nicht zuletzt müssen natürlich die Kapazitäten und die Ressourcen ü-
berprüft werden. Stehen für die geplanten Aktivitäten ausreichend Kapazitäten
in den einzelnen Abteilungen zur Verfügung?

## 9.2.3 Das Team

Ein zentraler Faktor für den Erfolg des Zeitschriftenprojektes ist die richtige
Zusammenstellung und vor allem die effiziente Zusammenarbeit des Teams.
Die richtigen Leute mit den richtigen Informationen und vor allem dem nötigen
Fachwissen müssen in der Projektgruppe sein. Die Teammitglieder greifen
selbstverständlich wiederum auf andere Kollegen und Kolleginnen aus ihren
Fachbereichen und Redaktionen zu, die eigentlichen Player im Projekt sind aber
sie. Am Projekt beteiligt sind vornehmlich der Auftraggeber bzw. das Steue-
rungsgremium, der Projektleiter, die Teammitglieder sowie die Fachbereiche
und Redaktionen.

Die Teammitglieder selbst sollten u.a. nach folgenden Punkten ausgewählt werden:

* Qualifikation
* Informationsstand
* Betroffenheit von der Projektthematik
* Verfügbare Zeit

## Anforderungen und Aufgabenverteilung

Die Zusammenstellung bei der Einführung eines neuen Objektes ist aufgrund der Notwendigkeiten relativ klar umrissen. Der Auftraggeber ist meist der Geschäftsführer oder der Herausgeber des Bereiches, in dem das Objekt angesiedelt sein soll. Er bestimmt entweder allein oder gemeinsam mit anderen Mitgliedern der Geschäftsführung den Projektleiter. Dieser kann aus den verschiedensten Bereichen kommen, oft ist es aber der Herausgeber, der zuständige Verlagsleiter oder aber in manchen Fällen auch der später für das Produkt zuständige Chefredakteur. Einige Attribute sollte er aber in jedem Fall für diese Position mitbringen:

* Er sollte Erfahrung im Launch von Zeitschriften haben,
* die Teammitglieder sollten seine Kompetenz anerkennen,
* er sollte in zumindest einem Bereich auch später weiter mit dem Objekt befasst sein,
* er sollte durchsetzungsstark sein,
* er sollte kreativ und konzeptionell stark sein,
* und er sollte im Unternehmen anerkannt sein.

Die weiteren Personen, die ins Team gehören, sind aufgrund der zu klärenden und zu bearbeitenden Aufgaben schon vordefiniert. Im Zeitschriftenbereich sind dies etwa die Leute, die sich später auf Fachbereichsebene weiter mit dem Objekt beschäftigen werden wie Anzeigenleiter, Vertriebsleiter, Marketingleiter, Controller, Chefredakteur, Marktforscher. Die Aufgabenverteilung ergibt sich aus den fachbereichsspezifischen Kenntnissen der Teammitglieder.

## Organisation des Projektteams

Nun müssen noch einige organisatorische Fragestellungen geklärt werden:
* Die Aufgaben, Funktionen und Verantwortlichkeiten der einzelnen Projektmitglieder sind eindeutig zu bestimmen.
* Das Berichtswesen muss festgelegt werden, sprich wer muss wann wie worüber informiert werden.
* Die Häufigkeit und das Procedere regelmäßiger Projektmeetings muss definiert werden (regelmäßige Treffen oder nur bei Bedarf, wie ist die Protokollregelung, wer lädt ein, etc.).
* Eine Projektdokumentation muss erstellt werden, die regelmäßig auf den neuesten Stand gebracht wird (von wem?).
* Es muss geklärt werden, wer einzelne Projektabschnitte genehmigt.
* Der Auftraggeber muss die Ergebnisse der Projektarbeit prüfen und genehmigen sowie Modifikationen freigeben.

Sobald die Planungen durchgeführt sind, werden für die Abwicklungsphase schließlich noch weitere Personen ins Team geholt, um einerseits den Arbeitsaufwand bewältigen zu können und andererseits weiteres Know-how ins Team zu holen.

Das Team wird nun erweitert um Personen,
* die das Kernteam bei der Umsetzungsarbeit unterstützen,
* die das Kernteam erweitern,
* die punktuell und themenabhängig hinzugezogen werden,
* die firmenfremd sind und externes Know-how mit einfließen lassen.

Dies könnten zum Beispiel sein:
* Der zuständige Art Director als neues festes Projektmitglied,
* ein externer Medienberater, der punktuell zur Unterstützung herangezogen wird,
* temporär der zuständige Herstellungsleiter,
* ein von der Verlagsleitung für dieses Heft evtl. eingesetzter Produktmanager,
* punktuell diverse zukünftige Objektsachbearbeiter aus den Fachabteilungen,
* ein Vertreter aus der Buchhaltung bei rechnungsspezifischen Belangen,
* der Vertreter des externen Vertriebsdienstleisters (Nationalvertrieb), falls der Handelsvertrieb des Heftes nicht vom Verlag selbst abgewickelt wird,
* der Vertreter eines evtl. extern eingeschalteten Anzeigenbüros,
* punktuell ein Logistikexperte der künftig zuständigen Spedition.

Bevor die Personen, die evtl. ins Projektteam aufgenommen werden, tatsächlich einbezogen werden, muss das Team sich einige Fragen stellen:

* Könnte die Aufgaben auch ein Vertreter des Kernteams übernehmen?
* Zu welchem Zeitpunkt macht es Sinn, andere Mitglieder ins Team aufzunehmen?
* Sollen sie punktuell oder fest dabei sein?
* Werden diese Personen aus ihrem festen Arbeitsplatz für die Dauer des Projektes herausgelöst oder arbeiten sie zusätzlich zu ihrer Arbeit an dem Medienobjekt?
* Wie kann es organisatorisch gelöst werden, wenn Mitarbeiter durch die Projektarbeit ihr tägliches Pensum im Kernjob nicht mehr schaffen (Vertretungen,etc.)?
* Werden auch Externe mit ins Team genommen oder ist das Risiko zu groß, dass internes Know-how herausgetragen wird und die Wettbewerber schneller von dem Projekt Kenntnis nehmen könnten?

Wenn all diese Fragen geklärt sind, kann der Personenkreises erweitert werden, der am Projekt in irgendeiner Form beteiligt ist.

## 9.2.4 Bereitstellung der notwendigen Ressourcen

Bis zu diesem Punkt hat das Team viel geplant und kalkuliert, abgeschätzt und bewertet. Es hat etliche Mitarbeiter an Bord geholt und viele Voraussetzungen geschaffen, damit das Projekt erfolgreich abgewickelt werden kann. Jetzt beginnt die Phase der Ressourcenbeschaffung. Denn ohne die notwendigen Arbeitsinstrumente, räumliche und personelle Ressourcen kann das Projekt nicht beginnen.

Folgende Aufgaben könnten zum Beispiel anfallen:
* Büros für Redaktion und Grafik müssen eingerichtet werden.
* Technische Geräte für Produktion und Layout müssen gekauft werden.
* Redakteure und Grafiker müssen eingestellt werden.
* Die Budgets und Etats müssen freigegeben werden.
* Kostenstellen und Kostenträger müssen eingerichtet werden.
* Redaktions- und Bilddatenbanken müssen aufgebaut werden.
* Evtl. werden neue Vertriebsinnendienstmitarbeiter eingestellt.
* Evtl. wird ein externer Nationalvertrieb verpflichtet.
* Die Werbeabteilung prüft, ob ein neuer Kollege eingestellt werden muss.

- Logos und CI-Unterlagen werden allen Abteilungen zur Verfügung gestellt.
- Messestände und Produktplakate werden konzipiert und hergestellt.
- Laptops, Dienst-Handys und Dienstwagen werden zur Verfügung gestellt.

## 9.3 Informationen als Grundlage des Erfolgs

Die Informationsbeschaffung nimmt einen sehr wichtigen Stellenwert ein. So kann der Verlag besser einschätzen, ob die Zielgruppe den Titel überhaupt kaufen wird, und wenn ja, in welchen Stückzahlen und zu welchen Bedingungen. Der Verlag verschafft sich durch diese Marktforschung einen Überblick, wie hoch die Investitionen in das neue Objekt wären und ob er in diesem Markt überhaupt profitabel mitmischen kann. Je genauer die Informationen, desto gezielter kann das Objekt vermarktet werden.

### 9.3.1 Analyse der eigenen Firmenpotenziale und Ressourcen

An erster Stelle steht die Analyse der Potenziale und Ressourcen des Verlags. Passt das neue Objekt überhaupt zur Programmpolitik des Verlags? Müsste eine komplett neue Mannschaft eingestellt werden oder haben die Verlagsmitarbeiter in Redaktion, Vertrieb und Anzeigenabteilung genug Freiraum, um das neue Objekt zu stemmen. Kann das Team für das neue Projekt in den bereits vorhandenen Verlagsräumen arbeiten oder müssen neue Räume angemietet werden? Steht der Verlag mit Autoren oder Redakteuren in Verbindung, die von der neuen Thematik Sachkenntnis haben und zielgruppenorientiert schreiben können? Und natürlich: Welche Investitionen wären fällig, um die notwendigen Ressourcen für den neuen Titel bereit zu stellen?

### 9.3.2 Analyse der Wettbewerber und der Marktsituation

Selbst wenn der Verlag die kompetentesten Mitarbeiter beschäftigt, das Objekt kann trotzdem ein Flop werden. Daran kann u.a. die Marktsituation und die starke Marktstellung der Wettbewerber Schuld sein. Denn wenn die Konkurrenz sich schon seit mehreren Jahren einen Namen bei dieser Thematik gemacht hat oder das Thema schlicht und einfach „out" ist, stehen die Chancen für ein neues

Objekt oft schlecht. Ins Betrachtungsfeld gehört daher beispielsweise auch, ob der Markt noch Platz für den neuen Titel hat, ob es noch Marktlücken oder Entwicklungschancen gibt, wie präsent die Konkurrenz ist und welche Werbemittel diese einsetzt. (siehe auch Heftkonzept, Kapitel 4.1).

### 9.3.3 Analyse der Zielgruppe

Die Zielgruppe kann nach ihrer Struktur und ihrem Verhalten untersucht werden. Zunächst stellt sich die Frage, wie groß die Zielgruppe überhaupt ist, ein entscheidender Punkt etwa für die Auflagenhöhe. Wichtig sind aber auch die soziodemographischen Faktoren, etwa das Alter, Geschlecht, der Bildungsstand, der Beruf, der Familienstand etc.

Sehr entscheidend zeigen sich auch die Kenntnisse der Verhaltensmuster: Es stellt sich erstens die Frage, welchen Informationsbedarf die potenziellen Käufer haben. Benötigen Sie Sachauskünfte für das berufliche Umfeld oder wollen Sie sich in ihrer Freizeit einfach entspannt über ihr Hobby informieren. Sind sie sogar von der Informationsflut überlastet? Informiert sich die anvisierte Leserschaft nur, wenn es Neuigkeiten zu einem bestimmten Thema gibt oder benötigt sie kontinuierlich Infos.

Das Projektteam sollte zum zweiten auch das Informationsverhalten der Zielgruppe analysieren. Ob und wie zieht die Zielgruppe Medienprodukte zur Unterstützung der Arbeit heran. Nutzen sie Bücher, Zeitschriften oder das Internet? Wie oft organisiert sie sich Infomaterial und wie lange liest sie dieses?

Und drittens muss das Team sich mit dem Kaufverhalten der Zielgruppe beschäftigen: Welchen Preis akzeptiert sie als angemessen, welcher gilt als sehr billig oder zu teuer? Wie kaufkräftig sind die potenziellen Leser? Wie viel geben Sie monatlich/jährlich für Medienobjekte aus? Und aus welchen Gründen wären sie bereit, einen neuen Titel auszuprobieren? (siehe Kapitel 4.2)

Nicht zuletzt muss die Zielgruppe auch daraufhin geprüft werden, ob sie interessant genug ist für potentielle Anzeigenkunden.

**Gründe für das Ausprobieren neuer Zeitschriftentitel**
(Quelle: CIA Mediahaus-Sensor)

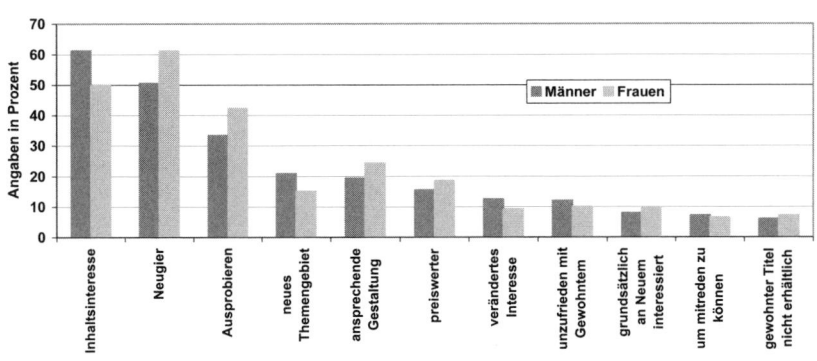

**Bereitschaft zum Probieren neuer Zeitschriften in bestimmten Themenbereichen**
(Quelle: CIA Mediahaus-Sensor)

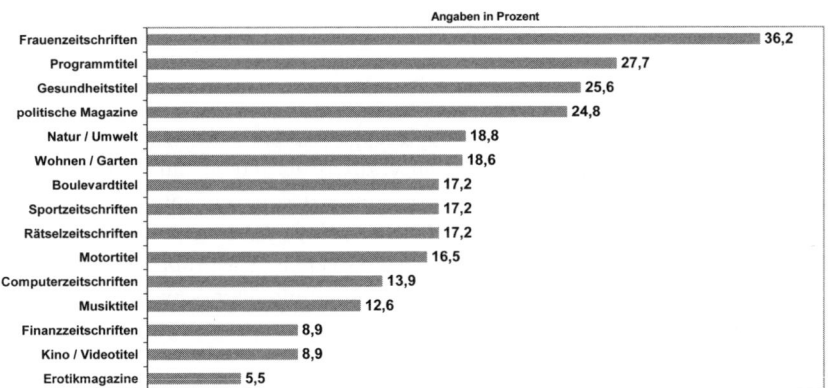

*Männer kaufen eine neue Zeitschrift vor allem, weil sie sich für die Inhalte interessieren. Frauen sind dagegen auf den Titel neugierig. Die Bereitschaft, neue Zeitschriften auszuprobieren, ist gerade bei Frauenzeitschriften und Programmies sehr hoch.*

### 9.3.4 Analyse sonstiger Gegebenheiten

Zu guter Letzt müssen auch noch anderer Determinanten untersucht werden, etwa Eintrittsbarrieren, die enorm hohe Investitionssummen erfordern, um das Produkt auf den Markt bringen zu können. Untersucht werden müssen auch die Absatzwege: Welche sind für das neue Objekt üblich? Eignen sich die bereits im Verlag üblichen und welche müssen oder könnten neu erschlossen werden? Auch rechtliche Fragen sind zu klären etwa zur Preisbindung oder zum Urheberrecht.

## 9.4 Die Festlegung der Eckdaten

Je nachdem, welche Zielgruppe der Verlag anvisiert, welche thematischen Schwerpunkte die Zeitschrift hat und mit welchen strategischen Zielen der Verlag das Heft herausgibt, werden die wichtigsten Merkmale und die Ausstattung des neuen Titels geplant. Bereits in Kapitel 8.4 wurden die wichtigsten Eckdaten und die jeweiligen Möglichkeiten beschrieben. Im Folgenden werden kurz die spezifischen Besonderheiten der Eckdaten bei der Neueinführung einer Zeitschrift vorgestellt.

**Die Festlegung des Heftformats**
Der Verlag wird das Format je nach Zielgruppe und Heftschwerpunkten anders wählen. Während gerade bei Frauenzeitschriften der Trend hin zu den Kompaktgrößen geht, wird ein großes Reportagemagazin mit opulenten Bildstrecken eher im gängigen Magazinformat, vielleicht auch in Übergröße erscheinen. Je hochwertiger das Magazin und je anspruchsvoller die Zielgruppe, desto wahrscheinlicher ist es auch, dass statt Rückenstichheftung die hochwertiger wirkende Klebebindung gewählt wird.

**Die Wahl der Papierqualität**
Auch die Wahl der Papierqualität hängt von den Ansprüchen der Zielgruppe ab. Je anspruchsvoller die zukünftigen Leser, desto besser muss das Papier sein, je kürzer das Magazin gelesen wird und je wahrscheinlicher es nur zur schnellen Informationsaufnahme konsumiert wird, desto weniger hochwertig muss das Papier sein. Soll das Heft aber hochwertige Fotostrecken oder gar einen Sammelcharakter haben, dann sollte das Papier stärker und teurer gewählt werden und evtl. sogar auf Hochglanzpapier gedruckt werden. Auch die Ansprüche der

Anzeigenkunden sollten berücksichtigt werden. Kommen die Werbetreibenden voraussichtlich aus der Luxusartikelbranche, so muss der Verlag davon ausgehen, dass er die Kunden wohl nur akquirieren kann, wenn er den beworbenen hochwertigen Produkten auch ein entsprechend hochwertiges Umfeld in der Zeitschrift bieten kann.

**Die Druckqualität**
Auch Druckstärke und Farbwahl werden nach ähnlichen Kriterien wie bei der Wahl der Papierqualität entschieden.

**Die Wahl des Satzspiegels**
Die Wahl des Satzspiegels (der Satzspiegel ist die bedruckte Fläche) hängt unter anderem davon ab, ob Texte oder Bilder im Heft dominieren sollen, aber auch von diversen Kriterien, die die äußere Anmutung des Heftes betreffen.

**Die Abschätzung des Anzeigenvolumens**
Bevor die erste Ausgabe auf dem Markt erscheint, wird bereits kalkuliert, wie viel bezahlte Anzeigenseiten notwendig sind, um gemeinsam mit den Vertriebserlösen die Wirtschaftlichkeit des Objektes zu gewährleisten.

**Die Planung der Anzeigen-Redaktions-Relation im Heft**
Der Verlag plant auch die gewünschte Aufteilung der Heftseiten nach Anzeigen und redaktionellen Seiten. Ebenso wird auch die Anzahl der Bögen (ein Bogen besteht meist aus 16 Seiten) und damit die Gesamtseitenanzahl der Zeitschrift geplant.

**Die Festlegung von Erscheinungsweise und Erscheinungstag**
Der Verlag legt je nach erwartetem Vertriebs- und Anzeigenvolumen die Erscheinungsweise des Heftes fest. Die Entscheidung hängt unter anderem ab von der geplanten Aktualität des Heftes und der Nachfrage. Je aktueller der Titel sein soll, desto häufiger muss er erscheinen. Der Erscheinungstag innerhalb der Woche hängt meist ab von den Wettbewerbern und den Präferenzen der Leser, bei Monatstiteln entscheidet auch die gewünschte Nähe oder Ferne zu den Konkurrenten, ob ein Titel eher am Monatsbeginn oder eher am Ende oder in der Mitte des Monats erscheinen wird.

**Die Handelsspanne**
Der Verlag errechnet die erwartete Verkaufserwartung. Von dieser Kalkulation und den für die einzelnen Vertriebssparten prognostizierten Verkauf ist die Höhe der Handelsspanne abhängig. Der Verlag gibt die Erwartung dem Grossoverband bekannt, gemeinsam wird dann die Handelsspanne festgelegt. Nach einigen Ausgaben wird geprüft, ob die Erwartungen eingetroffen sind. Liegt die

tatsächlich verkaufte Auflage darüber oder darunter, wird die Handelsspanne entsprechend angepasst.

**Die Festlegung der gelieferten und der geschätzten verkauften Auflage**
Der Verlag kalkuliert, wie hoch die verkaufte Auflage sein muss, um gemeinsam mit den Anzeigenerlösen die Wirtschaftlichkeit des Objektes zu gewährleisten. Die gedruckte Auflage wird errechnet, um die Kosten abzuschätzen und Liefermengen für die Handelssparten und die Vertriebspartner festlegen zu können.

**Die Schätzung der Remissionsquote**
Es muss ebenso die erwartete Remissionsquote ermittelt werden, um kalkulieren zu können, wie hoch die zu druckende Auflage ist. Dadurch können auch die wirtschaftlichen Rahmenbedingungen geplant werden.

**Die Festlegung der Druckauflage**
Aus der erwarteten verkauften Auflage und der angesetzten Remissionshöhe wird die Höhe der zu druckenden Menge festgelegt.

**Festlegung von Copypreis und Anzeigenpreisen**
Der Verlag legt unter Beachtung der Konkurrenzsituation, der Zahlungsfähigkeit seiner Zielgruppe im Lesermarkt und der wirtschaftlichen Rahmenbedingungen des neuen Titels den Heftpreis fest. Ebenso werden die Anzeigenpreise und die Rabattstaffeln im Anzeigenbereich kalkuliert und festgelegt.

**Einrichten der Budgets für Werbung, Marketing, die Fachbereiche und Redaktionen**
Die Etats und Budgets sowie die erwarteten Kosten für die beteiligten Abteilungen, Personen und Vermarktungsmaschinerien werden geplant, festgesetzt und die Kostenstellen eingerichtet.

## 9.5 Die betriebswirtschaftliche Kalkulation

Nachdem die wichtigsten Eckdaten geklärt und festgelegt sind, wird nun geprüft, ob mit den definierten Parametern auch rentable Deckungsbeiträge erwirtschaftet werden können. Nur dann macht es auch Sinn, die neue Zeitschrift herauszubringen – es sei denn das Objekt wird aus strategischen Gründen gelauncht, die positive Deckungsbeiträge nicht zwingend erforderlich machen.

Den schnellsten Überblick über die wirtschaftlichen Rahmendaten erhalten die Verantwortlichen des Projekts mit einer Kostenträger-Ergebnisrechnung. Meist werden hierbei mehrere Varianten mit verschiedener Ausprägung der Parameter zum Vergleich durchgespielt, um zu sehen, welche Voraussetzungen geschaffen werden müssen, damit der Verlag das Objekt herausbringen kann.

Die Abbildung auf der folgenden Seite zeigt einen Auszug aus der Kostenträger-Ergebnisrechnung für die monatlich geplante Zeitschrift „Geld und Finanzierung".

In der Kalkulation wurden zwei Varianten gerechnet. In Variante 1 lag der Copypreis bei 3,- Euro, in Variante 2 lag er bei 2,- Euro.

Der Verlag hat in der Kalkulation angenommen, dass bei geringerem Heftpreis mehr Hefte verkauft werden. Trotzdem können in Variante 2 die Mehrverkäufe die geringeren Einnahmen durch den niedrigeren Preis nicht ausgleichen. Daher sind die Vertriebsumsätze wesentlich geringer als in Variante 1.

Der Verlag ist zudem davon ausgegangen, dass in Variante 2 mehr Anzeigenseiten verkauft werden. Dadurch erhöht sich der Anzeigenumsatz beträchtlich.

Da das geplante Objekt stark anzeigenorientiert ist, können die Mehreinnahmen im Anzeigenbereich die geringeren Vertriebsumsätze ausgleichen. Der Gesamtumsatz ist also in Variante 2 größer als in Variante 1.

Jetzt werden noch die Kosten gegenüber gestellt. Durch die höhere Auflage steigen in Variante 2 sowohl die Druck- und Verpackungskosten als auch die Versandkosten. Auch sind die Kosten für Anzeigenprovisionen durch die höhere Zahl an verkauften Anzeigenseiten größer als bei Variante 1.

Somit liegt das Objektergebnis in Variante 2 trotz höherer Umsätze durch die ebenfalls erhöhten Kosten nur bei 9,6% des Gesamtumsatzes. In Variante 1 liegt das Ergebnis bei 14,2%. Der Verlag wird sich also eher für Variante 1 entscheiden, obwohl er weniger Hefte und weniger Anzeigenseiten verkauft.

Dies beweist, wie wichtig eine genaue betriebswirtschaftliche Betrachtung aller Parameter ist. Denn die augenscheinlich bessere Variante entpuppt sich bei näherer Betrachtung oft als weniger rentabel.

Beispiel: Kostenträger-Ergebnisrechnung „Geld und Finanzierung"

|  | | Variante 1 | | Variante 2 | |
|---|---|---|---|---|---|
|  | | Pro Ausg. | Pro Jahr | Pro Ausg. | Pro Jahr |
| **Mengenleistung** | | | | | |
| Copypreis | Euro | 3,- | 3,- | 2,- | 2,- |
| Anzahl Ausgaben | Stück | 1 | 12 | 12 | 12 |
| Gesamt-Umfang | Seiten | 100 | 1200 | 100 | 1200 |
| Redaktionsseiten | Seiten | 75 | 900 | 75 | 900 |
| Anzeigenseiten | Seiten | 25 | 300 | 30 | 360 |
| Davon Formatanz. | Seiten | 20 | 240 | 22 | 264 |
| Druckauflage | Stück | 40.000 | 480.000 | 50.000 | 600.000 |
| Verkaufte Auflage | Stück | 22.000 | 264.000 | 28.500 | 342.000 |
| Davon Abonnenten | Stück | 4.000 | 48.000 | 4.000 | 48.000 |
| Davon Sonst. Verk. | Stück | 2.500 | 30.000 | 2.500 | 30.000 |
| Handelsauslieferung | Stück | 31.000 | 372.000 | 40.000 | 480.000 |
| Remittenden | Stück | 15.500 | 186.000 | 18.000 | 216.000 |
| Handelsremission | % | 50 | 50 | 45 | 45 |
| **Umsatzerlöse** | | | | | |
| Formatanzeigen | Euro | 175.000 | 2.100.000 | 192.500 | 2.310.000 |
| Fließsatzanzeigen | Euro | 25.000 | 300.000 | 40.000 | 480.000 |
| **Anzeigenumsatz** | **Euro** | **200.000** | **2.400.000** | **232.500** | **2.790.000** |
| Handel | Euro | 43.500 | 522.000 | 38.000 | 456.000 |
| ./. Remittenden | Euro | 21.750 | 261.000 | 25.200 | 302.400 |
| Abonnenten | Euro | 10.000 | 120.000 | 6.800 | 81.600 |
| Industrie/Sondervk. | Euro | 5.000 | 60.000 | 2.500 | 30.000 |
| Sonst. Vertriebsums. | Euro | 1.000 | 12.000 | 1.000 | 12.000 |
| **Vertriebsumsatz** | **Euro** | **37.750** | **453.000** | **23.100** | **277.200** |
| **Umsatzerlöse ges.** | **Euro** | **237.750** | **2.853.000** | **255.600** | **3.067.200** |
| **Kosten und Ergebnis** | | | | | |
| Druck/Verpack.Kost. | Euro | 80.000 | 960.000 | 100.000 | 1.200.000 |
| Versandkosten | Euro | 15.000 | 180.000 | 18.000 | 216.000 |
| Anzeigenums.Provis. | Euro | 20.000 | 240.000 | 24.000 | 288.000 |
| Redakt.Kost./Honor. | Euro | 40.000 | 480.000 | 40.000 | 480.000 |
| **Deckungsbeitrag I** | **Euro** | **82.750** | **993.000** | **73.600** | **883.200** |
| In % vom Umsatz | | 34,8 | 34,8 | 28,8 | 28,8 |
| Werbung,PR,Marktf. | Euro | 41.000 | 492.000 | 41.000 | 492.000 |
| Sonst. direkte Kosten | Euro | 8.000 | 96.000 | 8.000 | 96.000 |
| **Objekterg. (DB II)** | **Euro** | **33.750** | **405.000** | **24.600** | **295.200** |
| In % vom Umsatz | | 14,2 | 14,2 | 9,6 | 9,6 |

## 9.6 Dummy und Nullnummer

Zu Beginn der Überlegungen wurde in Geschäftsführung und Verlagsleitung festgelegt, in welchem Themenfeld das Produkt anzusiedeln ist, sprich ob die neue Zeitschrift zum Beispiel ein Männermagazin oder eine Autozeitschrift werden soll. Daraufhin hat der Chefredakteur ein Konzept vorgelegt und schließlich einen Dummy, ein Produktmuster, in dem es meist keine echten Beiträge gibt, sondern nur Blindtext. So konnten sich alle Beteiligten bereits in einer frühen Phase ein Bild davon machen, wie das Produkt einmal aussehen könnte. Auch konnten Änderungswünsche und Modifikationen rechtzeitig vorgebracht und umgesetzt werden.

Wenn dieses Muster von allen Seiten abgesegnet wurde, geht es im nächsten Schritt darum, eine erste richtige Ausgabe zu produzieren. Eine Ausgabe, in der – anders als im Dummy – alle Artikel tatsächlich recherchiert und geschrieben werden. Die bereits eingestellten Redakteure müssen dieses Heft produzieren. Damit hat die Arbeit der Redaktion offiziell begonnen. Die erste Ausgabe des neuen Heftes wird nun erstellt.

Dabei stehen folgende Eckdaten, die in der Planungsphase geklärt wurden, bereits fest:

- Format (Magazinformat, Pocketausgabe, Zeitungsformat, Klebebindung oder Rückenstichheftung,)
- Papierqualität (Stärke und Beschaffenheit des Papiers)
- Druckqualität (Hochglanztitel oder matt, Druckstärke im Heft)
- Satzspiegel
- Geplante Relation von redaktionellem Inhalt und Anzeigen
- Inhaltliche Schwerpunkte und die grobe Gliederung der Themen und Ressorts

Hierbei wurde kurz zusammengefasst geklärt:

**Das Format**
- Wenn das Heft vor allem unterwegs gelesen werden soll, sollte ein kleineres Format gewählt werden, z.B. Taschenbuchformat (Beispiel: „Glamour").
- Ist das Heft sehr anspruchsvoll und hat größere exklusive Bildstrecken, sollte mindestens Magazinformat gewählt werden (Beispiel: „Der Spiegel").
- Ist das Heft für eine exklusive, lifestylige Zielgruppe konzipiert, ist Klebebindung mit festem Cover vorzuziehen, da dies edler anmutet (Beisp.: „Vogue").
- Die Rückenstichheftung ohne festen Umschlag wird meist bei häufiger Erscheinungsweise wegen der geringeren Kosten verwendet (Beispiel:"Bunte").

**Die Papierqualität**
- Je stärker das Papier, desto exklusiver die Anmutung.
- Recyceltes Papier wirkt oft weniger exklusiv, ist aber umweltverträglicher.
- Dünneres Papier ohne festen Umschlag bei häufiger Erscheinungsweise.

**Die Druckqualität**
- Ein Hochglanztitel erhöht die Attraktivität, aber auch die Herstellungskosten.
- Je wichtiger die Bildstrecken, desto besser sollten Druck und Auflösung sein.
- Die Druckqualität sollte, genau wie die Standardschriften und Standardfarben im ganzen Heft und in allen Ausgaben gleich sein.

**Der Satzspiegel**
- Verhältnis der Breite zur Höhe der bedruckten Fläche

**Das Layout und die Gestaltung**
- Die Redaktion geht hier nach folgenden Stufen vor: 1. konzeptionelle Vorüberlegung, 2. grobe Skizzen, 3. Ausprobieren mit Blindtexten, ersten Satzfahnen und dem eigentlichen Umbruch.
- Die Redaktion sollte sich die Frage stellen, was sie wem mit welcher Absicht, welchem Inhalt und mit welchen (Gestaltungs-)Mitteln mitteilen will.
- Durchgehend standardisiertes Layout

**Die Relation Anzeigen/Redaktion**
- Faustregel 40 Prozent Anzeigen und 60 Prozent Redaktion
- Es muss daran gedacht werden, dass viele Anzeigen viel Geld bringen, aber das Heft nicht überfrachtet werden darf, so dass es noch attraktiv für den Leser ist.
- Vorsicht: Hat das Heft weniger als 25 Prozent redaktionellen Anteil, entfällt der Vorteil des hälftigen Mehrwertsteuersatzes bei Printprodukten.

**Der Heftumfang**
- Hängt ab von Produktionskosten, Markt- und Leserbedürfnissen.
- Die optimale Anzeigen-Text-Relation kann Einfluss nehmen auf den Umfang des Heftes, da ab einer bestimmten Zahl von Anzeigenseiten zusätzlicher Text aufgenommen werden muss, um diese Relation zu gewährleisten.

Die rein formalen Voraussetzungen sind also geklärt. Danach geht es an die Inhalte: Das Heftkonzept (siehe Kapitel 4.1) wird nochmals überarbeitet, nach den neuesten Erkenntnissen aktualisiert und verfeinert. Das Layout wird Seite für Seite festgelegt. Dadurch können dann die Redakteure ihre Beiträge bei spielsweise über das Redaktionssystem direkt in das Vor-Layout eingeben, das für jede Ausgabe dieselbe Struktur aufweisen und nur themenabhängig angeglichen werden muss. Die Redakteure schreiben nun die Artikel. Das Team um Chefredakteur und Art Director konzipiert die Titelseite nach den Prämissen:

• Verkäuflichkeit der Titelthemen (Welche Themen werden als so verkaufsträchtig angesehen, dass sie auf den Titel kommen?)
• Attraktiver Themenmix (Welche Kombination von Titelthemen könnte das Interesse der potentiellen Käufer am ehesten wecken?)
• Aktualität der Titelthemen (Welche Themen sind aktuell?)
• Attraktive Headlines (Wie können die wichtigsten Themen betont werden?)
• Grafische Gestaltung (Wie soll das Layout des Titels gestaltet sein?)

Während die Redaktion unter Beachtung der obigen Punkte das Heft erstellt, wird die Anzeigenabteilung parallel auf Anzeigenakquise gehen, denn die Anzeigen gehören genau wie der redaktionelle Teil zum Heftinhalt.

## 9.7 Akzeptanztests im Vertriebs- und Anzeigenbereich

Sobald das Heft erstellt ist, gibt es verschiedene Möglichkeiten der weiteren Vorgehensweise. Der Verlag könnte nun zum festgelegten Erscheinungstermin bundesweit einheitlich auf den Markt gehen oder das erste Heft für eine Reihe von Tests nutzen. Anzuraten ist es, sich diese Ausgabe für Marktforschung und Zielgruppentests zunutze zu machen. Hier gibt es einige Alternativen, die je nach Finanzlage und Risikobereitschaft des Verlages gewählt werden können:

Der Verlag kann nur mit einer geringen Auflage in einem einzigen Bundesland, einer Stadt oder einem repräsentativen Querschnitt verschiedener Regionen auf den Markt gehen. Dies hat den Vorteil, dass er, falls das Produkt nicht angenommen wird, nur geringe Druck- und Vertriebskosten investiert hat. Der Nachteil ist allerdings, dass der Verlag immer nur eine Hochrechnung hat, aber keine konkreten Zahlen. Ebenso können für diese Ausgabe wohl wenige oder gar keine Anzeigen verkauft werden.

Wenn der Verlag sich dazu entschließt, bundesweit zu erscheinen, kann die Anzeigenabteilung voll in die Akquise einsteigen und bereits für das erste Heft mit Einführungsrabatt bezahlte Anzeigen ins Heft bringen. Das Risiko hier: Den Anzeigenkunden wird eine Mindestauflage versprochen. Wird diese nicht erreicht, müssen Preisnachlässe gegeben werden. Verkauft sich diese Ausgabe nicht, hat der Verlag viel Geld durch hohe Druck- und Vertriebskosten verloren. Er hat aber exaktere Daten für Vertrieb und Marktforschung, um Erfolg oder Misserfolg auswerten zu können. Bei einem Erfolg hat der Verlag auch gleich zu Beginn erfreuliche Umsätze.

Folgende Tests können unter anderem noch durchgeführt werden, um zu überprüfen, wie die Hefte bei der Zielgruppe ankommen:

- **Einzelhandelstests:** Hierbei werden die Käufer vor Ort beim Einzelhandel über die Kaufmotivation und die Gestaltung des Heftes befragt.

- **Titeltests:** Das Heft kann in verschiedenen Regionen mit verschiedenen Titelblättern erscheinen. So kann der Verlag testen, welche Art von Titel besser ankommt. Dies schafft mehr Planungssicherheit für künftige Ausgaben.

- **Tests über die Abverkaufsgeschwindigkeit:** Diese Tests untersuchen, wie viel Hefte an welchem Verkaufstag verkauft werden: Dadurch kann der Verlag erkennen, welchen Erscheinungstag er in Zukunft wählen sollte.

- **Tests zur Händlerstruktur:** Es wird geprüft, in welcher Art von Verkaufsstellen sich das Heft am besten verkauft. So kann der Verlag analysieren, wo in Zukunft mehr, wo weniger Hefte hingeliefert werden sollten.

- **Anzeigentests:** Die Anzeigenabteilung kann im Heft Anzeigenakzeptanztests durchführen und mit Hilfe einer Leserbefragung wertvolle Hinweise zu den Anzeigen und den Produkten der Anzeigenkunden erhalten, die dann den Anzeigenkunden bei der Akquise als Zusatznutzen an die Hand gegeben werden können.

## 9.8 Marketingmaßnahmen zur Einführung

Wenn ein Verlag ein neues Heft auf den Markt bringt, bekommen das die wenigsten potenziellen Kunden mit, es sei denn, er macht sie mit Hilfe verschiedener Marketinginstrumente darauf aufmerksam. Im Folgenden werden kurz die konkreten Anwendungsmöglichkeiten der in Kapitel 8.9 besprochenen Instrumente im Rahmen der Markteinführung einer neuen Zeitschrift erläutert.

## Werbung zur Markteinführung

Je nach Art der neuen Zeitschrift werden die Werbemaßnahmen verschiedenartig ausfallen. Bei einer hochauflagigen Publikumszeitschrift ist es beispielsweise wichtig, ziemlich schnell die Marke bekannt zu machen, da bereits von Anfang an hohe Produktions- und Vertriebskosten durch die Umsätze kompensiert werden müssen. Bei einer hochspezialisierten Fachzeitschrift hingegen wird Werbung voraussichtlich nur in Fachmedien geschaltet werden und der Schwerpunkt eher im Direktmarketing liegen.

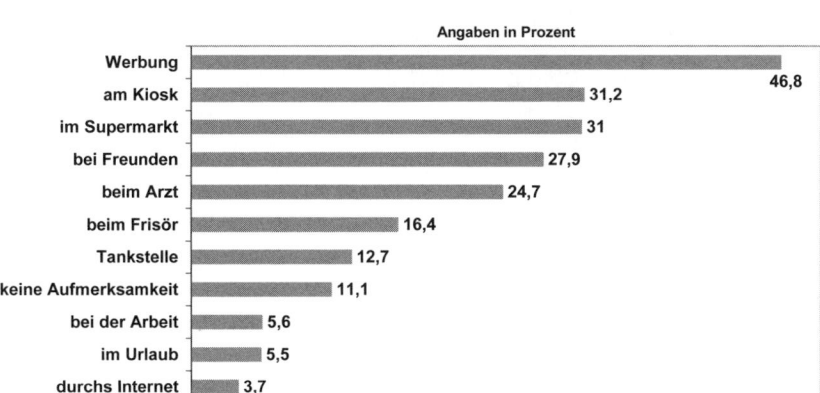

**Neue Zeitschriftentitel - wie werden Kunden darauf aufmerksam**
(Quelle: CIA Mediahaus-Sensor)

| | Angaben in Prozent |
|---|---|
| Werbung | 46,8 |
| am Kiosk | 31,2 |
| im Supermarkt | 31 |
| bei Freunden | 27,9 |
| beim Arzt | 24,7 |
| beim Frisör | 16,4 |
| Tankstelle | 12,7 |
| keine Aufmerksamkeit | 11,1 |
| bei der Arbeit | 5,6 |
| im Urlaub | 5,5 |
| durchs Internet | 3,7 |

*Werbung ist die effizienteste Methode, um auf eine neue Zeitschrift aufmerksam zu machen.*

Im folgenden Abschnitt zählen wir einige Möglichkeiten der Werbung auf.

### Händlerwerbung

• Grosso und Einzelhändler werden über das neue Produkt informiert, zum Beispiel mit einer mehrstufigen Ankündigung, die neugierig auf das Heft machen soll.
• Der Verlag schickt Packages mit Werbemitteln an Groß- und Einzelhandel.
• Dem Handel werden Leseproben zugesandt.

- Zum Erscheinungstermin kann der Verlag zum Beispiel ein persönliches Exemplar der Nullnummer an die Verantwortlichen beim Grosso und die Einzelhändler schicken.
- Der Verlag schickt ein Schreiben des Chefredakteurs an den Handel.
- Der Verlag kann auch Anzeigen in der Branchenpresse schalten, um die Aufmerksamkeit des Handels zu erhöhen.

*Zur Markteinführung des Männermagazins Men's Health im April 1996 bekam jeder Grossist und jeder belieferte Einzelhändler kurz vor dem Erscheinungstag die Erstausgabe mit dem auf einen großen Button auf der Titelseite aufgedruckten Hinweis: „Exklusiv für Sie. Damit Sie heute schon wissen, was Ihre Kunden ab 16. April bei Ihnen kaufen können!"*

**Publikumswerbung**
- TV-oder Rundfunkwerbung zum Erscheinungstag
- Werbung mit Citylight-Plakaten (beleuchteten Plakatwänden)
- Anzeigenschaltung in Zeitschriften und Tageszeitungen
- Werbung in S- und U-Bahnen, z.B. Infoscreen
- Plakatwerbung
- Werbung auf LCD-Displays an Bahnhofsverkaufsstellen

**Direktmarketing**
- Mailings an einen zielgruppenaffinen Verteiler
- Telefonmarketing
- SMS-Marketing
- Schaltung von Aboanzeigen in zielgruppenaffinen Titeln

## Weitere Werbe- und Imagekampagnen

* Promotionaktionen am Point of Sale
* Besuch von Messen und Veranstaltungen
* Besuch von Kongressen und Tagungen
* Samplingaktionen (Verteilung von Gratisheften)
* Einführungspreis für die ersten Hefte
* Verteilung von Flyern und Informationsblättern in zielgruppenaffinen Einrichtungen

## Sponsoring

* Sport-oder Kultursponsoring und damit Partnergewinnung für die Bekanntmachung der neuen Zeitschrift
* Sponsoring für Radio- oder TV-Sendungen
* Veranstaltungssponsoring

## Servicepolitik

* Versand von Newslettern an gekaufte oder vorhandene Adressen
* Anbieten von Schulungen und Seminaren
* Beratungsangebote für die Leser
* Chats zu allen möglichen Themen

## Öffentlichkeitsarbeit

Gerade bei der Einführung einer neuen Zeitschrift ist eine gute PR- und Öffentlichkeitsarbeit enorm wichtig. Sie kann viel dazu beitragen, den Titel bekannt zu machen. Der Varlag hat unter anderem folgende Möglichkeiten:
* Versand von Presseinformationen an relevante Presseverteiler in Print, Online, TV und Hörfunk
* Versand von Rezensionsexemplaren
* Organisation von Pressekonferenzen und Veranstaltungen
* Einladungen zu Events und Pressereisen
* Diskussionsrunden und Interviews

## 9.9 Ständiges Controlling

Wenn das Heft in den Markt eingeführt ist, ist es wichtig, die Entwicklung des neuen Titels intensiver zu beobachten als dies bei bereits eingeführten Titeln notwendig ist. Der Verlag erhält dadurch Erkenntnisse, in wie weit das Heft den Kern des Kundeninteresses sowohl im Anzeigen- als auch im Vertriebsmarkt getroffen hat. Im Zweifelsfall muss die Redaktion das Konzept nochmals überarbeiten oder der Vertrieb die Schwerpunkte in den Vertriebswegen ändern.

Die für die Einführungsphase des Heftes Verantwortlichen sollten in jedem Fall eine Dokumentation erstellen, in der alle wichtigen Punkte aufgelistet sind, die während des Prozesses durchlaufen wurden. So kann am Besten nachgeprüft werden, warum was getan wurde und nachvollzogen werden, warum bestimmte Schritte in die Wege geleitet wurden. Und vor allem können so für alle nachvollziehbar auch die sukzessiven nachträglichen Änderungen in allen Bereichen erklärt und Verbesserungspotenziale schneller erkannt werden. In der Projektdokumentation werden zum Beispiel festgehalten:

• Die Projektdefinition und das Projektteam
• Projektziele und die Wege dorthin/Checkpoints
• Zielgruppenerkenntnisse
• Produktbeschreibungen
• Statements der einzelnen Fachbereiche und der Redaktion
• Vertriebswege
• Realisierungsansätze verschiedener Ideen und konkrete Umsetzungsergebnisse
• Der jeweils aktuelle Stand laufender Aktionen und offene Punkte
• Projektabschluss, Auswertung und Fazit

Wenn die Beteiligten all diese Maßnahmen und Schritte durchgeführt haben, neigt sich die eigentliche Einführungsphase dem Ende zu. Im Projektteam, in den Fachabteilungen und der Redaktion wurde das neue Produkt konzipiert, strategisch in das Verlagsportfolio integriert und am Markt platziert. Das Heft ist erstellt, der Anzeigenraum vermarktet, der Handel wurde beliefert und das Heft wurde beworben.

Sobald der Erscheinungszeitraum der ersten Ausgabe beendet ist und die Verkaufszahlen aller Sparten ermittelt sind, kann der Verlag nun genau sagen, ob das Projekt bis jetzt ein Erfolg war oder nicht. Hat er genug Anzeigen verkauft, um die Planzahlen des Anzeigenbereichs zu erreichen, wurden soviel Hefte verkauft, dass auch die vertriebliche Planung umgesetzt wurde und lagen die Kosten in dem geplanten Rahmen, dann kann die Frage nach dem Erfolg mit Ja beantwortet werden. Wurden die Zahlen nicht erreicht, muss nachgebessert werden und das zweite Heft modifiziert werden bzw. die Vermarktungsstrategien geändert oder natürlich an der Kostenschraube gedreht werden.

In den wenigsten Fällen kann man bereits nach der ersten Ausgabe sagen, ob das Heft ein Erfolg wird oder nicht. Es macht daher Sinn, dass das Projektteam die Entwicklung des Heftes noch einige Ausgaben lang begleitet. Wenn aber abzusehen ist, dass das Heft nun auf eigenen Beinen stehen kann, dann wird die Verantwortung an die Fachabteilungen und die Redaktion abgegeben und das Projekt ist beendet. Die bereits vorliegende Projektdokumentation wird vervollständigt und evtl. noch um einige Analysen und Präsentationen ergänzt.

Damit ist die Arbeit des Projektteams erledigt und das weitere Schicksal der Zeitschrift liegt in den Händen der Heftmacher, der Marketing- und Vertriebsstrategen und natürlich der wichtigsten Personengruppe, den potenziellen Lesern.

# Kapitel 10: Visionen und Trends

Es ist nicht ganz einfach vorauszusagen, wie die Zukunft im Zeitschriftenmarkt aussehen wird. Man könnte annehmen, dass die digitalen Medien zukünftig stärker im Zentrum des Interesses stehen werden. Vielleicht werden aber auch die Menschen der Technik so überdrüssig sein, dass Zeitschriften einen neuen Nachfrageboom erleben. Oder ist es realistischer anzunehmen, dass die Zukunft eine Kombination aus beidem bringen wird?

Eines ist sicher: Schaut man sich die Marktdaten der letzten Jahre an, so ist von einem generellen Nachfragerückgang – auch wenn es oft so dargestellt wird – nicht viel zu spüren. Im Gegenteil: Jedes Jahr schaffen es viele Zeitschriftenmacher, eine große Zahl neuer Titel fest im Markt zu etablieren. Und zwar durch neue Ideen und den Mut, etwas zu wagen.

Veränderte Marktverhältnisse, konjunkturbedingte Nachfrageverschiebungen und strukturelle Anpassungsprozesse stellen die Heftmacher vor große Herausforderungen, die zukünftig einmal mehr die ganze Kreativität aller Beteiligten in den Redaktionen, den Verlagshäusern und bei den Marktpartnern fordern werden.

Doch genau das ist es, was die Zeitschriftenbranche ausmacht: der stete Blick nach vorne, die Neugierde auf das, was kommt, aber noch nicht sichtbar ist, und der feste Wille, die Wünsche der Leser und der Werbekunden zu erkennen und flexibel darauf zu reagieren. Und nicht zu vergessen das Stück Selbstverliebtheit, dass die Heftmacher immer wieder zu Höchstleistungen antreibt.

Die Autoren dieses Buches haben Verlagsstrategen und Heftmacher nach ihren Visionen gefragt. Sie haben in Interviews und Gesprächen mit Verlegern, Verlagsmanagern, Chefredakteuren und Branchenprofis versucht herauszufinden, welche Trends und Kernthemen die Branche in Zukunft beschäftigen werden. Herausgekommen ist ein repräsentatives Bild der Meinungen, dass ein interessantes Licht auf die kommenden Herausforderungen in einer spannenden Branche wirft.

### Prof. Dr. Hubert Burda, Hubert Burda Media
**Verleger und Präsident des Bundesverbandes der Deutschen Zeitschriftenverleger (VDZ)**

„Print gewinnt: Starke Print-Marken sind Teil der medialen Community, die durch crossmediale Vernetzung und maßgeschneiderte Kommunikationslösungen den Werbebotschaften der Kunden die optimale Aufmerksamkeit verschafft."

### Dr. Bernd Kundrun, Gruner + Jahr
**Vorstandsvorsitzender**

„Verlage müssen Zeitschriften und Zeitungen stärker als Markenprodukte begreifen. Das Potential, das in bekannten Zeitschriften- und Zeitungsmarken steckt, wird heute erst zu einem geringen Teil ausgeschöpft. Hier können Verlage viel von der Markenführung in anderen Branchen lernen."

### Dr. Andreas Wiele, Axel Springer
**Vorstand Zeitschriften**

„Zeitschriften sind und werden auch in Zukunft die alltäglichen Lebensbegleiter von Millionen von Menschen sein. Sie unterhalten uns, informieren und geben nützliche Ratschläge. Internet, Mobilkommunikation und digitales Fernsehen stellen gleichermaßen eine Herausforderung und eine Bereicherung für die Printmedien dar. Diese neuen Kommunikationstechnologien schaffen einen ungeheuren Beratungsbedarf, der insbesondere auch von den Zeitschriften gedeckt werden kann. Auch Jugendliche und junge Erwachsene lassen sich nach wie vor von dem sinnlichen Erlebnis des Zeitschriftenkonsums verführen. Gerade für diese Zielgruppen sind in den letzten Jahren viele neue erfolgreiche Zeitschriften entstanden. Ich bin sicher, dass es den Zeitschriftenmachern gelingen wird, die sich ständig ändernden Bedürfnisse und Geschmacksvorlieben der Menschen in immer neue Zeitschriftenideen umzumünzen. Bei Axel Springer stellen wir uns dieser Aufgabe gerne. Wir sind dafür gut gerüstet."

## Thomas Ganske, Ganske Verlagsgruppe
### Verleger

„Der Zeitschriftenmarkt bleibt auch in der Zukunft ein Ideenwettbewerb um den Leser. Zu den Gewinnern wird gehören, wer auf Qualitätsjournalismus setzt, der konsequent Leserinnen und Leser in den Mittelpunkt seiner Arbeit stellt. Die Zeitschriften werden noch stärker als bisher zuverlässige Informanten, unterhaltsame Begleiter und vertrauenswürdige Berater ihrer Leser sein. Handwerkliche Präzision und stilbildende Gestaltung sind die Voraussetzungen für eine tiefe Verwurzelung der Blätter im Lebens- und Interessenumfeld der Käufer und Abonnenten. Exzellenter Journalismus zusammen mit einer intelligenten und beständigen Markenführung auf der Verlagsseite werden die Zeitschriften zu noch wertvolleren Partnern der werbenden Wirtschaft machen. Denn Zeitschriften verbinden wie kein anderes Medium Qualität der Lektüre und Erlebniswelt der Gestaltung mit der unbegrenzten Verfügbarkeit an jedem beliebigen Ort. Kooperationen mit den neuen audiovisuellen Medien wie dem Internet werden das Angebot für die Leser erweitern und den Austausch zwischen Zeitschriften-Machern und Zeitschriften-Lesern intensivieren. Die Optimierung der Hefte bleibt ein immerwährender Prozess zum gegenseitigen Nutzen von Machern, Lesern und Wirtschaft."

## Karl Dietrich Seikel, Spiegel-Verlag
### Geschäftsführer

„Deutschlands Zeitschriftenmarkt ist der größte und in vielen Bereichen der innovativste in Europa. Er hat eine glänzende Zukunft, solange es den Verlegern gelingt, die journalistische Qualität ihrer Angebote sicherzustellen, auszubauen und auf unterschiedlichen, gleichwohl sich ergänzenden Kanälen mediengerecht anzubieten. Zum „reinen" Zeitschriftenangebot kommen somit zwangsläufig komplementäre Online-Angebote im Internet, möglicherweise auch TV, Radio und Buchangebote. Die Zeitschriftenverlage werden mehr und mehr zu Multimedia-Häusern mit allen faszinierenden Möglichkeiten, Rezipienten und Werbungtreibenden attraktive cross-mediale Angebote bieten zu können."

### Andreas Fritzenkötter, Bauer Verlagsgruppe
**Leiter Geschäftsbereich Kommunikation und Presse**

„In den letzten Monaten haben viele von einer Krise der Medien gesprochen. Dem steht eine Entwicklungsfreude der Verlage entgegen wie sie in den letzten Jahren selten war. Grundsätzlich aber wird der Kuchen, den der Markt verteilt, nicht größer werden. Die Kämpfe um Marktanteile werden ebenso zunehmen wie eine stärkere Segmentierung. Die Bauer Verlagsgruppe arbeitet ebenfalls ständig an Neuentwicklungen. Teure, aufwändige Marktforschung vor dem Start eines Objektes wird seltener, wir gehen verstärkt dazu über, direkt im Markt zu testen. Dies setzt die Bereitschaft voraus, einen nicht funktionierenden Titel auch schnell wieder vom Markt zu nehmen, ohne dies als Niederlage anzusehen. Zeitschriften werden sich künftig wieder stärker am Leserinteresse orientieren. Ein wichtiger Trend ist hier bei Boulevard- und People-Konzepten auszumachen. Leser wollen verstärkt unterhalten werden; vielfach holen sie sich die Emotionen, die sie in ihrem sozialen Umfeld nicht mehr finden, über die entsprechenden Zeitschriften. Im Segment der Programmzeitschriften, in dem die Bauer Verlagsgruppe Marktführer ist, wird es starke Veränderungen geben, die eng mit der Entwicklung des Fernsehens zusammenhängen. Die Einführung des Digitalfernsehens, eine Vielzahl von neuen Spartenkanälen und nicht zuletzt die Weiterentwicklung der elektronischen Programmführer stellen neue Herausforderungen an die Programmzeitschriften. Diese Herausforderungen kann nur eine starke, innovationsfreudige Marke mit überragender Produktleistung überstehen. Insofern werden im Markt der Programmzeitschriften die Billig-Supplements von heute keine große Zukunftschance haben."

### Hans-Joachim Jauch, redtec publishing
**Geschäftsführer**

„Das klassische Erlösmodell der Zeitschriftenverlage, also die Kombination aus Anzeigen- und Vertriebsumsätzen, wird in den nächsten Jahren dramatisch an Bedeutung verlieren. Die Anzeigenkunden wollen als Gegenwert mehr als ein Abdruckrecht für bunte Bilder und die Leser suchen zuerst im Internet etc. nach kostenlosen Informationsquellen. Die Zukunft der Zeitschriftenverlage liegt daher im Informations- und Zielgruppen-Broking. Die klassische, gedruckte Fachzeitschrift wird durch ePaper in den nächsten 10-15 Jahren verdrängt. Zeitschriften auf Papier werden zum Luxus, den sich nur noch wenige Leser gönnen werden."

## Sven Schrader, Attic Futura Verlag
### Stellvertretender Geschäftsführer

„Die Zeit der ganz großen Launches ist vorbei. Magazine wie FHM und Maxim haben den Männermarkt zwar noch mal erweitern können, in Zukunft werden die Verlage mit ihren Produkten aber wohl verstärkt Nischen und Spezialthemen besetzen.

Die Hefte werden zukünftig optisch und inhaltlich leichter konsumierbar sein, die Copypreise eher sinken.

Der Bereich Entertainment wird mehr Bedeutung erlangen. Der Leser möchte unterhalten werden. Nutzwert ist nach wie vor wichtig, aber er muss unterhaltsam dargeboten werden. Dem folgen wir mit den Attributen, die wir FHM gegeben haben: sexy, funny, useful!

Das nächste Stichwort ist Interaktion. Wir versuchen mit unseren Produkten, mögliche Barrieren zwischen Lesern und Redaktion zu vermeiden. Wir sind mit FHM zum Beispiel die einzige Männerzeitschrift, die ihre Leser duzt. Wir zeigen dem Leser, dass wir auf der gleichen Ebene sind und lassen ihm sowohl bei FHM als auch bei Men Active immer die Möglichkeit, zwischen mehreren Tipps auszuwählen. Die Zukunft gehört den mündigen Lesern.

Im Jugendmarkt wird sich der Trend zur immer schnelleren Infoaufnahme durch die Kids noch verstärken. Das Medienangebot wird weiter steigen, die Themen werden vielfältiger, es wird mehr Specials zu Schwerpunktthemen geben. Jugendliche sind wesentlich weniger gefestigt in ihrer Meinung als Erwachsene, daher müssen die Zeitschriften sehr flexibel sein, da ein Trend von heute morgen schon wieder out sein kann.

Auch die Titel im Jugendmarkt werden zukünftig etwas klarer strukturiert sein, das verrückte bunte, teils chaotische Layout wird etwas mehr Ordnung erfahren. Was jetzt schon erkennbar ist, ist die Tatsache, dass einem Trend regelmäßig ein Gegentrend folgt. In Zeiten, in denen es beispielsweise viele interessante Stars gibt, liegt das Hauptaugenmerk der Jugendlichen auf Starmagazinen, die die nötigen Informationen rund um den Star liefern. Gibt es dann ein Star-Tief, haben die eher ich-bezogenen Hefte Konjunktur und Beratungsthemen wie Kosmetik, Körper und Schönheit, wie sie etwa Sugar liefert, liegen im Trend."

### Klaus Kottmeier, Deutscher Fachverlag
**Vorsitzender des Aufsichtsrates**

„Auch wenn von Medienkrise zur Zeit allenthalben die
Rede ist: Die Zukunft der Medien als solcher, insbesondere die Zukunft der Fachinformationen und damit
die Zukunft der Medien, die diese Fachinformationen
transportieren, steht nicht in Frage.
Krisenhaft verläuft hier und da die Entwicklung der
wirtschaftlichen Grundlagen zum Teil auch der Fach-
medien. Dies ist teilweise konjunkturell bedingt, teilweise strukturell. Dort, wo
es strukturell bedingt ist, müssen auch die Fachmedien andere Quellen zur Si-
cherung ihrer Existenz suchen. Aber die Medien selbst wird es immer geben.
Und wenn die Werbung zur Finanzierung der Medien nicht ausreicht oder nicht
beschafft werden kann, so müssen die den Medien angebotenen Informationen,
Meinungen etc. so attraktiv sein, dass die angesprochenen Zielgruppen bereit
sind, dafür zu zahlen, möglicherweise mehr als bisher. Das gilt für die gesamte
Palette der Fachmedien, Fachbücher, Fachzeitschriften, nicht zuletzt auch für
die Online-Medien. Aber es gilt natürlich auch für Seminare, Kongresse, Konfe-
renzen, die wichtige Bestandteile des medialen Wirkens von Verlagen darstellen.
Auch wenn ohne baldige wirtschaftliche Belebung in Deutschland eine Bereini-
gung in den Programmen einiger Verlage wohl unausweichlich ist und nicht alle
Fachtitel möglicherweise das derzeitige Tief überstehen, wird sich Qualität auch
im Markt der Fachmedien weiterhin durchsetzen.
Nicht zuletzt bieten Fachmedien mehr als interessante Arbeitsplätze und Karrie-
rechancen für Journalisten. Fachjournalisten stehen nicht unbedingt im Schein-
werferlicht von TV und Galaveranstaltungen, sie haben aber in gut gemachten
Titeln, sei es im wissenschaftlichen Bereich, im technischen Bereich oder auch
im Bereich wirtschaftlich orientierter Fachzeitschriften große Bedeutung in der
Begleitung wichtiger wirtschaftlicher oder wissenschaftlicher Märkte."

### Lutz Carstens, TV SPIELFILM
**Chefredakteur**

„Erfolgreiche Zeitschriften sind immer ein Stück All-
tagskultur. So werden erfolgreiche Zeitschriften von
Journalisten gemacht, die stets das Ohr am Puls der Zeit
haben und mit klarem Blick auf Zielgruppen fokussieren
können. Kreativität, Neugier und Mut sind dabei wesentliche Voraussetzungen für starke Themen oder gar trag-
fähige Trends."

## Thomas Bez/Hans-Peter Bothner
**Presse-Grosso Umbreit**
**Geschäftsführender Gesellschafter/Geschäftsführer**

„Die Zukunftsaussichten des Presse-Grosso sind so lange gut, wie Verlage und Einzelhandel dessen Funktionen zu schätzen wissen. Das Grosso bündelt die Aktivitäten zwischen hunderten Verlagen und hunderttausend Einzelhändlern. Als neutraler Mittler sorgt es dafür, dass möglichst alle Titel einen Marktzugang finden und alle Einzelhändler mit dem passenden Sortiment beliefert werden. Mit Nähe zum Einzelhandel sorgt es durch individuelle Kundenbetreuung und Beratung für optimale Kundenbindung. Es vermittelt Handelskonzepte wie den modernen Ladenbau, die den Kunden durch verbesserte Präsentation am Point of Sale verstärkt in den Mittelpunkt rücken. Mit Hilfe der durchgehend vertikalen Preisbindung stellt das Presse-Grosso einen Puffer zwischen nachfragemächtigen Einzelhandelsketten und den Verlagen dar, was diese aufgrund ihres Auslandsengagements in Ländern ohne Preisbindung (noch) zu schätzen wissen.

*Thomas Bez*

*Hans-Peter Bothner*

Der Vorteil der Alleinauslieferung in einem von den Verlagen vergebenen Gebiet hat für die Grossisten auf der anderen Seite den Nachteil, dass sie Konjunkturschwankungen und strukturellen Schwächen des Marktes nicht durch Expansion begegnen können. Wie die Verlage leiden sie unter der negativen demografischen Entwicklung, unter der zunehmenden Leseverweigerung Jugendlicher (PISA-Studie) und unter der Konkurrenz der neuen, digitalen Medien. Es gibt aber auch noch Nischen, die nicht ausreichend besetzt sind: Der Seniorenmarkt wird immer wichtiger: Da viele Senioren noch rüstig sind, können sich hier neue Marktchancen für die nächsten Jahre auftun. Werden solche Nischen durch ein integratives, verlagsübergreifendes Gattungsmarketing analog zur 2003 erfolgreich umgesetzten Aktion „Fit in den Sommer" genutzt, lassen sich weitere Verkaufspotentiale generieren. Weil Rundfunk, Fernsehen und Internet flüchtige Medien sind, wird die Bedeutung der Tageszeitungen und der Zeitschriften im politischen Diskurs auf absehbare Zeit nicht abnehmen. Eine Chance der Marktausweitung sehen wir in der Leseförderung, die Tageszeitungen schon seit langer Zeit („Zeitung in der Schule") und Zeitschriftenverlage zusammen mit den Pressegrossisten seit dem Jahr 2003 („Zeitschriften in die Schulen") betreiben."

### Walter Haak, Gruner + Jahr
#### Gebietsleiter im Vertriebsaußendienst

„Durch die fortschreitende Konzentration im Handel wird es zunehmend zu Marktzutrittsschwierigkeiten für kleine und mittlere Verlage kommen. Die Regalmeter werden immer stärker von den großen Handelsketten vorgegeben und so viele Titel gerade im Special-Interest-Bereich nicht mehr gelistet. Die wachsende Bedeutung der Discounter wird im Pressevertrieb bei Verlagen und Grossisten zunehmend als störend empfunden werden. Die Arbeit am POS wird in Zukunft noch weiter intensiviert werden müssen. Verlagseigene Betreuer und externe POS-Dienstleister werden zusätzlich zum Außendienst der Presse-Grossisten verstärkt vor Ort für die Zeitschriften tätig sein. Auch die Abo-Aktivitäten der Verlage werden noch aggressiver werden. Prämien und Zusatzleistungen treten bei der Abo-Werbung im Vergleich zum eigentlichen Heft immer mehr in den Vordergrund. Zudem werden die Lebenszyklen von Zeitschriften immer kürzer. Die Menschen wollen immer mehr Informationen immer schneller aufnehmen. Genau so schnell lässt das Interesse an diesen Themen aber auch wieder nach. So werden One-Shots zu bestimmten Themen noch häufiger am Kiosk zu sehen sein. Im Jugendbereich ist schon seit langem erkennbar, dass ohne Zusatznutzen nichts mehr geht. Gimmicks und Beigaben entscheiden oft über den Kauf der Zeitschrift. Der Trend hin zum bereitgestellten Nutzen über das Heft hinaus dürfte sich also auch speziell bei den Jugendzeitschriften noch verstärken."

### Winfried Maas, Maas Consulting & Training
#### Unternehmensberater und Verlagsexperte

„Die hohe publizistische und wirtschaftliche Bedeutung der Zeitschriften innerhalb des Printmedienmarktes wird mittelfristig uneingeschränkt bleiben - ich habe keinen Zweifel an der vitalen Schöpferkraft der Verlage. Intelligente, kundenorientierte Kombinationen von on- und offline Medien entwickeln sich immer mehr zu einem ergänzenden Wachstumsfeld. Insbesondere Special-Interest-Zeitschriften bringen hier ideale Voraussetzungen mit sich. Die Notwendigkeit der Markenbildung und Pflege zur Schaffung wichtiger Differenzierungspositionen im Wettbewerb wird bei den Zeitschriften zunehmen müssen."

## Reinhard Sander, Service Team
**Geschäftsführer**

„In Zeiten, in denen wir alle mit Informationen überflutet werden, neigen wir immer mehr dazu, abgesandte Messages gar nicht erst wahrzunehmen. An Plakaten gehen wir achtlos vorbei und die Werbepausen im Fernsehen "zappen" wir weg. Viele Unternehmen haben deshalb ihren Marketingmix zugunsten von kauforientierten Maßnahmen bereits verändert. Angesichts der Krisensituation der Verlage entdecken viele Verantwortliche von Printobjekten den POS und hier insbesondere den klassischen Zeitungs- und Zeitschriftenhändler für sich wieder neu. Es setzt sich auch bei stark abonnementabhängigen Objekten die Erkenntnis durch, dass neue Leser dauerhaft nur dann gewonnen werden können, wenn man diese über den Einzelkauf zur jeweiligen Zeitschrift führt. Im Vordergrund der werblichen Aktivitäten im Below-the-Line-Sektor am POS steht der persönliche Kontakt zum Einzelhändler. Für die Umsetzung solcher Aktionen bedienen sich mehr und mehr Verlage der Kompetenz externer Dienstleister. Die Einschaltung solcher Agenturen gewährleistet ein flexibles, effizientes und konzertiertes Handeln vor Ort. In Zukunft wird sich, auch unter dem weiter fortschreitenden Wandel des Medienverhaltens, der Fokus auf den POS noch weiter verstärken."

## Winfried Ruf,
**Inhaber des Fachmedien Instituts**

„Ohne einen zielgruppenspezifischen Zuschnitt wird eine Zeitschrift künftig nicht mehr überleben können. Die Zeitschriften werden sich ein ganz bestimmtes Segment des Marktes herausschneiden. Bei den Fachzeitschriften trifft das umso mehr zu. Die Redaktionen müssen ständig im Dialog mit Lesern und Anzeigenkunden sein. Der Kunde sitzt konzeptionell mit am Tisch. Bisher musste man den Lesern einen Nutzwert bieten, um erfolgreich zu sein. Seit drei Jahren muss man auch emotional arbeiten – der Mensch muss aus dem Heft herausschauen. Künftig muss eine Zeitschrift alle drei Punkte erfüllen: Sie muss Neues, Nähe und Nutzwert enthalten (3 N). Nähe bedeutet, dass der Kunde interaktiv beteiligt ist. Die Zeitschrift darf sich bei keiner dieser drei Eigenschaften eine Schwäche leisten, der 3N-Mix kann allerdings sehr unterschiedlich sein. Ein weiterer Trend ist, dass die Zeitschriften zunehmend zur Marke werden. Ein Heft wird in eine Markenfamilie bestehend aus Büchern, Newsletter usw. eingebunden, so dass der Kunde je nach Nutzungspräferenz und Medienstärke sich das jeweils attraktivste Angebot heraussucht."

# Literatur

*Belz, Christopher/ Haller, Michael/ Sellheim, Armin:* Berufsbilder im Journalismus. Von den alten zu den neuen Medien. Konstanz 1999: UVK

*Blana, Hubert:* Die Herstellung. Ein Handbuch für die Gestaltung, Technik und Kalkulation von Buch, Zeitschrift und Zeitung. München 1998: K.G. Saur Verlag

*Blecher, Helmut:* Fotojournalismus, Hamburg 2001: Europäische Verlagsanstalt/Rotbuch Verlag

*Bleis, Thomas:* Erfolgsfaktoren neuer Zeitschriften. Empirische betriebswirtschaftliche Untersuchung zur Entwicklung und Markeinführung von Publikumstiteln, München 1996: Verlag Reinhard Fischer

*Böhme-Dürr, Karin/ Graf, Gerhard (Hg.):* Auf der Suche nach dem Publikum. Medienforschung für die Praxis, Konstanz 1995: UVK

*Bohrmann, Hans/ Schneider, Peter:* Zeitschriftenforschung. Ein wissenschaftsgeschichtlicher Versuch. Berlin 1975: Verlag Volker Spiess

*Bremenfeld, Eckhard/ Kapalla, Ralf/ Knapp, Holger/ Tohermes, Kurt/ Veeh, Winfried:* Fachwissen Zeitungs- und Zeitschriftenverlage. Leitfaden für Verlagsberufe und Quereinsteiger. Düsseldorf 1998: Springer-VDI-Verlag

*Brielmaier, Peter:* Zeitungs- und Zeitschriftenlayout. Konstanz 1997: UVK

*Dutt, Christoph/ Schmithäuser, Michael:* Der neue Desktop-Knigge. Gute Layouts leicht gemacht. Feldkirchen 1996: Franzis-Verlag GmbH

*Egon Erwin Kisch-Preis 2002:* Die besten deutschsprachigen Reportagen. Berlin 2002: Aufbau-Verlag

*Esser, Frank:* Die Kräfte hinter den Schlagzeilen. Englischer und deutscher Journalismus im Vergleich. Freiburg/München 1998: Verlag Karl Alber GmbH

*Friedrichs, Jürgen/ Schwinges, Ulrich:* Das journalistische Interview. Wiesbaden 1999: Westdeutscher Verlag

*Gärtner, Sandra:* Grundlagen der Medienwirtschaft, 2002, Studiengemeinschaft Darmstadt

*Gerhardt, Rudolf:* Lesebuch für Schreiber. Vom journalistischen Umgang mit der Sprache. Ein Ratgeber in Beispielen. Frankfurt am Main 1993: F.A.Z-Institut

*Gerlach, Peter:* Zeitschriftenforschung. Probleme und Lösungsansätze dargestellt am Beispiel Journalism Quarterly (1964-1983). Wiesbaden 1988: Harrassowitz

*Hoppe, Anja Maria:* Glossenschreiben. Ein Handbuch für Journalisten. Wiesbaden 2000: Westdeutscher Verlag

*Jansen, Angela/ Scharfe, Wolfgang:* Handbuch der Infografik. Visuelle Information in Publizistik, Werbung und Öffentlichkeitsarbeit. Berlin, Heidelberg 1999: Springer-Verlag

*Jarren, Otfried/ Bonfadelli, Heinz (Hrsg.):* Einführung in die Publizistikwissenschaft, Bern/Stuttgart/Wien 2001: UTB

Medium Magazin/Journalisten-Werkstatt: Der Relaunch 99

Medium Magazin/Journalisten-Werkstatt: Farbe 99

Medium Magazin/Journalisten-Werkstatt: Bildschnitt 98

Medium Magazin/Journalisten-Werkstatt: Das Feature 2001

Medium Magazin/Journalisten-Werkstatt: Infografik II  2002

*Pürer, Heinz/ Raabe, Johannes:* Medien in Deutschland. Band 1. Presse, Konstanz 1996: UVK

*Schlapp, Hermann:* Einstieg in den Journalismus. Ein Leitfaden zum Handwerk. Aarau und Frankfurt am Main 1997: Verlag Sauerländer

*Sachsse, Rolf:* Bildjournalismus heute. Beruf, Ausbildung, Praxis. München 2003: Ullstein Heyne List

*Schneider, Wolf/ Raue, Paul-Josef:* Handbuch des Journalismus. Hamburg 1996: Rowohlt Verlag

*Vogel, Andreas/ Holtz-Bacha, Christina (Hrsg.):* Zeitschriften und Zeitschriftenforschung, Publizistik. Vierteljahreshefte für Kommunikationsforschung, Sonderheft 3/2002, Wiesbaden 2002: Westdeutscher Verlag GmbH

*Von LaRoche, Walther:* Einführung in den praktischen Journalismus. München 1995: List Verlag

# Sachregister

# DAS GROSSE ABC ...

Siegfried Weischenberg,
Hans J. Kleinsteuber, Bernhard Pörksen (Hg.)
**Handbuch Journalismus und Medien**
2005, 500 Seiten, gebunden im Großformat
ISBN 3-89669-429-4

Volker Wolff
**ABC des Zeitungs- und Zeitschriftenjournalismus**
2006, 374 Seiten, Broschur
ISBN 3-89669-578-9

Michael Haller
**Recherchieren**
6., überarbeitete Auflage
2004, 338 Seiten, Broschur
ISBN 3-89669-434-0

Michael Haller
**Die Reportage**
5., überarbeitete Auflage
2006, 332 Seiten, broschiert
ISBN 978-3-89669-305-1

Melanie Wieland / Matthias Spielkamp
**Schreiben fürs Web**
Konzeption – Text – Nutzung
2003, 304 Seiten, Broschur
ISBN 3-89669-359-X

Markus Reiter
**Überschrift, Vorspann, Bildunterschrift**
2006, 138 Seiten, broschiert
ISBN 978-3-89669-492-8

Wolfgang Zehrt
**Hörfunk-Nachrichten**
Inklusive Audio-CD
2., überarbeitete Auflage
2005, 268 Seiten, Broschur
ISBN 3-89669-476-6

Martin Ordolff
**Fernsehjournalismus**
2005, 412 Seiten, Broschur
ISBN 3-89669-457-X

www.uvk.de

Claudia Mast (Hg.)
**ABC des Journalismus**
Ein Handbuch
10., völlig neue Auflage
2004, 748 Seiten, gebunden im Großformat
ISBN 3-89669-419-7

Institut zur Förderung publizistischen Nachwuchses,
Deutscher Presserat (Hg.)
**Ethik im Redaktionsalltag**
2005, 244 Seiten, Broschur
ISBN 3-89669-469-3

Julian J. Rossig
**Fotojournalismus**
2006, 224 Seiten, broschiert
ISBN 978-3-89669-502-4

Kurt Weichler
**Redaktionsmanagement**
2003, 262 Seiten, Broschur
ISBN 3-89669-356-5

Svenja Hofert
**Erfolgreich als freier Journalist**
2., überarbeitete Auflage
2006, 198 Seiten, broschiert
ISBN 978-3-89669-498-0

Stefan Wachtel
**Schreiben fürs Hören**
Trainingstexte, Regeln und Methoden
3. Auflage
2003, 194 Seiten, Broschur
ISBN 3-89669-427-8

Christoph Fasel
**Nutzwertjournalismus**
2004, 268 Seiten, Broschur
ISBN 3-89669-455-3

**www.uvk.de**